CHATEAUX GASCONS
DE

LA FIN DU XIIIe SIÈCLE

PAR

PHILIPPE LAUZUN

MEMBRE DE LA SOCIÉTÉ HISTORIQUE DE GASCOGNE,
DE LA SOCIÉTÉ FRANÇAISE D'ARCHÉOLOGIE, ETC.

AVEC

Introduction de M. G. THOLIN

ET

Planches et Plans de M. P. BENOUVILLE

AUCH
IMPRIMERIE ET LITHOGRAPHIE G. FOIX, RUE BALGUERIE

1897

TOUS DROITS RÉSERVÉS

à la Bibliothèque nationale

Offert par l'auteur

CHATEAUX GASCONS

(Exemplaire remplaçant celui du dépôt, auquel un feuillet a avait été arraché le 12 mars 1904)

LK² 4411

CHATEAUX GASCONS

DE

LA FIN DU XIIIe SIÈCLE

PAR

PHILIPPE LAUZUN

MEMBRE DE LA SOCIÉTÉ HISTORIQUE DE GASCOGNE,
DE LA SOCIÉTÉ FRANÇAISE D'ARCHÉOLOGIE, ETC.

AVEC

INTRODUCTION DE M. G. THOLIN

ET

PLANCHES ET PLANS DE M. P. BENOUVILLE

AUCH

IMPRIMERIE ET LITHOGRAPHIE G. FOIX, RUE BALGUERIE

—

1897

—

TOUS DROITS RÉSERVÉS

Tiré à 150 exemplaires

PRÉFACE

Avant de commencer la publication de quelques monographies de châteaux gascons de la fin du xiiie siècle, un impérieux devoir s'impose à nous, qui nous est dicté autant par la reconnaissance que par l'amitié. Il semble même que nous ayons déjà trop tardé pour rendre, dans cette Revue, dont il fut et devait être surtout un des plus précieux collaborateurs, à Pierre Benouville, enlevé si prématurément, il y a bientôt trois ans, à l'affection des siens, l'hommage que méritait son magnifique talent de dessinateur et d'archéologue et auquel s'associeront tous ceux qui, l'ayant connu de près, ont pu ainsi apprécier à leur juste valeur les qualités exquises dont la nature l'avait doué.

Il ne nous appartient pas de rappeler, après tant d'autres [1], les titres nombreux qu'avait, en si peu de temps, su acquérir notre ami à l'estime et à l'admiration des artistes et des savants. Mais ce qu'il importe que l'on sache ici, et ce que nous tenons à bien faire connaître, c'est la part immense que prit, en moins de deux ans, Pierre Benouville aux travaux archéologiques de la Société historique de Gascogne. C'est à profusion qu'il allait, par ses dessins comme par ses études, révéler à nos propres yeux nos richesses monumen-

---

[1] Voir notamment l'article nécrologique, sous la signature de M. G. Tholin, paru dans le tome xvi, p. 174, de la *Revue de l'Agenais* (1889).

tales, si le temps lui eût permis d'achever son œuvre, si la mort ne fût venue brusquement lui arracher le crayon des mains.

Pierre Benouville entra dès 1868 à l'Ecole des Beaux-Arts, où il fut reçu avec le n° 1. Six ans après il obtenait le prix Chaudesaigues, qui venait d'être fondé, et qui lui permit de résider plus de deux années à Rome, d'où il s'échappa pour étudier la Grèce et la Sicile, rapportant une série d'études, telles que la maison de Diomède à Pompéi, le temple de Daphné en Grèce, l'église de Torcello à Venise, le Capitole, etc., qui lui valurent plusieurs médailles aux différents salons et le placèrent hors concours. Ses beaux relevés des châteaux de *Najac* dans l'Aveyron et de *Chalucet* dans le Limousin le mirent bientôt en vue, et il obtint d'être nommé architecte diocésain du département de Lot-et-Garonne.

C'est comme tel qu'il vint, dès 1885, dans notre Midi, et que, profitant des loisirs que lui laissaient ses fonctions officielles, il parcourut en tous sens le département qui lui était confié, relevant avec autant d'entrain que de scrupuleuse exactitude le moulin de Barbaste et la bastide de Vianne dans le Néracais, les châteaux de Roquefort, de Gavaudun et de Sauveterre de Fumel dans le nord du Lot-et-Garonne, la commanderie du Temple de Breuil sur les bords du Lot, prise comme type de caravansérail fortifié au moyen-âge, et enfin le château de Madaillan, dont il devait écrire la monographie avec M. G. Tholin, archiviste de Lot-et-Garonne, et dont les reconstitutions successives aux XIII°, XIV° et XVI° siècles le firent passer maître dans la science si intéressante de l'archéologie militaire.

Son amour pour le pays du soleil, pour la vie au grand air, pour les sites pittoresques que recèle notre beau pays de Gascogne, le ramenaient chaque été parmi nous. Et quand il eut suffisamment exploré le Lot-et-Garonne, ce fut le département du Gers, plus riche en spécimens archéologiques, qui devint, grâce aussi un peu au séjour que nous y faisons chaque année, l'objet de ses prédilections. Venu d'abord en simple amateur, ou pour mieux dire en paresseux, dans le canton de Valence-sur-Baïse, il ne tarda pas à s'éprendre des magnifiques ruines qui entourent cette bastide comme d'une ceinture féodale; et c'est, attiré invinciblement par les charmes puissants qui s'exhalent de leurs mystérieuses retraites que, sans but déterminé tout d'abord, il s'amusa à en prendre des croquis, à en dessiner la plupart des détails, s'attachant tout particulièrement à l'abbaye de Flaran et à ces châteaux gascons, d'un type si original et si étrange, dont nous devions publier ensemble les différentes études.

Rentré à Paris, notre ami eut alors la curiosité de savoir si le dossier du département du Gers, dans les portefeuilles de la commission historique, était suffisamment garni. Quelle ne fut pas sa stupéfaction de n'y voir figurer, depuis plus de quarante ans, depuis, croyons-nous, le voyage de Mérimée dans le Midi de la France, que six monuments : Sainte-Marie d'Auch, la façade de l'église de Fleurance, les églises de Lombez et de Condom, et enfin, comme type d'architecture militaire, l'unique et incomparable, il est vrai, donjon de Bassoues. Seule avait été ajoutée, après la restauration qu'en avait faite Viollet le Duc, l'ancienne église fortifiée de Simorre. C'était tout !

Benouville jugea que ce n'était pas assez; et, sur l'initiative de son ami, M. Robert de Lasteyrie, membre de l'Institut et professeur à l'Ecole des Chartes, il fut chargé, l'année suivante, par le ministère des Beaux-Arts, d'une mission officielle, consistant à relever dans le département du Gers, pour le compte du gouvernement, tous les monuments préhistoriques, gallo-romains, féodaux, religieux, civils ou militaires, qui lui paraîtraient dignes d'être fixés à tout jamais.

C'était la réalisation d'un rêve caressé par lui depuis longtemps. Aussi, sans perdre de temps, dès le mois d'août de l'année 1887, notre ami partait de chez nous, non sans avoir au préalable relevé soigneusement les principaux monuments des environs, c'est-à-dire du Condomois, et il prenait sa direction vers l'Eauzan et le Bas-Armagnac, les rives de l'Adour, les coteaux abruptes de l'ancien Fezensac et de l'Astarac, tout l'arrondissement de Mirande, celui de Lombez, pour terminer par Auch et ses pittoresques environs, Lectoure et une fraction de l'ancienne Lomagne.

Pour nous, qui l'avons accompagné une partie du chemin, nous n'oublierons jamais, et il nous est doux de le rappeler ici, quelle gaieté toute méridionale il apporta le long de cette intéressante mais souvent pénible excursion; avec quel entrain il se mettait à l'œuvre, quand surgissait tout à coup devant lui quelque beau spécimen d'architecture; avec quelle indignation d'abord, puis quelle stoïque résignation, mêlée de douce ironie, il supporta plus d'une fois les interrogatoires, souvent peu polis, mais toujours réjouissants, des Pandores zélés de quelque brigade voisine, qui, à le voir ainsi dresser des plans, le prenant sans hésiter pour le traditionnel espion prussien, le menacèrent, notamment autour de Marciac et sous les murs du château de Sainte-Mère, de le faire coucher, lui et ses acolytes, sur la paille humide des cachots !

Ces incidents burlesques, mais qui se renouvelèrent un peu trop souvent, ne pouvaient qu'aviver son énergie et son activité. C'est à elles qu'il dut, en deux mois, de rapporter plus de cinq cents dessins, qui, mis au net l'hiver suivant, constituèrent un merveilleux album de deux cents planches au moins, plans, coupes, perspectives, aquarelles, etc., destinés au ministère des Beaux-Arts.

Nous donnons ici, et c'est là le but que nous poursuivons en écrivant ces pages, la liste jusqu'à présent inédite de tous les monuments que Pierre Benouville a relevés dans le Gers. Elle peut servir en quelque sorte de répertoire archéologique pour ce département. Nos lecteurs verront ainsi quelle fut l'œuvre entreprise, et quelle reconnaissance mêlée de regrets lui doivent tous les archéologues, artistes ou historiens, soucieux de conserver les vieux souvenirs de leur pays.

Nous dressons cette liste par arrondissements, d'après l'itinéraire même que suivit notre consciencieux ami.

I. Arrondissement de Condom

1. *Abbaye de Flaran* (1)..
   - Façade occidentale.
   - Plan de l'église et du monastère.
   - Coupes longitudinales et verticales.
   - Détails : chapiteaux, rose, corniche des absidioles, etc.
   - Cloître.
   - Vue cavalière restaurée.

2. *Larressingle* (2) ......
   - Elévation principale.
   - Coupe générale de l'ensemble.
   - Plan du village.
   - Plan du château et de l'église.
   - Coupe d'une tour.
   - Perspective d'ensemble.
   - Vue d'une rue.

3. *Château du Tauzia* ....
   - Plan.
   - Elévation.
   - Coupe.
   - Détails d'ornementation.

4. *Château de Massencôme*
   - Plan général.
   - Plan du château.
   - Elévation.

5. *Château de Lagardère*.
   - Perspective.
   - Plan.

(1) La monographie de l'abbaye de Flaran a paru, complète, dans la *Revue de Gascogne*, tomes XXIX, XXX et XXXI.

(2) Voir aussi, dans la même Revue, tomes XXXII et XXXIII, la monographie de Larressingle.

6. *Château de Léberon*....
- Perspective.
- Plan.
- Détails d'ornementation.

7. *Château de Pardaillan*.
- Plan.
- Croquis.

8. *Château de Beaumont-sur-l'Osse*..........
- Vue de l'entrée.
- Plan.
- Porte.

9. *Château de Balarin*....
- Perspective.
- Plan.

10. *Tour du Guardès*......
- Perspective.
- Plan.

11. *Château de Castelnau-sur-l'Aucignon*......
- Plan d'ensemble.
- Plan de la tour ronde.
- Coupe de ladite tour.
- Elévation.

12. *Larroumieu*. ......
- Plan de la ville.
- Plan de l'église et du cloître.
- Coupe de l'église.
- Coupe du premier clocher.
- Elévation postérieure.
- Perspective d'ensemble.
- Tour du cardinal d'Aux.
- Détails divers.

13. *Condom*.. ....
- Plan de l'église et du cloître.
- Perspective de l'intérieur de l'église.
- Détails d'ornementation de l'église et du cloître.
- Fenêtre renaissance de l'ancien hôtel de Gélas.

14. *Eglise de Mouchan*....
- Plan général.
- Coupe du chevet.
- Vue de l'abside.
- Détails : chapiteaux, retombée de voûte, etc.

15. *Valence* .... — Plan de la ville. / Perspective. / Vue d'une porte.

16. *Montréal-du-Gers* ..... — Plan de l'église. / Vue du porche principal. / Perspective de l'église et des anciennes murailles.

17. *Tour de Lamothe-Gondrin* .... — Perspective. / Plan.

18. *Eauze* .... — Perspective de l'église et du clocher. / Plan général de l'église. / Coupe de l'église. / Plan d'une travée.

19. *Eglise d'Estang* .... — Perspective. / Plan général. / Elévation.

20. *Eglise de Panjas* ...... — Perspective. / Plan général. / Coupe.

21. *Eglise d'Espagnet* ..... — Plan général. / Portail. / Sarcophages.

22. *Eglise de Nogaro* .... — Plan général. / Coupe. / Portail.

II. Arrondissement de Mirande

23. *Mirande* .... — Plan de l'église. / Perspective de l'église.

24. *Eglise de Bernède* ..... — Quatre plans du clocher. / Coupe du clocher. / Perspective.

25. *Eglise de Saint-Mont* .. — Plan.

26. *Eglise de Croute* ...... — Plan. / Cuve baptismale, plan et élévation.

27. *Château de Thermes* ... { Plan. / Coupe. / Elévation.

28. *Donjon de Bassoues* ... { Plan général. / Cinq plans particuliers. / Elévation. / Coupe. / Perspective, machicoulis. / Plan de la ville.

29. *Egl. de Peyrusse-Grande* { Plan. / Perspective. / Coupe. / Détails : chapiteaux et fenêtres.

30. *Egl. de Peyrusse-Vieille* { Plan. / Coupe. / Portail.

31. *Eglise de St-Christaud.* { Plan. / Elévation.

32. *Marciac* .... { Perspective du clocher des Augustins. / Cloître des Augustins. / Elévation, travée. / Coupe.

33. *Eglise de Belloc-Saint-Clamens* .... { Cippe. / Plan de l'église. / Fenêtre de l'abside. / Cuve baptismale. / Sarcophage païen.

III. Arrondissement d'Auch

34. *Auch* .... { Cor de Saint-Orens. / Peigne de Saint-Orens.

35. *Eglise de Montaut* ..... { Plan. / Deux coupes.

36. *Barran* .... { Plan. / Coupe. / Elévation.

37. *Eglise de Puycasquier*.. { Cuve baptismale.
  Elévation.
  Détails.

38. *Eglise de Parie* .... Notre-Dame du Cedon, statuette.

39. *Pile de Saint-Lary* .... { Perspective.
  Coupe.
  Elévation.

40. *Pile de Biran*. .... { Perspective.
  Coupe.
  Plan.

41. *Lacardens* .... { Perspective du village.
  Perspective du château.
  Plan du château.

42. *Monjoye de Roquebrune* { Coupe.
  Elévation.
  Plan.
  Perspective.

43. *Eglise de Gimont* ...... { Coupe.
  Plan.
  Elévation.

44. *Maison de Gimont* ..... { Fenêtre.
  Elévation.
  Perspective.

45. *Moulin de Herrebouc*... { Perspective.
  Plan général.
  Plan des divers étages.
  Porte et détails d'ornementation.

IV. Arrondissement de Lombez

46. *Eglise de Lombez* ..... { Deux plans.
  Coupe.
  Vue absidiale.
  Cuve baptismale.
  Plan de l'évêché au xviiie siècle.

47. *Château de Saint-Criq*.	Plan. Élévation. Coupe. Cheminée, élévation.
48. *Château de Caumont*...	Plan général. Coupe. Élévation d'une travée.

V. Arrondissement de Lectoure

49. *Lectoure*.. … ……	Perspective de l'église. Plan de l'église. Perspective du vieux château. Taurobules. Deux cheminées Renaissance. Fontaine de Houndélie, perspective et plan.
50. *Château de Sainte-Mère*	Perspective. Plan général. Coupe et élévation. Deux plans.
51. *Château de Plieux*.....	Plan. Perspective.
52. *Château de Flamarens*.	Perspective. Plan.

La plupart de ces documents, les plus importants, ont été remis, entièrement terminés, à la commission des monuments historiques. Quelques-uns sont restés inachevés dans les cartons de leur auteur.

Lorsque, à la fin d'octobre 1887, la Société historique de Gascogne tint dans les salons de l'archevêché d'Auch sa réunion annuelle, laquelle, à l'occasion de la récente arrivée de Mgr Gouzot dans sa ville archiépiscopale, revêtit un caractère tout particulier de solennité et de grandeur, nous eûmes la bonne fortune de pouvoir communiquer à l'honorable et très nombreuse assemblée la majeure partie des beaux dessins de Pierre Benouville, qui, pour cette circonstance, les ayant achevés, nous les avait envoyés avant de les remettre au ministère, afin que de sa part nous les présentions en quelque sorte officiellement au pays qui l'avait si bien accueilli et à qui il voulait en offrir les prémices.

Il est superflu de rappeler avec quel enthousiasme ils furent reçus, et quelle admiration ils soulevèrent de toutes parts. Admiration de bien courte durée, hélas! puisque dès le lendemain ces belles planches reprenaient la route de Paris et rentraient dans les cartons, désormais impénétrables, de la farouche commission. Si Paris et le gouvernement y gagnaient, l'œuvre de Benouville était à tout jamais perdue pour le pays.

C'est ce que ne voulurent point les chefs autorisés de la Société historique de Gascogne. Aussi, dans cette même séance, fut-il décidé à l'unanimité qu'il fallait, de n'importe quelle façon, conserver les dessins de Benouville, en faire profiter le département et les populariser en quelque sorte, en les publiant soit dans un des deux organes de la Société, soit dans un album spécial. Il ne s'agissait pour cela que de réduire à un format plus exigu, tel que celui des Archives historiques de la Gascogne, où d'abord elles devaient paraître, les planches primitives, et d'y annexer une description archéologique que compléterait, écrite par divers membres de la Société, une partie historique. L'offre fut proposée à notre ami, qui, avec sa complaisance inépuisable, s'empressa d'accepter cette combinaison, se chargea de réduire son premier travail et consentit même à en écrire à l'appui la partie descriptive. Benouville se mit aussitôt à l'œuvre; il crayonna de nouveau, avec cette scrupuleuse exactitude, qui n'est pas l'une de ses moindres qualités, la plupart des monuments du Condomois. Il allait les terminer, en ayant même déjà rédigé pour quelques-uns la partie archéologique, lorsque la mort vint le surprendre, en plein succès, en pleine jeunesse, mettant ainsi à néant la promesse qu'il nous avait faite, interrompant son œuvre à l'heure de sa plus brillante éclosion !

L'œuvre de Benouville, restée heureusement intacte dans les cartons du ministère, verra-t-elle le jour dans le département du Gers, telle du moins que nous l'avions conçue avec lui, c'est-à-dire entière, avec tous les développements scientifiques qu'elle comporte? Malgré le talent et la bonne volonté de son frère, M. Léon Benouville, architecte et archéologue comme lui (1), qui veut bien s'engager à achever pour nous les dessins commencés, nous n'osons l'affirmer, tant sont grandes les difficultés d'exécution qu'elle comporte, tant sont réduites les ressources dont dispose la Société historique du Gers.

Deux monographies néanmoins ont déjà paru, qui tenaient principalement à cœur à Benouville, et auxquelles il avait tout particulièrement consacré ses soins. Nous voulons parler, en premier lieu, de la *Monographie de l'abbaye de Flaran*, que nous avons écrite avec lui et qui a déjà paru dans cette Revue au cours des années 1889-1890; puis du beau travail sur les fortifications de *Larressingle*, dont notre collègue M. J. Gardère a rappelé l'histoire, alors qu'en souvenir de son ami regretté M. G. Tholin a consenti d'utiliser ses magnifiques planches, et, reprenant ses notes personnelles, de rédiger la remarquable étude que tous les lecteurs de cette Revue ont pu récemment apprécier.

Nous serions ingrat envers la mémoire de Pierre Benouville, si, oubliant la promesse que nous lui avions faite, nous ne nous considérions pas à notre tour comme obligé d'écrire ici l'histoire de quelques-uns de ces châteaux gascons qui, les premiers, frappèrent son attention et dont il nous a laissé de si fidèles et si intéressants relevés.

(1) M. Léon Benouville vient d'être nommé architecte diocésain du département des Pyrénées-Orientales. Il espère pouvoir bientôt, pour la région du Roussillon et aussi une partie du pays de Foix, continuer la même œuvre que son frère avait si brillamment entreprise en Gascogne.

Cette tâche, que nous devions, comme pour l'abbaye de Flaran, partager avec lui, nous incombe désormais à nous seul.

Malgré sa difficulté, nous allons l'entreprendre, nous inspirant des leçons et des conseils de notre ami, soutenu aussi par le plaisir de présenter à nos lecteurs cette nouvelle partie, entièrement inédite, de ses nombreux dessins. Puissent nos efforts ne pas demeurer stériles! Puisse notre exemple être suivi par quelque autre admirateur du vieux temps qui, s'attachant à son tour à une autre région du département du Gers, reprenne les planches de Benouville, continue son œuvre, et fasse ainsi revivre le passé de nos vieux monuments, pour le plus grand profit de la science, pour la gloire de notre chère et si belle Gascogne!

P. L.

INTRODUCTION

La possession de l'Agenais avait été fort disputée dans le cours du xiiie siècle. Le traité d'Amiens (1279) livra ce pays aux Anglais, dont les frontières furent dès lors reportées en pleine Gascogne. Une grande baillie outre-Garonne faisait partie de l'Agenais; Torrebren, Montréal, Condom, Larroumien en marquaient les limites, au sud, du côté de l'Armagnac (1).

La nécessité de se fortifier sur les points de contact était imposée par cette situation nouvelle et les Anglais y pourvurent sans perdre de temps. D'autre part, les Gascons, que ce traité n'avait pas inféodés à Edouard, avaient à faire un grand effort pour assurer leur défense. Des guerres paraissaient inévitables. Il fallait d'abord *s'aider*, car le roi de France était loin pour prêter son assistance.

Aussi l'activité fut grande durant les vingt dernières années du xiiie siècle. Nombre de forteresses encore debout

---

(1) Le bailliage agenais d'outre-Garonne est signalé, sans précision, dans un compte de la Toussaint 1279 (Bibl. nation. n° 9019. f° 11. — Conf. Trésor des Chartes, I. 317, n° 62. — Cité d'après Boutaric : *Saint Louis et Alfonse de Poitiers*. Paris, Plon, 1870. p. 175). Pour reconstituer approximativement les délimitations de ce bailliage, qui fut subdivisé sous la domination anglaise, il faut recourir aux comptes de Filongleye, postérieurs d'un siècle (1363-1370. — *Collection générale des documents français qui se trouvent en Angleterre*, par Jules Delpit. Paris, Dumoulin, 1847. in-4°. p. 162). Enfin, pour arriver à une précision rigoureuse, il faut suivre les limites du diocèse de Condom au sud et à l'est.

datent de cette époque. Avant de les étudier séparément, il est bon de faire observer que ni le choix des emplacements de ces forts, ni leurs types, ni la proportion de ces ouvrages et leurs relations entre eux ne paraissent avoir été livrés aux caprices personnels des constructeurs. Il y a là tout un système de défense savamment établi, un ensemble qui révèle l'unité de direction (1). Pour s'en rendre compte, on n'a qu'à parcourir le quadrilatère qui est délimité par les villes de Condom, Montréal, Eauze et Valence et qui se partage en deux bandes presque égales, l'une anglaise, celle du nord, l'autre française. On verra combien les ouvrages de défense furent multipliés des deux côtés et comment chaque parti avait eu soin de mettre en regard les uns des autres les postes fortifiés, de défendre les passages, de constituer entre les villes un réseau de forts détachés.

Le tableau suivant peut donner l'idée de ce dispositif (2) :

| PARTIE NORD | PARTIE SUD |
AGENAIS ANGLAIS	ARMAGNAC FRANÇAIS
Torrebren + +.	Castelnau-d'Auzan + +.
Fourcès + +.	Lamothe-Gondrin +.
Montréal + + +.	Gondrin + + +.

(1) La théorie d'après laquelle une entente se serait produite durant les périodes critiques du moyen âge en vue d'établir des *dispositifs de défense nationaux et provinciaux* a été soutenue par Viollet-Le-Duc (*Dictionn*. t. III, 62; t. IX, 136. etc.). Tout récemment elle a été savamment traitée dans un mémoire sur *le Château de la Ferté-Milon*, par M. le général Wauwermans (*Congrès archéol. de France*, LIVe session, Paris, Picard, 1888). Si elle n'est pas admise plus généralement, c'est que peu d'historiens sont archéologues et que peu d'archéologues ont étudié des ensembles.

(2) Nous avons essayé d'indiquer par des croix l'importance relative des forteresses et fait suivre d'un point d'interrogation le nom de celles qui n'ont peut-être pas été fondées avant l'an 1400.

Ce tableau est loin d'être complet, nombre de châteaux ayant été détruits; mais, malgré tout, il en subsiste assez pour rendre ce fait évident : les forts, d'une importance variable, sont plus multipliés sur ces lignes de frontière que dans l'intérieur de l'Agenais plus au nord et dans l'intérieur de l'Armagnac plus au sud.

Balarin +.
Beaumont +.
Goalard + +.
Larressingle + + +.

Condom + + +.
Le Tauzia —.

Saint-Orens +.

Roquepine +,
etc...

Cassagne +.
Massencôme +.
La Gardère +.

Flarambel de Léberon +?
Valence + + +.
Maignaut +.
Le Guardès +.

Pouy-Petit +.

Le Sempuy + +.
etc...

Les villes qui figurent dans cette liste étaient de fondation ancienne, et seuls les châteaux furent construits ou renforcés postérieurement au traité d'Amiens; mais on peut constater que les villes subirent aussi vers cette époque une transformation complète au point de vue de la défense. Voici ce que firent les Anglais pour trois d'entre elles.

Fourcès fut muni d'une enceinte semi-circulaire, et les eaux du ruisseau de l'Auzoue, qui, dans le plan de cette ville, forme la corde de l'arc, remplirent ses fossés. Un château-fort fut élevé sur un des angles (1).

La grande bastide de Montréal avait son église assise sur un banc de rochers dans la ligne des courtines. On reprit ses clôtures pour les surhausser; on doubla le nombre de ses contreforts; on établit au sommet, sur tout le pourtour, un chemin de rondes crénelé et sur quelques points des échauguettes; une forte tour, élevée sur une absidiole, acheva la transformation de l'édifice en forteresse.

Le village de Larressingle fut entouré d'une enceinte de hautes murailles (2).

---

(1) Détruit au xv⁵ siècle, ce château fut reconstruit sous le règne de Louis XII. C'est un type remarquable de la transition entre le style gothique et celui de la Renaissance.

(2) Voir l'étude archéologique et historique sur Larressingle, qui a paru récemment dans les pages de la *Revue de Gascogne*.

En Armagnac, on en agissait de même. Il n'est pas jusques à la paisible abbaye de Flaran qui n'ait protégé ses abords par des fossés et des courtines. En vue de Valence, ville que sa position escarpée rendait très forte, on élevait les postes fortifiés de Flarambel, de Massencôme, du Guardès, de Maignaut.

Le type de ces petits châteaux-forts n'est point particulier à la région que nous venons de délimiter, puisque à huit lieues de là (mais toujours en Gascogne), nous en rencontrons un pareil, à Sainte-Mère, au nord de Lectoure. Il n'est point non plus particulier à l'un des deux partis, puisque les **châteaux du Tauzia, de Fousseries et de Balarin, élevés dans les possessions anglaises (1), sont à peu près semblables aux autres. Toutefois, la dénomination de château gascon peut lui être appliquée à juste titre.**

Ces châteaux gascons de la fin du xiiie siècle ont une physionomie originale qui les distingue des postes fortifiés parsemés dans les provinces de France.

Par exemple, les postes fortifiés communs dans les Pyrénées consistent essentiellement en une tour carrée, d'accès difficile, sans porte au rez-de-chaussée, protégée parfois par une enceinte munie de courtines, qui forme une petite cour intérieure (2).

Les châteaux gascons n'ont pas de cour intérieure ni de grosse tour. Ils se réduisent à un corps de logis, sur plan rectangulaire, flanqué d'une ou plus souvent de deux tourelles. Ces tourelles carrées, tantôt pleines ou creuses à la base, mais dans ce dernier cas sans ouvertures dans les parties

---

(1) Le nom d'Anglais n'a pas de signification ethnique quand il s'applique à des fractions de notre pays soumises aux Anglais. Par exemple, après le traité d'Amiens, les compagnies et les milices du pays d'Agenais formaient le gros de l'armée qu'on pouvait mettre sur pied. Leurs chefs étaient des barons du pays dans la proportion des neuf dixièmes.

(2) Voir *Dictionn.* de Viollet-Le-Duc, t. ix, p. 162, 163.

On trouve aussi des postes du même type sur les frontières du Quercy : un à Puy-l'Évêque, deux à Duravel, dans la paroisse de Saint-Martin, etc. Ils sont rares en Agenais.

basses, tantôt élevées sur des encorbellements, sont étroites et fort hautes; elles servaient surtout pour le guet.

La porte, au rez-de-chaussée, est ouverte sous une haute arcature ménagée dans le plein d'une tourelle ou dans le voisinage d'une de ces petites tours. En cas de danger, il était facile de murer ces ouvertures, qui sont petites; aussi les constructeurs ont-ils ménagé simultanément, au premier ou même au second étage, une baie de porte servie par une échelle mobile. Sous ce rapport, ces châteaux de la fin du XIIIe siècle ne sont pas sans analogie avec les types plus anciens. D'autre part, les constructeurs ont appliqué des procédés qui ne devaient être d'un usage général qu'un demi-siècle plus tard. On sait qu'on en arriva au XIVe siècle seulement à donner une grande hauteur aux ouvrages extérieurs. Les châteaux gascons sont déjà très élevés : la hauteur de leur corps de logis est toujours de plus de dix mètres. Les archères munies d'une rainure extérieure en croix pattée, si favorables pour le tir à la volée, sont employées dans les parties hautes de la plupart de nos châteaux, bien avant que cette forme d'embrasure ait été adoptée dans le reste de la France.

Les divisions intérieures des châteaux gascons sont établies plutôt pour la commodité du logement et pour limiter la portée des charpentes que pour constituer des réduits ou refuges permettant de prolonger la défense dans le cas où les ennemis auraient pénétré par une brèche. A l'époque romane, la véritable forteresse de tout village était l'église, c'est-à-dire une grande salle sans division intérieure. Dans nos châteaux, qui marquent une époque de transition, les clôtures au-dedans sont purement accessoires. Il n'en existe même pas à Sainte-Mère et à Balarin.

L'application savante des encorbellements, la perfection de l'appareil, recommandent à l'étude ces petits forts, d'une construction si parfaite qu'ils ont résisté au temps et n'ont guère souffert que de la main des hommes.

Leurs abords ne sont pas ordinairement défendus par des fossés. En temps de guerre, on pouvait les entourer d'une enceinte de palissades qui, d'ailleurs, était indispensable pour remiser les chevaux, quand la porte du rez-de-chaussée était murée. L'intention de construire des hangards extérieurs est suffisamment attestée par l'existence de lignes de corbeaux sur des points divers et à diverses hauteurs; ces corbeaux sont creusés de façon à recevoir les poutres qui servaient de support aux appentis.

Les châteaux, de petite dimension, ne pouvaient contenir une garnison nombreuse; néanmoins, ils étaient capables d'offrir une assez longue résistance avant que l'artillerie ait été découverte et perfectionnée; ils défiaient toute surprise. Ils ne pouvaient être assiégés sans que le pays entier fût averti, ou de nuit ou de jour, par les signaux transmis de l'un à l'autre. Toutes les pièces du réseau stratégique étant solidaires, ils pouvaient être promptement secourus. Ils sont donc de tous points appropriés à leur destination; soit qu'on les considère dans leur ensemble, soit qu'on les étudie dans leurs détails, ils nous laissent une grande idée des ressources que nos populations du moyen-âge savaient mettre en œuvre pour combattre avec avantage et faire respecter leur indépendance.

Dans ce même quadrilatère, dont nous avons énuméré les défenses, le poste fortifié du Guardès est d'un autre type. C'est une grosse tour carrée, sans porte au rez-de-chaussée, élevée sur un point culminant, qui avait servi de refuge depuis une époque fort reculée : une motte faite de main d'homme se voit à cent mètres de la tour. Le château de Pardaillan, de proportions considérables, diffère aussi de ces postes fortifiés; il offre de plus grandes analogies avec les châteaux-forts des autres provinces.

La description complète, avec plans à l'appui, d'un certain nombre de châteaux qui viennent d'être cités doit suivre, ce qui simplifie notre tâche. Il nous a paru intéressant de faire d'abord observer que ces petits forts et les villes closes plus anciennes n'étaient pas sans avoir des relations imposées par l'intérêt commun de la défense d'un même pays.

Par une bonne fortune assez rare en archéologie, la plupart de ces châteaux ont un état civil authentique. Nous pouvons constater ainsi que les ouvrages de défense ont été singulièrement multipliés dans le dernier quart du XIIIe siècle. La génération laborieuse qui érigea tant de fortes murailles avait-elle le pressentiment qu'après elle ses descendants, des fils aux petits-fils, auraient à supporter le poids des guerres? C'était voir juste : il n'est pas un seul des refuges édifiés à cette époque qui n'ait rendu des services, sinon joué un grand rôle, au cours de la Guerre de Cent ans.

G. T.

LE CHATEAU DU TAUZIA

CHATEAU DU TAUZIA

Arrondissement de Condom (Gers)

LE CHATEAU DU TAUZIA

De tous les châteaux gascons, anglais ou français, dont les antiques ruines se pressent encore, les unes contre les autres, le long de la frontière de l'Armagnac et du Condomois, et qui tous furent construits dans les dernières années du XIIIe siècle, un des plus remarquables, aussi bien par sa pureté de style que par son état à peu près parfait de conservation, est à coup sûr le *château du Tauzia*, sis actuellement dans la commune de Maignaut, arrondissement de Condom (Gers).

Dans l'introduction qui précède, notre ami M. Georges Tholin a suffisamment exposé quelle fut l'idée-mère qui présida à la construction de ces diverses forteresses. Sa thèse, absolument neuve, et dont tout l'honneur lui revient, ne saurait être contestée. Il est évident, en effet, qu'en attribuant l'Agenais, et par suite le Condomois qui en faisait partie, à la couronne d'Angleterre, le traité d'Amiens de 1279 établissait une limite nouvelle entre les possessions récentes du roi Edouard et celles du comté d'Armagnac, resté terre française. La conséquence immédiate de cet état de choses fut l'obligation imposée aux deux partis, qui forcément, plus tard, devaient en venir aux mains, de fortifier chaque point faible de cette ligne de démarcation et, par suite, d'élever sur ses bords toute une série de postes d'observation chargés de surveiller l'ennemi. A peine le traité eut-il été signé que ces principes de tactique militaire furent aussitôt mis à exécution, et que des deux côtés de la frontière s'élevèrent ces constructions bizarres, toutes d'une pièce, dont quelques-unes, comme Sainte-Mère et Lagardère, sont datées, et dont nous allons essayer, du moins pour celles qui intéressent la région de Valence, d'expliquer la raison d'être et le système de défense, en même temps que d'en retracer l'histoire.

Mais s'il est facile de déterminer ainsi, d'une façon générale, la cause qui présida à cet ensemble de bâtisses gasconnes, il est moins aisé, croyons-nous, de préciser auquel des deux partis rivaux appartint tel ou tel de ces châteaux-forts. Quelle charte, si elle n'est pas à tout jamais perdue, viendra nous dire quelle fut sur certains points restés douteux la délimitation exacte des deux pays? A quel domaine royal devrons-nous attribuer de préférence telle ou telle de ces parcelles de terre-frontière, en ces heures troublées, où la situation demeurait si peu stable, en ces temps reculés dont la plupart des documents, emportés plus tard par les Anglais, nous font entièrement défaut?

C'est principalement pour le château du Tauzia, qui nous occupe en ce moment, que se présentent ces questions, de prime abord assez difficiles à résoudre. Néanmoins, les quelques actes qui nous sont restés, notamment l'acte de vente de 1479, que nous reproduirons dans la suite, et aussi l'étude attentive de l'ancienne délimitation des diocèses de Condom, d'Auch et de Lectoure, ainsi que celle de ces trois sénéchaussées, nous permettent d'indiquer d'une façon certaine quel fut des deux partis rivaux celui auquel ce château dut son existence.

Si l'on suit, en effet, la ligne de séparation de l'ancien diocèse de Condom d'avec le diocèse d'Auch, et en même temps celle de la sénéchaussée du Condomois d'avec la sénéchaussée d'Armagnac, toutes deux identiques sur presque tous les points pour la région qui nous intéresse, et si bien déterminée plus tard par la carte de Cassini, on peut voir (notamment sur cette carte), entre les vallées de l'Osse à l'ouest, et de la Gèle à l'est, que le monastère de Vopillon, sur l'Osse, fait partie du Condomois, et que la ligne-frontière se dirige de ce point directement vers le sud-est, en longeant la crête des coteaux qui dominent le petit village de Cassagne, lequel, malgré sa dépendance de l'évêché de Condom, demeure en Armagnac, alors qu'à un kilomètre à peine, les granges du Hillet et de Saint-Crabary, à l'abbaye de Flaran, sont comprises dans le Condomois (1). La rive gauche du petit ruisseau de Marmande, qui baigne la ferme de Lasbrannes, continue de là jusqu'à la Baïse la ligne de séparation (2). La frontière remonte ensuite, droit vers le sud, la rivière de la Baïse, jusqu'au confluent de cette rivière avec celle de l'Auloue. Elle passe ainsi aux pieds mêmes des murailles de l'antique abbaye de Flaran et des remparts de la bastide de Valence, qui toutes deux demeurent en Armagnac. Là, elle quitte la Baïse, suit, vers l'est, pendant un kilomètre à peine, les sinuosités du ruisseau de l'Auloue, et contourne ainsi les fortifications de Valence. Elle se dirige ensuite brusquement vers le nord, passe au bas de l'habitation du Plaichac, qu'elle laisse ainsi que le village de Maignaut en Armagnac, franchit à son origine le petit ruisseau du Tauzia, remonte le coteau d'Augé, et de là gagne, à l'est, la vallée de

(1) Larcher nous apprend dans son Cartulaire de Condom que cette situation fut modifiée plus tard en ce qui concerne ces deux villages. « La paroisse de Cassagne, nous dit-il en effet, était autrefois du diocèse d'Auch. Jean Marre, évêque de Condom, céda la paroisse de Vaupillon pour celle de Cassagne, par acte du 11 juin 1518, à l'archevêque d'Auch. » La carte de Cassini se conforme à l'ancien état de choses.
(2) On pourra voir dans notre monographie du château de Léberon le résumé d'un acte fort curieux, en vertu duquel les commissaires délégués posèrent plus tard en ces parages les bornes fleurdelisées qui servirent de frontière entre les deux États.

la Gèle, qu'elle traverse un peu au nord du poste avancé de Las Gardes (son nom l'indique), laissant Pouypetit en Armagnac et Saint-Orens dans le Condomois.

D'après la ligne de démarcation de Cassini, le château du Tauzia, sis entre la ferme d'Augé et l'église d'Auloue, serait donc compris dans le diocèse et la sénéchaussée de Condom, en un mot, dans le Condomois, qui, on le sait, fut donné avec l'Agenais, dont il faisait partie, en 1279, au roi d'Angleterre. Mais ici se présente une difficulté. L'église de N.-D. d'Auloue ou d'Oloue, fort ancienne, qui est en quelque sorte la chapelle du château du Tauzia, puisqu'elle n'en est distante que de cinq cents mètres à peine, n'a jamais été comprise dans le diocèse de Condom. Dom Brugèles est formel à cet égard. A la page 425 de ses *Chroniques ecclésiastiques du diocèse d'Auch,* il nous dit en effet que N.-D. d'Auloue est une annexe de la cure de Maignaut, laquelle paroisse fait partie de l'archiprêtré de La Sauvetat, diocèse d'Auch. La carte de Cassini, si nous nous plaçons au point de vue purement ecclésiastique, serait donc ici défectueuse, et l'illustre géographe aurait dû, s'il avait eu l'intention de délimiter ces deux diocèses, faire remonter un peu plus haut sa ligne-frontière, au bas du coteau du Brunet et le long du ruisseau qui sépare cette métairie de celle de Lauzit, là, du reste, où se trouve actuellement et où s'est trouvée de temps immémorial la séparation des deux communes de Condom et de Maignaut. Telle n'a pas été cependant sa manière de voir. En englobant, d'une façon si nette et si précise, dans le Condomois, le château du Tauzia et l'église de « *Sainte-Auloue* », c'est-à-dire toute l'ancienne juridiction du Grand-Tauzia, n'a-t-il pas voulu spécifier formellement que cette langue de de terre, sur laquelle les consuls de Condom émirent maintes fois des prétentions (1), était comprise, aussi bien au moyen-

(1) Livre des Jurats de Condom.

âge que postérieurement, dans la sénéchaussée de Condom? Les quelques actes concernant l'histoire de ce château, que nous avons pu retrouver et que nous relaterons dans la suite, confirment d'ailleurs pleinement l'opinion de Cassini et font rentrer « le château noble du Tauzia dans la sénéchaussée du Condomois ».

Du reste, en admettant un instant, contrairement à la carte de Cassini, que le Tauzia et son église n'aient jamais fait partie du diocèse de Condom, ils dépendaient, ainsi que l'écrit Dom Brugèles, au point de vue religieux, de l'archiprêtré de La Sauvetat, c'est-à-dire du diocèse d'Auch. Or, La Sauvetat faisait, on le sait, avec Fleurance et le Saint-Puy, partie intégrante du comté de Gaure. Et nous savons par Monlezun (1) que, le 29 avril 1287, ce comté fut également donné par Philippe le Bel à Edouard d'Angleterre. Donc, si le fief du Tauzia ne suivit pas en 1279 le sort du Condomois, le nouveau traité conclu huit ans après ne l'empêcha pas de devenir, avec le comté de Gaure, une terre anglaise.

De quelque côté que l'on envisage la question, on voit donc que cette pointe extrême de la frontière passa à cette époque entre les mains des nouveaux occupants, qui, dès qu'ils en eurent pris possession, se hâtèrent de la fortifier, comme un point stratégique des plus importants. C'est donc très probablement dans les douze dernières années du XIIIe siècle que dut être construit par les Anglais, et grâce à ces circonstances, le château du Tauzia, dont la destination évidente était de servir de poste d'observation. Son assiette, du reste, va nous dire, mieux que ne saurait le faire tel ou tel document, quel rôle il était, dans l'esprit de ses constructeurs, destiné à jouer.

Sis sur un petit tertre élevé, au milieu du versant méridional du coteau d'Augé, le château du Tauzia regarde le

(1) *Histoire de la Gascogne*. t. III. p. 43.

midi et l'ouest, c'est-à-dire la frontière française et les possessions du comte d'Armagnac. Dès lors, il est de toute évidence que s'il avait appartenu à ce dernier, jamais ce prince n'aurait songé à l'édifier ainsi en contre-bas, dans une position aussi défavorable, alors que pour observer l'ennemi, c'est-à-dire le parti anglais, maître de Condom, sa position stratégique était tout indiquée sur le sommet du coteau d'Augé ou des coteaux voisins. Si donc son assiette a été ainsi établie, c'est qu'il était destiné à guetter les compagnies gasconnes qui se trouvaient renfermées tout autour de lui, à l'est, dans le château de Maignaut, au sud, derrière les remparts crenelés de la nouvelle bastide de Valence, et, plus loin, dans la tour imprenable du Guardès, à l'ouest enfin, sinon dans l'abbaye fortifiée de Flaran, du moins dans le vieux château de Flarambel qui la domine, et, plus haut, dans le château-fort de Massencôme, un des postes les plus redoutables et les plus fidèles du parti national. Jamais donc grand'garde n'eut, mieux que celle-ci, sa raison d'être. Jamais poste avancé ne fut plus habilement choisi.

Tel que nous allons le décrire dans ses moindres détails, le château du Tauzia doit être présenté ici comme le vrai type du château gascon de la fin du XIIIe siècle, servant en quelque sorte de transition entre l'ancien château-fort roman du XIIe siècle et l'imposant castel féodal des siècles suivants. Type unique, qui ne se trouve en France que dans le pays gascon, et dont quelques rares spécimens se voient seuls encore en Angleterre, comme s'il avait été importé directement chez nous, au début de l'invasion anglaise, par les conquérants d'outre-mer.

I

Un simple parallélogramme de seize mètres de long sur douze de large à l'extérieur, avec deux tours d'angle, l'une à l'est, l'autre à l'ouest, cette dernière seulement en encorbellement, tel est dans toute sa simplicité, ainsi qu'on peut le voir sur la planche n° 2, le plan du château du Tauzia. Tel se trouve, du reste, également, sauf quelques légères modifications de détail, le plan de toutes ces forteresses du xiii° siècle, spéciales à la Gascogne.

L'idée qui a présidé à leur élévation est partout la même. Le but poursuivi est identique. La date de fondation pour chacune d'elles est aussi rapprochée que possible. Même épaisseur de murs. Mêmes dispositions intérieures. Même appareil, ce bel appareil moyen que le temps n'a pu attaquer, qui est resté jusqu'à nos jours aussi solide, aussi intact que lors de son emploi, et dont on s'est servi, on le sait, généralement en France du milieu du xiii° siècle jusques vers la fin du siècle suivant.

Construits, pour la plupart, sur des points culminants, ces châteaux ne sont presque jamais entourés de fossés. A peine un mur d'enceinte ou une simple palissade les préservent-ils des attaques de l'ennemi. Leur raison d'être, nous ne saurions trop le répéter, n'est point d'avoir à se défendre contre un siège en règle, mais uniquement de loger une garnison relativement restreinte, chargée de surveiller les mouvements du parti adverse. Tours de guet, tours de garde (ainsi que leur nom l'indique : *le Guardès, las Guardes, la Gardère*, etc.), ce sont de simples postes d'observation, échelonnés de part et d'autre sur tout le parcours de la ligne-frontière.

Elevé sur une petite éminence, qui le préserve de toute surprise du côté du midi, de l'ouest et du nord, le château du Tauzia est facilement accessible du côté du levant, où il est dominé par les coteaux d'Augé et de Maignaut. C'est donc là le point faible, celui que l'on a dû principalement fortifier. Aussi est-ce là que se dresse la tour principale, la seule du reste qui serve véritablement de moyen de défense.

Cette tour A est carrée et sert actuellement, au rez-de-chaussée, de principale porte d'entrée. Une large et haute baie P, en plein cintre, donne accès dans l'intérieur de la tour. Elle ne conserve nulle trace de herse ni de portail. En revanche, elle était défendue par un machicoulis placé à l'étage tout à fait supérieur de la tour, par le crènelage du chemin de ronde, enfin par trois meurtrières, dont les deux plus basses sont en croix pattée. Une fenêtre trilobée, percée au-dessous du machicoulis, est la seule ouverture de cette tour, permettant à la vue de s'étendre au loin, dans la direction du levant. D'autres meurtrières, également en croix, sont aussi percées dans les murs latéraux qui font face aux courtines (Voir notre planche n° 1).

Une deuxième porte P', basse cette fois et en arc brisé, donnait accès de l'intérieur de la tour dans la grande salle M, du rez-de-chaussée. Elle était défendue également par un autre machicoulis carré, creusé intérieurement au milieu de la voûte de la tour.

La façade orientale du corps de logis, dont nous reproduisons ici (planche 1) la pittoresque perspective, était selon l'usage de tous ces châteaux gascons, hermétiquement close, ainsi qu'aux autres côtés, au rez-de-chaussée. A son premier étage, elle était percée de deux meurtrières, dont l'une est actuellement bouchée et dont l'autre a vu refaire son parement extérieur. Au second étage seulement est ouverte une élégante croisée, avec encadrement de moulures à tores ronds, qui a dû remplacer sans aucun doute, aux XV° ou XVI° siècles, lorsque de simple corps de garde le château devint une maison d'habitation, soit une petite porte ogivale, seul moyen peut-être d'accéder, à l'aide d'une échelle ou d'un escalier mobile, dans l'intérieur du château, soit une fenêtre géminée trilobée, semblable à celles que l'on voit encore aux châteaux de Massencôme et de Lagardère.

Il est de notre devoir, avant de passer aux autres façades

du château du Tauzia, de signaler ici, en avant de cette même façade orientale, un terrassement rectangulaire, à coins arrondis, pointillé sur notre plan (planche 2), destiné à supporter un corps de logis dont la charpente se reliait au mur du château à la hauteur du premier étage.

L'origine de ce petit bastion, très postérieur à la construction du château, serait à tout jamais pour nous restée énigmatique, si nous n'avions eu la bonne fortune de découvrir, dans les riches minutes du notariat de Valence, un acte d'une réelle importance, qui nous donne l'explication de cette bizarre construction.

Il ressort, en effet, de ce document qu'en l'année 1652, ainsi que nous le verrons du reste dans la partie historique de cette monographie, le château du Tauzia était la propriété des seigneurs de Gelas, marquis de Léberon, et qu'en l'absence du chef de la famille, retenu aux armées du roi, son oncle et procureur fondé, Charles-Jacques de Léberon, évêque de Valence et abbé de Flaran (1), entreprit, à la suite sans doute des troubles de la Fronde et afin de parer à toute éventualité, de faire ajouter quelque nouvelle fortification au vieux manoir, en partie déjà démantelé. A cet effet, il s'entendit, le 23 février 1652, avec deux maîtres maçons de la ville de Valence, afin qu'il fut construit

Un rabelin au pied de la porte qui est à l'entrée du degré dudit chateau du Tauzia, de pierre avec du mortier, de la hauteur de douze pans, et tout à l'entour du degré ou marchepied qui est au devant ladite entrée; ensemble y tailher audit rabelin une porte servant à l'entrée d'iceluy; ensemble en ycelle murailhe y fere deux canonieres pour la deffence dudit rabelin ou entrée susdite; ensemble fermer le portalh qui vient du derriere dudit chateau du costé du septentrion de la haulteur de ladite porte; plus réparer un cotté du portal qui est à l'entrée de la seconde basse cour, en sorte qu'on y puisse mettre une barriere.

(1) Voir notre monographie de l'*Abbaye de Flaran*. p. 87 (Auch, impr. Foix, 1890). Voir également le prochain travail que nous consacrerons au *Château de Léberon*.

Pour raison duquel travail, ledit Broqué audit nom a promis de donner et payer auxdits Serres et Granailhes la somme de dix livres tournoises, comptant vingt sous tournois pour chacune livre, ensemble de leur fere rendre toutes sortes de matériaux à pied d'œuvre, moyennant quoi lesdits sieurs maçons promettent avoir fait et parfait ladite besogne dans le troisieme jour de mars prochain, à peyne de tous despens (1).

Le travail fut effectué de point en point. On procéda à cet effet à des arrachements dans les parements extérieurs, et on y appuya ce susdit ravelin, dont l'utilité ne se faisait nullement sentir, et qui, masquant tout ce côté du château et notamment l'entrée principale, fut peu de temps après démoli. Néanmoins, on voit encore les fondements de cette curieuse petite construction.

La façade sud a été entièrement remaniée au XVI° siècle, ou peut-être même déjà à la fin du XV°. C'est, en effet, de cette époque que datent, aux premier et deuxième étages, ces grandes et élégantes fenêtres à meneaux, toutes bordées de moulures rondes ou prismatiques, et dont les montants très finement taillés et en forte saillie portent sur des consoles, ornées, les unes de chardons et de feuilles frisées, les autres de têtes d'animaux ou de bustes humains. Ces belles fenêtres remplacèrent à cette date les meurtrières primitives du premier étage, ainsi que les fenêtres géminées du second, dont on ne retrouve plus de ce côté aucune trace. Seule se voit encore, au rez-de-chaussée, une meurtrière oblongue de l'époque de la construction.

En revanche, on remarque, vers le milieu, une énorme brèche C, demi-circulaire, dans laquelle s'ouvre une porte au second étage et qui n'est que la cage éventrée de l'escalier qui fut construit sans doute à la même époque, lors du remaniement complet du château.

Ainsi que ses semblables, le château de Tauzia n'avait

(1) Minutes du notariat de Valence. Reg. pour 1652, fol. 25. Blain, notaire.

point à ses débuts d'escalier intérieur. Il n'est plus permis d'ignorer en effet que dans ces sortes de châteaux-forts le rez-de-chaussée était entièrement muré; que le premier étage n'était ajouré que par de rares meurtrières; et qu'on n'accédait aux portes très-basses du second étage que par des échelles mobiles ou par des ponts volants extérieurs que l'on relevait selon les circonstances. On voit encore au château de Sainte-Mère, sur la façade méridionale, les traces de l'escalier primitif. A Lagardère, ainsi que nous le dirons quand nous nous occuperons de ce château, il n'existe aucune marque d'escalier extérieur ou intérieur. Enfin à Massencôme, un escalier extérieur en pierre, qui subsiste encore de nos jours, fut ajouté après coup. Notre opinion est donc qu'au Tauzia on ne dut fort longtemps se servir que d'échelles mobiles pour pénétrer dans l'intérieur. Ce ne fut que longtemps après sa construction, à la fin du xv siècle, et alors que les Anglais furent à tout jamais chassés du sud-ouest de la France, que la nécessité d'un escalier intérieur s'imposa aux propriétaires. C'est alors qu'ils prirent le parti d'éventrer le milieu de la façade méridionale et d'y adosser cette tourelle circulaire, ou peut-être octogonale comme à Larressingle, dont on voit la cage béante, renfermant autrefois une vis de Saint-Gilles, et dont les portes et les fenêtres furent sans aucun doute enjolivées d'élégants enroulements. En détruisant plus tard cette cage d'escalier, on a par le fait détruit, en le rendant absolument inhabitable, toute l'économie du château.

La façade ouest, très sévère, contient au rez-de-chaussée une meurtrière; au premier étage, une petite croisée à meneau horizontal, encadrée par des moulures rondes et deux culs de lampe du xvi siècle; au deuxième, une fenêtre actuellement fermée. C'est à partir du chemin de ronde qui couronnait tout le château au-dessus du second étage, que vient s'adapter, au coin des façades nord et ouest, cette jolie tourelle polygonale en encorbellement, dont un côté repose sur un réduit en porte-à-faux destiné plutôt à des latrines qu'à un machicoulis. Cette tourelle, véritable tour de guet, permettait de suivre au loin, du côté de Valence, de Flarambel et de Massencôme, les mouvements de l'ennemi. Le joli dessin que nous en donnons ici nous dispense de la détailler plus longuement. (Planche 2.)

Enfin, du côté du nord, le château du Tauzia a conservé intactes les meurtrières de son rez-de-chaussée. Des fenêtres à meneaux, les unes murées, les autres ouvertes, ont remplacé celles des étages supérieurs. Deux lignes extérieures de corbeaux, semblables à la ligne de la façade sud, se prolongent de ce côté à la hauteur des premier et deuxième étages, restant énigmatiques. On peut expliquer à la rigueur les corbeaux des étages supérieurs par l'application possible de hourds tout à l'entour du château. Mais cette conjecture est inadmissible aux étages inférieurs. Tout au plus pourrait-on se demander si les corbeaux de ces étages n'étaient pas destinés à supporter tout simplement les poutres de quelque hangar mobile, que l'on adossait en toute hâte au mur extérieur, lorsqu'il s'agissait d'abriter des convois, des bêtes de somme, des chevaux. Il est à remarquer en effet qu'absolument isolé au milieu des champs, le Tauzia n'a jamais possédé la moindre écurie, décharges ou communs.

— L'intérieur du château du Tauzia ne devait former, croyons-nous, à l'époque primitive, qu'une seule et vaste salle rectangulaire de quatorze mètres de long sur dix de large. Une fois de plus, sous ce rapport, il était semblable à ses voisins les châteaux de Massencôme, Balarin, Larressingle et plus loin Sainte-Mère, où l'on ne retrouve nulle trace de mur primitif de séparation. Le mur de refend R, qui, actuellement, sépare les deux corps de logis M et N, a été, croyons-nous, ajouté au XVIe siècle, lors des modifications qui vinrent transformer entièrement l'aménagement du château. Il est donc fort difficile, faute de documents, de déterminer aujourd'hui d'une façon absolument précise, l'affectation de ses différentes salles.

On peut toutefois affirmer dès à présent que dans l'esprit de l'architecte, le rez-de-chaussée était destiné à abriter les munitions, les voitures, les chevaux; peut-être même, en un coin, à servir de cuisine. En tout cas, il n'était éclairé que par de sombres et étroites meurtrières.

Tout aussi sombre était le premier étage, qui constituait probablement le corps de garde, ou plutôt le logement, le dortoir des gens de guerre.

Seul était convenablement ajouré le deuxième étage, où se trouvait la grande salle d'armes, chambre d'honneur ou logement du chef, qui, de là, pouvait plus facilement communiquer avec les hommes postés sur le chemin de ronde ou les sentinelles juchées au sommet des tours.

Plus tard, lorsque les alarmes continuelles provoquées par l'état de guerre eurent cessé, les seigneurs français, propriétaires de ces sombres demeures, songèrent à en modifier l'agencement d'après les nouveaux besoins, et, de tristes et froides casernes qu'elles étaient, à les transformer en maisons, sinon de plaisance, ce qu'elles ne furent jamais, du moins d'habitation convenable. Alors surgirent tout à coup les tourelles à pignon, les croisées à moulures délicates, les escaliers à vis agrémentés de mascarons, les larges cheminées aux hardis montants, aux manteaux richement ornés. Les séparations s'établirent entre les différentes pièces; et tous ces châteaux prirent l'aspect que nous leur voyons encore aujourd'hui.

La coupe verticale, suivant la ligne AB de la façade méridionale, que nous reproduisons, ainsi que les deux plans, l'un du rez-de-chaussée, l'autre du premier étage (Planche 2) nous dispensent d'entrer dans de longs détails sur l'aménagement, d'ailleurs des plus simples, de l'intérieur du château du Tauzia. On y verra suffisamment que le corps de logis M est un peu plus spacieux que le second N. Tous deux sont éclairés, soit par les meurtrières primitives, soit par les fenêtres à meneaux postérieures, dont nous avons donné l'énumération et la description précédemment. Des cheminées, des éviers, quelques crédences, permettent d'assigner à ces rez-de-chaussée la destination de cuisines, d'offices ou de décharges. Les salles supérieures constituaient, au XVI° siècle, les appartements privés des châtelains. Notons également, à l'intérieur, de nouvelles rangées de corbeaux, dont il est aussi difficile qu'à l'extérieur d'expliquer la signification.

La tourelle D était accessible par une porte F (Planche 2) qui s'ouvrait sur le chemin de ronde. Une autre porte S, identique, donnait accès, à la même hauteur, aux étages supérieurs de la tour carrée A. Ces étages ne communiquaient entre eux que par des trappes, dont on voit encore la trace, et par des échelles. Très étroits, ils ne pouvaient abriter, chacun, qu'une dizaine d'hommes armés, ce qui était suffisant pour l'observation ou même la défense de la tour.

Tel qu'il était constitué primitivement, le château du Tauzia, quoique de dimensions un peu restreintes, présentait, on le voit, un système suffisamment défensif. Il pouvait facilement contenir deux cents hommes d'armes qui, placés aux bons postes, devaient arrêter quelque temps la marche d'une compagnie ennemie, à une époque surtout où les armes à feu étaient encore inconnues, et où l'arbalète, avec le courage personnel, jouait le principal rôle. Mais, nous le répétons, sa raison d'être était bien moins d'avoir à supporter un siège que de surveiller attentivement l'autre côté de la frontière, et de prévenir en temps opportun les corps plus importants massés derrière lui, soit à Condom, soit à Larressingle, soit à Saint-Orens, ou dans toute autre garnison anglaise. A ce titre seul, il mérite, croyons-nous, une attention particulière.

II

L'histoire du château du Tauzia sera fort incomplète. Les documents, surtout en ce qui concerne ses premières années, nous font entièrement défaut. A peine trouverons-nous, dans quelque vieux parchemin oublié ou dans une monstre d'armes, les noms de ses plus anciens propriétaires.

Tandis que ses puissants voisins, les châteaux de Sainte-Mère, de Massencôme, de Lagardère, de Léberon, etc., sont pour la plupart datés, ne laissant aucun doute sur l'époque de leur origine, et que nous avons pu, ainsi qu'on le verra dans les monographies suivantes, reconstituer, à force de patientes recherches, leur histoire en même temps que celle de leurs seigneurs, il ne nous a pas été donné de retrouver pour le château du Tauzia la date de sa fondation. Poste anglais à ses débuts, les soldats du roi Edouard ont-ils, au moment de l'évacuation définitive de la Gascogne, emporté, avec tant d'autres documents de premier ordre intéressant son histoire, puis renfermé à la tour de Londres ses précieuses archives? Ou bien ses premiers propriétaires, les Barbazan, race noble et héroïque par excellence, qui illustrèrent leur nom d'un si brillant éclat durant les guerres du xive et du xve siècle, ont-ils négligé de conserver plus tard dans leurs chartriers les titres de cette seigneurie, comme trop éloignée de leurs principales terres et du centre habituel de leurs opérations de guerre?

Quoi qu'il en soit, ce n'est qu'après la vente de la seigneurie du Tauzia, consentie par les Barbazan aux Marestang à la fin du xve siècle, c'est-à-dire au moment où s'amoindrissait, avec la fin des grandes luttes féodales, son importance militaire, que surgissent, dans nos dépôts d'archives, quelques documents qui l'intéressent. Encore les Marestang, famille ruinée de bonne heure, n'ont-ils joué au xvie siècle qu'un rôle fort effacé; à tel point que leur généalogie n'a, croyons-nous, jamais été écrite.

Les seules pièces avec lesquelles nous avons pu fort sommairement esquisser cette histoire, nous les devons aux soins de la famille de La Forcade du Pin, propriétaire actuelle du château du Tauzia. C'est à son dernier descendant, M. Gabriel de Tauzia, que nous sommes heureux de pouvoir adresser ici l'expression bien sincère de notre gratitude pour l'obligeance qu'il a mise à nous faciliter notre tâche, et à nous permettre, en nous donnant accès dans ses riches archives, de jeter enfin quelque jour sur le passé si obscur de cette petite forteresse.

Dès le xie siècle, nous dit feu Denis de Thézan (1), dont nous ne pouvons, faute de références, contrôler les assertions, « la terre du Tauzia avait donné son nom à une famille. Bernard de Polignac, seigneur de Pouypetit, en Gaure (2), marié à demoiselle N. du Tauzia, et Guillaume de Montaut, archevêque d'Auch, prirent pour arbitres les sires d'Armagnac et de Fezensac, l'an 1095. »

« Son fils Léandre, écrit le même auteur, fit par testament de l'année 1145, donation du quart de la dîme de Pouypetit aux recteurs de ladite paroisse, pour qu'ils priassent Dieu pour le salut de son âme, celle de Bernard son père, et celle de la dame de Tauzia, sa mère : *Pro redemptione animœ meœ, patris mei Bernardi et matris meœ de Tauziano.* »

---

(1) *Revue de Gascogne*, tome xi, p. 551.
(2) Le château de Pouypetit n'est éloigné du château du Tauzia que de quatre kilomètres, à l'Est.

Quoi qu'il en soit de l'exactitude de ces documents, si le fief du Tauzia et une famille de ce nom comptaient déjà dès le xiie siècle, le château, dans tous les cas, tel du moins que nous le voyons aujourd'hui, n'existait pas encore, sa construction ne remontant, d'après son type architectonique, qu'à la fin du xiiie siècle.

Lorsque nous le retrouvons, c'est en plein xive siècle. Ses puissantes murailles ont surgi tout à coup. Ses tourelles dressent vers le ciel leurs têtes crénelées. Les hommes d'armes montent la garde autour de ses chemins de ronde. Ses grandes salles sont pleinement approvisionnées. Il remplit, dès ce moment, le rôle qui lui a été attribué. Le château du Tauzia appartient alors à l'illustre famille de *Barbazan*. « Le 1er avril 1362, en effet, Manaud de Barbazan rend hommage au comte d'Armagnac, et déclare entre autres terres, tenir de lui, en fief, *dominium seu senhoria de Tauziano cum pertinentiis suis.* »

— Jamais peut-être en Gascogne famille ne fut plus guerrière et plus illustre que celle des Barbazan. Originaire du pays de Nébouzan, elle doit son nom au fief de Barbazan, situé sur les derniers contreforts des Pyrénées, à l'extrémité de la vallée de Barousse, là où la petite rivière de Lourse se jette dans le lit de la Garonne, encore à son origine. Fièrement campé sur un des promontoires du massif du pic de Gar, le château de Barbazan, encore debout, atteste par sa forte position et son assiette imprenable la puissance et la magnificence de ses héroïques seigneurs.

La vie des sires de Barbazan au moyen âge est en effet toute une épopée. Sans cesse sur les champs de bataille, au premier rang dans les combats célèbres, alliés fidèles des comtes d'Armagnac, ils luttent pour la fortune de la France ; et ce n'est que forcés par la loi du vainqueur qu'ils courbent momentanément la tête devant la bannière du roi d'Angleterre. Nous n'entreprendrons pas, on le pense, d'écrire ici leur histoire, ni même leur généalogie, devant laquelle ont reculé de plus habiles que nous. « Voici une maison si ancienne, écrit Lachesnaye des Bois, au tome II du *Dictionnaire de la noblesse* (1), qu'on n'en peut parler que confusément sans même en pouvoir donner la généalogie. » Nous nous contenterons, d'après nos annalistes gascons, de rappeler simplement les principaux faits d'armes de ces premiers seigneurs du Tauzia.

Dès la fin du XIII° siècle, vers l'époque où dut être construit le château qui nous occupe, nous voyons aux États de Bigorre, rassemblés à Séméac, le 9 octobre 1292, pour protester contre la saisie du comté de Bigorre par Philippe le Bel, au préjudice des droits de Constance, figurer ARNAUD GUILLEM DE BARBAZAN, et à ses côtés toute la noblesse du pays (2). C'est le même qui, quelques années plus tard, assiste au contrat de mariage de Mathe d'Armagnac avec Bernard-Esi d'Albret, par lequel son frère Jean d'Armagnac lui donna vingt mille livres de dot et mille livres de rente, et qui cautionna cette somme avec son frère Auger de Barbazan et une grande partie des seigneurs gascons. Les pactes furent passés à Condom, le 21 mai 1321 (3).

Le traité d'Amiens avait, nous l'avons dit, livré aux Anglais tout l'Agenais et par suite le Condomois. La prise de possession de ce vaste territoire fut consentie solennellement par les commissaires des deux partis, le 9 août 1279, dans le cloître du couvent des Dominicains d'Agen, en présence d'une foule innombrable de seigneurs gascons, qui tous jurèrent foi et hommage à leur nouveau seigneur. Cet état de choses dura jusqu'en 1324, et fut marqué par la construction, sur toute la ligne frontière, de postes d'observation. C'est le temps où le roi d'Angleterre dut concéder ou confirmer

(1) P. 510, art. *Barbazan*.
(2) Archives du Grand-Séminaire d'Auch. — Monlezun, *Histoire de la Gascogne*, t. III, p. 39.
(3) Collection Doat, t. XVI. — Monlezun, *Ibid*.

à nouveau aux seigneurs de Barbazan la possession de la seigneurie du Tauzia, en Condomois, avec mission, peut-être impérative, comme le fit le comte d'Armagnac au même moment pour le château de Lagardère, d'édifier soit une maison, soit une forteresse, en vue de la défense de ses domaines, se réservant le droit de l'utiliser et d'y enfermer au besoin quelques-uns de ses soldats. En tous cas le Condomois était terre anglaise lorsque fut édifié le château du Tauzia. Il le demeura jusqu'en 1324, époque où Charles de Valois reçut, on le sait, cette portion de la Gascogne, et l'incorpora de nouveau à la France par le traité de 1325.

L'année suivante le jeune roi d'Angleterre Edouard III, voulant derechef reconquérir ses domaines perdus et se faire de nombreux partisans en Gascogne, députa Pierre de Galiciac, chanoine d'Agen, avec mission de parcourir les terres du Condomois et du comté d'Armagnac. Il s'aboucha à cet effet avec plusieurs seigneurs gascons, et notamment avec Arnaud Guillem de Barbazan (1). Mais ses efforts restèrent infructueux.

En 1327, ce même seigneur de Barbazan épousa Mabille, fille du comte de Pardiac et de Giraude de Biran. Le pacte de mariage fut signé à Ville-Comtal, le 18 juillet, en présence des plus grands seigneurs gascons (2). Cette alliance rehaussa l'éclat de la maison de Barbazan, dont un des membres se trouvait à cette époque évêque de Pampelune, au royaume de Navarre.

Deux autres seigneurs de Barbazan, *Thibaut* et *Manaud*, apparaissent à ce moment et jouent un rôle important dans l'histoire de la Gascogne. On les voit d'abord, en 1328, se mutiner contre l'autorité royale et ecclésiastique, et abriter chez eux les meurtriers d'Anissance de Toujouse (3). Mais

---

(1) Rymer, tome II, 2ᵉ partie; p. 160 et suiv.
(2) *Inventaire du château de Pau;* — Dom Brugèles, p. 131.
(3) Monlezun, *Histoire de la Gascogne*, t. III, p. 216.

bientôt ils se rangent sous la bannière du comte d'Armagnac et ne cessent avec lui de porter les armes françaises. En récompense de ses services, Jean d'Armagnac donne à Manaud de Barbazan la terre de Castelnavet, après la mort de son père, à qui il en avait octroyé la jouissance (1).

Malgré la défaite de Crécy (1346), le Condomois restait depuis 1324 à la couronne de France. Le château du Tauzia arborait donc depuis cette époque les couleurs nationales. Lorsque en 1352 le prince Noir entreprit ses courses terribles en Gascogne, et que Charles, roi de Navarre, prit Condom comme lieu de rendez-vous à ses troupes pour marcher contre Montréal que tenaient les Anglais, *Thibaut de Barbazan,* seigneur du Tauzia, commandait à Condom pour le compte du roi de France (2). Nous le voyons l'année suivante s'enrôler avec tous ses hommes d'armes sous la bannière de Jean d'Armagnac et l'aider, avec son proche parent le comte de Pardiac, à repousser les Anglais (3).

Mais la funeste bataille de Poitiers (1356) et le traité plus funeste encore de Bretigny remirent une fois de plus le Condomois et le comté de Gaure sous l'obéissance du roi Edouard. Le Tauzia redevint terre anglaise, et les sires de Barbazan, quoique restés fidèles au parti français, durent, pour cette terre, rendre hommage au monarque d'outre-mer. Thibaut de Barbazan était alors sénéchal de Carcassonne et commandait dans tout le Midi pour le compte de Jean d'Armagnac, appelé en toute hâte auprès du dauphin pour tenter de sauver l'honneur national et venger la défaite du roi Jean (4).

Mais déjà s'opérait le réveil national, et les seigneurs gascons cherchaient à secouer par tous les moyens en leur

---

(1) Bibl. nationale. Inventaire du château de Lectoure. — Monlezun, t. IV, p. 435.
(2) Samazeuilh, *Nérac et Pau*, p. 60.
(3) Monlezun, t. III, p. 315.
(4) Dom Vaissete, t. IV p. 292.

pouvoir le joug de l'étranger. C'est ainsi que, dès le 1ᵉʳ avril 1362, Manaud de Barbazan rend, comme nous l'avons déjà dit, hommage à Jean Iᵉʳ d'Armagnac pour la terre du Tauzia. Ce fief ne dépendait donc plus, déjà à cette époque, de la couronne d'Angleterre. Cette année 1362 est celle où se livra, le 5 décembre, la fameuse bataille de Launac, entre le comte de Foix et le comte d'Armagnac, et qui se termina, après un carnage épouvantable, par la défaite complète des troupes de ce dernier. Dans les rangs de son armée, en allié fidèle qu'il fut toujours, combattait le sire de Barbazan. La célèbre chronique de Michel de Vernis, sous le titre de : *Les faits et gestes de Gaston Phébus,* nous dit en effet :

> L'an mil trois cent soixante et dos
> Le comte de Foix, balant et pros,
> Ajustat am sa baronie,
> En decembri lo cinque die,
> Preng en batailhe compal
> Armanhac son enemic mortal ;
> Et pres lou seignou de la Barthe,
> Et, legitz mes avant la carta
> Que le comte de Foix, Gaston,
> Pres lo seignou de Fieumarcon,
> *De Barbazan mossen Manaud*
> Et mossen Pey de Montaud, etc.

Le comte d'Armagnac ne fut pas plus heureux, peu d'années après, lorsque voulant venger son échec de Launac, il s'empara avec quelques lances de la petite ville de Cazères, au comté de Foix. Surpris le lendemain, dans ses murs, par Gaston Phœbus, il y fut fait prisonnier et conduit à Orthez avec ses principaux lieutenants, parmi lesquels le seigneur de Barbazan. Ils n'obtinrent leur délivrance qu'en payant une forte rançon au vainqueur (1).

Manaud de Barbazan assiste comme un des premiers

---

(1) Froissart, tome III, ch. v.

témoins du comte d'Armagnac à la solennelle réconciliation de ce prince, le 3 février 1377, avec le comte de Foix (1). Ce n'était certes pas trop des efforts combinés de ces deux maisons gasconnes, malheureusement trop souvent rivales, pour chasser une fois de plus, à la fin de ce XIVe siècle si fécond en luttes, l'ennemi traditionnel. Sous la vigoureuse impulsion de Charles V et de Duguesclin, les Anglais perdaient en effet peu à peu toutes leurs conquêtes; et nous voyons les Barbazan toujours au premier rang parmi les défenseurs de la cause nationale. Le duc d'Anjou sut les en remercier, en nommant, en récompense de ses signalés services, le chef de la famille, Manaud de Barbazan, maréchal du Languedoc, en 1370, puis capitaine du Poitou, de la Saintonge et de l'Angoumois, et en lui servant une pension de trois cents livres d'or par mois (2).

Si la conduite du sire de Barbazan fut sans cesse à l'égard de l'étranger exempte de tout reproche, il n'en fut pas de même pour la façon dont il régla ses différends de famille. En ces heures troublées, la lutte seule avait des charmes pour les hauts barons, et dès qu'une trève passagère avec les Anglais arrêtait leurs bras, il fallait qu'ils se retournassent immédiatement les uns contre les autres. C'est le cas de Manaud avec le comte de Pardiac. Epoux d'Anne de Monlezun, et beau-père de Marguerite de Comminges, Géraud, comte de Pardiac, exigea que Manaud de Barbazan lui rendît hommage pour les terres qu'il possédait dans son comté. Le fier soldat refusa, prétendant même avoir autant de droits que lui, du chef de sa mère Mabile de Monlezun. Géraud saisit aussitôt ses terres de Goux et de Bajonnette. Manaud en appela à ses fidèles compagnons d'armes, et une lutte acharnée ensanglanta tout le Pardiac. Le sénéchal de Toulouse s'en émut, et, au nom du roi, finit, après de longs efforts,

---

(1) Monlezun, t. III, p. 453.
(2) Monlezun, p. 423. — Voir aussi *Histoire de Languedoc*, t. IX, p. 822.

par arrêter les combattants. Il les réunit d'abord à Gimont, puis à Fleurance, puis à Grenade (décembre 1393). Barbazan accepta d'avance, sans conditions, la médiation royale. Il n'en fut pas de même du comte de Pardiac, dont le comté fut saisi et qui fut conduit en prison, d'abord à Toulouse, puis à Carcassonne, et enfin à Paris (1).

C'est également l'époque où Manaud de Barbazan plaida, après la mort de sa cousine Jeanne, pour la terre de Barbazan contre les enfants de Guillaume de l'Escure, et où la moitié de ladite seigneurie lui fut attribuée, par arrêt de l'année 1406.

Marié à Jeanne de Lambert, Manaud de Barbazan en eut trois enfants : 1° *Arnaud-Guillem*, dont nous allons retracer les glorieux faits d'armes; 2° *Jeanne*, que nous verrons habiter le château du Tauzia; 3° *Jean*, mort avant son père, et dont la fille *Oudine*, mariée au seigneur de Faudoas, deviendra, à la mort de son oncle, l'héritière de tous les biens de cette puissante maison.

C'est d'abord dans les tournois, l'école indispensable à tout gentilhomme qui se respecte, que brille *Arnaud-Guillem de Barbazan*, dont la gloire va bientôt dépasser celle de son père Manaud. Il paraît une première fois, comme témoin particulier du comte Jean III d'Armagnac, à la célèbre joute de Rodez, du 30 décembre 1388, où les deux champions, Jacques Breton et Louis de Sère, portent les couleurs des deux nations rivales (2). Puis il prend la principale part à la non moins célèbre passe d'armes de Montendre, au mois de mai de l'an 1404, dont tous les chroniqueurs de l'époque nous ont transmis les intéressants détails.

La guerre avec l'Angleterre n'avait pas encore repris officiellement, mais les deux partis brûlaient d'en venir aux mains. Chaque jour voyait s'élever quelque provocation de

---

(1) *Histoire de Languedoc*, t. IV, p. 406 (anc. édition).
(2) Voir pour les curieux détails de cette affaire, Collection Doat, t. XXXIX, et Monlezun, t. IV, p. 45.

part et d'autre, qui se vidait généralement en champ clos. Un jour « le sénéchal de Guienne fit savoir à Paris qu'il y avait dans ses contrées quelques nobles Anglais, qui désiraient faire armes pour l'amour de leurs dames, et que si quelques Français voulaient venir, ils les recevraient avec joie (1). L'invitation fut acceptée avec empressement par les jeunes seigneurs de la suite du duc d'Orléans. » Ils se rendirent au nombre de sept, entre Mussidan et Montendre, disent quelques chroniqueurs, devant le château même de Montendre, précise Moreri. « Le roi, dit celui-ci, avait choisi Barbazan pour être chef des chevaliers français et combattre contre autant d'Anglais, dont le chef était le chevalier de l'Escale. Le combat se donna à la tête des deux armées de France et d'Angleterre, en présence de Jean de Harpedene, seigneur de Belleville et sénéchal de Saintonge, nommé par le roi de France, et du comte de Rutland, nommé par les Anglais. Barbazan porta par terre le chevalier de l'Escale d'un coup de lance. Les six autres Anglais furent défaits, et le seigneur de Belleville ramena les Français victorieux à la Cour, où ils furent fêtés et comblés de présents. Le roi lui fit don d'un sabre sur la garde duquel il avait fait graver le titre de *Chevalier sans reproche* (2). »

La mort de Jean III d'Armagnac au-delà des monts fit passer toute la fortune de cette maison sur la tête de Bernard VII, son frère, le fameux connétable. Arnaud-Guillem de Barbazan unit intimement sa destinée à celle de ce prince. Il fut, durant les troubles qui ensanglantèrent la France dans les premières années du XVe siècle, un des chefs les plus autorisés du parti d'Armagnac, et plus tard un des vaillants guerriers qui, avec Xaintrailles et Lahire, contribuèrent le plus puissamment à chasser les Anglais.

---

(1) L'anonyme de Saint-Denis (p. 449) prétend que la provocation vint de Barbazan et de ses compagnons.

(2) Moreri, art. *Barbazan*. — Juvénal des Ursins, p. 148. — Monlezun, t. IV, p. 119, etc.

En 1413, Barbazan soutint Bernard d'Armagnac dans ses éternelles revendications à main armée contre la maison de Foix. Puis, après la défaite d'Azincourt et la prise de Paris par les Anglais et la faction bourguignonne (1415), nous le retrouvons, le lendemain de cette mémorable journée, à côté du connétable et de Tanneguy-Duchâtel, essayant de reprendre la capitale à Jean Sans-Peur. Déjà ils s'étaient emparés du faubourg Saint-Antoine et ils marchaient sur le Louvre et l'hôtel Saint-Paul pour chercher à surprendre le Roi, lorsque le peuple des rues se retourna contre eux, les culbuta jusque sous les murs de la Bastille, et, après une tuerie épouvantable, les força à se replier hors Paris (1).

Barbazan fut, sinon l'un des auteurs, du moins un des témoins de l'assassinat de Jean Sans-Peur au pont de Montereau, le 10 septembre 1419. Mais il n'approuva jamais le meurtre du duc de Bourgogne : « auquel de Barbazan, dit Monstrelet, fut moult désagréable, et tant que par plusieurs fois reprocha à ceulx qui avaient machiné le cas dessus dit, en disant qu'ils avoient détruit leur dessus dit maître de chevance et d'honneur. Et dit que mieux vauldroit avoir été mort que d'avoir été à icelle journée, combien qu'il en fût innocent » (2). Sa renommée, ajoute Monlezun, n'en fut point atteinte, et il conserva, même parmi les Bourguignons, le surnom de *Chevalier sans reproche*, dont le roi l'avait gratifié.

L'éveil était donné; Jeanne d'Arc était apparue, et déjà, sous les murs d'Orléans, avait ranimé tous les courages. Charles VII venait d'être sacré à Reims, et l'illustre héroïne qui avait sauvé la France mourait, abandonnée pitoyablement, sur le bûcher de Rouen. Vers cette même année, faillit expirer au fond d'un noir cachot, où il était enfermé depuis neuf ans, l'illustre Barbazan.

(1) Journal de Paris. — *Histoire des ducs de Bourgogne*, etc.
(2) Monstrelet, livre 1, chapitre 221. — Monlezun.

Notre héros avait brillamment défendu la ville de Melun, assiégée par les Anglais en l'année 1420; « dedans laquelle ville, dit Monstrelet, estoit principal capitaine le seigneur de Barbasan, noble vassal, expert, subtil et renommé en armes » (1). Il y eut, durant le siège, écrit le même auteur, et avec lui Juvénal des Ursins, « maintes belles expertises d'armes entre les deux partis », dont quelques-unes se firent même la nuit à la lueur des torches et des flambeaux. Un jour le roi d'Angleterre voulut jouter contre un chevalier français; ce fut le sire de Barbazan qui se présenta. Mais dès qu'il eut reconnu à qui il avait à faire, il s'inclina respectueusement devant le monarque anglais et lui laissa le champ libre. La garnison de Melun ayant dû, peu après, capituler et avec elle le seigneur de Barbazan, l'altière duchesse de Bourgogne exigea qu'on lui livrât sa tête, comme étant un des assassins de son mari. Mais le rusé Gascon rappela à propos sa joute avec le roi d'Angleterre, se réclama de sa qualité de frère d'armes du monarque, et obtint, en échange de la vie, un triste et long emprisonnement. Il fut envoyé, non, comme le dit Monlezun, à Château-Gonthier, mais bien en Normandie dans les sombres cachots du Château-Gaillard. Ce ne fut qu'en 1430 que le brave Lahire, ayant surpris le château par escalade et ayant chassé la garnison anglaise, trouva Barbazan enfermé depuis le siège de Melun dans une étroite cage de fer. « On en rompit les barreaux; mais, par un de ces sentiments exagérés qui n'appartiennent qu'à une époque où les vertus étaient outrées comme les vices, le chevalier ne voulut point en sortir. Il avait promis au gouverneur Kingston d'être son loyal prisonnier, et il fallait que sa parole fut dégagée. On dut courir après l'Anglais, qui revint délivrer lui-même le trop scrupuleux Barbazan. Le roi l'accueillit avec d'autant plus de joie que le bruit de sa mort

---

(1) Monstrelet, livre 1, chapitre 237 et suivants. — Voir aussi *Histoire de Languedoc*, t. IX, p. 1062 et suiv.

s'était généralement répandu, et il le nomma aussitôt gouverneur de la Champagne » (1).

Barbazan continua ses exploits. Il s'empara de plusieurs places occupées par les Anglais, ce qui lui valut encore le titre de *Restaurateur du royaume et de la couronne de France,* qui est énoncé dans les lettres patentes de Charles VII, et il se signala tout particulièrement dans les plaines de Champagne, à La Croisette, où « avec trois mille hommes il tailla en pièces huit mille ennemis et fit six cents prisonniers. »

Son courage, poussé jusqu'à la témérité, devait amener sa mort. Il la trouva, le 2 juillet 1431, sur le champ de bataille de Belleville, près Nancy, où se rencontrèrent les armées de René d'Anjou et d'Antoine de Vaudemont, tous deux se disputant la Lorraine. Maréchal de l'armée du roi René, Barbazan fit des prodiges de valeur et tomba percé de coups, entraînant avec lui la défaite de son chef. Toutefois Moreri ajoute qu'il ne mourut que six mois après.

La mort de Barbazan fut une perte pour le parti français. Charles VII la ressentit vivement. Il fit porter le corps de ce grand homme dans l'église de Saint-Denis, au tombeau des rois de France. Il ordonna qu'il y fût enterré avec les mêmes honneurs et cérémonies qu'on avait accoutumé de faire aux obsèques des souverains. Les lettres patentes qui furent octroyées le 10 mai 1434, et qu'a rapportées le Père Menestrier, jésuite, dans son *Traité de l'origine des ornemens extérieurs des armoiries,* en font foi : « Ayant égard, y est-il dit, et considération aux grandes signalées vertus et recommandables services à lui rendus et aux seigneurs rois ses prédécesseurs par Arnaud-Guillem de Barbazan, chevalier sans

---

(1) En écrivant ces lignes, Monlezun (t. IV, p. 238) s'est inspiré du récit d'Hollinshed, cité par M. de Barante aux tomes IV, p. 316, et V, p. 212 de son *Histoire des ducs de Bourgogne.* (Ed. Delloye, 1839). — Monstrelet, l. 1, ch. 237, Juvénal des Ursins et tous les chroniqueurs de cette époque rapportent le même fait.

reproche, conseiller du roi, premier chambellan, au fait des guerres y exprimées, il est permis audit sieur de Barbazan de porter le nom et titre de chevalier sans reproche, comme aussi de porter, lui et ses descendans de nom et maison de Faudoas, les trois fleurs de lys sans barre dans ses armes. Pour dernière preuve de l'amitié que le seigneur roi lui portait il lui permet et veut qu'il soit enseveli dans l'église de Saint-Denis en France, sépulture des rois et en leur chapelle, et à leur côté, avec un sépulcre de bronze, effigie et statue dudit Barbazan, et une épitaphe pour marque à la postérité de sa valeur, avec les mêmes honneurs et cérémonies qu'on a coutume de faire aux rois (1). »

Une vie aussi mouvementée ne permettait guère au sire de Barbazan d'administrer lui-même ses immenses domaines de Gascogne et de Languedoc. Ce soin, pour lui comme pour bien d'autres de ses compagnons, était, en ces époques troublées, réservé généralement aux femmes. C'est ainsi que nous en trouvons une, *Jeanne de Barbazan*, sœur d'Arnaud-Guillem et fille de Manaud, qui habitait, en 1423, le château du Tauzia. Dans les Archives hospitalières de la ville de Condom, nous voyons en effet, dans la liasse relative à l'hôpital de Teste, l'acte suivant. C'est « la vente, le dernier février 1423, de la moitié du moulin de Gauge (rive droite de la Baïse), indivis avec le chapitre de Condom, et du quart de l'autre moulin (rive gauche), indivis avec le prieur de l'hôpital de la bienheureuse Marie de Salis ou de Teste, avec toutes leurs dépendances, consenti en faveur du chapitre de l'église cathédrale de Saint-Pierre de Condom par noble Jeanne de Barbazan, dame de Galapian et du Tauzia, fille de Manaud, seigneur de Barbazan, chevalier condomois (*militis Condomii*), et fille et héritière de noble Jeanne de Lambert, moyennant la somme de 260 écus d'or et sous la

(1) Lachesnaye des Bois, art. *Faudoas*.

réserve de 12 deniers morlas de fief. — Ledit acte est retenu *au Tausia* par Amanieu de Poitevin, notaire de Condom, en présence de G. de Cazeneuve, prieur de l'hôpital de Teste. Copie faite le 20 août 1674 sur l'original en parchemin du chapitre (1). Ratification de cette vente fut effectuée en 1496 par le seigneur de Lautrec, Jean de Foix, héritier des Barbazan. L'acte reproduit par Larcher, dans son Cartulaire de Condom (2), contient les mêmes indications que celles qui précèdent.

La mort du chevalier *sans reproche*, maître de toutes les terres de ses ancêtres, donna lieu à des difficultés de succession. Arnaud-Guillem de Barbazan (3), de son mariage avec Sibylle de Montaut, ne laissait qu'une fille Jeanne, mariée à Jean II, comte d'Astarac. Un de ses frères, Jean de Barbazan, mort avant lui, avait laissé un fils, Leonet, mort jeune et sans postérité, et une fille, Oudine, qui épousa un seigneur de Faudoas. A la mort d'Arnaud-Guillem, un procès s'engagea entre sa fille Jeanne et le même neveu Beraud de Faudoas, qui prétendait être substitué par Manaud de Barbazan à tous les biens de la succession, dans le cas où la branche ainée s'éteindrait faute d'enfants mâles, ce qui était le cas. Ces différends ne furent terminés que par un arrêt du Parlement de Toulouse, qui distrayait du domaine paternel certaines terres en faveur de Jeanne d'Astarac et en attribuait d'autres à Beraud de Faudoas, notamment la seigneurie de Barbazan, dont il prit le nom et les armes, qui étaient d'azur à la croix d'or, et qui devint ainsi le chef de cette seconde famille de Barbazan-Faudoas. Elle ne saurait nous intéresser ici plus longtemps ; car ce n'est pas elle qui eut en partage la seigneurie du Tauzia.

— Que devint en effet à cette époque le château qui nous

---

(1) Archives hospitalières de Condom, Hôp. de Teste, B 5.
(2) Archives communales de Condom.
(3) Lachesnaye des Bois. Art. *Barbazan*. Monlezun, t. IV, p. 359.

occupe? Nous venons de le voir, en 1429, habité par *Jeanne de Barbazan*, fille de Manaud et sœur d'Arnaud-Guillem. A la mort de celui-ci, arrivée comme on le sait en 1431, il passa dans la succession de sa fille *Jeanne, mariée au comte d'Astarac*, à qui il fut attribué. Il devint donc, durant quelques années, la propriété de cette illustre famille des comtes d'Astarac, dont les membres jouèrent un si grand rôle en Gascogne dans les guerres des xiiie, xive et xve siècles, et qui était en ce moment représentée par Jean II, fils de Jean Ier comte d'Astarac et de Philippe de Comminges, sa troisième femme. Le nouveau seigneur du Tauzia rendit hommage et fidélité au nom de sa femme Jeanne de Barbazan, le 1er octobre 1452, et comme son procureur fondé, en l'église de Saint-Jean-de-Braibières, à Jean, comte de Foix et de Bigorre, pour la baronnie de Barbazan (1), comme dépendante de la succession de son père, et pour laquelle il plaidait le 7 septembre 1454, devant le Parlement de Toulouse, contre Beraud de Faudoas, à qui, nous l'avons dit, elle fut attribuée (2).

Jean II d'Astarac mourut en 1458. Il laissait une fille unique, *Catherine*, qui devint héritière de toutes ses propriétés, et par suite de la terre du Tauzia. Cette Catherine d'Astarac avait épousé, neuf ans auparavant, le 23 juillet 1449, *Pierre de Foix, vicomte de Lautrec*, de la branche cadette de la grande maison de Foix. Le Tauzia passa donc, par ce mariage, de la maison d'Astarac dans celle des Foix, vicomtes de Lautrec (3).

Pierre de Foix, vicomte de Lautrec et de Villemur était en effet le deuxième fils de Jean, comte de Foix et de Jeanne d'Albret sa femme. Il eut en partage les vicomtés de Lautrec et de Villemur, par testament de son père, de l'an 1429, et devint ainsi le chef des vicomtes de Lautrec. Il se distingua à

---

(1) Le siège principal de cette baronnie était le château de Barbazan, situé à 12 kilomètres environ sud-est de la ville de Tarbes, dans la vallée de l'Adour, qu'il ne faut pas confondre avec l'autre château de Barbazan, situé non loin de là, dans le Comminges.
(2) P. Anselme, t. II, p. 619.
(3) Idem, t. III, p. 378.

toutes les batailles de la fin de la guerre de Cent ans, se signala aux sièges de Bayonne et de Cadillac, et il se trouvait aux côtés du bâtard d'Orléans, comte de Dunois, lorsque ce dernier, à la tête de l'armée française, fit son entré solennelle, en 1451, dans la ville de Bordeaux.

De son mariage avec l'héritière des Barbazan et des comtes d'Astarac, Catherine, il eut deux enfants : Jean de Foix qui suit, et Madeleine de Foix, dame de Castillon en Médoc.

« *Jean de Foix*, vicomte de Lautrec et de Villemur, nous dit le Père Anselme (1), né posthume, fut présent lorsque Madeleine de France, princesse de Viane, présenta requête à Louis XI, son frère, à ce qu'il fût pourvu de tuteur à ses enfants mineurs, le 26 février 1472, et recevoit 2000 livres de pension de ce prince, en 1473. Il fut nommé l'un des exécuteurs du testament de François Phœbus de Foix, fait l'an 1482. Il assista, le dimanche 10 janvier, au couronnement de Jean d'Albret et de Catherine de Foix, roy et reine de Navarre. Il avait été pourvu du gouvernement du Dauphiné par le roy Charles VIII, et il y fut confirmé par Louis XII. »

Jean de Foix épousa Jeanne d'Aydie, fille aînée et héritière d'Odet d'Aydie, comte de Comminges et vicomte de Fronsac. Il en eut cinq enfants.

L'aîné, Odet, fut ce fameux vicomte de Lautrec, ami inséparable de François I*er*, aussi bien à Marignan dans la victoire, qu'à Pavie dans le malheur. Blessé déjà dangereusement à la bataille de Ravenne en 1512, il fut nommé plus tard gouverneur du Milanais, s'empara de Brescia, de Vérone et de Parme, perdit la bataille de la Bicoque, se trouvait à Pavie, et mourut devant Naples, en 1528, « de la maladie, disent les chroniqueurs de l'époque, qui se mit alors dans son camp » (2).

Ce fut son père, Jean de Foix, vicomte de Lautrec, qui vendit, en 1479, la seigneurie du Tauzia.

— Dans les riches et précieuses archives du château de Perreau à M. Gabriel de Tauzia, nous trouvons, en effet,

---

(1) P. Anselme, t. III, p. 378 et suiv.
(2) Voir, entre autres, le P. Anselme, t. VII, p. 142.

une grosse, en bonne et due forme, de cet acte important de mutation de propriété. De ce parchemin maintes fois déchiré, très long et avec d'inutiles formules juridiques, nous nous contenterons de donner ici les principaux passages, qui seuls peuvent présenter quelque intérêt.

« In nomine Domini, amen. Noverint universi et singuli præsentes pariter et futuri, hoc verum presens publicum instrumentum..... Anno Domini millesimo quadringentesimo septuagesimo nono, decima tertia die mensis octobris (13 octobre 1479), apud locum de... (déchiré), magnificus et potens vir *Johannes de Fuxio*, dominus et vicecomes Lautreci et baroniarum de Villamuro, dominus pro tempore baroniarum *de Barbazano* ac locorum *de Taussiano* et de parvo *Taussiano*, et multorum aliorum locorum... non coactus, nec deceptus, nec ab aliis aliquibus ad infra scripta peragenda inductus, nec seductus, sed gratis et ex ejus certa scientia proprio motu ac spontanea voluntate..., vendidit, dedit, cessit, remisit, relaxavit, transtulit et transportavit, et sub titulo puræ, meræ et perfectæ venditionis, donationis, cessionis, remissionis, relaxationis, a modo et perpetuo... Nobili Viro *Johanni de Marestang*, scutifero... ejusdem domini vicecomitis..., ibidem præsenti et suis, pro se, suis heredibus et successoribus, stipulanti solenniter... videlicet loca *de Taussiano* et *de Parvo Taussiano, dicto Lo Causso, sita in diocœsi Condomiensi et senescallia Agennensi*, cum quadam pætia prati, sita in pertinentiis castri de *Sant Poy*, et loco dicto a Sant Poy, et etiam cum omnibus dictorum locorum suis pertinentiis... pratis, terris, nemoribus, pætiis, casaturis, ruribus, tectis, clausuris, pascuis, etc... et juribus, etc... ac etiam bassam juridictionem, dominium, senhoriam et exercitationes locorum eorum ressortuum cognitionem et examinationem causarum..... legali pretio inter ipsos convento et concordato *octogintorum scutorum auri* (1)... cum homagio et fidelitatis juramento eidem domino vicecomiti et suis... etc. »

Ledit acte passé en présence de « nobilibus et discretis viris Ramundo domino de Sediraco, Bernardo de Burgo, tresorario Bigoræ, magistro Bernardo de Lana, procuratore dicti domini vicecomitis Lautreci, Ramundo Parvi, procuratore et receptore vicecomitatus Villamuri, N. de Podio, receptore Barbazani, Petro de Gassiessans, came-

---

(1) L'acte dit : « l'Ecu d'or, valant 110 ardits », et en marge se trouvent ces mots : « Ladite vente consentie pour 856 livres ».

rario dicti domini vicecomitis, Petro de Sero, sutore ejusdem vicecomitatus, testibus ; par maître Guillelmus de Castronensis, notarius (1) ».

En moins de cinquante ans, la seigneurie du Tauzia était donc passée des mains des Barbazan dans celles des comtes d'Astarac ; de celles-ci dans l'illustre famille de Foix, des vicomtes de Lautrec; et enfin dans la famille de Marestang, beaucoup moins illustre, quoique ses membres se fussent plusieurs fois distingués dans les guerres anglaises, et qu'un récent mariage les eût même alliés aux Barbazan. Nous voyons en effet que Mengette de Foix, sixième fille de Jean de Foix, seigneur de Fornets et de Rabat, et de Léonore de Comminges, épousa en secondes noces, vers 1475, *Géraud de Marestang*, fils de *Jean, seigneur de Marestang et d'Agnès de Faudoas Barbazan* (2). Une alliance s'était donc formée vers le milieu du xve siècle entre ces deux familles, qui facilita peut-être la transmission définitive entre les mains des Marestang, en 1479, de la seigneurie du Tauzia.

— La maison de Marestang est fort ancienne dans l'histoire de la Gascogne. Issue du comté de l'Isle-Jourdain, où se trouve au sud de cette ville, sur la rivière de la Save, le fief seigneurial de Marestaing, la branche aînée arriva rapidement aux honneurs. On rencontre des Marestang dès le xiie siècle. En 1187, un Bernard de Marestang fait une donation au monastère de Grandselve. Un autre Bernard de Marestang, qui s'était révolté contre l'autorité royale, fit sa soumission au roi de France, en septembre 1226. En 1339, deux seigneurs de Marestang sont compris dans les lettres de rémission, octroyées au seigneur de l'Isle-Jourdain. Parmi les notables qui se réunirent à Valence le 8 février 1377, à l'effet de payer la rançon de Géraud de Verduzan et autres

---

(1) Archives du château de Perréau, à M. G. de Tauzia, qui a bien voulu nous communiquer cet acte important de vente.
(2) P. Anselme, t. III, p. 362.

seigneurs gascons, détenus dans les cachots du château de Lourdes par la garnison anglaise, il faut citer en première ligne Jean de Marestang. Un Aynard de Marestang prête, en 1393, fidélité entre les mains de Bernard VII, comte d'Armagnac. Un autre Bernard de Marestang lui rend hommage, en 1408, pour les terres de Castillon et de Frégouville, qu'il possédait en toute justice, haute, moyenne et basse. Enfin, au nombre des gentilshommes qui se trouvent aux côtés du duc d'Alençon, lors de son mariage, le 23 avril 1437, avec Marie d'Armagnac, fille de Jean IV, il faut citer un seigneur de Marestang, attaché à sa personne en qualité de maître d'hôtel (1).

Plus tard, une Catherine de Marestang, fille de Guiraud de Marestang, baron de Castillon, épousa au commencement du xvi° siècle Jean d'Astarac, seigneur de Fontrailles, d'où est issue la branche des d'Astarac, seigneurs de Fontrailles et de Marestang, et dont un descendant, Benjamin d'Astarac, devint, en 1595, sénéchal d'Armagnac et gouverneur des villes d'Auch et de Lectoure.

La branche collatérale qui acheta la seigneurie du Tauzia aux Barbazan et qui s'y fixa, pendant tout le xvi° siècle et une partie du siècle suivant, n'égala pas en éclat et en fortune la branche aînée. Elle se contenta de résider paisiblement sur ses terres, ne donnant qu'en de très rares occasions signe de vie. Elle était néanmoins alliée aux premières familles du pays et notamment aux Lasseran de Massencôme, aux Béon, et, ainsi que nous l'avons vu, aux Faudoas.

— Ce fut *Jean de Marestang* qui, en 1479, fit l'acquisition de la seigneurie du Tauzia avec toutes ses dépendances, notamment les métairies du Plaichac, de Bertin et du *Petit-*

---

(1) Tous ces renseignements nous sont fournis, soit par M. Denis de Thézan (*Revue de Gascogne*, t. xi), qui malheureusement ne nous indique pas les sources où il les puise, soit par le Père Anselme et par Monlezun (*Histoire de la Gascogne*), tous deux beaucoup plus sûrs.

Tauzia. Il existe en effet, dans cette région de Valence, deux terres portant le nom de Tauzia. Longtemps réunies dans la même main, elles furent plus tard scindées et passèrent en la possession de seigneurs différents. Ce fut pour les distinguer que l'on donna au château qui nous occupe le nom de *Grand-Tauzia*, alors que sa dépendance, au-dessous de la petite église de Berlin et sur les pentes occidentales de la vallée de la Gèle, prit le nom de *Petit-Tauzia.* « Le nom de Tauzia, a dit d'ailleurs autrefois, ici même, l'éminent directeur de cette Revue (1), n'est pas rare en Gascogne. Il veut dire dans la langue du pays, bois de *Tauzins*, sorte de chênes ». Nous voyons le nom de Tauzia écrit plusieurs fois *Tauzian* dans les vieux actes de cette époque.

Ce *Jean de Marestang*, premier seigneur du Tauzia après les Barbazan, semble être le même que *Pothon de Marestang*, que nous révèlent certains acte de la même époque. Le 28 février 1494, en effet, en la ville de Castelnau, honorable homme Bernard Dupuy, receveur du seigneur de Lautrec et de Barbazan « incliti principis », reconnaît devoir à Pothon de Marestang, seigneur du Tauzia, écuyer du seigneur de Lautrec, ici présent, 95 écus d'or, à 18 sols par écu, à titre de prêt fait à l'amiable. L'année suivante 1495, Jean de Marestang, seigneur du Tauzia, est qualifié gouverneur de Barbazan pour le seigneur de Lautrec. Enfin, le 21 novembre 1502, ce même Jean ou Pothon de Marestang est désigné comme commissaire spécial par Jean de Foix, vicomte de Lautrec, pour recevoir le serment de tous ses vassaux pour la terre de Barbazan (2).

Est-ce ce Jean de Marestang, ou plutôt son fils aîné, dénommé également Jean, qui épousa, en 1524, demoiselle Marie de Bousquet? Quoi qu'il en soit, trois ans après, le 26 août 1527, ce seigneur procéda solennellement à Tarbes

---

(1) *Revue de Gascogne*, t. III, p. 403.
(2) Archives du château de Laplagne.

au *dénombrement de la terre et seigneurie du Grand et du Petit-Tauzia.*

« Pardevant venerable homme M⁰ Guillaume Combe, bachelier en droit, juge ordinaire des baronies et terres de Barbazan avec ses appartenances et dépendances, pour puissant prince et seigneur Monseigneur de Lautrec et de Barbazan, en la presente ville, a été present et personnellement établi noble homme Jeannot de Marestang, écuyer, seigneur du Tauzian et ses appartenances, lequel a dit et narré comme ses prédécesseurs avoient tenu et comme *il tenoit à fief dudit Monseigneur de Lautrec et de Barbazan et de ses predecesseurs les territoires, biens et seigneuries du Tauzian et du Petit-Tauzian, avec le pred Sainte-Marie et autres ses apartenances...* Et comme auparavant il avait prêté foy et hommage qu'il étoit tenu de faire à cause dudit fief, terre et seigneurie du Tauzian et ses appartenances, audit Monseigneur de Lautrec, étant pour lors à Milan, ainsi qu'il fit apparoir par les lettres patentes dudit seigneur, signées et scellées de la teneur qui s'ensuit : Odet, comte de Foix et de Commenge, seigneur de Lautrec et de Barbazan, maréchal de France, gouverneur de Guienne et lieutenant general du Roi en Italie... »

Suit l'acte de foi et hommage dudit Jeannot de Marestang, pour le fief et la seigneurie du Tauzia.

« Fief de huit écus, les peage et taberne valant de rente douze écus, le moulin, la garenne, les bois, terres et preds et une piece de vigne assise audit Tauzia, » etc. « Et s'il n'a pu encore donner son dénombrement, c'est qu'il avait demeuré la plupart du tems aux guerres » (1).

Rentrés dans leur domaine, sans doute après les campagnes d'Italie, les Marestang durent, à l'exemple de leurs voisins et de toute la noblesse française, imbus des goûts artistiques déjà en pleine floraison de l'autre côté des monts, modifier du tout au tout leur principale demeure, et l'approprier aux nouveaux besoins de l'existence. C'est à ce moment que le château du Tauzia subit sa transformation. Ses murail-

---

(1) Archives de M. de Tauzia, au château de Perréau, près Mézin. — Là se trouve également une copie sur parchemin de l'importante mutation de propriété de 1479.

les, vierges jusque-là, furent percées d'ouvertures. Au rez-de-chaussée, on ouvrit la grande porte de la principale tour. Sur la façade méridionale fut dressée la cage ronde ou octogonale de l'escalier. Et les étages supérieurs furent ajourés par ces belles et élégantes fenêtres à meneaux dont on admire encore les fines moulures et les capricieux ornements. L'influence de la femme, condamnée à habiter toute la vie ces tristes prisons, doit compter en première ligne dans ces importantes modifications ; et c'est certainement aux nobles châtelaines du Tauzia que nous devons de pouvoir admirer encore l'agencement nouveau de cette si intéressante petite forteresse.

Jean de Marestang testa le 29 avril 1569, au château du Tauzia « sénèchaussée de Gascogne » (1). Son fils aîné fut *Amanieu* de Marestang, seigneur du Tauzia. Dans les plus anciens registres du notariat de Valence, nous retrouvons plusieurs fois son nom. Le 6 mai 1558, nous le voyons, entre autres choses, donner en faisande « dans le château noble du Tauzia », la borde dite du Tauzia, construite par son grand-père (2).

Amanieu de Marestang épousa demoiselle Paule de Vize, qui, soit par la mort prématurée de son mari, soit par son éloignement de ses domaines pour cause de guerres religieuses, géra presque toujours seule, à cette époque, la terre du Tauzia.

Le 31 mai 1572, en effet, demoiselle Paule de Vize, dame du Tauzia, « reçoit un aveu de dettes pour 3 cartauds de bled, 3 sacs d'avoine et 2 cartaux de milhet » (3). Le 19 mai de l'année suivante, elle donne en faisande la borde du Plaichac, par acte passé au château noble du Tauzia. Enfin elle renouvelle cet acte, le 10 octobre 1575, se

---

(1) Archives de M. G. de Tauzia, au château de Perréau.
(2) Notariat de Valence. Reg. 1558, Dupont, notaire.
(3) Idem. Reg. 1572, Marignac, notaire.

qualifiant alors de mère de Jean de Marestang, seigneur du Tauzia (1).

Nous voyons à cette même époque, le 23 novembre 1573, que « par acte passé dans le château noble de Tauzia, noble Fritz d'Orlan de Polignac, seigneur de Pouypetit, donne à perpétuité à noble André de Ferrabouc, écuyer, la maison dite « *deous Caperas* », qu'il possède dans le village de Pouypetit (2).

A partir de 1578, et durant de longues années, c'est *Jean de Marestang*, fils d'Amanieu de Marestang et de Paule de Vize, qui est qualifié seigneur du Tauzia, et qui administre personnellement cette seigneurie. C'est ainsi que, le 8 janvier 1578, il rachète à noble André de Ferrabouc, seigneur de Camarade, une pièce de terre, sise en la juridiction du Tauzia. Bernard de Saint-Gresse, seigneur de Séridos, l'assiste comme témoin (3). Quatre ans après, Jean de Marestang, seigneur du Tauzia, donne en faisande, le 23 octobre 1582, pendant six années, la métairie du Petit-Tauzia (4). Le 24 septembre 1584, il afferme la taverne, dite de Surleigne, sise sur le bord du grand chemin de Valence à Condom, pour la somme de 19 écus sols, etc.

Trois ans après le mariage d'une de ses parentes, Anne de Marestang, fille unique de Gaspard de Marestang, seigneur de Lagarde-Noble en Astarac, et de Madeleine de Vize, avec Pierre André de Lasseran-Massencôme, auteur de la branche des marquis de Lagarde, en 1592 (5), Jean de Marestang conclut, le 28 janvier 1595, au château du Tauzia, un arbitrage avec son frère Savaric et ses trois sœurs, Anne, Marguerite et Catherine de Marestang. Il prit comme

---

(1) Notariat de Valence. Reg. 1572, Marignac, notaire.
(2) Idem. Couverture du registre 1573.
(3) Idem. Reg. 1578, Dupont, notaire.
(4) Idem. Reg. 1582, Marignac, notaire.
(5) *Mémoires de Jean d'Antras de Samazan*, publiés par MM. l'abbé J. de Carsalade du Pont et Tamizey de Larroque, page 103, note 17. — Voir aussi notre *Monographie du château de Massencôme*.

témoins un Séridos, un Redon et Jehan Boyer, « afin de fere juger amyablement iceulx differends que lesdites parties ont entre eux » (1). Il semble que le Petit-Tauzia fut donné à la suite de ce pacte de famille à Savaric de Marestang, puisque nous le voyons, le 23 décembre 1608, dans un aveu de dettes, qualifié de seigneur du Petit-Tauzia (2). Le même Jean de Marestang passa également un arbitrage en 1602 avec noble Fritz d'Orlan, seigneur de Pouypetit, au sujet d'un différend qui s'était élevé entre eux pour les limites de leurs propriétés.

Ce seigneur de Marestang continua pendant les vingt premières années du xviie siècle à résider dans son château du Tauzia. Les minutes du notariat de Valence et les archives de famille sont pleines d'actes divers consentis par lui à cette époque, « au château noble du Tauzia, sénéchaussée de Condomois », disent-ils. Il avait épousé demoiselle Dominique de Boyer, dont il eut six enfants : 1° Guillaume, qui lui succéda; 2° Jean; 3° Jeanne; 4° Madeleine; 5° Marguerite et 6° Anne.

Une de ses filles, Jeanne, épousa, le 9 avril 1608, noble Anne de Melet, seigneur de Labarthe, au pays de Chalosse, et lui apporta en dot 2,000 livres, « plus, disent les pactes de mariage, un équipage » (3).

Trois ans après, noble Savaric de Marestang, seigneur du Petit-Tauzia, vendait, le 12 avril 1611, la terre du Petit-Tauzia, qui lui était échue en partage, à noble Guillaume Boyer, « dit le capitaine Bayse ». C'est ainsi que cette seigneurie fut distraite de celle du Grand-Tauzia et resta jusqu'à la Révolution à la famille de Boyer, dont les membres, seigneurs de Rouquettes et habitant la salle noble de Miché, prirent dorénavant le titre de seigneurs du Petit-Tauzia, signant quelquefois même « Tauzia » tout court, ce qui pourrait don-

---

(1) Notariat de Valence. Reg. 1595, Marignac, notaire.
(2) Idem. Reg. 1608.
(3) Archives de M. Boyer, propriétaire à Augé, près le Tauzia.

ner lieu ici à quelque confusion, alors qu'ils n'eurent jamais aucun droit sur la terre et le château du Grand-Tauzia, qui seuls nous occupent en ce moment. Nous voyons, en effet, que peu de temps après, en 1614, noble Guillaume de Boyer, seigneur du Petit-Tauzia, prend à ferme les dîmes et les fruits de l'église paroissiale de Saint-Martin de Bertin, proche voisine du Petit-Tauzia, et qu'il en emploie tous les revenus à la réparation de ladite église (1).

Quelques années auparavant, Jean de Marestang, déjà fortement endetté, avait été forcé de se dessaisir du plus beau morceau de la seigneurie du Tauzia. Le 15 septembre 1597, il avait vendu, en effet, au sieur Dudrot, habitant de Condom, la terre et métairie du Plaichac, juridiction du Tauzia, et attenante au château (2). La fille aînée de ce sieur Dudrot, Cécile, épousa en 1604 noble Bernard de La Forcade, seigneur du Pin (3), dont la famille vint ainsi habiter le Condomois. Ce furent leurs descendants qui, un siècle plus tard, devaient, ainsi que nous le verrons, et grâce à la proximité des deux terres, devenir les acquéreurs définitifs du château du Tauzia.

En 1624, mourait dans la maison d'Augé, dépendante également à cette époque de la seigneurie du Tauzia, demoiselle Anne de Marestang, sœur de Jean, seigneur du Tauzia. Dans son testament, écrit quelques jours avant sa mort, le 18 mai, la noble dame « veut être enterrée dans l'église de Notre-Dame d'Auloue, juridiction du Tauzia, annexe de Saint-Michel de Maignaut. » Elle ordonne « que douze pauvres soient vestus le jour de sa mort chacun d'une aune et demie de cardeillat, afin d'assister à sa sépulture. » Elle lègue au couvent des Pères Capucins 15 livres et autant à celui des Pères Dominicains de Condom, à la charge que dans chaque couvent il soit dit 40 messes pour le repos de son âme et

(1) Archives du château de Laplagne.
(2) Archives de M. de Tauzia.
(3) Idem.

de celles de ses prédécesseurs, pendant l'année qui suivra son décès. Elle lègue à M. le curé de Maignaut également 15 livres, afin qu'il célèbre pour elle, dans l'année, 40 messes dans l'église d'Auloue : et, « suivant qu'il avait été convenu entre elle, son frère Jean de Marestang, sieur du Tausia et ses sœurs Magdeleine et Marguerite, elle fonde dans ladite église d'Auloue un obit de 12 messes annuelles et perpétuelles pour le repos de son âme et celles de sa famille, ainsi qu'une chapelle, à laquelle elle affecte de ses biens une somme de 120 livres, pour la rente de 6 livres être payée chaque année à la fête de Tous les Saints, etc. » (1).

Jean de Marestang dut mourir vers l'année 1632. La date exacte de son décès ne nous est point parvenue. En tous cas, il n'existait plus en 1633, année où il fut procédé solennellement, dans la grande salle du château du Tauzia, entre sa veuve et ses enfants, au partage de sa succession. Figurèrent à cet acte « noble demoiselle Dominique de Boyer, veuve de feu noble Jean de Marestang, quand vivait, seigneur du Tauzia, Guillaume de Marestang, leur fils aîné, Jean, seigneur de Labarthe, Magdeleine, Marguerite, autre Marguerite et Anne de Marestang, frères et sœurs » (2). Cette opération donna lieu à de nombreuses réunions de famille, qui furent suivies d'inventaires, de cessions, de liquidations, de ventes innombrables et successives. Déjà, on le sait, avaient été vendues ou cédées les terres du Plaichac et du Petit-Tauzia. A la suite de ce dernier partage, il ne resta plus à Guillaume de Marestang que le château, la métairie, le moulin et la taverne du Tauzia proprement dit. C'était insuffisant pour le train d'existence qu'étaient forcés de mener, en ce siècle élégant, les grands seigneurs de la région. Guillaume de Marestang fut obligé de suivre l'exemple de son père, et pour pouvoir conserver le fief patrimonial, pour pouvoir même sub-

---

(1) Notariat de Valence, Reg. 1672-75, fol. 55, Marignac, notaire.
(2) Archives de M. de Tauzia, au château de Perréau.

venir aux besoins de sa famille, il s'endetta. Le 3 mars 1632 et le 9 décembre 1633, nous le voyons donner en afferme le moulin du Tauzia, « consistant en deux meules mollantes et corantes, basty de pierres à deux étages sur l'Auloue, pour 35 cartaux de bled et 30 autres de mexture par an », et « l'hostallerye du Tauzia, dite de Surleigne, pour 30 livres par an » (1). Mais ces minces revenus ne pouvaient suffire à son existence. C'est alors qu'il s'adressa, lui et les siens, à son voisin le seigneur de Léberon, et qu'il lui engagea sinon la totalité, du moins une grande partie de sa fortune.

Contrairement à celle des Marestang, la prospérité de la branche cadette des Gélas, installée au château de Flarambel depuis le commencement du XVIe siècle et qui prit alors le nom de Léberon, ne faisait à ce moment que croître; si bien que, partis de très bas, ils arrivèrent, en moins d'un siècle, grâce à leur savoir-faire et à leurs alliances, grâce surtout à l'héroïque intrépidité de ses chefs, dont le fameux Lyzander de Gélas, le petit-neveu de Monluc, aux plus hautes situations (2). Le chef de la famille était alors messire Hector de Gélas de Voisin, marquis de Léberon et d'Ambres, vicomte de Lautrec, sénéchal de Lauraguais, chevalier des ordres du Roi, conseiller du Roi en ses conseils et lieutenant général pour Sa Majesté au pays de Languedoc. Forcé par ses hautes fonctions d'abandonner le château de Flarambel ou de Léberon, il en avait confié la garde à son frère Charles-Jacques de Gélas, évêque de Valence et de Die, et en même temps abbé de Flaran (3). C'est lui qui vint en aide au seigneur du Tauzia, et qui, durant les premières années qui suivirent la mort de Jean de Marestang, subvint, par l'argent qu'il leur prêta, aux besoins de toute la famille.

(1) Notariat de Valence. Reg. 1632-1633, Bartharès, notaire.
(2) Voir la très curieuse histoire de cette famille dans notre prochaine monographie sur le *château de Léberon*.
(3) Voir notre monographie sur *l'abbaye de Flaran*, en Armagnac, p. 82 et suivantes.

De 1635 à 1640, nous voyons en effet ses différents membres faire à Messire Hector de Gélas de nombreux aveux de dettes. Le 15 juillet 1636, c'est noble Savaric de Marestang qui reconnaît lui devoir 300 livres. Ce Savaric de Marestang mourut l'année suivante dans la ville de Valence, où il s'était retiré. Dans son testament du 31 août 1636, il se dit fils de Jean de Marestang, seigneur du Tauzia, et il veut être enseveli dans l'église du monastère de Flaran. Il lègue 20 livres tournois pour messes d'obit à M⁰ Sarrabezolles, curé de Camarade, et il lui donne en même temps 300 autres livres pour ses bons et loyaux services et pour l'affection qu'il lui a toujours témoignée, etc. (1). Puis, c'est le seigneur du Tauzia lui-même qui, le 3 juillet 1638, emprunte au marquis de Léberon 2,000 livres (2). Vient ensuite un emprunt de son frère Jean, seigneur de Labarthe. Enfin, de nouveaux aveux de dettes de Guillaume de Marestang, etc.

Cette situation ne pouvait durer. Entièrement ruiné, Guillaume de Marestang dut, pour faire honneur à ses engagements, se dessaisir de la terre de ses ancêtres, et l'abandonner à son puissant créancier le marquis de Léberon, qui, pris de pitié pour les malheurs de son noble voisin, lui assura, par le contrat d'échange suivant, le vivre et le couvert :

Dans le chasteau noble de Flarambel, en Fezensac, le 21 juin de l'an 1640, par devant Marignac, notaire royal de Valence, furent constitués en leurs personnes haut et puissant seigneur Messire Hector de Gelas et de Voisin, seigneur, marquis du présent lieu, Leberon et Ambres, chevalier de l'ordre du Roi, son lieutenant général en Languedoc d'une part, et noble Guillaume de Marestang, seigneur du Tauzia, d'autre part, lesquels font échange, savoir : 1º Le seigneur marquis de Leberon baille au sieur du Tauzia une maison noble, appelée à Caubet, sise en la juridiction de Larroque-Fimarcon, en pierres et briques, consistant en deux étages, y ayant trois cheminées, plus une vigne, un bois et des terres, etc. 2º Et, en échange, le

---

(1) Notariat de Valence. Reg. 1636, Bartharès, notaire.
(2) Idem. Reg. 1637-1638.

seigneur du Tauzia a baillé et baille audit seigneur marquis de Leberon, la *terre, seigneurie et chateau, appelés au Tauzia*, avec ses pâtus, taverne, jardin, verger, vignes, bois et preds, tout en un tenant, avec la métairie qui est proche dudit chateau, le tout appelé au Tauzia; plus pred, patus, vignes et terres labourables appelé au *petit Plapé*..., plus autres terres labourables appelées à *la Garenne*... plus autres terres et vignes... plus le moulin appelé le *moulin du Tauzia*, sur la rivière de l'Auloue... plus l'*oustalerie appelée de Surleigne*, plus les péages du grand et petit Tauzia, etc., et tout ce qui lui appartient et qui lui est arrivé par la division et partage faits entre d[lle] Dominique de Boyer sa mère et son frère et sœurs.

Il lui cède également tous ses droits de haute, moyenne et basse justice. D'un autre côté, comme l'échange n'est pas en proportions égales, « ledit marquis de Léberon donne en plus audit seigneur du Tauzia la somme de 4,500 livres, laquelle sera employée au paiement de ses dettes » (1).

Le lendemain, le marquis de Leberon affermait pour trois ans la seigneurie du Tauzia à Ramond d'Espenan, bourgeois de la ville de Valence, moyennant la modeste somme de 270 livres, que ce dernier s'engageait à lui payer annuellement (2).

Ainsi passa, en cette année 1640, le château du Tauzia, avec toutes ses dépendances, des mains des Marestang, qui le détenaient depuis près de deux siècles, dans celles des seigneurs de Gélas, marquis de Léberon.

— A partir de cette époque, le château du Tauzia, croyons-nous, ne fut plus habité. Les seigneurs *de Léberon*, à leur tour, qui, durant tout ce xvie siècle si fécond en accroissements de fortunes, avaient porté si haut la gloire de leur nom et de leur maison, venaient de déserter leur vieux manoir de

---

(1) Archives de M. de Tauzia au château de Perréau. — Voir également le chartrier Laplagne, au château de Laplagne, art. Tauzia.

(2) Idem.

Flarambel, sis à 2 kilomètres à peine à l'ouest du Tauzia, sur la rive gauche de la Baïse, et ils n'en avaient laissé la garde qu'à quelques membres, plus pauvres, de leur famille, ou même à de simples administrateurs salariés. Ainsi qu'on le verra dans la monographie de Léberon, le nouveau propriétaire du château du Tauzia, Hector Gélas de Léberon, passa toute sa vie dans les camps au service du Roi. Nommé en 1638 gouverneur de la ville de Carcassonne et sénéchal du Languedoc, il mourut, le 10 février 1645, à Narbonne, âgé de cinquante-quatre ans. En 1627, il avait épousé haute et puissante dame Suzanne de Vignolles, dont l'apport considérable accrut encore la puissance de cette famille.

Son fils aîné, François de Gélas, marquis de Léberon, vicomte de Lautrec, hérita de la majeure partie de ses terres et devint par suite propriétaire et seigneur du Tauzia. Comme son père, il ne quitta guère les armées du Roi, qui remportaient alors les glorieuses victoires de Rocroy, de Fleurus et de Lens. C'est l'époque où Charles-Jacques de Léberon, évêque de Valence et de Die, abbé de Flaran, administrait, en sa qualité d'oncle du jeune marquis de Léberon et peut-être même de tuteur, ses riches domaines de l'Armagnac. A ce titre, il fit, nous l'avons déjà dit, fortifier la façade orientale du Tauzia, par acte du 25 février 1652 : « Illustrissime et révérendissime Messire Charles-Jacques de Léberon, évêque de Valence et de Die, abbé de Flaran, représenté par Jean Broqué, maneschal et fermier dudit seigneur audit château du Tauzia..., donne à construire à Vidau Granailhes de Condom et Pierre Serres de Flarambel, maitres maçons, » ce curieux petit ouvrage de défense extérieure, dit *ravelin*, dont nous avons suffisamment parlé en reproduisant dans la partie archéologique de ce travail tous les détails de sa construction (1). Mesure de précaution bien plus que d'urgente nécessité, en ces heures encore troublées de la Fronde, où l'ar-

---

(1) Notariat de Valence. Reg. 1652, folio 25 verso. Blain, notaire.

mée de Condé venait de traverser une partie de la Gascogne et n'avait pu seulement enlever d'assaut la petite ville de Miradoux.

Malgré son éloignement de la Gascogne, Messire François de Villar de Voisins, marquis de Léberon, donna signe de vie dans quelques actes relatifs à la terre du Tauzia. C'est ainsi que, le 4 janvier 1671, il fut passé un contrat de gazaille « au profit dudit seigneur, colonel du régiment de Champagne, pour lors absent, par Messire Pierre Cazanave, juge d'Ambres, *à présent habitant au château du Tauzia*, appartenant audit seigneur (1). » Le 7 septembre 1673, fut également affermé le moulin du Tauzia « appartenant à Madame la marquise d'Ambres (2). » Et de même pour les maisons du Canonge, l'hôtellerie de Surleigne, dite du Tauzia, et diverses terres dépendantes de la seigneurie et juridiction du Grand-Tauzia (3).

Le marquis de Léberon mourut, chargé d'honneurs, à Paris, le 1er mars 1721, à l'âge de quatre-vingt-un ans. A cette date, le château du Tauzia ne lui appartenait déjà plus.

— Est-ce la famille de Gélas, comme nous le croyons, ou peut-être les Marestang, rentrés provisoirement et en tous cas pour très peu de temps au château du Tauzia, qui le vendirent au commencement du XVIIIe siècle à leurs voisins les seigneurs de la Forcade du Pin ? C'est ce que, malgré nos plus actives recherches, les archives du château de Perréau n'ont pu nous apprendre.

En partie ruinés et hors d'état de conserver leurs patrimoines respectifs, les derniers descendants de Jean de Marestang s'étaient, on le sait, retirés, soit à la maison noble de Caubet en Lomagne, soit dans quelque logis de la ville de

---

(1) Notariat de Valence. Reg. 1671, p. 97. Marignac, notaire.
(2) Idem. Reg. 1673.
(3) Voir le livre terrier et le livre d'arpentement de la juridiction du Tauzia (1671), dans les précieuses archives de M. G. de Tauzia, au château de Perréau.

Valence, soit à la métairie d'Augé, attenante au château du Tauzia. Nous les trouvons, en ces différents lieux, durant toute la fin du xviie siècle et le commencement du siècle suivant. Le plus fortuné de tous semble être encore Jean de Marestang, sieur de Labarthe, qui acheta à son frère aîné, Guillaume, ancien seigneur du Tauzia, quelques pièces de terre lui restant autour de son ancienne seigneurie (1). Mais Guillaume de Marestang mourut en 1649; et aussitôt ses frère et sœurs renoncèrent à tous les droits auxquels ils pouvaient prétendre de son chef. (2).

Une de ces dames de Marestang, Anne, avait établi sa résidence dans la métairie d'Augé, « juridiction de Maignaut, en Armagnac, diocèse et sénéchaussée d'Auch, » qui lui était échue en partage. Elle y testa le 18 mai 1674, demandant à être enterrée « au tombeau de ses parents, en l'église Notre-Dame d'Auloue, juridiction du Tauzia, annexe de Saint-Michel, du lieu de Maignaut. » Elle léguait de nombreuses petites sommes à ses sœurs, neveux et nièces, à tous ses domestiques, à la cure de Maignaut, aux Jacobins et Capucins de Condom, etc., et faisait son héritier universel noble François de Boyer, sieur de Douazan (3). En elle s'éteignit, dans la contrée, le nom de Marestang, du chef des anciens seigneurs du Tauzia.

Les de Boyer, nous l'avons également vu, avaient déjà acquis, depuis 1611, en la personne de noble Guillaume Boyer, dit le capitaine Baïse, la *terre du petit Tauzia*, qui, dès cette époque, fut distraite définitivement du fief patrimonial. Ils la gardèrent jusqu'à la Révolution. Anoblis par Louis XIV, leur descendant Louis de Boyer, fils de Jean-Jacques Boyer, seigneur de Bertin et du Petit-Tauzia, fut maintenu dans sa noblesse par jugement du 17 mai 1700 (4). Il habitait alors,

---

(1) Notariat de Valence. Années 1648-1649.
(2) Idem.
(3) Notariat de Valence, Reg. 1674, p. 55. Marignac, notaire.
(4) Denis de Thézan, *Revue de Gascogne*, t. XI.

non pas le château du Tauzia, comme le dit Denis de Thézan, mais bien la salle noble de *Miché*, près de Valence. Il était en même temps seigneur de Rouquettes.

Les minutes du notariat de Valence sont remplies à cette époque d'actes divers concernant cette famille de Boyer, qui possédait autour de cette ville la terre noble de Rouquettes, celle de Miché, celle de Bertin et enfin le fief du Petit-Tauzia, d'où ils signaient quelquefois simplement « Tauzia. » Notons, entre autres, le testament « de Louis de Boyer du Tauzia, seigneur de Bertin, » fait, le 19 octobre 1730, au château de Rouquettes : il demande à être enterré en l'église de Bertin où se trouve le tombeau de ses ancêtres, et faisant, avec de nombreux legs à divers, de grandes libéralités à son épouse Marie de Davezan ou Dauazan (1). Signalons également, pour en finir avec ces seigneurs du Petit-Tauzia, l'acte d'afferme de la métairie de ce nom, consenti, en octobre 1736, par un des héritiers de Louis de Boyer, noble Jean-Pierre Boyer de Bertin, « habitant dans sa maison de Fonfrède, juridiction de Brax en Bruillois » (2); puis, par son fils, noble François-Cyprien de Boyer; enfin, le 10 septembre 1753, par noble Fritz de Bazignan, écuyer, commandeur de l'ordre de Notre-Dame du Mont-Carmel, de Saint-Lazare et Jérusalem, et seigneur de Bertin, Ligardes et autres lieux (3).

— En 1710 fut acquise par la famille *de Laforcade du Pin* la seigneurie du Grand-Tauzia. Elle lui appartient encore aujourd'hui.

Les seigneurs de La Forcade, sieurs de la Prade, du Martiné, du Pin, qui habitèrent au XVIIe siècle le Bruillois, puis s'installèrent dans le Condomois et le haut Armagnac, et devinrent seigneurs du Grand-Tauzia, doivent être rattachés

(1) Notariat de Roques. Reg. 1724-39. Lapeyrère, notaire.
(2) Notariat de Valence. Reg. 1735. Boyer, notaire.
(3) Idem. Reg. 1753.

à la branche aînée des seigneurs de Forcade, originaires de la ville d'Orthez en Béarn, dont un des derniers descendants, Adolphe de Forcade de La Roquette, fut ministre des finances sous le règne de Napoléon III.

Les sieurs de la Forcade du Pin jouèrent un rôle important dans les guerres du xvie siècle. Un des leurs, Jean de Forcade, écuyer, fut nommé gouverneur d'Auvillars par Jeanne d'Albret. Il avait épousé en 1554 Odette de Rey, sœur de Jacques de Rey, seigneur de la Salle, capitaine de la ville de Laplume et gouverneur de la vicomté de Bruillois. Ses nouveaux intérêts l'appelèrent dans cette région, et il habita avec sa famille la terre noble de La Prade. Un de ses fils, Pierre de Forcade, fut premier consul de La Plume, et il rendit à cette ville en maintes occasions plus d'un service signalé (1).

Bernard continua la race, et devint, comme son père, après avoir été l'un des archers de la garde écossaise d'Henri IV, premier consul de La Plume en 1626. Il épousa le 30 mai 1604 demoiselle Cécile Dudrot, dont le père, habitant de Condom, avait acheté, le 15 septembre 1597, à Jean de Marestang, la métairie du Plaichac, dépendante de la seigneurie du Tauzia. Cécile Dudrot apporta à la mort de son frère cette terre à son mari, Bernard de La Forcade; et c'est ainsi que ces derniers furent attirés, dès le commencement du xviie siècle, par leurs intérêts agricoles, dans cette partie de la Gascogne.

Deux des fils de Bernard furent tués au service du Roi. Son troisième fils, *Philippe*, continua la descendance et fut maintenu dans sa noblesse par un premier jugement du 3 septembre 1666, lequel jugement fut confirmé par un autre du 20 juin 1696, et enfin, plus tard, par arrêt du Conseil d'Etat du 29 juin 1787 (2).

---

(1) Voir la généalogie de la maison de Forcade et de La Forcade, par M. J. de Bourrousse de Laffore, dans le tome III, p. 169 et suiv., de son *Nobiliaire de Guyenne et de Gascogne*.

(2) Voir *Nobiliaire de Guyenne et de Gascogne*.

Ce fut son petit-fils, *François de La Forcade*, écuyer, sieur du Pin, fils d'*Armand de La Forcade* et de demoiselle Dominique de Redon, qui acheta, en 1710, le château et la métairie du Grand-Tauzia, attenants à sa métairie du Plaichac. Il avait vendu sept ans auparavant, en 1703, sa terre de Laprade ainsi que sa maison de Laplume, et il était venu habiter la ville de Condom.

L'été, lorsque ses fonctions de capitaine au régiment de Guienne le lui permettaient, il résidait dans sa propriété du Plaichac, dont sa mère avait fait bâtir la petite maison. C'est dire que le château du Tauzia, en partie déjà ruiné, éventré, découronné de ses chemins de ronde et de ses toitures que la foudre avait maintes et maintes fois entamées et brûlées, resta, depuis le départ de Jean de Marestang, abandonné, et que personne ne l'habita plus au xviiie siècle. Néanmoins, en sa qualité de terre noble, il transmit son nom à ses nouveaux propriétaires, qui, depuis 1710, prirent le titre de seigneurs du Grand-Tauzia.

Dans son contrat de mariage, passé, le 19 juillet 1711, à Condom par devant maître Laboupilhière, notaire, et par lequel il épouse Paule-Hélène de Frère de Saint-Pau, fille de Bernard de Frère et de dame Françoise de Monlezun, François de La Forcade se qualifie pour la première fois sieur du Pin et du Grand-Tauzia (1).

Son fils, *Bernard de La Forcade*, également sieur du Pin et du Grand-Tauzia, naquit à Condom, le 11 janvier 1714, épousa le 4 août 1749 Marguerite de Cailhoux et mourut en avril 1788. Il était officier d'artillerie. Il laissait trois enfants : 1° *Antoine*, qui continua la race; 2° *Jules-Arnauld*, ancien garde du corps, chef de la branche cadette, d'où descendent, existants aujourd'hui : en ligne droite, M. Emile de La Forcade du Pin, ancien magistrat; et en ligne collatérale, M. Henri

---

(1) Notariat de Condom. — Article généalogique de M. de Laffore. — *Archives historiques de la Gironde*, t. x, p. 266.

de La Forcade du Pin, propriétaire actuel du vieux château de Lagardère, dont la monographie suivra celle-ci ; 3° *Gabriel-Victor*, « né, dit M. J. de Laffore, en 1763, entré comme gentilhomme au régiment d'Angoumois, puis capitaine, et mort au château du Grand-Tauzia en avril 1850, sans avoir contracté d'alliance. » Ne faut-il pas lire ceci : mort, non pas au château du Grand-Tauzia, depuis longtemps inhabitable, mais à la ferme du Tauzia, tout à côté ?

Antoine de La Forcade du Pin, seigneur du Grand-Tauzia, écuyer,

« Naquit, dit M. de Laffore, à Condom, le 7 octobre 1750. Il servit comme gendarme dans la maison rouge de Louis XV, et il épousa, par articles de mariage du 26 janvier 1782, demoiselle Suzanne de Forgues de Salha. Il assista, en 1789, à l'assemblée de la noblesse, tenue à Condom pour l'élection des députés aux Etats-Généraux, et il mourut le 18 février 1810, ayant eu de son mariage :

Noble *Gabriel-Victor-Amédée de La Forcade de Tauzia*, écuyer, né à Condom, en 1785, et habitant de son vivant le château de Perréau, près Mézin. Il épousa, le 22 mai 1822, demoiselle Marie Eliza d'Arodes de Bellegarde, dont il eut deux enfants :

1° Noble *Gabriel-Victor de La Forcade de Tauzia*, né à Mézin, le 18 juin 1827, qui a épousé, le 14 décembre 1858, demoiselle Raymonde-Augusta-Gabrielle de Caussea de Mauvoisin, fille de noble Auguste de Caussea, baron de Mauvoisin, et de dame Gabrielle-Ernestine Daguillon-Pujol, dont il a eu trois enfants.

2° Demoiselle Marie-Mathilde, mariée à M. Charles du Bernet (1).

C'est Monsieur Gabriel-Victor de La Forcade de Tauzia qui est actuellement propriétaire du château du Tauzia. Il n'en a gardé que l'ossature et la métairie qui en dépend. La terre du Plaichac a été vendue, depuis longtemps déjà, à la famille Dubouch, qui la possède aujourd'hui. La seigneurie du Petit-Tauzia, elle aussi, a sombré avec la Révolution. C'est à peine même si l'on peut se rendre compte de nos jours de la place

(1) *Nobiliaire de Guienne et de Gascogne*, t. III, p. 185.

qu'elle a occupée autrefois sur le versant occidental de la vallée de la Gèle, au pied de l'antique église de Bertin, disparue comme tout le reste, ou modifiée du tout au tout.

Un instant, après la tourmente de 1789, le petit territoire, qui constituait autrefois la juridiction du Grand-Tauzia, fut transformé en commune indépendante, dont fut longtemps maire M. de Laforcade du Pin, propriétaire encore à ce moment-là de la terre du Plaichac. Son exiguïté fit bientôt sentir les inconvénients d'une si faible circonscription. La commune du Grand-Tauzia fut réunie dans la première moitié de ce siècle à sa plus proche voisine, la commune de Maignaut. Ainsi s'éteignit administrativement le nom du Grand-Tauzia.

Seule subsiste de nos jours la vieille forteresse du XIIIe siècle. Nous devons ce miracle de conservation aux goûts si prononcés pour l'art de MM. de La Forcade, toujours respectueux de ce qui touche au passé. Fidèles dépositaires des vieilles gloires de leurs ancêtres et de celles de leurs prédécesseurs, ce beau spécimen de l'art militaire gascon au moyen âge ne périclitera pas, nous en sommes certain, tant qu'il se trouvera entre leurs mains. Puisse-t-il y demeurer toujours!

Lorsque, du haut des anciens remparts de la bastide de Valence, on tourne ses regards vers le nord-est, ou que l'on suit, dans la plaine, la grande route de Condom à Auch, on aperçoit, dans cette direction, les tours ébréchées de l'antique château des Barbazan et des Marestang. Tel qu'il se présente, à l'état de ruines, son aspect n'est point à dédaigner. L'œil de l'artiste, comme celui de l'archéologue, s'y attache obstinément. Et on se prend alors à le contempler de longs moments, dressant vers le ciel ses deux bras opposés. On se plaît à admirer ses lignes pures et hardies, son agencement si complet et si simple à la fois. Et on ne peut s'empêcher, à la vue de sa silhouette mystérieuse et triste, qui se détache en gris foncé sur les pentes vertes du coteau d'Augé, d'évoquer le souvenir de l'époque si troublée où il a été construit, époque terrible de misères et de combats à outrance, où la lutte pour l'existence était autrement âpre que de nos jours, où la force brutale primait, tous les droits, et où, dans les mêlées sanglantes de chaque instant, la vie de l'homme comptait pour si peu de choses au jeu violent des passions et des intérêts !

LE CHATEAU DE MASSENCOME

CHATEAU DE MASSENCOME
Arrondissement de Condom (Gers)

LE CHATEAU DE MASSENCOME

I

Plus élevé, plus vaste, plus imposant que le château du Tauzia, se profile à l'horizon occidental de Valence-sur-Baïse le château de Massencôme ou Mansencomme (*Mas*, hauteur; *Coume*, combe, vallée). Contemporain toutefois du précédent, il offre avec lui les plus frappantes analogies. Même plan rectangulaire, mêmes tours carrées, même appareil, même épaisseur de murs, mêmes dispositions intérieures primitives. C'est à croire, s'il ne se trouvait dans le camp adverse, que l'architecte en a été le même, comme s'il le destinait, sinon à servir la même cause, du moins à opposer en temps de guerre les mêmes moyens d'attaque et de défense.

Le château de Massencôme fait en effet partie de tout ce système militaire défensif, établi de part et d'autre de la frontière anglo-française dans les dernières années du xiiie siècle. Seulement, si le Tauzia, ainsi que nous avons essayé de le démontrer dans l'étude précédente, a été construit par les Anglais comme le poste le plus avancé de leurs possessions en Condomois, le château de Massencôme, lui, s'est toujours trouvé en Armagnac. La terre qui l'a vu surgir était à ce moment et est presque toujours demeurée terre française; et c'est l'étendard national qui en tout temps a flotté sur ses hautes tours crénelées.

Nous verrons du reste dans la suite de ce récit que ses

seigneurs, les Lasseran, demeurèrent, pendant toutes les luttes des XIVe et XVe siècles, les alliés fidèles des comtes d'Armagnac, et que c'est au premier rang de leurs armées qu'ils versèrent leur sang pour la cause de la patrie. C'est donc afin d'opposer une digue à la marche de plus en plus envahissante des armées britanniques, que s'éleva en très peu de temps, et très probablement sur l'ordre et pour le compte de Géraud d'Armagnac, le château de Massencôme, de façon à pouvoir, par des signaux ou tout autre moyen de communication, se relier assez facilement avec les autres postes établis sur les hauteurs voisines.

Son assiette était d'ailleurs admirablement choisie. Sis sur un tertre élevé de 176 mètres au-dessus du niveau de la mer, et que ne commande aucune autre position immédiate plus haute, il domine, à l'est, toute la vallée de la Baïse, depuis Beaucaire jusque bien au-delà de Condom, et, au nord et au nord-ouest, une importante partie de la vallée de l'Osse. De même que la tour du Guardès, sa puissante alliée, il plonge en quelque sorte sur le château du Tauzia, premier poste ennemi, et il est facile à ses hommes d'armes de fouiller, du haut de ses chemins de ronde, d'un côté jusqu'à Saint-Orens, de l'autre jusqu'à Beaumont et à Larressingle, les plis et replis du terrain occupé par les soldats anglais.

Le château de Massencôme est donc un point stratégique des plus importants de la frontière armagnacaise. Et, bien que, malgré nos très actives recherches, nous n'ayons pu découvrir la date précise de sa construction, il n'est point téméraire d'affirmer qu'il doit son origine, ainsi que les châteaux de Sainte-Mère, de Lagardère et tant d'autres semblables dont on connaît exactement la date de fondation, à ce grand mouvement patriotique et militaire de la fin du XIIIe siècle, qui précéda la terrible guerre de Cent ans.

Tel qu'il est demeuré jusqu'à nos jours, il se présente encore comme un des plus beaux types de ce que nous sommes convenu d'appeler un *château gascon*. A ces titres donc, son étude ne présentera pas un minime intérêt; elle s'impose du reste, dès à présent à nous, comme une suite toute naturelle à l'étude précédente sur son voisin le château du Tauzia.

Ainsi que nous l'avons déjà dit, le plan du château de Massencôme est, dans ses grandes lignes, identique à celui de toutes ces forteresses gasconnes échelonnées le long de la frontière de l'Armagnac et du Condomois. Comme on peut le voir sur notre *Planche 2*, c'est un rectangle de 18 mètres de long sur 15 de large, terminé à ses deux extrémités est et ouest par deux tours carrées, de dimensions inégales, diagonalement opposées l'une à l'autre, et plus élevées que le corps de logis principal. Son appareil est l'appareil moyen généralement employé à cette époque, et qui s'est conservé intact jusqu'à nos jours. Ses murs, comme ceux de ses voisins, varient entre 1 m. 30 et 1 m. 40 d'épaisseur. Quant à ses défenses extérieures, elles présentent une particularité qu'il importe dès à présent de signaler.

Nous avons posé précédemment en principe qu'il était fort rare que ces châteaux gascons fussent protégés par des palissades, fossés, ou première enceinte quelconque. Massencôme fait exception à cette règle. Le tertre escarpé et assez étroit, sur lequel il est fièrement campé, le met dans l'impossibilité d'avoir des fossés creusés autour de lui. Mais son assiette a permis néanmoins à l'architecte de le défendre, des côtés est et sud, par lesquels il est plus facilement accessible, au moyen d'une enceinte polygonale extérieure, dont on voit très bien la trace, et dont le plan cadastral ci-après (n° 2 de la planche 2) reproduit le périmètre. Hâtons-nous de dire toutefois que cette enceinte avait été élevée bien plutôt pour servir d'enclave aux remises, écuries, greniers, etc., que pour repousser la première attaque de l'ennemi. Le but de tous ces châteaux, nous ne saurions trop le répéter, était à l'origine de servir de postes d'observation, capables seulement d'abriter une petite garnison, destinée par des patrouilles et des reconnaissances à surveiller l'autre côté de la frontière. Toutefois, même sous ce rapport, le château de Massencôme est encore un des plus considérables que nous connaissions, et sa vaste ossature atteste l'importance du rôle que dans l'esprit de ses constructeurs il était destiné à jouer.

Fut-il, dès les débuts, habité par ses seigneurs? Ou bien ne faut-il voir en lui qu'un simple corps de garde, destiné à loger les soldats des comtes d'Armagnac? Maintes fois remanié dans la suite, il est de prime abord assez difficile de se prononcer sur cette question. Néanmoins, de même que pour le Tauzia et tous ses semblables, nous acceptons cette dernière manière de voir. Nous ne craignons pas, en effet, d'affirmer que, sans murs de refend à l'intérieur (de simples piliers supportant seuls probablement au début les planchers supérieurs), sans escalier fixe, capable de desservir les différents étages, sans ouvertures au rez-de-chaussée et au premier étage, suffisantes non seulement pour l'ajourer mais même pour l'aérer, il ne pouvait offrir à ses seigneurs et à leur nombreuse famille aucune condition possible d'habitabilité, même à cette époque de luttes incessantes où la plus élémentaire prudence voulait qu'on s'abritât derrière de fortes et solides murailles. D'ailleurs, un nouvel argument, tiré de la simple étude attentive du plan du château, va venir encore à l'appui de notre thèse. Il est du reste tout à fait spécial au seul château de Massencôme.

Si l'on se reporte, en effet, au plan cadastral (n° 2 de la planche 2), on voit qu'à l'est de la forteresse A, et lui faisant immédiatement suite, se trouvent deux corps de logis R et S, à eux deux sinon plus élevés, du moins presque aussi spacieux que le château proprement dit. Ecrasées par la masse du sombre édifice, ces constructions tout d'abord n'attirent point l'attention. En les examinant de près, on est tout étonné de voir qu'elles ne sont guère plus jeunes que le château lui-même, et que, si la date de construction de celui-ci se rattache à la fin du xiii° siècle, on peut, sans risquer de se tromper, leur assigner comme origine le milieu du siècle suivant.

A l'extérieur, sur la façade nord, encore bien conservée jusqu'à la hauteur du premier étage, on retrouve le même appareil moyen. De plus, deux fenêtres à meneaux, à moulures prismatiques, l'une au nord, l'autre à l'extrémité est du corps de logis S, accusent bien le style du xiv° siècle. Enfin, à l'intérieur, deux grandes cheminées au rez-de-chaussée, dont l'une en belles pierres de taille ne mesure pas moins de 3 mètres 20 de long, et deux plus petites au premier étage, sans parler de celle que l'on voit encore dans la cuisine et qui a été descendue du premier étage de la courtine par le propriétaire actuel, attestent suffisamment que tout ce corps de logis date du milieu du xiv° siècle, et que, dès cette époque, il était habité, alors que dans le château proprement dit, antérieur de 50 ou 60 ans seulement, on ne retrouve à aucun étage trace quelconque d'aucune ancienne cheminée.

Ce corps de logis S, si intéressant à étudier, était relié au corps principal par une longue galerie couverte R, simple courtine à l'origine, qui partait d'une belle porte en arc d'ogive du xiv° siècle pour venir correspondre au premier palier de l'escalier extérieur C (n° 3 de la planche 2). Peut-être même cet escalier, qui n'existait certainement pas au début, ne fut-il adossé qu'à ce moment à la façade est de la forteresse, afin de servir aussi bien à pénétrer, par la porte C, au premier étage, qu'à accéder à celui du corps de logis annexe. On le prolongea dans la suite, en l'exhaussant jusqu'à la porte D du second étage, et il remplaça ainsi le pont mobile ou l'échelle en bois primitifs, seuls moyens d'atteindre les étages supérieurs.

De toutes ces observations, il est donc permis de conclure que le château de Massencôme ne fut, à l'origine, qu'un simple corps de garde, destiné à abriter une garnison, composée d'une ou deux compagnies de gens d'armes, et que ses maîtres, les seigneurs de Lasseran, qui, comme les Barbazan du Tauzia, possédaient ailleurs d'autres résidences plus somptueuses, ne firent construire qu'en vue de leur convenance personnelle, et pour les moments assez courts où ils étaient obligés de venir dans le pays, ce corps de logis annexe, beaucoup plus commode et agréable à habiter que la sombre forteresse.

— Nous verrons dans la partie historique qu'aux XVIe et XVIIe siècles le château de Massencôme fut totalement abandonné par ses propriétaires. Un acte de cette époque nous dira qu'il se trouvait alors dans un état absolu de délabrement.

En passant postérieurement dans de puissantes mains étrangères, il fut, vers le milieu du dernier siècle, entièrement remanié. On eut alors la prétention de le rendre habitable. C'est ainsi que s'élevèrent à l'intérieur les murs de refend actuels et que les pièces du rez-de-chaussée furent recouvertes de ces voutes surbaissées que l'on y voit encore. Alors seulement on perça ces sombres murailles qu'ajouraient à peine quelques fenêtres géminées, et l'on ouvrit ces fenêtres à meneaux que l'on voit sur les façades méridionale et septentrionale. Alors enfin on adossa dans chaque salle des étages supérieurs ces cheminées massives et mal bâties, qui du reste ne servirent jamais. Car on dut, peu après, arrêter tout-à-coup cet essai de restauration; si bien que le château est demeuré, depuis plus d'un siècle et jusqu'à nos jours, dans cet état inachevé de grossière transformation.

Il en résulte qu'à première vue de nombreux et violents contrastes sautent aux yeux des visiteurs, et peuvent les dérouter entièrement. Néanmoins, avec un peu d'attention, il est facile de se rendre compte des dispositions premières et de reconstituer ce beau spécimen d'architecture militaire gasconne à la fin du XIIIe siècle.

Enclavé du côté du levant et du midi dans une cour polygonale, qui, nous l'avons dit, renfermait les décharges et les communs, le château de Massencôme avait son rez-de-chaussée hermétiquement clos de tous côtés, sauf en A, au pied de la petite tour où se trouvait et se trouve encore sa seule porte d'entrée. Deux baies, l'une très élevée A, comme au château du Tauzia, et contemporaine de la construction du château, l'autre, beaucoup plus basse A', et qui était la vraie porte d'entrée du rez-de-chaussée, étaient percées dans les deux murs de cette tour, et protégées par un large machicoulis, non plus extérieur comme au Tauzia, mais creusé au sommet du premier cintre, dans l'intérieur de la tour.

En cas d'attaque, le grand porche A, assez inexplicable, pouvait être facilement muré. Quant à la porte A', également de la fondation du château, elle ne pouvait que difficilement permettre à un charriot de pénétrer au rez-de-chaussée de la tour.

De très rares ouvertures ajouraient ce rez-de-chaussée. C'était, au midi, deux étroites meurtrières, aujourd'hui remplacées par de plus vastes croisées, et au nord trois archères, dont une arbalétrière, visible encore de nos jours.

Le premier étage, composé d'une unique pièce, servait probablement de dortoir à la garnison. Il ne contenait guère plus d'ouvertures : au midi, deux arbalétrières, non encore fermées, et sans doute quelques autres semblables, aux autres expositions, dont on ne voit plus les traces.

Seul était franchement ajouré le deuxième étage. Au midi, on remarque encore en effet une fort jolie et très élégante fenêtre géminée, dont les architectes du siècle dernier n'ont point voulu, comme à une semblable à côté, faire disparaître les deux arcatures trilobées, soutenues par une colonette médiane (planche 1). A l'est, une autre fenêtre, également géminée, se voit encore, en partie détruite. Au nord enfin on distingue les restes d'une troisième arcature, qui, jointe aux trois autres, éclairait ainsi de trois côtés la grande salle d'armes, où le chef assemblait ses soldats. Quant à la façade ouest, et toujours à la même hauteur, une quatrième fenêtre, également trilobée, mais non géminée, aujourd'hui entièrement murée, ajourait un réduit, qui plus tard fut destiné à des lieux d'aisance.

Toujours à l'extérieur, la grosse tour carrée de l'ouest B, d'aspect si sombre, n'était éclairée que par de rares et étroites archères. Elle a conservé son caractère primitif. On en compte deux au premier étage, tandis que le second et le troisième recevaient le jour de trois arbalétrières, ouvertes de chaque côté.

Un quatrième et dernier étage, élevé d'au moins trois mètres au-dessus du corps de logis, se dressait encore au sommet de cette tour. Il laisse entrevoir les portes fort basses qui communiquaient avec le chemin de ronde, dont la ceinture entourait tout le château, et d'où la vue s'étendait au loin dans toutes les directions.

La tour carrée de l'est A, destinée à défendre la porte d'entrée, atteignait, ainsi que la tour B, une hauteur d'environ vingt mètres. Des arbalétrières, dont on voit encore la trace, ajouraient seules ses divers étages. A ses pieds avait été adossé et se dresse encore, quoique rongé par le temps, cet escalier extérieur à pans coupés, dont nous avons parlé, et qui ne fut construit qu'un demi-siècle environ après le château primitif, au moment de l'élévation de la courtine R et de l'annexe S.

La première rampe AC compte trente-une marches; la seconde CD, beaucoup plus étroite, n'en compte que vingt-deux. Elle aboutit à la porte D, sur une espèce de terrasse, au-dessous de laquelle était ouvert un mâchicoulis chargé de défendre les premières marches de l'escalier.

Cet escalier, qui dut remplacer l'escalier volant en bois ou échelle mobile primitive, aboutissant soit à la porte C du

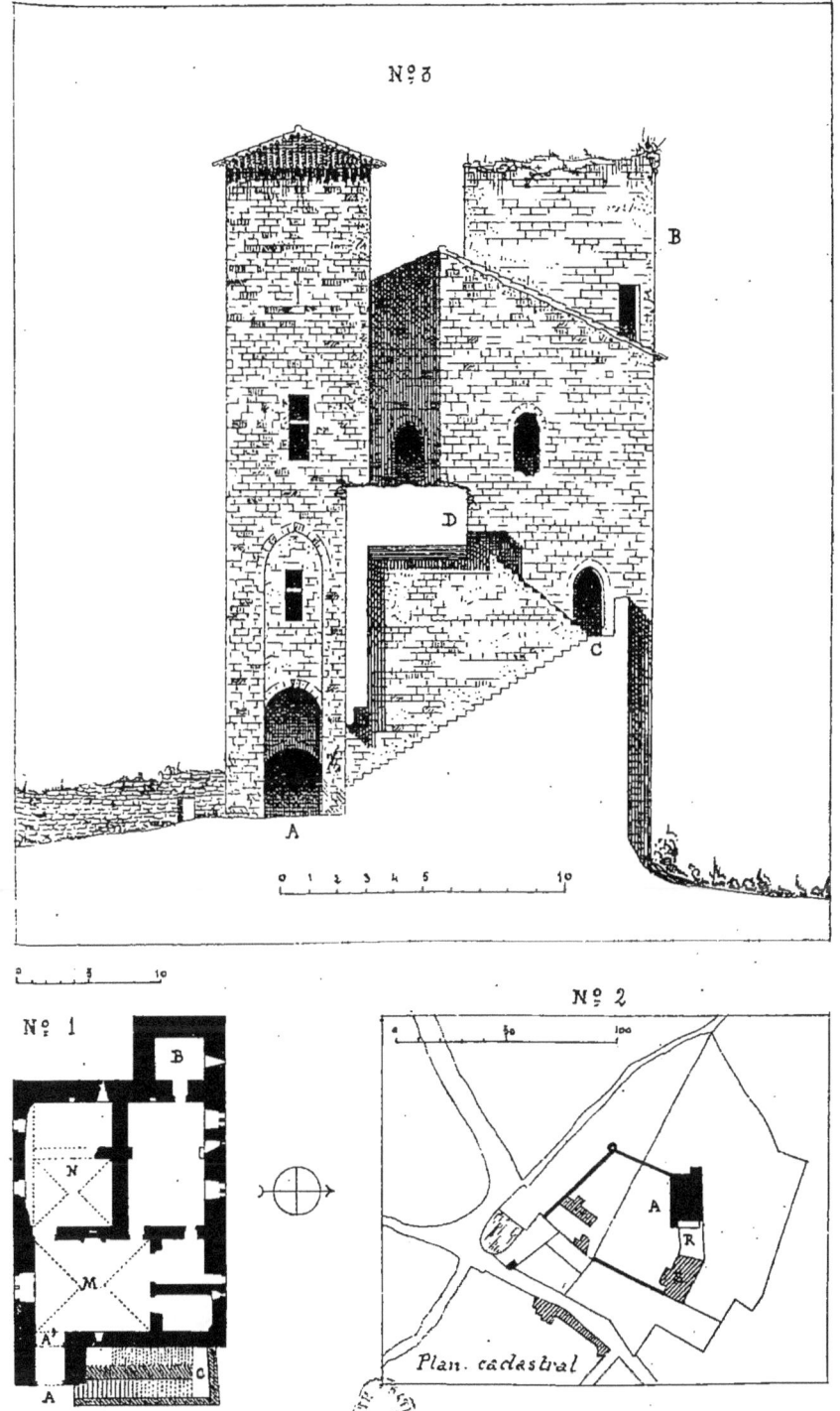

CHÂTEAU DE MASSENCÔME
(Gers)

premier étage, soit à la porte D du second, et dont on ne retrouve le semblable dans aucune autre construction de cette époque, constitue une des particularités les plus remarquables du château de Massencôme. C'est comme tel qu'il a été dessiné par notre ami regretté P. Benouville et que sa perspective a été reproduite ici par nous au numéro 3 de notre planche 2.

— L'intérieur du château de Massencôme ne présente, tel qu'il s'offre à nous actuellement, qu'un intérêt fort restreint. Toutes ses divisions sont en effet modernes, datant du siècle dernier seulement. Les murs de refend, retracés sur le plan 1 de la planche 2, les voûtes en arc brisé, semblables à celles du château du Busca, des deux principales salles M et N au rez-de-chaussée; au premier étage, les dispositions des salles correspondantes, les cheminées grossièrement taillées, à peine encastrées dans la muraille, les fenêtres à meneaux communes, dépourvues de corniches et de moulures et sans ornement aucun, nous éloignent de beaucoup de cette belle époque de la Renaissance, qui présida à l'agencement si élégant du Tauzia. Elles attestent, en tous cas, par leur lourdeur, le mauvais goût et le manque absolu de soins du siècle dernier. Elles sont du reste en contradiction formelle avec le style primitif du château. Aussi n'y insisterons-nous pas autrement.

Seul nous retiendra un instant l'intérieur de la tour A, dont la clef de voûte du premier étage a été remplacée par une ouverture rectangulaire, d'où les défenseurs pouvaient jeter sur les assaillants toutes sortes de projectiles. Un système de trappes et d'échelles mobiles, identique à celui du Tauzia, était l'unique moyen d'accéder aux différents étages des deux tours de Massencôme. Leurs planchers n'existent plus depuis longtemps.

Une charpente à deux eaux, plus basse que la charpente primitive, recouvre aujourd'hui ce vaste corps de logis, dont la hauteur actuelle est environ de quinze mètres, celle des tours atteignant vingt mètres. Encore en assez bon état de conservation, le château de Massencôme peut rendre à ses nouveaux propriétaires plus d'un service usuel, auquel toutefois ne l'avaient pas destiné ses premiers seigneurs. Il nous rappelle en tous cas, et malgré la marche des siècles, le souvenir de l'illustre famille dont le nom, comme nous allons le voir dans les pages qui vont suivre, reste attaché à tous les hauts faits des annales du pays.

II

On trouve, depuis les temps les plus reculés, les Lasseran, plus tard seigneurs de Massencôme, mêlés à toutes les affaires les plus importantes du pays gascon.

Bien avant l'époque où s'éleva leur château, on les voit combler de dons et de bienfaits les monastères voisins de leurs nombreuses résidences, et notamment ceux de Berdoues et de Condom. Le cartulaire de cette première abbaye contient, en effet, durant tout le XIIe siècle, une longue liste de donations, qui lui sont octroyées par les premiers seigneurs de Lasseran (1). Quelques-uns d'entre eux se font même enterrer, au commencement du siècle suivant, dans le chœur de l'église de Berdoues.

Ce n'est qu'à la fin du XIIIe siècle, et précisément à l'époque qui concorde avec la date de construction du château, que nous voyons les Lasseran qualifiés de *seigneurs de Massencôme*. Le premier acte d'hommage pour la terre et seigneurie « *de Mansencome en Fezensac*, » qui nous soit connu, est celui qui fut rendu en l'année 1319 par Vital de Lasseran au comte d'Armagnac.

Le frère de ce Vital, *Garcie-Arnaud de Lasseran*, seigneur

(1) Archives du séminaire d'Auch. Cartulaire de l'abbaye de Berdoues.

de Massencôme, Labit, Puch de Gontaud, Monluc, etc., eut une fille, Aude, qui épousa, le 15 mai 1318, *Odet de Montesquiou*, fils puîné de Raymond-Aymeric, baron de Montesquiou, et de Longue de Montaut. Les clauses du contrat portent que les enfants à naître de ce mariage prendront le nom et les armes du père de la mariée, c'est-à-dire de Lasseran-Massencôme (1).

En l'année 1338, l'archevêque d'Auch transigea pour les dîmes de Polignac, annexe de Gondrin, et pour celles de Massencôme, avec Garcie-Arnaud de Lasseran, seigneur de Massencôme, et son frère Pierre (2).

Aude de Lasseran, dame de Massencôme, Labit, Puch de Gontaud, Monluc, Camarade, fut l'unique héritière de son père Garcie-Arnaud. Elle testa le 3 août 1351 en faveur de son fils aîné Guillem, *à qui elle donna la terre de Massencôme* avec ses dépendances, laissant celles de Monluc à son fils puîné Guillem-Arnaud. Ce dernier devint ainsi le chef de la branche cadette des Lasseran-Monluc, d'où sortit le célèbre maréchal Blaise de Monluc.

Guillem de Lasseran, seigneur de Massencôme « au comté de Fezensac, près Condom, » par le partage qu'il fit avec son frère, le 4 août 1354, testa le 9 octobre 1361. Il avait épousé Aude de Verduzan, dame de Lagarde, près de Vic. Dans son testament, véritable monument féodal (3), dont la copie nous a été transmise par MM. Laplagne-Barris et J. de Carsalade du Pont, Arnaud de Lasseran s'intitule « seigneur de Massencôme et de San Yors, in Anglis. » Il fait de nombreux legs aux maisons religieuses de la contrée, notamment six florins d'or « *ad reparandam et faciendam ecclesiam de Massencomis,* » et « *panem et aquam in hospitio suo de Massencoma* ». Il lègue en outre à son fils Arnaud-Guillaume « *aulam vocatam a Lagarda, prope vicum Fezensacii* », qu'il tient de son

---

(1) Père Anselme, tome VII, p. 288.
(2) Notes de M. Denis de Thézan.
(3) Bibliothèque nationale, Cabinet des Titres.

épouse Aude de Verduzan, et à son autre fils Vital l'usufruit de la moitié du territoire de Polignac. Enfin il institue son héritier universel Guillaume de Lasseran, son fils aîné, lui léguant spécialement « le *château de Massencôme* ». L'acte est passé au château de Saint-Yors, qui semble être à ce moment la résidence habituelle des Lasseran (1), le 9 octobre 1361, en présence de nombreux témoins.

Guillaume de Lasseran, seigneur de Massencôme, succéda donc à son père, après 1361. On le voit signer au contrat de mariage de Jean de Monlezun, seigneur de Montastruc, avec Bertrande de Biran, le 29 octobre, 1401 (2). Son fils aîné, *Manaud de Lasseran*, joua un rôle très important en Gascogne durant les troubles des dernières années du xiv⁰ siècle. Nous rappellerons sommairement quelques-uns de ses faits d'armes.

Dès 1356 et tout jeune encore, il commande dans la ville de Valence, pour sa défense contre le parti anglais, une troupe de quinze écuyers et trente sergents (3). Puis, en 1377, lors de la prise de cette ville par les troupes anglaises commandées par Pierre de Galard, Manaud de Lasseran cautionne avec trois seigneurs du voisinage, pour 120 livres, Géraud de Verduzan, fait prisonnier pendant l'affaire et détenu dans les prisons du château de Lourdes (4).

Le 10 octobre 1392, il reconnaît tenir en fief du comte d'Armagnac, à cause du comté de Fezensac, la terre et seigneurie de Massencôme (5). Enfin, le 15 juillet 1395, il passe un bail relatif à un fief de Mouchan, comme procureur *notabilium dominarum Delphine et Malone de Tinherio* (6). Ce seigneur de Massencôme dut mourir vers la fin de 1408;

---

(1) La seigneurie de Saint-Yors se trouvait située en Fezensac, au sud de Bazian, entre ce village et celui de Cazaux-d'Anglès.
(2) Père Anselme, t. vii.
(3) Denis de Thézan, *Revue de Gascogne*, t. xi, p. 393.
(4) Bibl. nat. Collection Doat, tome 200, folios 62-74.
(5) Bureau des finances de Montauban.
(6) Notariat de Gondrin.

car, l'année suivante, le 20 mars 1409, sa veuve, noble dame Mathone de Thiner (de Thinerio), demande et obtient la restitution de mille florins d'or qui lui avaient été constitués par sa mère et garantis par Jean de Roquelaure (1).

Manaud de Lasseran mourut, croyons-nous, sans postérité. Ce fut son frère, *Louis de Lasseran*, qui continua sa race et qui devint ainsi propriétaire du château de Massencôme (2).

En 1415, noble et puissant seigneur Louis de Lasseran, seigneur de Massencôme, donne bail à nouveau fief d'une terre sise à Gondrin. Dix ans après, il assiste à un acte passé à Bazian, le 10 avril 1425, par lequel noble seigneur Bertrand de Montesquiou, chevalier, fils de Messire Ayssieu de Montesquiou, seigneur dudit lieu et de Lauraët, et noble dame Marguerite, sa future femme, fille de messire Manaud de Bénac, seigneur de Lane et de Saint-Luc, au comté de Bigorre, réparent deux omissions faites dans leur contrat de mariage (3). Louis de Lasseran, seigneur de Massencôme, Labit, Camarade, etc., épousa, le 26 janvier 1422, Catherine de Massat, fille d'Amanieu de Massat, seigneur de l'Estang et de Cardonne de Manas, dame d'Aulans. Il en eut deux enfants. Sa femme étant morte, il se maria en secondes noces avec Mirande de la Tour. Dans son testament du 1ᵉʳ juin 1462, il institue pour son héritier son fils aîné, Jean de Lasseran, auquel il substitue, à défaut de postérité masculine, son fils cadet Odet; « et si ledit Odet venait aussi à mourir sans enfants mâles, il lui substitue Pierre de Lasseran-Massencôme, seigneur de Monluc, son neveu éloigné. » Cette substitution fut cause, dans la suite, de deux procès : l'un vers 1480, et l'autre en 1720 (4). Louis de Lasseran fut père de Jean, qui suit, et d'Odet

(1) Bureau des finances de Montauban.
(2) Notes généalogiques de M. l'abbé J. de Carsalade du Pont.
(3) Archives de M. le comte de La Hitte (à Grenade-sur-Garonne).
(4) Archives de M. l'abbé J. de Carsalade du Pont. Voir aussi le Père Anselme, tome vii, et le grand travail généalogique de M. l'abbé Légé sur les Castelnau-Tursan. (Aire-sur-l'Adour. 1887. Tome i, p. 391.)

de Lasseran, chef de la branche des seigneurs de Labit (1). De son second mariage, il eut une fille, Agnète, qui épousa le 10 juin 1484 Manaud de Cassagnet (2).

Jean de Lasseran fut le dernier seigneur de Massencôme, de cette illustre famille des Lasseran qui prit une part si active à toutes les luttes des xiv° et xv° siècles entre la France et l'Angleterre. Il se maria fort jeune, « âgé de 14 ans, » dit son contrat de mariage, à la date du 6 décembre 1455, avec noble demoiselle Catherine d'Astarac, « âgée de 12 ans » seulement, « dame de Moncla et de Villeneuve. » Le marié était assisté de son père, noble Louis de Lasseran, seigneur de Massencôme, et la mariée de son oncle, « égrège et puissant seigneur messire Jehan, comte d'Astarac, seigneur de Barbarens et de la baronnie dudit lieu, etc. » Par ce contrat, la future épouse se constitua les lieux de Moncla et de Villeneuve, ainsi que tous les autres biens paternels qui lui revenaient de la succession de son père, messire Jean d'Astarac, sauf le territoire de Valentès. Le pacte fut passé « *au château neuf de Barbarens*, en présence d'une grande quantité de seigneurs voisins (3). »

Les deux jeunes époux eurent trois enfants : 1° François, qui suit; 2° Isabelle; 3° Françoise, qui mourut sans avoir contracté mariage. Le 5 décembre 1486, Jean de Lasseran fit son testament au château de Massencôme, en présence d'Antoine de Monlezun, seigneur de Preissac, de Pierre-François de Montesquiou, seigneur de Saint-Jean, de Pierre de Lantirand, et de Pierre de Belloc, prêtre et vicaire dudit lieu de Massencôme. Il institua pour son héritier son fils

---

(1) Labit était une terre noble, dépendant de la seigneurie de Massencôme, située à trois kilomètres à peine à l'ouest de ce château. Cette branche des seigneurs de Labit se perpétua pendant tous les xv° et xvi° siècles; et le maréchal de Monluc, dans ses Commentaires, parle d'un Monsieur de Labit qu'il qualifie de « sien cousin. » On voit encore, autour des bâtisses modernes de la ferme de Labit, de magnifiques chênes et ormes séculaires, contemporains peut-être de ces glorieux soldats des guerres de religion.

(2) Bibl. nat. Cabinet des titres. Dossier Lasseran.

(3) Idem.

François, lui substituant sa fille Isabelle (1). Ce fils *François* mourut peu de temps après sans laisser d'enfants. Toute la fortune des Lasseran-Massencôme revenait donc à la fille aînée, *Isabelle*, qui fut également instituée héritière de tous ses biens par sa mère Catherine d'Astarac.

En même temps, le 18 juin 1487, noble *Amanieu de Lasseran-Massencôme*, seigneur de Monluc, son oncle, établit, « en faveur de sa chère nièce Isabelle de Lasseran, » une renonciation expresse de tous les droits à lui appartenant, ou à ses héritiers, en faveur de son père Pierre, par une substition de Louis de Lasseran, substitution qui fut également revendiquée par Odet de Lasseran, frère de Jean de Lasseran et oncle propre d'Isabelle. L'acte porte que ledit Amanieu —

Renonce à tous ses droits sur la terre de Massencôme, en faveur de sa nièce, mariée au *seigneur de Poyanne*, à cause de plusieurs grands services, honneurs et amitiés qu'il avait reçus dudit seigneur de Poyanne, et à la charge que le fils qui naîtra de ce mariage portera le nom de Massencôme; voulant, en outre, que, au cas où ladite Isabelle mourrait sans enfants, sa succession retourne à noble François de Lasseran, fils légitime dudit noble de Lasseran, à la charge de restituer audit de Poyanne tous les frais qu'il aurait pu faire pour *les réparations de la maison de Massencôme* et de celle de Saint-Yors.

L'acte fut passé au château de Massencôme (2). Monluc, dans ses Commentaires, dit que cet Amanieu de Lasseran, de la branche de Monluc, « avait vendu tout le bien qu'il possédait, hormis 800 livres ou 1,000 livres de revenus. » Il laissait cinq enfants de son mariage avec Marie de Pardaillan (3).

— *Isabeau de Lasseran* demeura donc paisible propriétaire de toutes les terres de ses ancêtres, et notamment de la terre et du château de Massencôme. Elle les apporta dans la famille de Poyanne, par son mariage avec *Charles de Baylenx de Poyanne,*

---

(1) Pièce communiquée par M. l'abbé de Carsalade du Pont.
(2) Bibl. nat. Cabinet des titres.
(3) Père Anselme, t. VII, p. 290 et suiv.

seigneur de Nousse, Gamarde et autres lieux, chambellan de Charles VIII et de Louis XII, et gouverneur des ville et château de Dax. La clause principale de ce contrat de mariage fut que les enfants qui en naîtraient prendraient les noms et les armes de Lasseran-Massencôme. Malgré deux alliances qui auraient dû le faire disparaître, l'une avec les Montesquiou, l'autre avec les Poyanne, ce nom subsistera, à côté de celui de ses nouveaux seigneurs, jusqu'à la Révolution.

— Le château de Massencôme, forteresse ou annexe, fut souvent habité par ses seigneurs au cours des XIV⁰ et XV⁰ siècles. Nous en avons pour preuves les nombreux actes indiqués précédemment qui, presque tous, sont datés de ce lieu. Mais du jour où il échut à la famille de Poyanne, qui formait une branche cadette de la grande maison de Baylenx de Poyanne (1), il fut de plus en plus délaissé. Originaires des Landes, où se trouve encore l'imposant château de Poyanne (2), à la tête de la première noblesse du pays, les nouveaux seigneurs de Massencôme préférèrent, on le comprend facilement, consacrer aux différentes résidences qu'ils possédaient un peu partout en Gascogne, et notamment aux châteaux de Monclar (3) et plus tard de Monbardon (4), le peu de temps que leur laissaient soit leurs obligations militaires, soit leur service à la cour. Aussi, malgré quelques actes signés encore à Massencôme, les beaux jours du château sont-ils passés.

Triste et sombre demeure féodale, construite uniquement en vue des grands événements des XIV⁰ et XV⁰ siècles, son rôle est fini avec les temps modernes. Vainement essaya-t-on plus

---

(1) Voir pour la généalogie de la famille de Poyanne le bel ouvrage de M. l'abbé Légé sur « les *Castelnau-Tursan* » (2 vol. gr. in-8°. Aire-sur-l'Adour. 1887. Tome I⁰ʳ, p. 369 et suivantes). Voir aussi le volumineux dossier que possède sur cette famille M. le chanoine J. de Carsalade du Pont, et qu'il a bien voulu nous communiquer.

(2) Canton de Montfort, département des Landes.

(3) Moncla ou Monclar est à 6 kilomètres de Montesquiou, arrondissement de Mirande (Gers). Voir à cet égard l'intéressante et humouristique notice de M. le conseiller P. La Plagne-Barris (*Revue de Gascogne*, tome XV, p. 145).

(4) Monbardon est à 14 kilomètres sud-est de Masseube (Gers).

tard de l'approprier aux besoins nouveaux et de le rendre plus facilement habitable, on ne réussit jamais à en faire un lieu de séjour agréable, où pussent se plaire les élégantes et capricieuses châtelaines, déjà habituées au luxe des cours ou tout au moins des grandes villes. Le château de Massencôme resta un des fiefs les plus importants de la famille de Poyanne; mais, à partir du XVIe siècle, il fut totalement abandonné par elle. Nous voyons toutefois qu'à cette époque les seigneurs de Massencôme ont toujours droit de haute, moyenne et basse justice, « qu'ils peuvent élire tout juge, lieutenant, procureur fiscal et greffier qui leur plairont, » et qu'ils jouissent en ce lieu « d'une dîme inféodée en quatre parsans, savoir : celui de Massencôme, de Teous, d'Ampeils et de Coupet, en outre des nombreux privilèges et autres droits de champart, lods et ventes, qu'ils possédaient dans la plupart des juridictions avoisinantes. »

— Le nouveau seigneur de Massencôme, *Charles de Poyanne*, servit avec éclat dans les armées du roi de France pendant les guerres d'Italie. Il acquit à cette époque (1486), du sire Alain d'Albret, la terre et baronnie de Gamarde, en Auriebat.

De son mariage avec Isabelle de Lasseran, il eut deux enfants qui, d'après les notes généalogiques que nous avons eues sous les yeux, portèrent tous deux le nom de François.

L'aîné, en effet, *François de Lasseran-Massencôme*, épousa, le 29 décembre 1513, Agnès ou Anne de Verduzan, fille d'Odet de Verduzan, seigneur dudit lieu (1). Mais il dut mourir sans postérité, et très probablement sur les champs de bataille, du moins si nous en jugeons par son testament, daté du 2 mai 1521 et passé *apud locum de Mirano, in domo domini ejusdem loci in Fezensiaco*, c'est-à-dire chez son beau-père, noble de Verduzan, qui était également seigneur de Miran (2).

(1) Bibl. nat. Cabinet des titres.
(2) Le château de Miran, aujourd'hui entièrement détruit, se trouvait à 4 kilomètres environ au nord-est de Vic-Fezensac, sur le faîte des collines qui séparent la vallée de l'Osse de celle de la Baïse.

François de Lasseran stipule en effet expressément « qu'étant sur le point de partir pour le service du roi, il dispose de ses biens ainsi qu'il suit : il laisse d'abord 100 écus pour ses honneurs funèbres; item, aux religieux de Saint-Pierre de Condom, à charge de dire pour lui et le repos des âmes de ses parents une messe anniversaire. Il veut qu'il soit célébré quarante messes pour lui et tous ses parents au *lieu de Massencôme,* lesquelles seront payées au chapelain à raison de trois sols tournois, au lieu de Nousse, et aussi à l'abbaye de Flaran. Il lègue à sa femme Anne de Verduzan la somme de 3,500 livres tournois, plus l'usufruit de la seigneurie de Nousse et de Gamarde. Dans le cas où sa femme serait grosse le jour de son décès, il entend que son fils ou sa fille posthume soient son héritier universel. En même temps, il institue pour son héritier universel son frère *François de Poyanne,* seigneur de Massencôme (1), etc.

Ce dernier en effet devint, dès 1521, possesseur de tous les biens des Lasseran et des Poyanne, Anne de Verduzan, sa belle-sœur, devenue veuve, s'étant fait donner une expédition du testament de son mari à la requête du juge de Fezensac (2). Il vendit peu de temps après, le 28 janvier 1522, la baronnie de Gamarde ainsi que la terre de Nousse à son proche parent Guillaume de Baylenx de Poyanne. Mais il garda la terre noble de Massencôme. Il eut plusieurs enfants, dont l'aîné, *Odet de Poyanne,* seigneur de Massencôme, épousa, le 29 novembre 1543, dans le château de Castillon, au diocèse de Lombez, Gabrielle d'Astarac, de la branche des d'Astarac-Fontrailles.

C'est cet Odet de Massencôme, seigneur dudit lieu et de la place de Monclar en la sénéchaussée d'Armagnac, qui, de concert avec sa femme, noble Jean-François et demoiselles Loyse et Agnès de Massencôme, ses frère et sœurs, vendit, le

(1) Archives de M. l'abbé J. de Carsalade du Pont. Original en parchemin.
(2) Arch. municipales de Condom. Extrait du manuscrit Larcher.

2 juin 1550, à pacte de réméré, ladite place de Monclar, avec toutes ses dépendances, pour la somme de 2,000 livres, à noble François de Labarthe, seigneur de Ségure au pays d'Aure, qui la lui rétrocéda l'année suivante, en mars 1551. Il donnait comme garantie la métairie de Ponsaignet (1). Un procès s'ensuivit quelques années plus tard entre les Lasseran et les consuls de la ville de Monclar, au sujet d'un droit de paissance sur un pré appartenant auxdits seigneurs. Ces derniers furent condamnés par le sénéchal à 25 livres d'amende, « attendu qu'il y a eu émeute, port d'armes, et que meurtre s'en est suivi » (9 décembre 1561) (2).

Odet de Lasseran, seigneur de Massencôme, renouvela la fondation faite par ses ancêtres, dans l'abbaye de Flaran, d'une chapellenie dite de Sainte-Catherine. Il confirma, pour son entretien, une partie de la dîme qu'il prélevait sur la paroisse de Polignac. Ce fut l'origine de nombreuses difficultés qui s'élevèrent plus tard entre les moines de Flaran et les seigneurs de Massencôme (3).

Deux ans après, *Jean-Alexandre de Lasseran*, fils d'Odet, seigneur de Massencôme, épousa, le 20 avril 1563, Raymonde de Martres, assistée de son frère, François de Martres, seigneur de Gensac, et de son oncle maternel, Jean d'Orbessan. Ce dernier lui donna la somme de 1,000 livres, « laquelle, ajoutée à la dot de son père, devra être employée à dégager la place de Ponsaignet, près Monclar, engagée par Odet de Lasseran pour la somme de 3,000 livres, *et à dégager aussi la grande métairie de Massencôme, la dime et le fief de Massencôme, qui ont été engagés par feu noble François de Lasseran, son aïeul* (4). » Cette clause fut exécutée aussitôt après; car nous voyons Jean-Alexandre de Lasseran commencer par racheter

---

(1) Archives du château de Laplagne. Acte retenu par M⁰ Jehan Martelli, notaire de Montesquiou.
(2) Registre du sénéchal.
(3) Voir notre *Monographie de l'abbaye de Flaran*. Auch. 1890.
(4) Bibl. nat. Cabinet des titres.

immédiatement « la moitié de la dîme de Massencôme (1). »

Ce seigneur de Massencôme joua un rôle non dépourvu d'éclat dans toutes les guerres religieuses qui, en ces tristes époques, ruinèrent la Gascogne. Rappelons ici à titre de souvenir, et entre autres exploits, le beau fait d'armes dont il s'illustra devant Mirande, avec le chevalier d'Antras.

Henri de Navarre avait fui la cour, et il cherchait par tous les moyens possibles à se faire des partisans en Gascogne (1577). Il avait établi notamment une garnison dans la ville de Mirande, sous les ordres du capitaine Saint-Criq, lequel n'oubliait aucune occasion de provoquer les capitaines gascons restés fidèles à la cause du roi de France. Le chevalier d'Antras, qui commandait à Marciac, était de ce nombre, et aussi le seigneur de Massencôme, qui résidait au château de Monclar, à 6 kilomètres de Mirande. Les habitants de cette ville supportaient difficilement la présence dans leurs murs des troupes huguenotes.

Monsieur de Massencôme, dit le chevalier d'Antras dans ses Mémoires (2), m'estoit venu trouver à Marciac pour me dire que si nous volions assister les susdits habitans de Mirande, qu'ils estoient resolus de se saysir d'une tour pour nous donner l'autre, ce que je luy promis, et cella demoura secret entre nous deux sans en donner cognoissance à personne. Cella demoura quelque tams que lesdits habitans n'osoient se hazarder. Sur quoy nous en avions presque perdu esperance, jusques à la fin qu'ils en advertirent ledit sieur de Massencomme, luy disant qu'il estoit tamps, sans plus differer et de m'en advertir. De quoy m'ayant donné advis ledit sieur de Massencomme à Marciac, de Moncla en hors..., [tous deux partirent à minuit, suivis d'une petite troupe de soldats, et arrivèrent près de l'oratoire de Mirande,] où nous fimes halte, qui estoit à la pointe du jour pour leur donner l'alarme du cousté de l'abbaye de Berdoues; et l'ayant fet, les (ennemis) ne s'esmurent pas beaucoup, parceque en ces jours qui estoit sur le commansement du moys de may, il fesoit bon dormir au son du roussigniol. [Mais les

(1) Archives dép. du Gers. G. 24.
(2) *Mémoires de Jean d'Antras de Samazan*, publiés pour la première fois par MM. J. de Carsalade du Pont et Ph. Tamizey de Larroque (in-8°. 1880, p. 58 et suiv.).

habitants de Mirande les aperçurent et se saisirent d'une tour qu'ils leur livrèrent, et où d'Antras et Massencôme se glissèrent rapidement,] et si serrés que presque un lynseul eust couvert toute nostre trouppe, avec un beau may que nous avions bien choisi pour le planter à l'antrée de la ville contre muraille et violons après pour commencer la danse.

Les soldats du roi de Navarre, réveillés en sursaut, se précipitèrent dans les trois autres tours et la bataille s'engagea. En même temps, les secours arrivaient de tous côtés aux assaillants qui bientôt se trouvèrent au nombre de mille à douze cents chevaux et autant d'arquebusiers, tandis que les renforts du capitaine Saint-Criq se faisaient attendre. Deux tours furent prises facilement. Saint-Criq, retiré dans la troisième, se défendit énergiquement. Plusieurs capitaines gascons furent tués, notamment le sieur de Saint-Jean-d'Anglès, le capitaine Puyo, et M. de Las de Pardiac, qui, à l'assaut de la tour, reçut une énorme pierre sur la tête. Grâce au chevalier d'Antras, qui alla chercher à Marciac quelques pièces de campagne, la dernière tour fut prise, et M. de Saint-Criq allait capituler quand il fut tué d'un coup d'arquebusade. La garnison huguenote se rendit aussitôt. Mais le seigneur de Massencôme s'opposa à toute espèce d'excès de la part de ses soldats : « Les habitans ne perdirent rien, dit d'Antras, lesquels furent en tout fort respectés, comme estant bons serviteurs du roi. Aussy M. de Massencôme et moy leur fimes à ce coup un bon servisse; aussy faut-il ayder les amys et voysins à leur necessité, car il faut dire comme les anciens, *pugna pro patria,* et ainsi il faut vivre en ce monde (1). »

Le 23 juillet 1571, Jean-Alexandre de Massencôme fait savoir « que les feus seigneurs de Massencome avoient fondé une chapellenie dans l'abbaye de Flaran, et que le chapelain avoit droit à la dixme que ledit seigneur levoit sur la paroisse de Polignac. » Mais il ajoute que « ledit seigneur peut recouvrer

---

(1) *Mémoires de Jean d'Antras.* Voir aussi, pour cette prise de la ville de Mirande, Monlezun, *Histoire de la Gascogne,* t. v, p. 411.

ladite dixme en versant entre mains solvables une somme de 50 livres (1). »

Le 28 mars 1580, Jean-Alexandre de Poyanne, seigneur de Massencôme, contracta un emprunt de 350 livres à François de Cassagnet, chevalier de l'ordre du roi et capitaine de cinquante lances. L'acte, auquel assiste noble Pierre de Lavardac, seigneur de La Gardère, est passé au château de Massencôme (2).

Nous le voyons encore céder, le 23 janvier 1583, moyennant la somme de 2,000 livres, à noble Jean de Marrens, seigneur de Bartes, tous les droits qu'il prétend avoir sur la seigneurie et place de Saint-Yors, comme héritier tant de noble Odet de Lasseran, seigneur de Massencôme, son père, que de noble François de Lasseran, son aïeul, qui lui avaient donné leurs biens en le mariant, y compris ladite seigneurie, quoiqu'elle eût été vendue depuis par ledit Odet, son père, à messire Jean Tullèle, recteur de Saint-Loup, des héritiers duquel ledit Jean de Marrens l'avait acquise. L'acte est reçu dans le château noble de Massencôme par Guillaume Forestier, notaire de Montclar (3).

De son mariage avec Raymonde de Martres, Jean-Alexandre eut trois enfants : 1° François, qui suit; 2° Pierre-André, qui devint le chef de la branche des Lasseran-Lagarde, dont nous aurons à parler plus loin; 3° Gabrielle, dame de Dours, qui testa, le 31 mai 1647, en faveur de son frère Pierre-André, qualifié de baron de Massencôme.

François de Poyanne-Lasseran-Massencôme hérita, à la mort de son père, de tous les biens des Lasseran. Le 1ᵉʳ novembre 1597, il épousa Jeanne de Bezolles, fille de noble Jean de Bezolles, seigneur de Bezolles, Beaumont, Lagraulas, Ayguetinte, etc., et de Paule de Narbonne. Etaient présents tous

---

(1) Notariat de Valence. Reg. pour l'année 1571.
(2) Idem. Marignac. Reg. pour l'année 1580.
(3) Bibl. nat. Cabinet des titres.

les Massencôme et la plupart des membres de la famille de Narbonne et de Grossolles de Flamarens. L'acte est passé devant Mᵉ Louis Coudié, notaire royal de Vaupillon (1).

Jeanne de Bezolles dut mourir peu de temps après, car nous voyons son mari, qualifié alors de gentilhomme ordinaire de la chambre du roi, épouser en secondes noces Isabeau de Durfort de Castelbajac, dont il eut trois enfants : 1° Bernard, qui suit; 2° Louis; 3° Marguerite, mariée le 25 février 1618 à Jean-Antoine de Béon d'Armentien, seigneur de la Palu.

En l'absence de son mari, retenu à l'armée pour le service du roi, Isabeau de Castelbajac, dame de Lasseran, résida quelque temps à cette époque au château de Massencôme. Nous en avons pour preuve l'achat, fait le 7 mars 1629, d'une pièce de terre sise à Massencôme, derrière le château, « par noble dame Elisabeth de Castelbajac, épouse et procureur fondé de François de Lasseran, absent (2). » D'autres actes de vente et d'achat, contractés à la même époque par elle, sont tous passés au château de Massencôme. Elle donna également en afferme à plusieurs reprises « le *molin* de Camarade, » dont les seigneurs de Massencôme ont toujours été propriétaires (3).

Quatre ans auparavant, le 4 septembre 1625, s'était marié son fils aîné, noble *Bernard de Lasseran-Massencôme*, seigneur de Massencôme, Monclar, Valentès, etc., assisté de messire Jean de Bezolles, son cousin-germain, et de Frédéric de Lambes, baron de Marambat, son oncle, avec demoiselle Paule de Massès de Lamezan, fille de feu noble Pierre de Béon, seigneur de Massès, lieutenant en la compagnie du duc d'Epernon, et de dame Catherine de Lamezan. Le contrat de mariage fut retenu par Pierre Labat, notaire de Rouède, en Astarac (4).

(1) Bibl. nat. Cabinet des titres.
(2) Notariat de Valence. Bartharès, not. Reg. pour 1629.
(3) Idem.
(4) Bibl. nat. Cabinet des titres.

Un long procès s'engagea entre ce seigneur et les consuls du lieu de Valentès (1) au sujet de certains marais et biens communaux revendiqués de part et d'autre. La requête que lesdits consuls adressèrent à ce sujet au Parlement de Toulouse dit même que, dans un moment de colère, ledit seigneur de Massencôme, s'étant pris de querelle avec eux, donna un coup d'épée au bras et un coup de pistolet dans le corps du consul Branet qui s'opposait au dessèchement d'un marais, et que quelques jours après il blessa aussi fort grièvement un autre consul (2).

En 1636, son père, François de Massencôme vivait encore. A cette date, et au mois de juillet de la présente année, le roi Louis XIII,

En considération des nombreux services rendus par François de Massencôme en la charge de gouverneur de Marciac, dont il avoit soutenu le siège contre ceux de la religion prétendue réformée, et aussi de ceux de son fils, Bernard de Massencôme en qualité d'officier dans le régiment de Saintonge, et également en souvenir des services signalés de leurs prédécesseurs et même de ceux du maréchal Blaise de Monluc,

délivra à Fontainebleau des *lettres-patentes en vertu desquelles furent érigées en baronnie la terre et seigneurie de Massencôme* (3).

François de Poyanne succéda à son père Bernard, comme seigneur de Massencôme, Monclar, Valentès, Sarregailloles, et prit quelque temps après le titre de comte de Monluc. De concert, en effet, avec son cousin Lasseran-Lagarde, il racheta la terre de Monluc, qui avait appartenu à la branche du maréchal, éteinte en 1646 par la mort sans enfants mâles d'Adrien de Lasseran, comte de Monluc, dont la fille unique, Jeanne, avait épousé Charles d'Escoubleau, marquis de Sourdis. C'est cet héritier de tous les biens du fameux maréchal qui vendit

---

(1) Valentès, petit bourg à l'ouest et à peu de distance de la ville de Mirande.
(2) Notes généalogiques de M. l'abbé Légé sur les Lasseran-Massencôme.
(3) Bibl. nat. Cabinet des titres. Dossier Lasseran-Massencôme.

au seigneur de Massencôme les terres de Monluc (1).

Le 2 février 1649, François de Lasseran, assisté de messire Louis de Béon de Massés et Alexandre de Béon de Massés, ses oncles, de noble Raphaël de Ferrabouc, seigneur de Beauregard, et de messire Hector de Lasseran-Massencôme, seigneur de Labit, épousa d^lle Marie de Baliros, fille unique de messire Jean de Baliros, seigneur et baron de Montbardon, et de d^lle Geneviève de Commenges de Péguillem. Le contrat fut passé au château de Montbardon, en Astarac, que ladite épouse apporta en dot à son mari (2). Ce château fut depuis cette époque la résidence habituelle des Lasseran-Poyanne, qui abandonnèrent le château de Moncla, comme ils avaient depuis longtemps déjà délaissé celui de Massencôme.

Il semble même qu'à dater de cette époque, les marquis de Maniban, seigneurs du Busca et autres lieux circonvoisins, et par suite si proches voisins du fief de Massencôme, aient acquis certains droits sur cette seigneurie, qu'ils devaient plus tard posséder en entier, du moins pendant quelque temps. Il résulte en effet « que, par suite d'un accord, passé le 4 décembre 1674, entre messire Jean Guy de Maniban, marquis de Maniban, seigneur du Busca, Larroque, Ampeils, Lagardère et autres lieux, conseiller du roi en ses conseils et président à mortier au Parlement de Toulouse, et messire François de Lasseran-Massencôme, comte de Monluc et seigneur de Massencôme, maître Bernard de Sarniguet, prêtre-chapelain du Busca et ancien curé de Massencôme, aurait fait *exécuter certaines réparations, convenues entre ces deux seigneurs, au château, métairie et moulin, dépendant de la seigneurie de Massencôme,* » et qu'il aurait reçu à cet effet du président de Maniban ou de ses fermiers la somme de 1072

---

(1) Dossier généalogique des Poyanne, à M. l'abbé J. de Carsalade du Pont.
(2) Bibl. nat. Cabinet des titres.

livres, 9 sols, dépenses justifiées par divers titres et reçus (1). Or, le seigneur de Massencôme étant mort, son fils Alexandre de Lasseran, se refuse à payer une partie de ladite somme. Mˢ Bernard de Sarniguet remet à M. le comte de Gohas, « arbitre désigné par M. de Maniban, pour régler ledit différent, lesdits comptes, titres et reçus, à la date du 27 septembre 1687 » (2).

Alexandre de Poyanne-Lasseran-Massencôme, marquis de Massencôme et Monluc, seigneur desdites terres et de Monclar, Valentès, Sarregailloles, Monties, Montbardon, Aussos, fut le dernier seigneur de Massencôme de la branche directe des Lasseran-Poyanne. A la tête d'une immense fortune, possesseur de tous les fiefs de ses ancêtres, il épousa en premières noces demoiselle de Ponsan, et en secondes noces, par contrat du 27 septembre 1694, Marie-Dorothée de Rechignevoisin de Guron. Le 11 octobre 1687, il racheta à messire Jean Guy de Maniban, seigneur du Busca, la portion de dîme inféodée que le seigneur de Massencôme prenait dans le lieu d'Ampeils, conjointement avec le seigneur de Maniban, et que feu messire François de Lasseran, son père, avait engagée pour 600 livres par acte du 5 avril 1658 (3). De ses deux mariages, Alexandre-François de Lasseran n'eut pas d'enfants. Par son testament, fait avant 1727, il laissa sa femme usufruitière de tous ses biens; mais il fit deux parts de ses vastes domaines. Il légua à son neveu Alexandre de Saint-Pastous, toutes les terres venues de la maison de Baliros, c'est-à-dire Monbardon, Aussos, Sarcos, Bezues et Monties. Quant aux terres patrimoniales de sa famille, c'est-à-dire

---

(1) Il se pourrait que ces réparations fussent précisément celles que nous avons indiquées, dès les débuts de cette étude, et aient consisté en percement des murailles, ouverture des anciennes croisées, construction des murs de refend, élévation des voûtes du rez-de-chaussée, etc. Leur style semblerait assez correspondre avec cette époque.

(2) Notariat de Roques, Lapeyrère, notaire : Reg. pour l'année 1687, folio 1009 verso. Voir aussi notre *Monographie du château de Lagardère*, où nous nous étendrons longuement sur cette grande famille des Maniban.

(3) Notariat de Roques, Lapeyrère, notaire : Reg. pour 1687-88, folio 1016.

Massencôme, Moncla, Valentès et Sarregailloles, il les laissa à son cousin François de Lasseran, de la branche des marquis de Lagarde (1).

Aussitôt après sa mort, un procès s'engagea entre sa veuve et Jeanne Catherine de Lasseran de Labit, qui revendiquait tous les biens provenant de la maison de Lasseran, et notamment la terre de Massencôme, en vertu de la substitution de Louis de Lasseran du 8 novembre 1466, dont nous avons parlé. Mais cette dernière fut déboutée de sa demande et la dame de Rechignevoisin maintenue dans tous ses droits d'usufruit. Ce ne fut qu'à sa mort que le château et la seigneurie de Massencôme revinrent, en toute propriété, au *marquis de Lagarde*.

— La branche cadette des Lasseran-Lagarde est non moins illustre que la branche aînée des seigneurs de Massencôme. Son chef est *Pierre-André de Lasseran-Poyanne* issu, comme nous l'avons vu, du mariage de Jean-Alexandre de Lasseran avec Raymonde de Martres, le 20 avril 1563. Marié lui-même le 21 février 1592 à Anne de Marestang, fille unique et héritière de noble Gaspard de Marestang, seigneur de Lagarde, Hachan et Loussous-Debat, il tint d'elle toutes ces terres, dont l'une, la terre de Lagarde, lui donna son nom.

Les seigneurs de Lagarde se distinguèrent dans les armées du roi, où nous les voyons occuper des postes importants. C'est ainsi que, le 15 mars 1607, Henri IV donne au seigneur de Lagarde-Massencôme une pension de 2,000 livres, en considération des importants services qu'il lui a rendus, et que, le 19 avril de la même année, il lui délivre un brevet de gentilhomme ordinaire de sa chambre (2). En décembre 1615, Pierre-André est nommé mestre de camp d'un régiment d'infanterie, puis successivement, le 24 décembre 1618, chevalier de l'ordre de Saint-Michel, le 21 avril 1621, conseiller du roi en

---

(1) Bibl. nat. Cabinet des titres.
(2) Idem.

ses conseils d'état et privé, et enfin plus tard gouverneur d'Orthez (1).

Son fils, *Jacques de Poyanne-Lagarde,* fut nommé capitaine de cavalerie le 25 mars 1622, puis mestre de camp le 2 janvier 1632, et enfin capitaine et gouverneur des ville et château d'Orthez à la mort de son père, le 27 mars 1657 (2). De son mariage avec Catherine de Comminges, contracté le 19 juin 1631, Jacques de Poyanne eut plusieurs enfants dont l'aîné, François, continua brillamment sa race.

François de Poyanne devint à la mort de son père, arrivée le 20 septembre 1658, gouverneur comme lui de la ville et du château d'Orthez. L'année suivante, le 29 février 1659, il épousa Marie d'Ornano, nièce du maréchal d'Ornano, dont il eut quatre enfants. Ce fut son fils, *François de Paule de Lasseran-Massencôme,* page de la petite écurie en juin 1690, marquis de La Garde et de Miremont, premier baron de Nebouzan et colonel du régiment de Monluc, qui fut institué l'héritier du dernier seigneur de Massencôme, Alexandre de Lasseran, marquis de Monluc et baron de Montbardon, et qui devint par suite propriétaire du château et de la terre de Massencôme, ainsi que de la terre de Monluc, que ledit Alexandre avait acquise de la marquise d'Escoubleau de Sourdis.

Chevalier de Saint-Louis et brigadier des armées du roi, le marquis de Lagarde avait épousé Renée de Fleur, dont il eut deux enfants : Denis-François, et une fille morte sans avoir été mariée. Il mourut lui-même en 1746, laissant sa fortune gravement compromise et sa succession entièrement grevée de dettes.

Ce seigneur de Poyanne ne sut pas, en effet, conserver les biens de ses ancêtres. Ce fut sa vie durant que la terre, château et seigneurie de Massencôme, qui depuis près de

---

(1) Bibl. nat. Cabinet des Titres.
(2) Idem.

cinq siècles étaient restés dans la même illustre famille des Lasseran, passèrent brusquement dans des mains étrangères.

Le 25 juin 1754, messire Louis-Antoine de Pardaillan-Gondrin, duc d'Antin, pair de France et ministre d'Etat, ayant obtenu un jugement « qui condamnait messire François de Lasseran-Monluc, marquis de Lagarde, à luy payer la somme de 18,100 livres, à lui due par feu messire François de Lasseran-Monluc, seigneur de Massencôme, qui par son dernier testament avait disposé de ladite terre de Massencôme en sa faveur, à la charge par lui de payer cette somme audit sieur duc d'Antin », et cette clause n'ayant pas été observée, malgré la signification de ce jugement au marquis de Lagarde, dans son domicile, au château de Lagarde; « il fut procédé, le 16 avril 1755, après midy, *à la saisie réelle de la terre et seigneurie de Massencôme, appartenant audit sieur de Monluc* ». L'arrêt du Parlement, dont nous avons l'original en parchemin sous les yeux (1), décrit minutieusement la contenance et les limites de ladite seigneurie à cette époque. Cette pièce est trop importante pour l'histoire qui nous occupe pour que nous n'en reproduisions pas ici, malgré leur longueur, les principaux extraits :

Ladite seigneurie de Massencôme est sise et située dans la sénéchaussée d'Auch. Elle consiste en fonds, fruits et revenus, justice haute, moyenne et basse, directes, censives et autres rentes et droits réels et honorifiques. Elle consiste en outre en UN CHATEAU DÉLABRÉ, *bâti à chaux et sable, couvert de tuiles à canal, granges, écuries et offices, le tout enclavé dans la court.* Ladite terre et seigneurie de Massencôme, confrontant : du levant, par la terre et juridiction de Valence; midy, la terre d'Ampeils et Valence; couchant, la terre du Busca et Ampeils, et du septentrion par ladite terre de Valence; plus la metterie dite de Lassalle, située audit lieu de Massencôme et au parsan de Lassalle, de contenance de trois cens concades ou environ, tant en terres labourables, preds, vignes, bois et terres incultes, tous contigus,

---

(1) Archives de M. l'abbé J. de Carsalade du Pont, Dossier Lasseran. Original sur parchemin de 12 feuilles.

confrontant : du levant, biens de la maison de Liet; midy, le village de Massencôme; couchant, le sieur Latapie, Lissomé, Ducos et autres; septentrion, les nommés Gaiziot, dit Gardère, et les biens de la metterie de Teous, appartenant à M. de Maniban et autres; plus le pré de Pradias, confrontant : du levant, pré des Peyrecave; midy, terre des vignes de Pruadère; couchant, le ruisseau qui fait séparation des juridictions de Massencôme et du Busca; septentrion, terre de Duviard et autres; plus le pré dudit Daguin et les bois taillis joignant, confrontant : du levant, terre et vigne du nommé Rometon et chemin qui fait séparation des juridictions de Massencôme et Ampeils; midy, vigne du nommé Lespiault, bois de Dangla et autres; couchant, pâtus communal; septentrion, chemin public et autres; ensemble, la dîme inféodée que ledit sieur perçoit audit lieu de Massencôme, comme aussy la dîme inféodée qu'il prend au parsan de Teous, juridiction de Valance; plus le moulin bladier, foulon et pré, que ledit sieur de Monluc jouit et possède dans la juridiction de Valance, appelé à Camarade, sis et situé sur la rivière de Bayse, la moitié duquel est situé dans la paroisse de Camarade et l'autre moitié dans celle de Valence, confrontant : du levant, terre du sieur Mourlan; midy, chemin public; couchant, terre du sieur Céridos; septentrion, terre et patus dudit sieur Céridos; et généralement tous les autres biens, fonds, propriétés, rentes, droits, noms, voix et actions que ledit sieur de Monluc a dans ladite terre de Massencôme, appartenances et dépendances, en quoi que le tout consiste ou puisse consister, sans rien excepter ny réserver... etc.

Après plusieurs mois de procédure, de séquestre de ladite terre, et devant l'impossibilité du marquis de Lagarde de payer au duc d'Antin la somme due, la seigneurie de Massencôme fut vendue aux enchères, « les affiches ayant été dûment apposées à la porte du château de Massencôme, Valance et Camarade, etc. » La mise à prix était de 16,100 livres.

Et le vingtième de septembre 1736, se seroit présenté M° Astre pour messire Joseph-Gaspard de Maniban, premier président au Parlement de Toulouse, qui auroit surdit à la somme de 20,000 livres. En conséquence, la Cour vend, adjuge et délivre par décret audit sieur de Maniban, purement et simplement, conformément à ladite déclaration, ladite terre et seigneurie de Massencôme, dixme inféodée, moulin, biens, droits, fruits et généralement tout ce qui est contenu dans lesdits exploits de saisie, etc. (1).

— Le château de Massencôme passa donc, à cette date, dans la famille de Maniban, dont les membres, présidents de père en fils au Parlement de Toulouse depuis plus d'un siècle, et à la tête d'une immense fortune, étaient devenus successivement seigneurs des terres du Busca, Ampeils, Lagardère, Mouchan, Valence, etc., c'est-à-dire de toute la contrée avoisinante. Ils se plaisaient, ainsi que nous le verrons dans une prochaine étude, à employer les loisirs que leur laissait leur charge de magistrat, à habiter et à embellir ce château du Busca qu'ils avaient reconstruit en entier au milieu du XVII° siècle (2).

Mis en possession du château de Massencôme, le marquis Gaspard de Maniban, premier président au Parlement de Toulouse, commença aussitôt à le restaurer. Dans l'acte du 16 février 1731, qu'il passa en effet au Saint-Puy, « il donne à faire certaines réparations au château de Massencôme, metterie de La Salle, molins de Camarade et de Lartigue et bordette en dépendant » (3). Mais le vieux manoir ne resta pas longtemps entre ses mains. Dans les actes des années 1743, 1748, 1753 et 1763, nous voyons, en effet, que « pour la seigneurie de Massencôme rend hommage M. le marquis de Lagarde » (4). Ce dernier donna même, le 22 janvier 1765, une procuration spéciale « pour effectuer divers travaux urgents de réparation au château de Massencôme » et ce, pour la somme de 639 livres (5). Le marquis de Lagarde demeurait alors à Paris, rue Poissonnière, paroisse Saint-Eustache.

---

(1) Original en parchemin. Archives de M. l'abbé J. de Carsalade du Pont.
(2) Le château du Busca est situé à un kilomètre à peine à vol d'oiseau à l'ouest de Massencôme. Il appartient aujourd'hui à M. Hermand Bazin, conseiller à la cour de Montpellier. (Voir, pour plus amples détails, notre monographie du château de Lagardère.)
(3) Notariat du Saint Puy. Touja, notaire. Fol. 422.
(4) Archives dép. du Gers. Série C. 451, 452, 453, 454.
(5) Notariat de Valence. Boyer notaire. Fol. 14-21.

Il était advenu, en effet, une fois la seigneurie saisie, que le marquis de Monluc, *Denis-François de Lasseran-Massencôme*, fils aîné du marquis de Lagarde, mort en 1746, s'était procuré la somme de 17,000 livres, et qu'il l'employa aussitôt à racheter le vieux fief patronymique de ses ancêtres. Il emprunta à cet effet cette somme à « haute et puissante dame Louise de Serignac de Belmon, dame de Ponsan-Soubiran et épouse de messire Jean du Haget de Vernon, mais à la condition qu'il affecterait l'usufruit et tous les revenus de la seigneurie de Massencôme, par hypothèque, à ladite dame de Belmon » (1). Il en résulta donc que, durant de longues années encore, jusqu'en 1781, le véritable seigneur de Massencôme, tant comme titre que comme nu-propriétaire, fut le marquis de Lagarde. Les différents actes que nous avons sous les yeux qualifient en effet, pendant toute cette époque, le marquis de Monluc de seigneur de Massencôme (2). Mais en même temps, l'usufruit de cette seigneurie resta entre les mains des prêteurs.

Cet état de choses dura jusqu'en 1781, année où un arrangement intervint entre les deux familles, d'après lequel, « le 18 avril, Jacques-Philippe du Haget de Vernon, comte de Péguillan étant absent, sa femme, Louise Victoire de Gontaut-Biron, prit possession pleine et entière de la terre et seigneurie de Massencôme (3). »

Denis-François de Lasseran-Massencôme, qui n'avait pu garder le vieux berceau de sa famille, mourut à Paris, quelques années après, le 28 février 1786. De son mariage avec Catherine Douart, il n'eut qu'un fils, qui mourut un mois après lui.

---

(1) Archives du château de Ponsan-Soubiran. Voir aussi les notes généalogiques de M. l'abbé Légé.

(2) Notariat de Valence. Reg. pour 1768-69, etc. — Id. Notariat de Roques.

(3) Archives de M. J. de Carsalade du Pont. Généalogie inédite de la maison du Haget de Vernon.

— Les nouveaux propriétaires du château de Massencôme n'étaient pas les premiers venus. La maison du Haget, au pays de Magnoac en Gascogne, remontait au xiv° siècle (1). Un des derniers descendants de cette famille, illustre à plus d'un titre, Jean du Haget, comte de Péguillan, lieutenant des maréchaux de France en la sénéchaussée d'Auch, avait épousé, le 8 juillet 1752, dame Louise Françoise de Serignac de Belmon, veuve en premières noces de messire Joseph de Durfort, marquis de Castelbajac, et fille de Philippe de Serignac et de dame Marie de Ponsan. Sa grande fortune fut cause que cette dame de Belmon prêta d'abord au marquis de Monluc la somme qui lui était nécessaire pour racheter Massencôme, qu'elle hypothéqua en même temps cette terre, puis en demeura propriétaire.

Devenue veuve en 1772, ce fut son fils *Jacques-Philippe du Haget de Vernon*, comte de Péguillan, colonel d'infanterie, premier baron de Comminges, et marié avec la fille du marquis de Saint-Blancard, qui, à partir de 1781, devint seigneur de Massencôme. Ce gentilhomme habitait Toulouse ainsi que son château de Péguillan, près de Boulogne, en Languedoc. Il ne vint que très rarement à Massencôme, dont il nomma, le 25 novembre 1783, le sieur Jean Ducos régisseur.

La Révolution le trouva possesseur de l'ancienne seigneurie des Lasseran, qui eut la bonne fortune de devoir à la fermeté de son nouveau maître de ne pas être vendue comme bien national. Néanmoins, le 24 février 1793, à la requête du sieur Lago, le district de Condom ordonna la saisie des biens « du citoyen Vernon, au lieu de Massencôme, attendu, dit l'arrêté, qu'on ignore sa résidence et qu'il n'a fourni aucun certificat (2). » Mais M. du Haget n'avait pas voulu émigrer.

(1) Idem. Voir aussi Lachenaye des Bois, Brémond (*Nobiliaire de Languedoc*), etc.
(2) Archives dép. du Gers, série Q. Biens nationaux.

Faisant tête à l'orage, et sans renier en aucune façon ses opinions d'ardent royaliste, il était demeuré courageusement à Toulouse. Averti du séquestre que l'on avait mis sur ses biens de l'Armagnac, il se présenta aussitôt, le 17 mars 1793, devant la municipalité de cette ville, et il se fit donner un certificat constatant « qu'il était âgé de 57 ans et qu'il habitait la paroisse Saint-Étienne, section troisième (1). » En même temps, il écrivit aux administrateurs du directoire du département du Gers qu'il venait de se procurer le certificat exigé par la loi du 20 décembre 1792 et qu'il les priait de suspendre toutes poursuites (2). Le directoire de Condom d'abord, celui d'Auch ensuite, reconnurent le bien fondé de sa demande; et ils décidèrent, tout en maintenant le séquestre établi sur ses biens de Massencôme, « qu'il serait sursis à toute poursuite définitive sous prétexte d'émigration, jusqu'à présentation dudit certificat » (3). Le 25 frimaire an III (15 décembre 1794), J.-Philippe du Haget rentrait, en vertu d'un arrêt du district de Condom, en pleine et entière possession de sa terre de Massencôme (4), non sans avoir vu cependant, l'année précédente, le 13 septembre 1793, tous ses revenus saisis, « faute par son régisseur de n'avoir pu payer les droits exigés par la loi, » et même l'ensemble de ses biens estimés judiciairement (5).

La tourmente passée, M. du Haget put enfin jouir tranquillement de sa terre de Massencôme. Il ne la visitait du reste qu'à de longs intervalles, et lorsqu'il y était absolument forcé. C'est donc dans un état complet de délabrement, sans charpente, sans planchers, sans toiture, que fut vendu à sa mort par ses nombreux héritiers, demeurés indivis, le château de Massencôme.

(1) Papiers originaux.
(2) Idem.
(3) Idem.
(4) Archives dép. du Gers. Série Q. 293.
(5) Idem.

M. du Haget laissa deux filles. Ce fut l'une d'elles, Marceline-Madeleine-Philippine, épouse du marquis Pons-Louis-François de Villeneuve, et en même temps les enfants de son autre fille Louise-Françoise-Alexandrine de Molleville et qui étaient : Henri-Antoine de Bertrand de Molleville, résidant à Toulouse, Louise-Antoinette de Molleville, épouse de M. Marie-Joseph de Fumel, et Jean-Antoine-Marie de Bertrand, marquis de Molleville, qui chargèrent M. Auguste Petit, maire de Condom, de vendre en leurs noms le château de Massencôme. Ce dernier trouva assez facilement acquéreur; et, le 28 avril 1840, étaient vendus « les entiers bâtiments, comprenant l'ancien château de Massencôme, avec ladite métairie de Massencôme, la cour et le pâtus », moyennant la somme de 1,800 francs, à M. *Joseph Bordeneuve,* propriétaire-cultivateur, demeurant au lieu de Massencôme (1).

La fille unique de ce dernier, épouse de *M. Lagardère,* en est encore aujourd'hui propriétaire. Depuis cette dernière mutation, les charpentes ont été rétablies, les planchers remis à neuf, les murs consolidés. La vieille forteresse féodale des Lasseran sert actuellement, et aussi convenablement que possible du reste, de chai, de grange, de remise, de grenier. Combien de vieux châteaux, qui n'ont pu, hélas ! conserver, en notre siècle égalitaire, cette humble destination, et que le parti-pris des uns, l'incurie et l'ignorance des autres, ont fait disparaître à tout jamais !

---

(1) Notariat de Valence. Degrange, notaire. Reg. pour l'année 1840. — Nous devons ces derniers renseignements à M. Lagardère, propriétaire actuel du château, que nous ne saurions trop remercier ici pour l'extrême obligeance avec laquelle il nous a toujours permis de visiter et d'étudier son intéressante demeure.

LE CHATEAU DE LA GARDÈRE

CHATEAU DE LAGARDÈRE (Façade est)
ARRONDISSEMENT DE CONDOM (GERS)

LE CHATEAU DE LA GARDÈRE

I

Des quelques châteaux gascons construits à la fin du XIIIe siècle dont nous avons entrepris de retracer ici l'histoire, le château de La Gardère est certainement celui qui, par son état actuel, fait comprendre le mieux l'idée première qui a présidé à son élévation.

Rien, en effet, depuis six cents ans, n'est venu détruire, ni même modifier, ses dispositions primitives. Aucune main barbare, si ce n'est l'inévitable main du temps, ne s'est appesantie sur les lignes si correctes et si hardies de ses courtines. Aucune fantaisie de ses seigneurs, aucun caprice de ses châtelaines, n'a cherché, comme à Massencôme ou au Tauzia, à éventrer ses murailles vierges pour ajourer ses tristes salles, ni seulement à y adosser une tourelle, dont l'escalier pût conduire plus commodément aux étages supérieurs. Tel il fut construit, en 1280, par les moines de Condom, sur l'ordre du comte d'Armagnac, tel il est demeuré jusqu'à nos jours.

C'est donc une bonne fortune pour nous que de pouvoir le présenter ainsi à nos lecteurs, dans les deux héliogravures que nous donnons à l'appui de notre texte, aussi imposant, aussi pittoresque, qu'à l'heure où il surgit tout à coup en vue des impérieux besoins de la défense nationale.

Car pour lui, plus encore que pour ses voisins, nul doute

sur l'époque de son origine; plus de controverse possible sur le but qui lui a été assigné par ses constructeurs. Ainsi qu'on le verra par le très important document qui relatera tous les détails de sa fondation et que nous donnerons *in extenso*, le château de La Gardère est daté. Et l'époque qui le vit s'élever, comme aussi la nationalité de son généreux bienfaiteur, viennent en tous points confirmer, arguments irréfutables, la thèse que nous ne cessons de soutenir ici au sujet de la création et du mode d'emploi de ces intéressantes forteresses gasconnes.

Si donc par ses proportions, relativement restreintes, le château de La Gardère semble, au premier abord, présenter moins d'intérêt que les deux châteaux précédents, il offre néanmoins, au point de vue archéologique, cette particularité remarquable que, par son état de conservation, il permet de saisir sur le vif le but que s'était proposé son architecte, en même temps qu'il nous laisse voir les dispositions prises par lui, aussi bien pour l'attaque que pour la défense.

En cette ruine imposante, que rien n'est venu modifier, se révèle dans toute son originalité et sa véritable grandeur le génie gascon du XIIIe siècle, qui sut si intelligemment mettre à profit les défenses naturelles, et, avec les procédés les moins compliqués, les rendre le plus souvent imprenables.

Rien de plus simple, en effet, que le château de La Gardère. Un parallélogramme, à peu près régulier, de vingt-huit mètres de long sur dix et douze de large. Pour défense, des murs de 1 m. 50 d'épaisseur; deux tours carrées, non plus opposées diagonalement comme à Massencôme et au Tauzia, mais élevées à chaque coin de la façade nord; enfin, à l'angle sud-est, une petite échauguette en porte-à-faux, dont il ne reste plus que l'élégant encorbellement. Pas d'enceinte extérieure, pas de barbacane, pas même le moindre fossé. Sa hauteur constitue son principal moyen défensif.

Sis sur un des points culminants de la rive droite de l'Osse (198 mètres au-dessus du niveau de la mer), le château de La Gardère domine toute la contrée. Au nord et au nord-ouest, en effet, il commande cette vallée jusqu'au-delà du village de Cassagne, ainsi que la vallée plus petite qui se déroule à ses pieds. Au nord-est, il se relie avec les tours de Massencôme, qui, de ce côté, lui ferment l'horizon. A peine une échappée de vue s'ouvre-t-elle dans la direction d'Ampeils, de Seridos et de la vallée de la Baïse. A l'est et au sud, il est dominé par deux coteaux un peu plus élevés que lui. Au sud-ouest, en revanche, et à l'ouest, le regard s'étend à perte de vue jusqu'aux villages de Castillon-de-Batz, de Lannepax, de Noulens, et même jusqu'à la ville d'Eauze, dont on voit à l'horizon se profiler la flèche du clocher.

Le rôle du château de La Gardère est donc d'avoir à surveiller le pays du côté du nord-ouest et du nord, c'est-à-dire du côté anglais. Poste admirable d'observation, il permet, comme le Guardès et Massencôme, aux sentinelles qui montent la garde sur ses chemins de ronde, de fouiller en tous sens les plis et les replis du terrain. Ses tours sont des tours de garde, comme leur nom de *La Gardère* l'indique d'ailleurs suffisamment.

La simplicité du plan de ce château, ainsi que le délabrement absolu de son intérieur, en rendent la description technique des plus faciles. (Voir le n° 2 de la Planche 1.)

A l'extérieur, sa façade orientale, qui mesure vingt-cinq mètres de long, ne présente que deux meurtrières verticales très étroites et deux autres ovales, aujourd'hui murées, ouvertes postérieurement au xiii° siècle, et destinées sans doute à recevoir des bouches à feu de petit calibre. La porte A, précédée d'une sorte de terrasse B, laquelle pourrait passer pour un petit ravelin comme au Tauzia, chargé de la défendre, est de date postérieure et n'existait certainement pas au moment de la construction du château, dont le rez-de-chaussée, hermétiquement clos de ce côté, ne recevait le jour que par les meurtrières précitées.

Très peu ajouré également, le premier étage de cette façade n'est éclairé que par deux arbalétrières en croix pattée et deux autres meurtrières rectangulaires que l'on a percées plus tard.

Seul est franchement éclairé le deuxième étage. Bien qu'une brèche énorme se soit produite vers le milieu de la façade, on distingue encore, d'abord, à ses deux extrémités, deux ouvertures rectangulaires, et à côté de l'une d'elles une meurtrière en croix pattée aujourd'hui murée, puis au milieu de la façade, correspondant sans doute autrefois avec la grande salle, deux fenêtres géminées, dont l'une montre encore ses jolies arcatures trilobées, contemporaines des dernières années du xiiie siècle, tandis que l'autre, un peu plus grande, mais presque entièrement détruite, n'a conservé que l'un de ses pieds droits.

Il ne reste plus qu'un pan de mur du troisième et dernier étage, celui contre lequel est adossée dans l'angle sud-est cette gracieuse échauguette en encorbellement sur trois corbeaux, que soutient une assise en porte-à-faux, et qui se défend des deux côtés par deux mâchicoulis. Ces corbeaux encore intacts, fort bien appareillés, et qui ne manquent pas d'élégance, caractérisent bien également l'époque de la fondation du château. La perspective que nous donnons ci-jointe de cette curieuse façade, nous dispense d'entrer dans de plus longs détails. (Héliogr. Planche n° 1).

Il en sera de même pour la façade sud, visible également sur la planche n° 1, et dont la longueur ne mesure que dix mètres trente. On ne distingue à son rez-de-chaussée aucune ouverture; au premier étage seulement une arbalétrière; au second une ouverture plus vaste, fortement endommagée et dont il est difficile de définir la disposition.

Plus sévère peut-être encore que celle du levant est

Planche N°1

N° 1

ARMES DES MANIBAN

N° 2

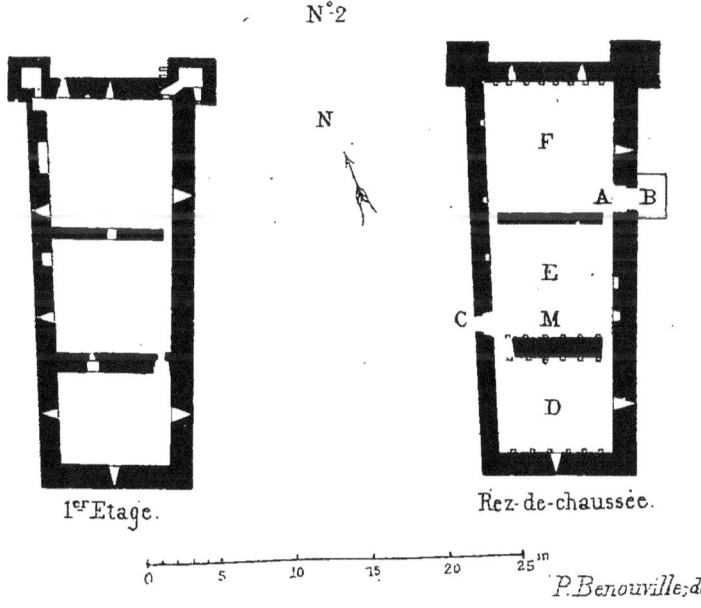

1ᵉʳ Étage.   Rez-de-chaussée.

P. Benouville, del.

CHATEAU DE LA GARDÈRE

demeurée telle qu'aux premiers jours l'imposante façade occidentale. Ainsi qu'on peut le voir sur notre héliogravure (Planche n° 2), une porte cintrée et fort basse, C, est la seule ouverture qui, au rez-de-chaussée comme au premier étage, ajoure cette sombre muraille. A première vue elle semble contemporaine de l'époque primitive, et elle jurerait ainsi avec les dispositions généralement adoptées par les architectes du moment, qui étaient de garder hermétiquement clos les rez-de-chaussée de tous ces châteaux. Par quoi, d'un autre côté, cette porte aurait-elle été protégée? On ne distingue au-dessus d'elle nulle trace de mâchicoulis ni de défense quelconque. Ne pourrait-on pas admettre que cette porte aurait été descendue postérieurement de quelque étage supérieur et appliquée là, plus tard, pour les besoins du service? Quoi qu'il en soit, une seule meurtrière rectangulaire est percée au rez-de-chaussée sur cette partie de château; tandis qu'au premier étage on en aperçoit quatre, dont trois oblongues, aujourd'hui en partie murées, et une en croix pattée. Seul le deuxième étage, dont il ne reste plus qu'un pan de mur à l'extrémité méridionale, recevait, comme de l'autre côté, le jour d'une jolie fenêtre géminée et trilobée, dont la colonnette médiane a également disparu.

La façade nord ne mesure que huit mètres de long. Mais cette étroite courtine est encastrée dans deux tours carrées qui la terminent à chaque extrémité. Chacune présente des dimensions inégales, la tour du nord-est mesurant vingt-cinq centimètres de plus que celle du nord-ouest. Le rez-de-chaussée de cette façade est éclairé par deux meurtrières longues et étroites; le premier, par une espèce de brèche en cul-de-four, ouverte postérieurement. Démantelé dans la suite, le deuxième étage n'existe plus de ce côté.

Le rez-de-chaussée de chaque tour est hermétiquement fermé de tous côtés. Au premier étage, la tour nord-est est éclairée par une unique meurtrière en croix, tournée vers le nord. Sur sa face occidentale et faisant le coin du mur du corps de logis, est encore adossé un corbeau de grande dimension, destiné à supporter plutôt des latrines qu'un mâchicoulis, aucune porte ne s'ouvrant au-dessous. La tour nord-ouest au contraire est percée au premier étage d'une arbalétrière sur chacune de ses faces. Actuellement une charpente, couverte de briques à crochets, recouvre la tour du levant et lui permet de servir de colombier.

L'intérieur du château de La Gardère contient au rez-de-chaussée trois grandes salles D, E et F, à peu près égales et carrées, séparées entre elles par deux murs de refend (Planche 1, n° 2). Le mur M, plus épais que l'autre, supporte sur chacun de ses côtés une rangée de corbeaux destinés à recevoir les fermes des planchers supérieurs. Chacune de ces salles est éclairée à ses divers étages soit par les arbalétrières, soit par les fenêtres géminées que nous avons précédemment indiquées. Toute trace d'escalier, en supposant qu'il en existât un, a disparu, aussi bien dans le corps de logis principal que dans les deux tours du nord. Les étages supérieurs n'étaient, là comme ailleurs, desservis primitivement que par des trappes et des échelles mobiles. Il en est de même des planchers, des cheminées, de la toiture et des créneaux qui tout autour devaient denteler le château. L'herbe et quelques plantes parasites recouvrent seules tout le sol de cette ancienne demeure. En revanche, à l'extrémité supérieure du mur de refend M, on voit encore, sur le pan de mur resté debout, la base de l'ancien chemin de ronde, sur laquelle venait s'amortir le comble de la toiture. Une corniche de pierre en indique le niveau. On doit donc en conclure que la partie supérieure de la façade du levant atteint de nos jours la hauteur primitive du château. Quant aux deux tours, elles étaient plus élevées, leur but étant de surveiller aussi loin que possible, du côté du nord, toute la contrée.

A quelques pas, à l'ouest du château et un peu en contre-

CHATEAU DE LAGARDÈRE (Façade ouest)
ARRONDISSEMENT DE CONDOM (GERS)

bas, reste, comme au temps du moyen-âge, enveloppée dans une oasis d'ormes et de chênes, l'humble chapelle de La Gardère. Desservie par un prêtre d'une des paroisses voisines, elle est le seul édifice qui avoisine l'antique manoir.

De quelque côté, à distance, que l'œil s'arrête sur les ruines du château de La Gardère, il est mélancoliquement impressionné par cette construction d'un autre temps. Mais c'est principalement à l'automne, sous les rayons fauves du soleil couchant, que ses pierres aux tons chauds revêtent les teintes les plus artistiques. Alors principalement se profilent, plus pures et plus majestueuses encore, ses grandes lignes droites, que rien n'interrompt, dans l'azur immaculé du beau ciel de Gascogne, vers lequel elles semblent s'élancer, dominant de toute leur hauteur l'immense horizon qui se déroule à leurs pieds, et qui embrasse la presque totalité de l'ancien comté de Fezensac.

II

L'acte le plus ancien, concernant le château ou plutôt, avant lui, le territoire de La Gardère, acte d'importance capitale, est la donation de cette localité par Géraud V, comte d'Armagnac, aux moines de Condom, en l'année 1270.

Il ressort, en effet, de la compilation que fit Larcher à Condom, au siècle dernier, dans les divers manuscrits des archives de cette ville, et particulièrement de ses *Extraits des Livres blanc et rouge* (1), que dans les premiers jours de l'année 1270, le comte d'Armagnac, Géraud V, maître de toute la partie de l'ancien comté de Fezensac comprise entre la vallée de l'Osse et celle de la Baïse, céda à l'abbé de Condom, Auger, ainsi qu'à ses religieux, et cela moyennant

(1) Archives communales de Condom. Manuscrit Larcher, page 145.

XII sols morlas annuels, tout le territoire qu'il possédait « *au lieu de La Gardère, dans la paroisse de Saint-Laurent et de Saint-Martin dudit lieu, en Fezensac.* »

Par cet acte solennel il permit audit abbé et à ses successeurs d'élever en ce lieu, soit une forteresse, soit même une bastide, se réservant dans ce cas de l'occuper, si jamais le besoin s'en faisait sentir... Nous croyons utile de reproduire ici *in extenso* cet acte fondamental :

« Noverint universi presentes pariter et futuri quod nos Gerardus, Dei gratia comes Armaniaci et Fezensiaci, damus et concedimus donatione perfectâ inter vivos et in veram et puram helemosinam religiosis viris Augerio, divina miseratione abbati monasterii Condomiensis, pro se et successoribus suis, et conventui monasterii ejusdem, qui pro tempore fuerint, dominium et jurisdictionem majorem et minorem, altam et bassam, merum et mixtum imperium, et omnia quæcumque nos habemus vel habere debemus et possidemus, et alius nomine nostri, et habere et tenere et possidere debeamus in loco et territorio vocato de *La Guardera,* et in tota parrochia Sancti-Laurentii et Sancti-Martini de La Guardera, et in tota parrochia Sancti-Laurentii et Sancti-Martini de La Guarderia cum omnibus pertinentiis suis in Fezensiaco, et ipsum abbatem pro se et successoribus suis et monasterio et conventu prædictis in veram ac etiam corporalem possessionem omnium prædictorum accipere vel accepisse, retentis tamen nobis XII morlanis censualibus tantum annuatim solvendis à prædicto abbate, vel ejus nuncio, nobis vel locum nostrum tenenti apud Vicum in festo beati Laurentii, martiris. Quam donationem et omni et singula prædicta perfecta ratificamus, laudamus, concedimus et confirmamus pro nobis et successoribus nostris. Volumus insuper et concedimus quod prædicti abbas et conventus vel eorum successores *possent construere, hedificare et facere construere munitionem, fortalitium, et alia quæcumque hædificia, seu bastidas,* ubicumque eisdem abbati et conventui et successoribus suis placuerit in uno loco, vel in pluribus, in dicto loco et territorio vocato de *La Guardera* et in totâ parrochiâ ecclesiæ Sancti-Laurentii et Sancti-Martini de La Guardera, cum pertinentiis suis. Concedentes et promittentes pro nobis et successoribus nostris, dictis abbati et conventui et eorum successoribus per veram legitimam stipulationem, quod omnia et singula prædicta perpetuo servabimus et tenebimus et nunquam contra faciemus nec veniemus in toto nec in parte per nos nec per alium. Renuntiantes expresse omni auxilio et beneficio juris et consuetudinis per quod contra possemus facere seu venire, et quod hæc generalis renunciatio valeat perinde ac si omnis casus juris et consuetudinis exprimerentur, de quibus specialem et expressam oporteret fieri mentionem. Retinentes etiam nobis, *quod si, in loco prædicto, fiat castrum vel habitatio hominum, quod nos et successores nostri possimus ibi expletam (possessionem) habere, si tunc habemus in aliis locis similibus de Fezensiaco, qui sunt militum et baronum, subditorum nostrorum.* Et hæc omnia prædicta concedimus, salvo jure in omnibus alieno, et in testimonium prædictorum nos Geraldus, comes prædictus, abbati et conventui prædictis et eorum successoribus has præsentes patentes litteras concedimus, sigillo nostro proprio sigillatas. Datum apud Cassaneam, die lunæ ante Epiphaniam, anno Domini MCCLXX. »

Le territoire une fois concédé, les moines de Condom, poussés sans doute par le comte d'Armagnac, s'empressèrent de mettre à exécution l'ordre que ce dernier leur avait transmis sous forme d'invitation; et, moins de dix ans après, ils élevaient sur le point culminant de ce plateau de Lagardère la construction fortifiée qui subsiste encore aujourd'hui. Le passage suivant du *Spicilège* de dom Luc d'Achery (*Histoire de l'abbaye de Condom*) en fait foi:

« Item, religiosus vir *Guillelmus de Neriaco*, olim cellarius hujus monasterii, fecit fieri clausuram lapideam molendinorum cum molendinis lapideis in Baysia... Item, duas domos cum magna borda apud Martinum sanctum. *Item, incœpit Castrum de Guardera, in Fezensiaco.* Item, instituit anniversarium pro se, et plura alia bona fecit et procuravit, etc. (1) »

Or, ce Guillaume de Nérac, moine de Condom, vivait, d'après le cartulaire de l'abbaye, en 1280. C'est donc à cette date, et autour de cette année, que commença de s'élever le château de La Gardère.

— Quelles furent ses destinées durant le cours de l'occupation anglaise ? Seuls peut-être pourraient nous le dire

(1) L. d'Achery, *Spicilegium* (1723, 3 v. in-f°), t. I.

les documents conservés à la tour de Londres et emportés, on le sait, par les anciens conquérants de la Guyenne, à l'heure de leurs revers. Eut-il des sièges à soutenir ? Fut-il habité, non seulement par une garnison, mais par une famille puissante ? Passa-t-il maintes et maintes fois, en ces heures troublées, des mains des Armagnacs dans celles des Anglais ? Un silence absolu s'est fait durant cette longue époque sur cette mystérieuse demeure, que, malgré nos plus actives recherches, nous n'avons pu rompre. Un seul document nous est resté sur le différend qui s'éleva en 1317 entre le chapitre et l'abbé de Condom, au sujet de l'entière propriété du fief de Lagardère, revendiqué par chacune des deux parties, comme étant sa propriété particulière. Ce ne fut qu'après d'interminables procédures qu'il fut définitivement attribué au chapitre de l'église de Condom, au détriment et malgré la colère de l'abbé. Dans sa précieuse compilation Larcher nous dit, en effet, que :

« Le château et territoire de Lagardère demeurèrent, à partir de 1317, en la possession directe du chapitre de Condom, qui, dans la suite les afferma et en toucha les revenus, l'abbé de Condom, devenu cette année-là le premier évêque du diocèse nouvellement créé, ne pouvant sur ce domaine exercer aucun droit (1). »

Eloigné de l'abbaye de plus de seize kilomètres, sis sur un roc désert que n'égayait nul village voisin, entouré de bois sauvages, ne présentant par suite à ses possesseurs aucun attrait qui pût les y attirer et les y retenir longtemps, le château de La Gardère, en dehors de sa mission militaire, était destiné à rester inhabité et à ne recevoir, par suite, dans ses divers aménagements aucune de ces modifications architecturales apportées par les exigences ou les modes des siècles suivants.

Les XIV° et XV° siècles se passent sans que nous sachions quelles péripéties il eut à subir. Quand nous le retrouvons,

(1) Archives communales de Condom, Mss. Larcher.

c'est à la fin du xvi⁰ siècle, et toujours en la possession des moines de Condom.

Par un premier traité relatif à la sécularisation du chapitre de Condom, qui fut passé le 4 mars 1546 à Rambouillet entre l'évêque de Condom, Charles de Pisseleu, et son chapitre, représenté par Bernard de Ferrabouc, prieur claustral, celui-ci cède à l'évêque les maison, terres, prés, dîmes et autres droits lui appartenant sur le domaine de Charrin.

Par un nouveau traité, passé cette fois à Condom le 15 juin 1549, toujours entre l'évêque et le chapitre, celui-ci cède à l'évêque, en lieu et place du domaine de Charrin, « locum, domos, terras, nemora, prata, decimas, jurisdictionem altam et bassam, merum et mixtum imperium, et omnia alia jura et pertinentias loci et jurisdictionis de *La Gardela*, diocœsis Auxitanensis et vice-comitatus Fezensacii; » ce qu'un arrêt du 21 mai 1556 traduit par la *baronnie de La Gardère*.

L'évêque de Condom en jouissait donc à cette époque; mais il dut peu après la rétrocéder au chapitre; car c'est ce dernier qui la possédait toujours, lors des mémorables événements des guerres de religion que nous allons retracer sommairement et qui motivèrent son aliénation définitive.

— Le terrible lieutenant de Jeanne d'Albret, Mongonmery, venait, en 1569, de ravager toute la Gascogne. L'abbaye de Condom, pas plus que les autres monastères de la région, n'avait trouvé grâce devant lui. On sait les dégâts et les ruines qu'amoncelèrent, durant les mois de novembre et de décembre de cette année, dans les vallées de l'Osse et de la Baïse, les troupes huguenotes, et quels sacrifices durent s'imposer les habitants de Condom pour sauver leur cathédrale et leurs maisons. Ils ne purent malheureusement conserver ni l'église du Pradeau, ni celles des Cordeliers, des Carmes, des Clarisses; et ce n'est qu'à force d'argent qu'ils arrachèrent le marteau aux farouches démolisseurs qui avaient commencé sur les cloîtres de l'abbaye leur œuvre de haine et de dévastation (1).

Les maisons des chanoines ne furent pas épargnées; et toutes celles qui étaient attenantes soit au cloître, soit à la cathédrale, furent pillées, violées et démolies par les Huguenots. Le document suivant en fait foi. Aussi, quand l'orage fut passé, quand sur cet amas de ruines les membres du chapitre, malgré leur pauvreté, eurent résolu de réédifier tant bien que mal leurs propres habitations, ils durent s'imposer de lourds sacrifices et mettre en vente leurs plus lointaines propriétés. Le fief de La Gardère, comme le plus éloigné, fut un des premiers désignés.

A cet effet, le chapitre s'adressa au roi, afin qu'il lui fût permis de l'aliéner; et le roi lui envoya, presque aussitôt après, en 1571, les lettres patentes suivantes, qui donnent satisfaction aux chanoines et dont les considérants résument en même temps toute cette affaire :

« Charles, par la grâce de Dieu, roi de France, au sénéchal d'Agenois et de Gascoigne ou son lieutenant à Condom, salut. Les chanoines et chapitre de l'Eglise Catedralle dudit Condom nous ont fait remonstrer que, durant les derniers troubles, ceux qui portoient les armes pour le fait de la R. P. R. se saisirent par force de la ville dudit Condom, où ils demeurèrent plus de trois mois, pendant lesquels ils auroient entierement ruiné et démoly les maisons appartenantes audit chapitre, qui étoient au cloître d'iceluy, où lesdits chanoines faisoient leur résidence, pour être prez de ladite église, afin d'être plus prez pour faire le service divin, en sorte que, à cause desdites ruines, iceux chanoines sont à présent contraincts louer à grands prix des maisons en la ville pour demeurer, d'autant qu'ils n'en ont plus aucune à eux apartenans, lesquelles maisons qu'ils tiennent à louage sont lointaines de ladite église, tellement que par ce moyen ils n'y peuvent aller de nuit pour faire le service divin sans danger de leurs personnes. — A cette cause, ils ont avisé faire rédifier lesdites maisons qui étoient audit cloître, et parceque, à cause des pertes qu'ils ont souffertes durant lesdits troubles en leurs benefices et autres biens à eux apartenans, ils n'ont aucun

---

(1) Archives communales de Condom. Livre des Jurades. Voir aussi Monlezun, *Histoire de la Gascogne*, etc., etc.

moyen de faire la réédification sans vendre le moins utile des biens dudit chapitre; au moyen de quoi ils ont fait mettre en criée une leur maison et lieu appelée *La Gardère*, ses appartenances et dependances, qui est assis en la senéchaussée d'Armaignac, et fort lointaine dudit Condom, qui par ce moyen est la moins commode piece d'icelles qui appartiennent audit chapitre; ne leur revenant sinon 80 livres tournois de rente chacun an, dont ils pourroient tirer environ 8,000 livres pour faire lesdites réédifications qui leur porteront plus de commodités et leur épargneront plus chacun an que ne vaut le revenu du susdit lieu; laquelle maison et lieu ils n'ont osé et n'oseront vendre sans nos congé et permission, qu'ils nous ont très humblement suplié et requis leur octroyer et sur ce leur pourvoir :

» Nous, à ces causes, consideré ce que dit est, désirant que les exposans soient accomodés d'autres logis prez ladite église, afin qu'ils aient meilleur moyen de faire le service divin en icelle, leur avons en tant qu'a nous est permis, et de notre certaine science, pleine puissance et autorité royale, permettons vendre icelle maison et lieu de *La Gardère*, ses appartenances et dépendances, comme étant la moins commode piece dudit chapitre, au plus offrant et dernier encherisseur, pour les deniers qui en proviendront être employés à la réédification des maisons dudit chapitre que ont été démolies comme dit est, et non ailleurs, ne en autres effets ne à faire à peine de répondre par les exposans. Si vous mandons, commettons et en joignons par ces présentes, etc.

» Donné à Fontainebleau, le xviie jour de juillet, l'an de grâce 1571 et de notre règne le onzieme (1). »

Les temps étaient durs. L'offre resta sans effet. Ce ne fut que sept ans après que les chanoines trouvèrent enfin un acquéreur. Encore est-ce par voie d'échange qu'ils purent à grand'peine se débarrasser de leur domaine de La Gardère.

Le 28 mai 1578, par devant Me Bertrand Laffargue, notaire de Condom, le syndic du chapitre de Condom,

« Cède audit *noble Pierre de Lavardac, seigneur de Lian, la maison noble de La Gardère*, avec toute sa justice, droits et appartenances, ainsi que la métairie, sans se rien réserver de ladite terre et seigneurie, et ledit de Lavardac baille en contre échange audit chapitre certains biens ruraux situés en la juridiction de Gondrin et de Lagraulet,

---

(1) Archives communales de Condom. Manuscrit Larcher, page 220.

limités et confrontés ainsi qu'il suit, etc.; — plus la somme de 1,142 écus, deux tiers, quatre sols, six deniers, qui furent employés immédiatement par ledit chapitre au rachat de la grande dîme de la clef, du molin de Grasiac, et au paiement d'autres dettes et affaires urgentes du chapitre (1). »

La terre et le château de La Gardère passèrent donc, à partir de cette époque, dans les mains du seigneur *Pierre de Lavardac*, qui en resta paisible possesseur jusqu'à son décès. Dans les minutes du notariat de Valence, nous voyons, entre autres actes, qu'à la date du 23 mars 1580 « noble Alexandre de Lasseran, seigneur de Massencôme, accepte un aveu de dettes de 159 écus sols, deux tiers, consenti par noble Pierre de Lavardac, seigneur de La Gardère, envers messire François de Cassagnet, chevalier de l'ordre du roi, capitaine de cinquante lances, sieur de Saint-Orens, et sénéchal du Bazadois (2). »

Cette famille de Lavardac était originaire de l'Astarac. On trouve son nom mêlé à la plupart des affaires des xv° et xvi° siècles. Lorsque le nouveau propriétaire du château de La Gardère fut mort, son fils *Arnaud de Lavardac* rendit hommage pour les récentes acquisitions de sa famille, et il passa notamment un accord, le 18 mai 1595, avec les consuls du lieu de La Gardère et le sieur Jean Laffargue, maître arpenteur de Francescas, pour la révision du cadastre de la communauté (3). Mais il eut à soutenir un important procès contre le chapitre de Condom, qui revendiquait le droit de dîme sur la terre de La Gardère, que s'était approprié injustement son père Pierre de Lavardac à la suite de l'échange du 28 mai 1578, et dont les nouveaux seigneurs avaient joui depuis cette époque. Par suite, le chapitre, revenant sur ce contrat d'échange, en demandait la rescission, prétendant inaliénable ce droit de dîme et considérant les biens ruraux pris en

---

(1) Archives communales de Condom. Mss, Larcher, page 221.
(2) Notariat de Valence. Rég. pour 1580. Marignac, notaire.
(3) Notariat de Gondrin. Rég. pour 1595. Lasserre, notaire.

échange comme une charge plutôt que comme un bénéfice.

Une transaction intervint, le 18 mars 1609, moyennant laquelle « le sieur de Lavardac cède ladite dîme sur la terre de La Gardère au chapitre de Condom avec la somme de 600 livres pour l'indue jouissance et la restitution des fruits, mais demeure néanmoins seul et unique propriétaire et seigneur dudit fief (1). »

Arnaud de Lavardac, seigneur de La Gardère, mourut en septembre 1615. Sa succession provoqua divers incidents que nous allons résumer.

Aussitôt après sa sépulture, nous dit un acte notarié (2), les Pères Antoine Carsin et Jean Bordes, de la Compagnie de Jésus, du collège d'Auch, furent envoyés par le R. Père recteur, afin de faire connaître aux héritiers naturels, qu'ils étaient institués héritiers du défunt seigneur de La Gardère, par disposition testamentaire en date du 9 septembre courant, déclarant vouloir accepter l'héritage sous bénéfice d'inventaire.

Arnaud de Lavardac ne laissait pas d'enfants. Ses héritiers naturels étaient sa sœur Alix de Lavardac, mariée à noble Jean-Pierre de Caulet, et ses deux filles naturelles Charlotte et Alix. Ces derniers ayant déclaré qu'ils ne feraient pas d'opposition aux réclamations des Pères Jésuites, pourvu toutefois que leurs droits fussent respectés, on décida de part et d'autre de procéder à l'inventaire des biens du défunt. Ce premier acte est signé de noble Pierre de Caulet, noble de Saint-Gresse, seigneur de Séridos, Devic, notaire royal, Jean Axio, apothicaire de Condom, le Père Carsin, Brusault, curé de Roques et de La Gardère, et Lanavic, curé de Bezolles.

On se mit aussitôt à l'œuvre, et ce même jour, 12 septembre 1615, fut commencé l'inventaire des biens du seigneur de La Gardère, en présence desdits témoins. L'inventaire se poursuivant, le 21 septembre du même mois, le recteur de

---

(1) Archives communales de Condom. Mss. Larcher. Lartigue, notaire royal.
(2) Notariat de Bezolles. Rég. pour 1615. J.-R. Dayrem, notaire.

la Compagnie de Jésus du collège d'Auch est présent et appose son nom, Jean Solanet, au bas de l'acte.

Le domaine de La Gardère se composait à cette époque du château proprement dit avec ses appartenances et dépendances et de plusieurs métairies avoisinantes, dont la plus importante était celle de Labourdette, « d'un labourage, dit l'acte, de trois à quatre paires de bœufs. » Noble Jean de Caulet, seigneur de Lian, et M° Pierre Bordes, procureur juridictionnel de la baronnie de Pardaillan, prirent en afferme tous les biens dépendants de la succession d'Arnaud de Lavardac.

Notons, parmi les papiers inventoriés ce jour-là, une pièce assez curieuse qui vient confirmer la possession du domaine de La Gardère par les moines de Condom et ainsi décrite : « *Lois de l'homaige rendu par les religieux du chapitre de l'église cathedrale de Condom de la salle de La Gardère, ses appartenances et dépendances, tenues de Charles, duc d'Alençon, comte d'Armagnac, du xiii mai de l'an 1521, portant main levée de la saisie qui en avoit été faite, faulte de la rendre* (1). »

Lss Jésuites du collège d'Auch ne restèrent pas longtemps propriétaires de La Gardère, si tant est qu'ils l'aient possédée quelques instants. Ils durent s'entendre immédiatement avec les héritiers naturels d'Arnaud de Lavardac, et, moyennant des échanges ou des compensations demeurées ignorées, leur abandonner définitivement ce domaine. Un an après l'inventaire des biens du dernier seigneur, nous voyons, en effet, que le château de La Gardère se trouve entre les mains d'*Alix de Lavardac*, sœur d'Arnaud, qui, malgré son mari et ses mauvais traitements, persiste à ne pas vouloir mettre en vente cette terre.

« Le 3 décembre 1616, dans la salle noble de La Gardère, demoiselle Allys de Lavardac, femme de noble Jean-Pierre de Caulet, déclare que,

---

(1) Notariat de Bezolles. Rég. pour 1615. Dayrem, notaire. (Notes communiquées par M. l'abbé Broconat.)

sollicitée par son mari de vendre les droitz qu'elle possède sur la maison, terre et seigneurie de La Gardère, soit par le décès de son frère Arnaud de Lavardac, soit par suite du décès de ses père et mère, elle se refuse à ce faire, et à ceste fin elle va trouver noble de Pustolle, seigneur de Fieulx, au château de Podenas, son parent, à qui elle maintient son dire que la vente ne s'opèrera pas, malgré les mauvais traitements de son époux, M. de Caulet, qui la demande, et qu'elle ne cèdera qu'à la violence (1). »

Alix de Lavardac dut cependant céder à son mari, ou tout au moins comprendre qu'elle ne pouvait, faute de moyens suffisants, garder intégralement la succession de son frère, obérée de dettes, et qui constituait pour elle une charge plutôt qu'un avantage. Le 1ᵉʳ avril suivant de l'année 1617,

« Noble Jean-Pierre de Caulet, écuyer, sieur de Lian, considérant comme très onéreux l'héritage que sa femme Alix de Lavardac est en même de recueillir d'Arnaud de Lavardac, seigneur de La Gardère, son frère, et cela à cause des dettes, legs et charges diverses qui le grèvent; attendu que lui et sa femme n'ont pour payer d'autre moyen que celui de vendre..., donne à Alix de Lavardac, sa femme, plein pouvoir d'aliéner ledit héritage, de telle manière et à telles conditions qu'elle voudra..., ne l'autorisant néanmoins en aucune façon à vendre ou obliger la salle de Lian, ni ses dépendances, que ladite Alix lui a apportée comme garantie de ses biens dotaux, etc. (2) »

Mademoiselle de Lavardac se résigna, et la terre de La Gardère fut mise en vente quelques jours plus tard. Néanmoins, nous devons constater qu'à cette époque l'ancienne forteresse des moines de Condom fut momentanément habitée, ou que tout au moins c'est dans ses vastes salles que furent signés les actes importants que nous venons de signaler.

Cette même année 1617, et le 30 octobre, furent conclus, dans la salle de La Gardère, les pactes de mariage entre noble Blaise de Grisonis, seigneur de Pimbat, homme d'armes de la compagnie de monseigneur le maréchal de Roquelaure, et

---

(1) Notariat de Roques. Rég. pour 1616, fol. 68-69. Dayrem, notaire.
(2) Notariat de Roques. Rég. p. 1617, folio 24, verso. (Note de M. l'abbé Broconat.)

demoiselle Louise de Lavardac, fille de feu noble Jehan Bertrand de Lavardac, quand vivait seigneur d'Ayssieu, et de dame Louise de Lavardac. Sa mère lui constitue 1,800 livres tournois, et, pour garantie de cette somme, elle lui donne immédiatement la métairie de Rivière, sise en la juridiction de la ville d'Eauze. La fiancée se constitue en même temps les biens paternels qui lui sont échus par le décès de son père (1).

Ce contrat fut un des derniers que nous trouvons avoir été signés dans la salle de La Gardère par la famille de Lavardac.

Quatre ans après, l'an 1621, la terre et seigneurie de La Gardère passaient en de nouvelles mains. L'acquéreur était un homme de robe, nouvellement venu dans la contrée, propriétaire de l'important domaine du Busca, sis à quatre kilomètres à peine au nord de La Gardère. Il se nommait messire *Jean de Maniban*, chevalier, conseiller du Roi au grand Conseil, ancien maître des requêtes au parlement de Bordeaux, lieutenant-général en la même sénéchaussée, et depuis sept ans président au Parlement de Toulouse. Mais ce personnage, sur lequel nous allons revenir, n'en prit pas immédiatement possession. Il dut, par acte du 5 mai 1621, emprunter à un de ses voisins, noble Philippe de Pins, seigneur d'Aulagnères, près Valence, la somme de 3,200 livres pour désintéresser Alix de Lavardac; moyennant quoi, ledit seigneur de Pins garda, jusqu'au complet remboursement de cette somme, l'entière possession et jouissance de la terre de La Gardère.

C'est ainsi que nous voyons noble Philippe de Pins, qualifié seigneur de La Gardère, donner quittance, le 24 mars 1627, « par acte passé au château de La Gardère, en Fezensac, diocèse d'Aux (2). »

La même année, « noble Philippe de Pins, seigneur de La

---

(1) Notariat de Bezolles. Rég. pour 1617, f° 85. Dayrem, notaire.
(2) Notariat de Valence. Rég. pour 1627, f° 59. Bartharez, notaire.

Gardère, estant dans l'hostellerie de Bezolles, demande au tuilier de La Gardère qui l'a autorisé à couper des arbres dans les bois de ladite seigneurie. A quoi ce tuilier repond que c'est monsieur de Maniban, seigneur du Busca, ou plutôt son homme d'affaires, frère Salles, à qui il a engagé la tuilerie (1). »

Enfin, le 18 juin 1629, le même seigneur accepte un aveu de dette, par acte passé au château de La Gardère (2).

Cet état de choses dura jusqu'à l'année suivante 1630, époque à laquelle le seigneur du Busca remboursa à Philippe de Pins la somme qu'il lui avait prêtée pour lui faciliter l'achat de La Gardère, et où ladite seigneurie rentra définitivement en l'entière propriété de la famille de Maniban. Il ressort, en effet, de l'acte notarié suivant, du 28 juin 1630, que,

« *Noble Thomas de Maniban*, baron de Larroque, conseiller du Roy en sa court du Parlement de Bordeaux, ayant déclaré avoir reçu en apanage de son père messire Jean de Maniban, chevalier, conseiller du Roy, président en la court du Parlement de Toulouse, *la terre, seigneurie et château de La Gardère*, sous la condition qu'il rembourserait la somme de 3,200 livres avec les intérêts, empruntée à noble Philippe de Pins, seigneur d'Aulagnères, par acte du 5 mai 1621, et en vertu duquel acte, le seigneur de Pins se réservoit de jouir de ladite terre jusqu'au complet remboursement de ladite somme..., ce jour-ci, 28 juin 1630, noble Thomas de Maniban offre de rembourser ladite somme avec les intérêts, et il somme ledit seigneur de Pins de la recevoir. Monsieur de Maniban proteste en même temps contre les ruynes et détériorations de toutes sortes qui se trouvent au château et domaine de La Gardère (3). »

Le remboursement fut accepté. Noble Philippe de Pins se déclara entièrement quitte de toute obligation envers Thomas de Maniban, et, de ce fait, il lui abandonna la totalité du domaine de La Gardère.

(1) Notariat de Bezolles, f° 2. Dayrem, notaire.
(2) Notariat de Valence. Rég. pour 1629, f° 247. Bartharez, notaire.
(3) Notariat de Valence. Rég pour 1603, f° 155, verso. Bartharez, notaire.

Le vieux manoir passa donc encore en de nouvelles mains. Mais, cette fois, ce fut pendant plus d'un siècle et demi qu'il demeura la propriété de cette grande famille des Maniban, dont l'histoire, si curieuse à tant de titres, mérite d'être ici longuement racontée.

CHATEAU DU BUSCA-MANIBAN
Arrondissement de Condom (Gers)

III

LE CHATEAU DU BUSCA

Les personnages dont nous nous sommes occupé jusqu'ici, aussi bien dans cette monographie du château de La Gardère que dans les précédentes, appartiennent tous à la noblesse, à la gent d'épée, à qui la France dut pendant des siècles son éclat et sa grandeur. Groupés autour de leur glorieux maître, Henri IV, en qui s'incarne le génie de leur race, l'histoire des *Cadets de Gascogne* n'est plus à faire.

Les hasards de nos recherches nous mettent aujourd'hui en présence d'un tout autre type de gentilshommes, ni moins fiers, ni moins rusés que les précédents, mais cherchant leur avantage en dehors du métier des armes et ne reculant devant aucun scrupule pour atteindre le but proposé. Dédaignant la vie peu intellectuelle des camps, préférant s'adonner aux choses de l'esprit, comprenant surtout que, dans l'encombrement de la cour, l'heure est passée pour se faire jour au milieu des nobles et des hommes de guerre, les Maniban arrivent sur la scène au moment où un avenir glorieux s'ouvre aux hommes de loi, et ils n'hésitent pas à se donner tout entiers à la magistrature qui les mènera à une extrême puissance et aux honneurs les plus élevés.

C'est donc avec une rare perspicacité qu'ils s'enrôlent dans les Parlements, sentant bien que l'avenir est à ces puissantes compagnies qui peu à peu tendent à se substituer à la noblesse, et dont la plupart des membres, par leur origine presque toujours plébéienne, leur tenue irréprochable, leur amour de l'équité, attirent à eux l'intérêt et la sympathie de la nation. Les Maniban font partie intégrante, pendant deux siècles, de cette caste nouvelle qu'on nomme les *Parlementaires* et qui constitue une sorte d'intermédiaire entre la noblesse et la bourgeoisie. Soutenus par le peuple, d'où ils sont sortis et qui voit déjà en eux les précurseurs de son avènement aux affaires, ils servent d'arbitres entre lui et les grands seigneurs et s'interposent toujours entre ses réclamations et celles de de la royauté. Leur prestige, leur faveur augmentent avec leur fortune, et ils deviennent les maîtres aussi bien des plus beaux domaines que de l'opinion publique.

Aussi revêtent-ils pendant quatre générations successives, et avec la plus hautaine fierté, la robe de magistrat. Ils sont de robe, s'en font gloire, et exigent, sous peine de les déshériter, que leurs descendants soient de robe. Leurs volontés dernières, comme nous le verrons, sont formelles à cet égard; et cet amour de la robe n'est pas une des moindres curiosités que nous réserve leur histoire. Ils ont, de père en fils, du sang de magistrat dans les veines, comme les Lasseran, les Monluc, les Barbazan, les Léberon ont du sang de soldat. Et cette différence de race et d'aptitude se fera sentir dans des rivalités, dont les archives de leurs familles nous ont conservé toutes les péripéties. Ils chercheront, en effet, à amoindrir, autour d'eux, l'influence de ces anciens seigneurs, leurs voisins, à s'agrandir à leurs dépens, et lorsque l'heure de la gêne et de l'expropriation aura sonné pour toute cette noblesse de province aux abois, les Maniban, devenus plus riches et plus puissants qu'eux tous, viendront juste à temps pour se faire adjuger leurs domaines et leurs titres, et les remplacer à la veille de la Révolution.

On a dit, avec raison, que durant les deux derniers siècles, la noblesse de robe n'eut d'autre but que de dominer la noblesse d'épée et de chercher par l'hérédité des charges à établir avec elle une rivalité que le savoir, la dignité des caractères et l'indépendance d'esprit transformèrent bien vite en supériorité. Nulle part cette vérité ne se fait mieux sentir que dans ce coin de l'Armagnac, où, pendant deux siècles, en effet, les Maniban ne perdirent aucune occasion de se substituer aux anciens possesseurs des grands fiefs, apportant toutefois dans leurs relations avec leurs vassaux une urbanité, une philanthropie, une politesse nouvelles, auxquelles ces derniers n'étaient certes pas habitués.

Les Maniban sont, avec les Fieubet, les Bertier, les Rességuier, les Bastard, etc., la gloire et l'honneur du Parlement de Toulouse, ce second Parlement de France, dont l'existence si mouvementée se relie intimement à toutes les phases de l'histoire du pays. Tout en partageant les passions et souvent même les préjugés de leur époque, ils savent sans cesse faire prévaloir la vérité, et, par la dignité de leur caractère comme par l'élévation de leur esprit, ils prennent une des places les plus considérables dans les rangs et à la tête de l'illustre compagnie. Réunissant toutes les connaissances, pourtant si multiples, nécessaires à cette époque à tout bon parlementaire, qu'ils soient simples conseillers, ou avocats généraux, ou présidents à mortier, voire même premiers présidents, ils occupent leur siège entourés de la considération publique, et la vigueur comme l'équité de leurs arrêts, ainsi que leur impartialité, leur assurent à certains moments difficiles une véritable popularité. Hommes d'action et de science, fins politiques, administrateurs intègres, ne dédaignant pas de demander en même temps aux belles-lettres de douces et fructueuses jouissances, ils mettent au-dessus de toutes choses leurs devoirs de magistrat, et ils laissent à la postérité une mémoire qu'aucune faiblesse, en ces heures troublées, n'a pu ternir.

Nous allons les prendre à leurs débuts, alors que simples

bourgeois de Mauléon, ils ne portent pas encore le nom que plus tard ils illustreront. Nous les accompagnerons ensuite dans leur longue carrière publique, les voyant peu à peu grandir, se mêler activement à tous les évènements politiques et judiciaires, d'abord de la Guienne, puis du Languedoc, et de génération en génération s'élever au-dessus de leurs collègues, finissant par occuper le plus haut siège du Parlement de Toulouse. Nous les suivrons en même temps dans leurs affaires privées, assistant à l'accroissement successif de leur fortune territoriale, à leurs riches mariages, à la construction de leurs grandioses résidences et notamment du vaste *château du Busca*, qui englobera bientôt dans sa justice la plupart des châteaux voisins, comme ceux de Massencôme et de La Gardère. Nous les verrons enfin, l'hiver aux jeux floraux, l'été sous leurs beaux ombrages de l'Armagnac, se délasser dans la culture des lettres et les joies de l'esprit de leurs rudes labeurs de magistrats.

L'origine des Maniban est des plus plébéiennes. Sortis du village de Mauléon, dans le Bas-Armagnac, leur premier nom est *La Bassa* ou *de La Bassa*. C'est sous cette dénomination que nous les trouvons durant la première moitié du XVIe siècle, et c'est comme bourgeois et souvent même comme marchands qu'ils sont désignés dans les actes, assez rares du reste, de cette poque.

Le 11 janvier 1489, Jean de La Filère, originaire de Mauléon, dans la baronnie d'Armagnac, fait vente à discret homme *Michel de La Bassa*, prêtre, bachelier *in decretis* et habitant de Mauléon, lequel est représenté par son frère *Guillaume de La Bassa*, d'une partie de forge, « *cum barquinis, incudine, cornuta, martellis et aliis artificiis necessariis*, pour la somme d'un écu, comptant 18 sols par écu (1). »

Lancés dans les affaires, on les voit au milieu de ce siècle

(1) Notariat de Nogaro. Chastenet, not. Archives du Grand Séminaire d'Auch.

intenter de nombreux procès aux petites gens d'Eauze et de Mauléon. C'est d'abord, à la date du 3 août 1544, un *Jean de Labassa*, « *dit de Maniban,* » qui instrumente contre un certain Bernard Dartigues, marchand de la ville d'Eauze. Puis, sept ans après, le 13 août 1551, le même Jean de Labassa, dit cette fois « de Maniban, seigneur de Lusson, » se prend de querelle avec Antoine Dupuy, marchand d'Eauze. Le jugemage ordonne que ledit La Bassa jurera sur les reliques et l'autel de saint Frix, de Bassoues, « après quoi il sera ouï sur la cause (1). »

Le 6 juin 1558, le 23 mai 1559 et le 18 novembre 1563, ce sont trois nouveaux procès devant le sénéchal d'Armagnac, intentés par un *Pierre de La Bassa de Maniban*, seigneur de La Cauzanne, près Mauléon, contre plusieurs marchands de La Bastide d'Armagnac (2).

Autre procès, le 22 novembre 1561, entre Bone, veuve de feu *Jean de Maniban*, se présentant comme « mère et légitime administreresse des biens dudit feu Maniban », et Jeanne Peyraube, à propos d'injures échangées entre elles.

Enfin, le 3 décembre 1563, nouvelles difficultés survenues entre Jean Romat et Raymond de Sainte-Fauste, de Cazaubon, tuteurs des héritiers de feu *Amanieu de Labassa*, et *Pierre de Maniban*, leur oncle, seigneur de La Cauzanne (3).

Ces quelques indications, pour aussi sommaires qu'elles soient, suffisent pour nous révéler l'origine fort modeste des Maniban, ainsi que leurs premiers pas sur la route de la fortune. « *Mane ibam et flebam, mittens semina* », disaient d'eux les gens de Cazaubon, leur appliquant ainsi ironiquement les paroles de l'Ecriture. Ce qui ne les empêche pas de devenir, en très peu de temps, successivement seigneurs des terres de *La Cauzanne*, de *Lusson,* toutes deux autour de Mau-

---
(1) Archives départementales. Registre des insinuations.
(2) Idem.
(3) Idem.

léon, et aussi de celle de *Maniban*, située à deux kilomètres au sud de cette petite ville, et dont ils prirent le nom au lieu et place de celui de La Bassa. Ils obtinrent même, dit-on, vers cette époque, sans doute pour quelque service signalé, dont l'histoire ne nous a pas conservé le souvenir, des lettres d'anoblissement.

C'est en effet vers 1560 qu'un seigneur de Maniban, *Pierre*, dit Lachesnaye des Bois sans autres indications, éleva considérablement sa maison, en épousant une noble héritière du Haut-Armagnac, *Françoise de Bousty*, dame du Busca et d'Ampeils, et qu'il devint ainsi le chef de la famille qui va nous occuper.

Sis entre les villes de Valence à l'est, de Gondrin à l'ouest, et au nord des deux petits villages de Mouchan et de Cassaigne, le domaine très considérable du Busca s'étend sur les plus hauts contreforts de la rive droite de l'Osse, et il n'est séparé du château de Massencôme, à l'est, que par deux kilomètres à peine. Dès les commencements du xvi° siècle, nous le voyons habité par la famille de Bousty, dont un des membres exerce la profession de médecin.

Le 29 mars 1559, « honorable homme, M° Nicolas de Bousty, seigneur du Busca en la sénéchaussée d'Armagnac et docteur en médecine, achète une pièce de terre située en la juridiction de Gondrin, près de Villeneuve (1). » Le même, qualifié toujours de seigneur du lieu du Busca et d'Ampeils et du titre de docteur en médecine, donne, le 29 mars 1546, procuration à M° Jehan Sarégis pour le représenter dans l'administration de ses biens et le règlement de ses affaires (2).

Nicolas de Bousty meurt peu de temps après et laisse deux enfants : l'un, *François de Bousty*, lui succède comme seigneur du Busca et d'Ampeils, et intente, au lendemain de

(1) Notariat de Condom. Bourret, not. Note communiquée par M. Calcat, juge au tribunal d'Auch.
(2) Notariat de Valence. Liard, not. de Massencôme. Couverture du registre pour l'année 1601-1602.

la mort de son père, le 5 avril 1555, un long procès devant le sénéchal d'Armagnac contre un certain marchand d'Ayguetinte, Guillaume Bousenx, à qui son père avait affermé de nombreuses terres dans les districts de Pardaillan, Beaucaire, Verduzan, Lamazère, Ayguetinte et Castéra-Vivent (1). L'autre, une fille, *Françoise de Bousty*, épouse, vers cette année 1560, le seigneur de Maniban, en a un fils, Jean, et devient bientôt veuve. Nous la voyons, en effet, dès 1574, gérer et administrer, avec une rare habileté et une fermeté peu commune pour une femme, les biens de son enfant mineur. *Jean de Maniban* dut naître vers 1566.

I. *Jean de Maniban*. — Occupant dans la hiérarchie sociale de l'époque un rang plus distingué que la famille bourgeoise des Maniban, les de Bousty, seigneurs de riches et importants domaines, tinrent à honneur, dans leur nouvelle alliance, à ne pas déroger; et c'est à leur influence, à leurs relations, à la considération dont ils jouissaient déjà que les Maniban durent leur première élévation. On ne saurait trop admirer en même temps avec quel soin jaloux Françoise de Bousty surveilla l'éducation de son fils mineur, et quel zèle intelligent elle apporta dans l'administration de ses biens. Les notariats voisins de la terre du Busca sont pleins de ses actes de gestion, et ils nous font voir en elle, non pas, comme on pourrait le croire, une altière et capricieuse châtelaine, mais une femme supérieure, imbue de ses devoirs de mère, et compatissant à toutes les infortunes de ses vassaux. Qu'on en juge plutôt par les actes suivants que nous relevons dans le pêle-mêle des minutes de cette époque, et qui contrastent si vivement avec les faits de plus en plus rares, il faut le reconnaître, d'omnipotence et de brutalité seigneuriales. En l'année 1580,

« Demoiselle Françoise de Bousty du Busca, dame de Maniban, mue de pitié et de commisération de la povreté de Françoyse Dumail,

(1) Archives départementales du Gers. Reg. des insinuations.

dont le fils Arnaud Dupoy a été condamné à 60 escus sols d'amende et 18 escus sols de depens, pour certains delicts commis frauduleusement sur les terres dudit seigneur de Maniban..., fait don et abandon à ladite Dumail de la maison qu'elle occupe et de diverses pièces de terres alentour (1). »

La même année 1580, ladite dame de Maniban reçoit, tant pour elle que pour son fils Jean de Maniban, le serment de fidélité des consuls de Larroque-Fourcès, lesquels reconnaissent

« Que iceluy Jean de Maniban est leur vray, naturel, foncier et direct et en toute espèce de justice, haute, moyenne et basse, qu'à luy seul appartient, à cause de ce, la création du juge bayle, greffiers, procureurs et tel autre officier qu'il voudra..., que ses droits pour les lods et ventes sont le dixième denier du prix pour lequel la vente a été faite..., et que les droits de fiefs sont : 2 sols par cartelade de terre pred, 8 deniers par cartelade de toute autre condition de terre, et 12 deniers par place de maison ou place sise dans le barry et enclos d'iceluy, etc. »

Ladite dame de Maniban, tant en son nom qu'au nom de son fils, seigneur de Larroque-Fourcès, s'engage en échange

« A maintenir les susdits habitants de La Roque dans leurs droits et libertés, à les traiter humainement comme il appartient à bons, obeyssans et loyaux subjects; à les deffendre de son pouvoir d'oppression et ruyne envers et contre tous ceux qui les molesteroient sans raison de leurs biens et personnes; à faire administrer bonne justice par ses officiers, et leur être ferme garant pour le regard de la seigneurie féodale envers et contre tous ceux qui voudroient prendre droit de seigneurie et juridiction et domination féodale et directe, etc. »

Les actes de charité, accomplis par la dame de Maniban dans l'étendue des ses domaines du Haut comme du Bas Armagnac, ne se comptent pas. Elle mérita la reconnaissance publique et elle acquit, tant pour elle que pour son fils, une juste popularité. C'est avec une sage autorité qu'elle administrait ses terres de Maniban, de La Couzanne, de Larroque-

---

(1) Notariat de Roques. Loys Codic, not. de Vaupillon. Reg. pour l'année 1580, fol. 284.

Fourcès, de Gondrin, du Busca, d'Ampeils, de Polignac, etc. (1), et que, surveillant de très près l'éducation de son fils, elle lui donnait comme exemple son frère François de Busty, conseiller du Roi en son grand conseil, lui inculquait l'amour du droit et le préparait à embrasser la carrière de magistrat. Ses derniers actes de gestion, avant la reddition de ses comptes de tutelle, furent, le 1ᵉʳ juillet 1592, le bail en afferme pour trois ans de la terre et seigneurie de Larroque-Fourcès, pour la somme de 500 escus sols par an (2), et la donation, de concert avec son frère François de Bousty, seigneur du Busca et conseiller au grand conseil du Roi, de la somme de 2,000 écus sols à sa nièce demoiselle Françoise de Tarrissan, à l'occasion de son mariage « dans le château noble de Maniban, juridiction de Mauléon en Armagnac, avec noble Guillaume de Saint-Pé, fils aîné du seigneur de Saint-Pé et de la demoiselle Frise de Batz (3). »

Le 3 août 1594, *Jean de Maniban*, seigneur de Maniban, de Lusson, de Larroque-Fourcès et autres lieux, fut reçu conseiller au grand conseil du Roi. L'année suivante, il fut nommé lieutenant-général en la sénéchaussée de Bordeaux (4). Jean de Maniban n'avait pas encore trente ans.

Sa vaste érudition, son extrême prudence dans le règlement des affaires publiques, et son entier dévouement à la royauté, lui valurent de bonne heure la confiance de ses chefs, tant au Parlement, qu'il semble cependant avoir momentanément délaissé durant les premiers temps, qu'au Sénéchalat où il joua un rôle important, et dans l'exercice de ses fonctions administratives. Nous en avons pour preuve la lettre suivante du maréchal d'Ornano, gouverneur de Guyenne, au roi Henri IV :

« Sire, j'ay prié le sieur de Maniban, lieutenant-général de ceste

---

(1) Voir notariat de Roques. Reg. pour 1574, 1575, 1581, 1582, 1586, etc.
(2) Voir notariat de Roques. Reg. 1592, fol. 205.
(3) Arch. départementales du Gers. Reg. des insinuations.
(4) Lachesnaye des Bois. Art. Maniban.

ville, qui s'en va à Paris, de rendre cestuy à Votre Majesté et lui fère entendre l'estat des affères de ses quartiers. Il en est si bien instruict que j'estimerois fère tort à sa suffisance et à l'affection qu'il a à son service, sy je ne m'en remectois du tout à luy. Je la supplye très humblement de croire ce qu'il luy en dira et l'avoir pour recommandé afin de l'obliger à continuer la fidelité qu'il doit à Votre Majesté. J'ay sceu aujourd'huy qu'il s'est faict une grande assamblée à Biron soubz pretexte d'y fere les obsèques de feu M. de Biron. J'y ay aussytost depesché pour en apprendre les particularitez et quelles gens y ont assisté. J'en donneray advis à V. M. par la première depesche. Elle peult cependant demeurer asseurée qu'il ne se passera ny fera rien de deça au préjudice de son service, que je n'y courre et y porte ma vye pour ruyner et dissiper les mauvais desseings de ceulx qui auroient la volonté d'estre autres que bons et fidelles subjectz de V. M. à laquelle je suis et seray toute ma vye, Sire, vostre très humble, très obéissant et fidelle serviteur et subject.

ALPHONSE D'ORNANO.

A Bourdeaux, ce xxvi août 1602. » (1).

L'année suivante, le 3 mars 1603, sans doute pour récompenser le zèle avec lequel le sieur de Maniban avait rempli sa mission, le roi le nomma maître des requêtes ordinaires de son hôtel, fonctions qu'il exerça conjointement avec les précédentes. Il avait épousé quelques années auparavant, le 6 mai 1595, *Jeanne de Ram*, fille de Thomas de Ram, lieutenant général en la sénéchaussée de Bordeaux, qui probablement se démit alors de sa charge en faveur de son gendre.

Jean de Maniban demeura dans la capitale de la Guyenne jusqu'en 1614, se partageant entre ses diverses et délicates fonctions. Il ne dédaignait pas néanmoins d'aller chaque année surveiller ses domaines de l'Armagnac qu'il agrandissait à vue d'œil. Nous le voyons, en effet, dès l'année 1600, donner en afferme chaque fois de nouvelles terres autour de la seigneurie du Busca, et notamment celles de Labit, de Lebé, juridiction de Bonas, de Mesplès au Castéra, de la

---

(1) Bibl. nat. Mss. Missions étrangères. Vol. 175. Pièce communiquée par M. Ph. Tamizey de Larroque aux *Archives historiques de la Gironde*, t. XIV, p. 367.

Courtade en Beaucaire, la taverne, le mazel, le péage et le bayle d'Ampeils, de nombreux biens en Rozès, acheter, le 5 février 1608, pour 600 livres tournois, la moitié de la métairie de Mora, sise dans la juridiction de La Roque, etc., et devenir ainsi un des plus puissants propriétaires fonciers du Haut-Armagnac (1).

A cette époque, Jean de Maniban dut quitter Bordeaux pour aller à Toulouse, où l'appelait à un poste des plus considérables la confiance du roi. Il était, en effet, nommé président au Parlement en remplacement du président Potier de La Terrasse, et « en considération des services, disent ses lettres de provision, *rendus par son père comme ambassadeur en Suisse*, et pour avoir servi lui-même à la satisfaction du roi dans les affaires d'Etat (2). » Jean de Maniban se démit aussitôt de toutes les fonctions qu'il remplissait en Guyenne, et c'est avec empressement qu'il accepta cette nouvelle charge que le premier il illustra et qui, pendant quatre générations, allait devenir héréditaire dans sa famille.

Se considérant à juste titre comme un des corps les plus importants du royaume, le Parlement de Toulouse jouissait à cette époque d'une véritable renommée, basée sur l'intégrité des mœurs de ses magistrats, le souffle de liberté et de patriotisme qui régnait dans leurs arrêts, leur ardente foi catholique, et, malgré quelques révoltes plutôt apparentes que réelles, leur fidélité inébranlable à la cause de la royauté. Autour de ses graves conseillers à la robe rouge, au bonnet à mortier, au chaperon fourré d'hermine, se groupait toute une légion de magistrats subalternes, procureurs, avocats, greffiers, huissiers, clercs, officiers ministériels, qui, avides de chicane en même temps que d'argent, toujours amoureux de

---

(1) Notariat de Valence. Liard, not. à Massencôme. Reg. pour 1597 à 1608.

(2) Archives du Parlement de Toulouse. Malgré nos plus actives recherches, nous n'avons pu découvrir quel rôle diplomatique avait joué au XVIe siècle, en Suisse, ce seigneur de Maniban, père du nouveau président.

la forme et fervents disciples du bel esprit, éclairaient par leurs travaux la grande compagnie d'un jour tout particulier et lui donnait un relief et un éclat qu'on ne retrouve pas ailleurs. En ces années du commencement du xvii° siècle, les parlementaires de Toulouse sont profondément imbus des devoirs de leur charge, et jamais les mesquines questions de préséance ou leur intérêt particulier, qui cependant les préoccupèrent fort, ne les font dévier de la grande voie de l'équité et de l'honneur. Entre tous se distingue le président de Maniban. Les difficultés qui surgirent, en 1615, à l'occasion du remplacement du premier président François de Clary, nous le montrent déjà, quelques jours seulement après son arrivée à Toulouse, ne transigeant ni avec les principes, ni avec sa dignité de magistrat.

Le 9 novembre, en effet, le premier président de Clary, accablé par l'âge, se démet de sa charge en faveur de son futur gendre Gilles Le Masuyer, et il présente à la cour, réunie en audience solennelle, les lettres de provision qui lui sont accordées par le roi. Le président de Paulo, organe du Parlement, manifeste au nom de la compagnie les regrets qu'elle éprouve de son départ; mais il ne peut néanmoins s'empêcher de lui infliger un blâme de ce que, pour la somme de 50,000 écus, il a vendu sa charge au fiancé de sa fille. La dignité du Parlement est atteinte, et la première charge de la cour peut, en vertu de ce précédent, devenir la proie de n'importe quel acquéreur. François de Clary réplique qu'il accepte d'autant moins cette mercuriale qu'elle est prononcée par un homme qui a déjà maintes fois brigué, et par tous les moyens, la place qu'il occupe, et il se retire sans vouloir continuer à assister à l'audience. La séance devient tumultueuse. Les avis sont partagés. Les quatre présidents, MM. de Paulo, de Caminade, de Bertier et de Maniban, le procureur général de Saint-Félix et les deux avocats généraux censurent énergiquement la forme des provisions, exigent que le nouveau premier président fasse rayer la clause relative à son mariage, et demandent à la Cour que la délibération soit renvoyée au lendemain. Les conseillers favorables à Le Masuyer votent pour la continuation de l'audience. Les présidents se retirent. La Cour passe outre et va délibérer sans eux, quand les trois premiers se ravisent et rentrent en séance. Seul le président de Maniban croit de sa dignité de persévérer dans son attitude, et il sort du Palais. La majorité se prononce en faveur de Le Masuyer, qui, après avoir fait sa profession de foi catholique, est installé définitivement comme premier président (1).

Jean de Maniban prit une part active aux principaux travaux du Parlement de Toulouse. Son nom reste attaché à tous les procès retentissants de cette époque. Imbu de sentiments ultra-catholiques, il suivit son premier président dans la répression quelquefois trop sévère des excès du protestantisme et il sut faire rentrer dans les limites de leurs attributions les différents corps constitués, notamment la Cour des Aides, trop enclins à les dépasser. Si nous ne le voyons pas siéger aux longues et pénibles audiences de la fameuse affaire de l'aventurier Vanini, qui passionna en 1619 si profondément la population Toulousaine, nous le trouvons, deux ans après, en pleine guerre religieuse, envoyé par le Parlement en députation auprès du duc de Mayenne, gouverneur du pays. On sait, en effet, qu'en 1621 le fils du fameux chef de la Ligue, après s'être emparé de Nérac, marcha contre la ville rebelle de Montauban pour en faire le siège. Beaucoup de villes de Gascogne avaient levé, à son instar, l'étendard de la révolte, notamment les villes de Mauvezin, de l'Isle-en-Jourdain et du Mas-Verdun. Le Parlement de Toulouse, dans le ressort duquel ces cités se trouvaient, décida qu'il fallait envoyer trois de ses magistrats auprès du duc pour le prier

---

(1) Archives du Parlement de Toulouse. Journal du père Lombard et du greffier Malenfant. Voir aussi l'*Histoire du Parlement de Toulouse*, par M. Dubédat.

de réduire ces villes à l'obéissance royale. Ce fut le président Jean de Maniban et les deux conseillers Barthélemy et Masnau qui furent chargés d'aller trouver le duc. Ils le rencontrèrent près de l'Isle-en-Jourdain, et ils rapportèrent de leur entrevue avec lui l'ordre de faire démolir les fortifications de cette ville et celles du Mas-Verdun. Ce qui fut aussitôt prescrit par le Parlement (1).

Profondément dévoué à la cause royale, le Parlement de Toulouse alla, à deux reprises différentes, en grand cortège, ses présidents en tête, saluer solennellement le Roi à l'archevêché, lorsque Louis XIII vint se reposer à Toulouse en 1621 et en 1622 de ses fatigues du siège de Montauban. Tous les parlementaires fléchirent le genou devant lui et lui baisèrent la jambe ainsi que le bord de son manteau, et ils protestèrent hautement de leur fidélité et de leur obéissance (2).

C'est également l'époque où la Chambre de l'édit, établie à Béziers, ne cessait, pour conserver ses privilèges et assurer son existence, de rendre bonne et loyale justice et de prodiguer ses flatteries à Richelieu. Bien que la plupart de ses membres fussent des magistrats du Parlement de Toulouse, cette compagnie ne la voyait que d'un œil jaloux et réclamait à hauts cris sa suppression. Le président de Maniban y fut envoyé durant quelque temps; et son nom se retrouve à côté de ceux de ses collègues de Candiac, de Montcalm et de Bertier.

Jean de Maniban continuait à administrer ses domaines de l'Armagnac avec la même habileté qu'avait montrée sa mère Françoise de Bousty. Dès l'année 1614, il achetait à François d'Aubijoux, fils de Louis d'Amboise et de Blanche de Levis, l'importante baronnie de Cazaubon et d'Auzan pour la somme de 86,000 livres (3). Ce qui lui suscita dans la suite de nom-

---

(1) Archives du Parlement de Toulouse. Cf. Dubédat, *Histoire du Parlement de Toulouse*, t. II.
(2) Idem.
(3) M. l'abbé B. Ducruc, curé-doyen de Cazaubon, dans sa monographie des *baronnies de Cazaubon et d'Auzan* (*Revue de Gascogne*. Tome XXI), s'est étendu, durant quelques pages, sur l'histoire des Maniban; mais il n'étudie cette

breux embarras, les consuls et habitants de ces localités se refusant à lui fournir certaines redevances, sous prétexte que le Roi seul était le véritable héritier et seigneur desdites baronnies. Après un interminable procès, Jean de Maniban resta maître de ses acquisitions et il conquit même dès ce moment, par sa bonhomie et l'affabilité de ses manières, la sympathie de ses nouveaux vassaux.

C'est vers cette époque qu'il dut faire rebâtir, près de Mauléon et presque dans son entier, le château de Maniban, dont il portait le nom, au moins si l'on en juge par les caractères architectoniques du commencement du XVII° siècle que présente cette imposante construction.

L'année 1621 est celle où, comme nous l'avons dit précédemment, Jean de Maniban acheta également, dans le Haut-Armagnac, aux héritiers du seigneur de Lavardac, la terre et le *château de Lagardère*. Mais il dut momentanément en abandonner la jouissance à son voisin noble Philippe de Pins, seigneur d'Aulagnères, jusqu'au remboursement intégral des 3,200 livres que ce dernier lui avait prêtées, dans le but de lui faciliter cette opération. Ce ne fut qu'en 1630 que le seigneur du Busca s'acquitta de son obligation et que le vieux fief du chapitre de Condom entra définitivement en sa possession. Ce fut le fils de Jean de Maniban, Thomas, qui avait reçu de son père en apanage la seigneurie de Lagardère, qui remboursa cette année-là la dette de son père (1). Ce dernier vivait néanmoins encore à cette époque, puisque nous trou-

---

famille qu'au point de vue de la gestion desdites baronnies et des droits que ses membres pouvaient prétendre sur elles. Il laisse entièrement de côté et la vie privée des quatre seigneurs de Maniban et le rôle si important qu'ils jouèrent durant deux siècles au Parlement de Toulouse et même l'énumération et l'administration de leurs domaines du Haut-Armagnac, qui nous intéressent ici tout particulièrement. Le travail, entrepris par nous, restait donc à faire en son entier. Nous n'hésiterons pas néanmoins à reproduire les quelques indications nouvelles que nous fournissent les pages de M. l'abbé Ducruc, écrites uniquement d'après les archives municipales de Cazaubon, sauf à rectifier quelques erreurs qui se sont glissées dans sa rédaction.

(1) Notariat de Valence. Reg. pour 1630, f° 155. Bartharès, notaire.

vons, à la date du 15 février 1630, un acte d'afferme de la seigneurie de Maniban « passé pour Monsieur le président Jean de Maniban, seigneur et baron dudit lieu de la baronnie d'Auzan, Larroque, le Busca, Ampeils, Lagardère et autres lieux, dans le château noble du Busca, pour la somme de 16,000 livres (1). » Mais il dut mourir peu de temps après. Son corps fut inhumé dans la chapelle du château du Busca.

Jean de Maniban laissait quatre enfants : 1° *Thomas*, qui suit; 2° *Guy*, d'abord conseiller-commissaire aux requêtes du Parlement de Bordeaux, puis président à la Cour des Aides de Guyenne en 1633. Nous le voyons cité comme tel en 1643 devant le Parlement de Bordeaux, qui ordonna même une prise de corps contre lui, dans les démêlés si nombreux qu'eurent à cette époque ces deux compagnies (2). Il épousa en 1634 Marie de Lavie, dont il eut un fils, Alphonse, qui lui succéda dans sa charge, et il mourut en 1689; 3° *N. de Ram*, du nom de sa mère Jeanne de Ram; 4° *François Lancelot*.

II. *Thomas de Maniban*. — Quand apparaît Thomas de Maniban sur la scène imposante du Parlement de Toulouse, ce dernier, par la dignité du caractère de la plupart de ses membres, leur indépendance, leurs lumières, leur pieux respect des traditions, joue véritablement un rôle à part dans l'histoire de la magistrature française au XVII° siècle. Quelles figures plus nobles et plus originales, à la fois, que celles des Potier de la Terrasse, qui, de père en fils, comme les Maniban, s'enrôlent avec tant de fierté dans la compagnie des gens de robe, celles, si diverses, des Gaubert de Caminade, des Simon d'Olive, seigneurs du Mesnil, des Jacques de Mausac, et, pardessus toutes, celle de Pierre Fermat, « l'ami de

(1) Notariat de Valence. Reg. pour 1630, f° 155. Bartharès notaire.
(2) *Histoire du Parlement de Bordeaux*, par Boscheron des Portes. T. I. Dans la remarquable plaquette de notre regretté ami M. Ad. Magen (*La Troupe de Molière à Agen*, 1887), nous voyons, à la page 26, que M. de Maniban, président à la Cour des Aides de Bordeaux, qui en cette année 1650 siégeait à Agen, était logé dans cette ville « au prieuré de Saint-Caprais. »

Pascal et de Huyghens, le rival de Descartes, le précurseur de Newton (1), » dont l'intelligence si vive s'ouvrait aussi bien aux problèmes les plus ardus de la jurisprudence et des sciences exactes qu'aux subtiles discussions des choses de l'art, aux belles-lettres et à la poésie !

Très jeune encore, et alors que son père Jean occupait au Parlement de Toulouse la haute situation que nous venons d'indiquer, Thomas de Maniban avait été pourvu d'une charge de conseiller à la cour du Parlement de Bordeaux. Mais il ne remplit pas longtemps ces fonctions; car, dès le mois de janvier 1632, il est « reçu en l'office de conseiller et d'avocat général au Parlement de Toulouse (2). »

C'est donc au moment où son père se voyait par son âge obligé de renoncer à son important emploi, que Thomas vint, sans doute sur sa demande, le remplacer au sein de l'illustre compagnie, et, par sa haute intelligence comme par son remarquable talent de parole, ses connaissances diverses et la vivacité de son esprit, attira sur elle l'attention de la France entière, des ministres et de la royauté.

L'année 1632 est celle où se jugea, en la cour du Parlement de Toulouse, le mémorable procès du duc de Montmorency. Nous ne croyons pas que Thomas de Maniban, nouvellement arrivé, y ait pris une part quelconque. En revanche, nous le voyons, dès l'année suivante, requérir comme avocat-général dans tous les plus importants procès.

Un des plus curieux et des plus pénibles à la fois fut celui de François de Nos, conseiller à ce même Parlement, que ses propres collègues, en raison de sa forfaiture, se virent obligés d'exécuter. Parti pour Paris aux premiers jours de l'année 1633, François de Nos, conseiller aux requêtes, fils et petit-fils d'honorables magistrats toulousains, reçut en dépôt du courrier qui le conduisait une somme de 1,800 écus d'or,

---

(1) Victor Duruy, *Géographie morale de la France*.
(2) Archives départementales de la Haute-Garonne. Série B, 517.

qu'il eut la coupable faiblesse de cacher dans sa valise et de soustraire à celui qui les lui avait confiés. Plainte fut portée contre lui à la police de Paris, qui en défèra au roi, lequel renvoya l'affaire au Parlement de Toulouse. Thomas de Maniban fut chargé de requérir, devant toutes les chambres assemblées. Mais, plutôt que de condamner un de leurs membres, celles-ci préférèrent se dessaisir de l'affaire et la renvoyer devant le Parlement de Paris. Seulement, leur dignité étant atteinte, elles déclarèrent François de Nos privé à tout jamais de sa charge; et, comme il insistait audacieusement pour rentrer en grâce auprès d'elles, « elles lui firent savoir, dit le Journal de Malenfant, que les lois de la délicatesse et de l'honneur primaient l'arrêt de Paris rendu en sa faveur, et qu'un homme encore entaché d'un soupçon d'improbité ne pouvait plus s'asseoir parmi leurs membres. » François de Nos le comprit, se démit de sa charge et ne reparut plus au Palais. « Par où, dit le Journal, il aurait dû commencer (1). » Cette affaire est la première importante où nous voyons siéger Thomas de Maniban.

Une de celles où le célèbre avocat-général joua un des principaux rôles fut l'affaire des démêlés qui surgirent pour une simple question d'étiquette entre le Parlement et l'Archevêque de Toulouse, et qui, par l'entêtement des deux partis, prit bientôt des proportions considérables. Esprit altier, hautain, jaloux outre mesure des prérogatives, souvent surannées, que lui donnait sa haute position, Monseigneur Charles de Monchal, archevêque de Toulouse, se trouvait déjà en désaccord avec le Parlement pour une question de préséance aux assemblées mensuelles de l'hôpital. Comme tous les membres de la Cour, la docte compagnie voulut, en plus, le forcer à venir chaque année, à genoux devant elle, lui renouveler son serment. L'archevêque refusa net et en appela au prince

(1) Journal du greffier Malenfant. Cf. *Histoire du Parlement de Toulouse* par M. Dubedat, t. II.

de Condé, qui parvint tant bien que mal à arranger le différend. Sur ces entrefaites survint l'irritante question de la création d'un Parlement à Nimes, vengeance de Richelieu contre la Cour de Toulouse. Celle-ci protesta énergiquement auprès du roi contre ce projet, dont un des plus acharnés détracteurs fut l'archevêque de Toulouse, d'accord cette fois avec le Parlement. Touché du zèle qu'il mettait à défendre ses intérêts, ce dernier lui députa deux conseillers pour lui en exprimer toute sa gratitude; mais il lui intimait l'ordre en même temps de venir à genoux renouveler son serment devant toutes les chambres assemblées.

Le fougueux prélat vint, en effet, devant la haute assemblée, « composée du doyen de la Cour, des conseillers d'Agret et Cassaigneau et des deux avocats-généraux de Marmiesse et de Maniban; » mais ce fut pour les menacer d'excommunication, s'ils persistaient dans leur orgueilleuse intention. Sans se laisser intimider, ces derniers lui répondent qu'ils vont en appeler comme d'abus au nom du Roi. Après de nombreux pourparlers où on intercéda de nouveau auprès du prince de Condé, qui ne put cette fois arranger l'affaire, le Parlement se décida à poursuivre la procédure, fit son appel comme d'abus, et défendit au prélat « de fulminer ses censures, à pene de 10,000 livres d'amende, de saisie de son temporel et des châtiments encourus par les perturbateurs de la tranquillité publique. » Monseigneur de Monchal n'en tint aucun compte, et, à son tour, il se décida à agir. Le 17 avril 1639, jour des Rameaux, dans la cathédrale de Saint-Etienne, l'archevêque monte en chaire; et, « la mitre en tête, la croix et la crosse devant lui, il lance son excommunication contre le président Garaud de Donneville, le doyen de Mausac, le conseiller clerc Cassaigneau, le conseiller lai d'Agret et les deux avocats-généraux de Marmiesse et de Maniban. » Le lendemain, le Parlement ripostait, en condamnant l'archevêque à 6,000 livres d'amende, en lui ordonnant d'absoudre les susdits magistrats sous peine de 10,000 autres livres, et en lui saisissant tous ses revenus (1).

L'affaire traîna en longueur. Finalement l'évêque de Saint-Papoul intervint, avec le seigneur de Saint-Chaumont, qui décidèrent qu'une démarche de conciliation serait faite auprès du prélat par un membre du Parlement. Ce fut l'avocat général de Marmiesse qui fut désigné et qui vint, le 21 avril de cette même année, se mettre aux genoux de l'archevêque et lui demander, pour lui et les autres excommuniés, l'absolution *ad cautelam*. Ce qui aussitôt, et de très bonne grâce, lui fut accordée. Il ne resta plus aucune trace de cet orageux débat, qui passionna tout le monde parlementaire de l'époque et auquel fut mêlé d'une façon si directe Thomas de Maniban.

Pour avoir énergiquement défendu les prérogatives du corps auquel il appartenait contre le chef de la religion catholique dans le diocèse de Toulouse, il ne faut pas croire que les convictions religieuses de Thomas de Maniban en aient été moins arrêtées ni plus attiédies. Bien loin de là. Fidèle aux traditions de sa famille, Thomas de Maniban resta toute sa vie un fervent catholique, et il le prouva tant dans ses actes intimes que dans ceux de sa vie publique. L'affaire du *Capucin*, dont il fut nommé rapporteur trois ans après, en février 1642, en fait pleinement foi.

A cette époque, en effet, parut un libelle du ministre Pierre Dumoulin intitulé *le Capucin*, dirigé contre les communautés religieuses et rempli d'impiétés et d'infamies. Chargée de le condamner, la chambre de l'Edit, où les protestants étaient en majorité, se montra plus qu'indulgente en sa faveur. L'affaire vint devant la grand'chambre, où l'avocat-général Thomas de Maniban requit énergiquement contre son auteur, « le traita de criminel de lèse-majesté divine, et demanda à la Cour de faire lacérer le livre impie et de le faire brûler en place du Salin par la main du bourreau. » La Cour jugea

(1) Journal du greffier Malenfant. — *Hist. du Parlement de Toulouse.*

conformément à ses conclusions, et donna ainsi gain de cause à son avocat-général.

La lutte, à jamais mémorable, qu'engagea en ces années le Parlement de Toulouse, d'abord contre le Conseil d'Etat, puis contre les officiers municipaux de cette ville, qui fut portée à maintes reprises devant le roi, et à laquelle fut mêlé tout particulièrement Thomas de Maniban, valut à ce dernier une renommée universelle et jeta sur ses capacités juridiques comme sur ses qualités diplomatiques, son tact, son savoir-faire, sa merveilleuse habileté, un lustre incomparable, qui en fit la gloire de sa famille et en même temps un des hommes les plus considérables et les plus justement estimés de son temps. Nous en résumerons seulement ici les principaux incidents.

Dès le commencement de 1644, un conflit éclatait entre la Cour de Toulouse et le Conseil d'Etat, dont la cause était l'établissement de taxes fort injustes, connues sous le nom de *droits de confirmation* et de *joyeux avènement*, établies par déclaration royale du 24 octobre 1643, et dont les fermiers du Languedoc, notamment le juge-mage Caulet, abusèrent étrangement. Tous les corps de métier, les usines, les établissements industriels ou agricoles, furent arbitrairement frappés, et, dans leur impossibilité d'y satisfaire, s'adressèrent comme plaignants au Parlement. Leurs légitimes revendications furent écoutées, notamment par l'avocat-général de Maniban, qui prit chaudement en mains la défense de leurs intérêts. Le 11 mai 1644, cet austère magistrat portait plainte à la grand'chambre contre ces procédures arbitraires, « qui, disait-il, mettaient le pauvre peuple hors d'état de payer les tailles et les autres impôts, si fort augmentés par suite des dépenses de la guerre. » Il faisait ressortir en même temps que les sommes exigées pour le nouveau droit de confirmation « dépassaient de beaucoup les deniers royaux, et que d'ailleurs, régulièrement, les officiers du roi devaient seuls en être atteints (1). » Le Parlement entra immédiatement dans les vues de son avocat-général, et il lui donna pleinement raison, en cassant les ordonnances du juge-mage Caulet, et, sous peine d'amende, lui défendant d'exercer ses poursuites. Mais les fermiers en appelèrent au Conseil d'Etat, qui annula l'arrêt de la Cour de Toulouse, enjoignit à Thomas de Maniban d'aller dans les deux mois rendre compte au roi de ses réquisitions, et lui enleva provisoirement sa charge. Devant cette grave et injuste condamnation, le Parlement maintint plus que jamais son premier arrêt, et, « malgré que M. de Maniban, par esprit d'obéissance, soit venu déposer sa charge avant de partir, » il décida solennellement « que son avocat-général continuerait ses fonctions et qu'il irait porter directement au roi, en qualité de député, les remontrances de l'illustre compagnie sur les abus du droit de confirmation (2). »

Thomas de Maniban partit en effet aussitôt après pour Paris. Là, il se justifia d'abord auprès de M. de La Vrillière, en montrant les requêtes originales de l'avocat-général de Lussan et du syndic de la province. Puis, il fut reçu en audience privée par la reine Anne d'Autriche, à qui il exposa longuement toute cette affaire, plaidant fort éloquemment auprès d'elle les droits de la compagnie à laquelle il appartenait, l'intéressant aux misères du pauvre peuple de Languedoc, injustement taxé, et la suppliant de réduire le susdit droit de confirmation. Bref, il réussit si bien, qu'il fut, aussitôt après son audience, adressé au Parlement de Toulouse une lettre du roi, « *portant qu'après avoir ouï Maniban, Sa Majesté le renvoyait à l'exercice de sa charge et demeurait satisfaite de sa conduite.* » Maniban fit aussitôt imprimer cette lettre, dont il adressa un exemplaire à toutes les sénéchaussées du ressort. Puis il demanda une audience au contrôleur général, qu'il

(1) Malenfant, *Collections et remarques du Palais*. Voir également, *Histoire de Languedoc*, tome XIII, les belles études historiques sur cette province par M. E. Roschach.
(2) Journal de Malenfant.

supplia de respecter les privilèges de la province du Languedoc, de réduire le droit de confirmation et d'en exclure certaines catégories de pauvres gens, véritablement dignes de pitié. Finalement, il obtint que ne paieraient pas ce fameux droit « les artisans des lieux dépourvus de jurades et de maîtrises, les laboureurs et paysans qui ne faisaient autre trafic que celui de leurs denrées, les possesseurs de moulins aliénés du domaine à titre d'engagement, et les bourgs, communes et villages qui n'avaient ni foires ni marchés. »

Thomas de Maniban eut donc un plein succès dans sa première ambassade. Son nom, déjà fort respecté, devint désormais populaire; et c'est avec la plus grande vénération, nous apprend-on, qu'il était prononcé dans toute la province par la masse de ces artisans à qui il venait de rendre un service aussi signalé.

Fier du résultat obtenu, Thomas de Maniban allait l'année suivante, 1645, quitter la capitale et reprendre son siège au Parlement de Toulouse, quand il fut investi par ses collègues d'une nouvelle mission auprès de la Cour, plus délicate cette fois, puisqu'il s'agissait de lutter contre les Capitouls de Toulouse, dont les hautes protections égalaient, si elles ne les dépassaient pas, celles des Parlementaires.

Depuis longtemps, la mésintelligence régnait entre les deux corps; et il était rare de voir les chambres de la Cour approuver les faits et gestes des officiers municipaux. Le conflit éclata au mois de juin 1645, à la suite d'un refus de la part des Capitouls de recevoir à l'hôtel de ville deux délégués du Parlement.

L'affaire s'envenima, et, le 19 juin, le Parlement, toutes chambres assemblées, rendait un arrêt qui chargeait le procureur général Fieubet et l'avocat-général Thomas de Maniban d'aller porter au roi les remontrances de la Cour sur toutes les entreprises des Capitouls. Décrétés en même temps d'arrestation, ces derniers ne se tinrent pas pour battus, et, à leur tour, ils partirent pour Paris afin de porter leur cause auprès du Conseil du roi. Leur principal avocat fut le bourgeois de Cironis. Thomas de Maniban était, on le sait, encore à Paris, lorsqu'il reçut les instructions du Parlement. Il se mit aussitôt en campagne. « Le jour même, 25 juin, écrit le greffier Malenfant, il alla à Saint-Maur auprès de La Vrillière, chez qui se trouvait le prince de Condé, vit le cardinal Mazarin et le chancelier de France, et envoya les dépêches du premier président à tous les ministres et à Goulas, chargé cette année des affaires de la Province. » Cironis de son côté ne restait pas inactif. Il se présenta chez le prince de Condé, « lui dénonçant la vraie cause de la querelle, qui était le refus des Parlementaires de payer les arrérages de leurs tailles, etc., et accusant directement l'avocat-général de Maniban d'être débiteur de la ville de Toulouse pour plus de deux mille livres, et d'avoir sanctionné par sa signature les comptes du trésorier infidèle (1). » Bien plus, les deux champions se rencontrèrent, le lendemain 26 juin, en compagnie du président de Gramont, dans la maison du sieur de Goulas. Une scène des plus violentes éclata entre eux, dont les Parlementaires et les Capitouls firent naturellement tous les frais.

Durant ce temps, le Parlement fulminait à Toulouse contre les Capitouls et condamnait les fugitifs à 10,000 livres d'amende et au bannissement hors du ressort de la Cour.

Après de nouveaux incidents, les Capitouls allaient obtenir gain de cause à Paris quand Maniban, à force d'intrigues, d'instances et d'habileté, retourna, pour un moment, l'opinion de la Cour. A la proposition d'une transaction, il répondit hautainement qu'il ne consentirait jamais à ce qu'on traitât le Parlement de Toulouse sur le même pied que « *de petits magistrats municipaux.* » Il courut de nouveau chez la reine, où il devança la visite de Cironis, se fit admettre au petit

---

(1) Malenfant. *Collections et remarques du Palais*, tome III. Cf. *Histoire du Languedoc*, XIII, Etudes par M. Roschach, page 208 et suivantes.

lever, et, après une plaidoirie des plus habiles et des plus éloquentes, la prédisposa en sa faveur. Mais les Capitouls suscitèrent de nouvelles difficultés de procédure. Le duc d'Orléans, le prince de Condé s'en mêlèrent, ce dernier toujours favorable aux officiers municipaux. Maniban ne désespéra cependant pas de séduire Monsieur le Prince. « Il saisit fort habilement, nous dit la même chronique, le moment où il recevait les félicitations de la Cour au sujet de la victoire du duc d'Enghien à Nordlingen, l'aborda à l'issue du *Te Deum*, et, le voyant en belle humeur, le pria de renvoyer les Capitouls au Parlement, avec promesse qu'ils en seraient favorablement traités. Condé s'en défendit, mais promit de faire insérer dans l'arrêt que les Capitouls demanderaient pardon de leur injure; *ce dont Maniban fut si joyeux qu'il lui embrassa la jambe.* » Mais les Capitouls s'y refusèrent obstinément et cherchèrent d'autres biais pour arriver à leurs fins.

De multiples complications surgirent en effet de tous côtés. A Toulouse, on réunit une assemblée de la bourgeoisie pour faire désavouer l'évocation générale, source du procès. Sur l'ordre du Parlement, cette réunion eut lieu, mais en cachette, composée uniquement de membres favorables au Parlement. Elle vota qu'elle désavouait l'évocation générale obtenue par Cironis. Mais la Cour n'en tint aucun compte, et, malgré les efforts de Maniban, le Conseil du roi rendait, le 23 août, un arrêt définitif par lequel « le Conseil évoquait toutes les procédures faites par la Cour de Toulouse contre les Capitouls et les autres prévenus à cause des événements de juin, annulait à la fois les arrêts du Parlement, les délibérations de l'hôtel de ville et les procès-verbaux des Capitouls, déchargeait les prévenus des poursuites commencées, donnait main-levée de leurs biens, et rétablissait enfin les Capitouls bannis dans l'exercice de leurs charges, en leur enjoignant seulement de se comporter avec révérence envers les présidents et les conseillers de la Cour. » Cette dernière clause avait été ajoutée sur les instances de Maniban, qui, vaincu quant au fond, obtint cependant quelques adoucissements quant à la forme, voulant à tout prix sauver l'amour-propre du corps auquel il appartenait. Mazarin y consentit d'assez bonne grâce, et, de sa propre main, il biffa un passage que la reine, devenue favorable aux Capitouls, avait fait ajouter, et où il était dit « que les Capitouls, syndics et bourgeois, réhabilités, seraient même payés sur les deniers patrimoniaux de la ville, de leurs frais de voyage à Paris. »

En cette affaire, l'orgueil des Parlementaires avait tout gâté. La Cour commençait déjà à se montrer lasse de ces corps hautains et remuants. Il fallait encore un siècle avant qu'ils pussent prendre leur revanche et démolir le vieil édifice dont si longtemps ils avaient été un des principaux soutiens.

Maniban rentra à Toulouse à la fin de l'année 1645. Il avait à peine terminé son rapport sur tous ces événements que de nouveaux surgissaient encore, où, comme toujours, il allait jouer un des principaux rôles.

En novembre de cette même année eurent lieu à Toulouse les élections municipales. Mais les anciens Capitouls firent briser au Conseil d'Etat les nouveau élus et obtinrent, par un second arrêt du 6 février 1646, qu'ils seraient maintenus dans leurs charges. Personne ne voulut dans la ville se charger de faire exécuter cet arrêt. Le Parlement, toutes chambres réunies, prit naturellement fait et cause pour les nouveaux élus contre les anciens, ses plus cruels ennemis, et il décréta les mesures les plus violentes contre les conseillers qui, d'office, avaient été nommés à la place des conseillers élus. Des prises de corps furent lancées suivies d'emprisonnement. Le Conseil d'Etat, prévenu, cassa aussitôt l'arrêt du Parlement et ordonna la comparution personnelle devant Sa Majesté du président Donneville, des conseillers de l'Estang et Foucaud et de l'avocat-général de Maniban. En même temps, ces conseillers étaient suspendus de leurs charges jusqu'au jour de leur comparution. De violents incidents s'ensuivirent. Le peuple prit fait et cause pour le roi contre les Parlementaires. La place de l'hôtel de ville devint même le théâtre d'une émeute où le sang coula. Bref, les orgueilleux magistrats durent, une fois encore, faire amende honorable et s'incliner devant l'autorité royale qui allait désormais s'appesantir sur eux (1).

Une des dernières affaires sensationnelles, à laquelle nous voyons mêlé le nom de Thomas de Maniban, fut le procès du chevalier de Roquelaure, qui passionna si vivement le monde aristocratique de l'époque. Grand coureur de brelans et de jeux de paume, le chevalier de Roquelaure, de la meilleure noblesse du Midi, se mit à proférer, un soir de l'année 1646, dans les rues de Toulouse, et escorté de quelques compagnons de débauche, de violents blasphèmes contre la Vierge et la religion catholique. Le peuple, blessé dans ses croyances les plus chères, exigea l'arrestation du coupable et porta plainte au Parlement. Quatre conseillers furent chargés de l'arrêter, avec le procureur général. Traqué dans son hôtel, Roquelaure fit mine de résister. Mais, quand il vit la population entière ameutée contre lui, il brisa son épée, se rendit, et fut conduit dans les prisons du Palais. Sa sœur, la marquise de Mirepoix, avec toute la coterie aristocratique de la ville, chercha à intercéder en sa faveur. La majorité du Parlement demeura inflexible. Mais le procureur général et les avocats généraux, notamment Thomas de Maniban, passèrent pour lui être plutôt favorables. Sur ces entrefaites, Roquelaure s'évada de prison. On cria à la trahison, et le Parlement, toutes chambres assemblées, manda cinq conseillers soupçonnés de connivence, ainsi que Thomas de Maniban et ses collègues, et leur administra une verte semonce. « La Cour, leur dit en terminant le premier président, d'après le Journal du Palais, ne veut pas croire qu'ils eussent coopéré à cette évasion. Si elle l'eût

(1) *Histoire de Languedoc*, t. xiii. — Archives de Toulouse. — Journal du greffier Malenfant.

pensé elle les aurait traités comme le fait le méritait. Elle leur enjoint néanmoins d'être plus retenus et plus prudents à l'avenir. » Le chevalier fut condamné à avoir la tête tranchée. Découvert à Paris, où il se cachait, Anne d'Autriche le fit arrêter; mais, pour lui sauver la vie, elle ordonna qu'il fût enfermé à la Bastille. Le Parlement de Toulouse n'eut plus à s'occuper de cette affaire.

— Pour si agitée qu'ait été, comme nous venons de le voir, la vie publique de Thomas de Maniban, elle ne l'empêcha pas de s'occuper activement de ses affaires privées, ni de perdre de vue le soin de ses intérêts domestiques. Le célèbre avocat-général sut faire en effet marcher de pair aussi bien les affaires du Parlement que les siennes propres, et il ne négligea aucune occasion d'agrandir ses propriétés et d'augmenter la fortune de sa maison.

L'année 1646 est celle où son nom disparaît des annales du Parlement de Toulouse. Il semble, à partir de cette époque, être demeuré en dehors des agitations politiques qui signalèrent les débuts de la Fronde. La maladie le força-t-elle à se faire plus rare aux séances du Parlement? Il avait à ce moment cinquante ans à peine. Se retira-t-il, tout à fait désabusé des compétitions humaines, dans ses terres du Haut-Armagnac, jusqu'en l'année 1652, où la mort vint le frapper? Nous le croirions plutôt, son nom se retrouvant sans cesse alors, ainsi que nous allons le voir, dans les nombreux contrats, baux d'afferme et actes divers qu'il passa devant les différents notaires établis sur ses multiples domaines. La belle résidence du Busca, où il se plaisait tant d'ailleurs, et le somptueux château qu'il y fit construire, semblent bien faire supposer qu'il voulut jouir en paix de ses derniers moments et laisser à son fils, en même temps que la réputation incontestable d'un des magistrats les plus éclairés et les plus illustres de son siècle, un superbe domaine, digne de son nom et de sa haute situation.

— La seigneurie du Busca occupait, comme nous l'avons dit, une grande partie du vaste territoire situé entre la rivière de l'Osse à l'ouest, les bourgs de Mouchan et de Cassagne au nord, le fief de Massencôme à l'est, et les villages d'Ampeils, de La Gardère et de Roques au midi. Le château primitif, dont nul plan malheureusement ne nous a conservé la forme et qu'habitaient les de Bousty, s'élevait au centre de ce vaste quadrilatère, perché sur une des collines les plus hautes de la région, à cent quatre-vingt-quatorze mètres au-dessus du niveau de la mer. C'est là que vint résider le premier seigneur de Maniban, à la suite de son mariage avec Françoise de Bousty. Mais bientôt, parvenu aux hautes et lucratives fonctions que nous venons de rappeler, il se crut obligé de transformer du tout au tout une demeure, sans nul doute, sombre, étroite et rappelant les mauvais jours des temps féodaux. Il la fit démolir de fond en comble, ne conservant au midi que quelques pans de mur que l'on retrouve encore; et, sur son emplacement, il fit élever le majestueux édifice qui subsiste encore aujourd'hui en son entier, et dont nous allons donner une sommaire description.

Le château du Busca est un des spécimens les mieux conservés de l'architecture civile de la première moitié du xviie siècle. Bâti dans le style sévère et compassé de cette époque, de dimensions démesurément grandes, si bien que l'adage patois le concernant,

> Aou castet dé Maniban
> Y a'stant de frinestos qué dé jours en l'an,

s'est perpétué jusqu'à nos jours, n'offrant aucune délicatesse d'art, pas plus dans les frontons des façades que dans les moulures des meneaux, des portes, des cheminées, et généralement dans tout ce que les artistes de la Renaissance se plaisaient tant à décorer quelques années auparavant, laissant au premier abord une impression de tristesse et de froid, il ne manque néanmoins, comme le siècle qui l'a vu naître, ni de grandeur, ni de majesté.

On en jugera par la seule vue du plan que nous avons relevé avec le plus d'exactitude possible, et que nous donnons ci-contre à l'appui de notre description.

Le château du Busca forme un vaste parallélogramme de quatre-vingt mètres de long sur cinquante mètres de profondeur, y compris les cours et les communs, coupé à ses deux extrémités en équerre par deux ailes latérales s'avançant vers l'est, d'une longueur de vingt-cinq mètres. Seule subsiste l'aile de gauche, celle de droite ou du midi, plus étroite, ayant été détruite au commencement de ce siècle. Aussi ne l'indiquons-nous que pointillée sur notre plan. D'après la tradition, elle renfermait au rez-de-chaussée la serre, et au premier étage, dans toute sa longueur, la salle du jeu de Paume. Sur le devant de la façade principale, qui est orientée vers l'est, se détache le pavillon d'honneur, surmonté d'un fronton, sur lequel se voient gravées, en belles pierres de taille, les armes des Maniban, qui sont : *de gueules à deux bourdons d'or passés en sautoir, cantonnés en chef d'un croissant d'argent et d'un feu follet ou larme dans les autres cantons, le tout surmonté d'une couronne de marquis et, au-dessus, d'un mortier de magistral, supporté par deux lions.* (Voir *Planche n° 1*). Cette façade, qui ne présente rien autre d'artistique, digne d'être relevé, donne sur de vastes jardins, J, autrefois dessinés à la façon de Le Nôtre, et où se remarquaient notamment le parterre et le labyrinthe (1).

La grande porte d'honneur, haute, sévère, majestueuse comme tout le reste du bâtiment, est percée en A, sur le côté gauche de la façade ouest. C'est de ce côté, en effet, que se trouve la principale entrée du château. Une vaste cour B, partagée aujourd'hui en deux parties par un mur qui autrefois n'existait pas, précède cette porte A, sur une largeur

---

(1) D'anciens actes établissent encore les divisions de cette partie du château.

Planche N° 2

Phot. Ph. LAUZUN Imp. Phot. ARON Frères, Paris

ESCALIER DU CHATEAU DU BUSCA-MANIBAN
ARRONDISSEMENT DE CONDOM   (GERS)

de quarante mètres et une profondeur de trente-six mètres.

Entourée de murs de tous côtés et plantée d'arbres magnifiques, un portail monumental C, fait de grosses pierres en bossage selon la mode du temps et encore debout, y donnait accès. Sur le fronton à pans qui le couronne se lit le millésime de 1649, date de l'achèvement du château.

La porte d'honneur A, aux pieds-droits majestueux, s'ouvre sur le grand vestibule D, une des pièces les plus remarquables du château. Un splendide escalier de pierre, à deux paliers égaux de onze marches chacun et coupés à angle droit, vaste, spacieux, digne de figurer dans les palais royaux, en occupe toute la partie gauche. Nous en donnons ci-contre la photogravure (*Planche n° 2*). Ses degrés sont accompagnés d'une très belle rampe en fer forgé. Il s'arrête au premier étage, et se termine par une galerie soutenue par quatre superbes colonnes, à chapiteaux ioniques, en marbre blanc des Pyrénées et accoudées deux à deux. Trois larges fenêtres l'éclairent au levant. Une corniche des plus gracieuses repose sur ces quatre colonnes, derrière lesquelles s'ouvre la porte de la salle d'honneur, dont le fronton reproduit également le millésime de 1649.

La grande salle du château du Busca, salle d'honneur ou salle d'armes, d'une élévation peu commune, et surmontée d'une voûte en calotte tronquée, occupe tout le dessus des deux pièces G et G' indiquées sur notre plan du rez-de-chaussée. Elle est ajourée par deux grandes fenêtres à meneaux s'ouvrant du côté du nord, et au-delà desquelles se déroule un magnifique horizon. Quoique peu ornée dans ses détails architectoniques, elle laisse encore, aux yeux des visiteurs, une impression de grandeur et de majesté, bien en rapport avec la puissance de ses derniers seigneurs.

A droite de la cage d'escalier, et au rez-de-chaussée, s'ouvre en E, une vaste salle, dite encore *salle des gardes*, qui précédait la principale cuisine du château H. Une autre cuisine, un peu moins importante, mais néanmoins très vaste, et, comme la première, ornée d'une imposante cheminée, existait et existe encore aujourd'hui dans l'aile gauche, en H', destinée à desservir cette partie du château.

Les dépendances de la cuisine, décharges, cellier, etc., se trouvaient à la suite, en I, I' et K, cette dernière pièce fermée par quatre arcades surbaissées, très curieuses, renfermant un énorme puits, O. Nous ne dirons rien des autres salles du rez-de-chaussée, soit du corps principal, soit de l'aile gauche, toutes destinées aux usages familiers de la maison, si ce n'est qu'elles s'ouvraient chacune sur un vaste couloir L, interrompu aujourd'hui derrière le pavillon central, mais qui jadis, du côté du jardin J, et ajouré par de nombreuses portes-fenêtres, contournait tout le château.

Une des parties les plus intéressantes du château du Busca, après son escalier et sa salle d'honneur, était sans contredit sa chapelle, aujourd'hui malheureusement transformée en remise et en écurie. Elle occupait la presque totalité de l'aile qui ferme, à droite, la grande cour d'honneur B. Une très jolie porte, dans le goût du xvii* siècle, et encore bien conservée, P, y donnait accès. D'une longueur de 17 mètres sur 7 de large à l'intérieur, elle se composait d'une seule nef, à trois travées en croisées d'ogives, N et M, terminée par un chevet plat contre lequel était dressé l'autel M, surmonté d'un bel écusson où étaient sculptées les armes des Maniban. Au pied de cet autel, et conformément au testament du constructeur du château, Thomas de Maniban, qui reçut ainsi sa pleine et entière exécution, se trouvait son tombeau, adossé à celui de son père Jean. Il était recouvert par une magnifique pierre tombale, sur laquelle étaient gravées les armes de la famille. Lorsque, il y a une trentaine d'années, le propriétaire de cette partie du château, qui, on le sait, est coupé en deux fractions depuis la première moitié de ce siècle, eut la malen-

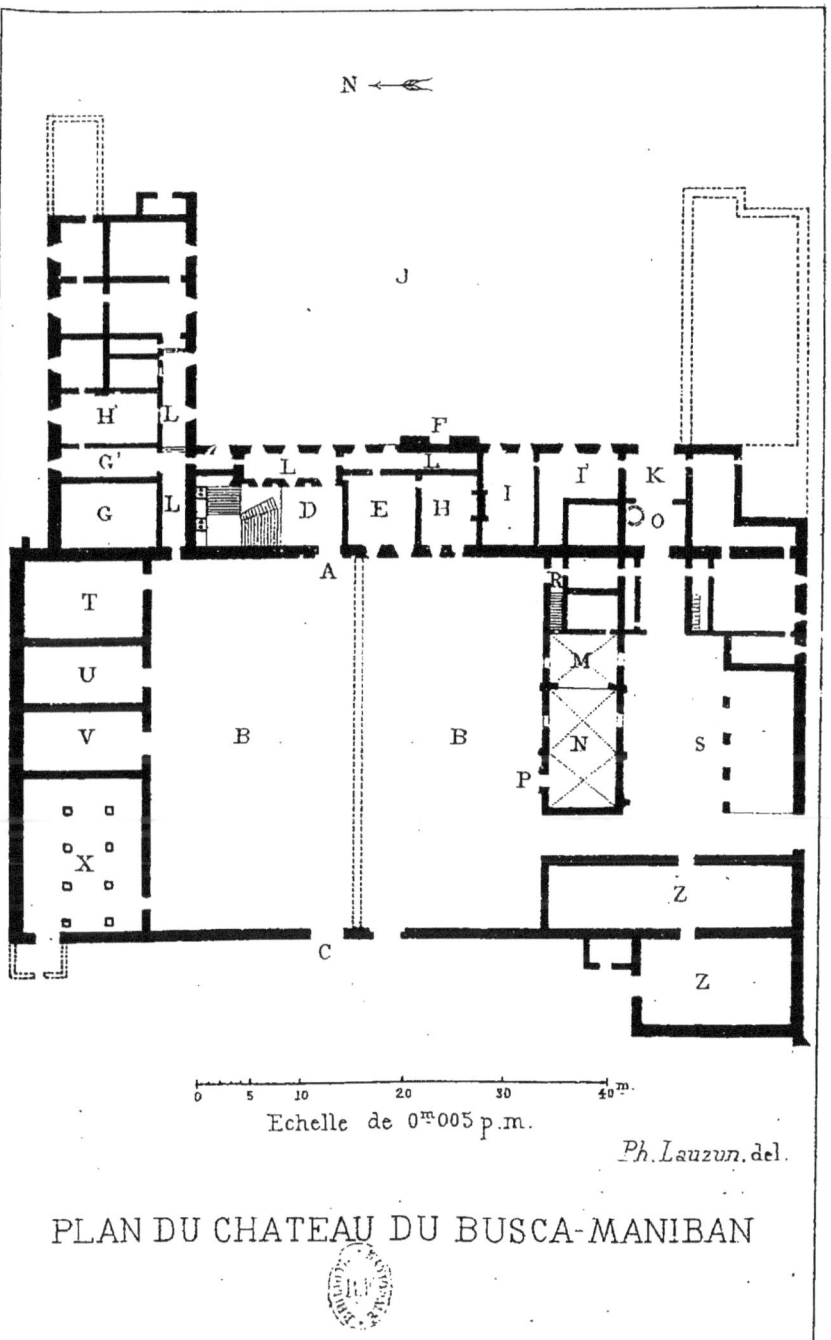

PLAN DU CHATEAU DU BUSCA-MANIBAN

contreuse idée de transformer pour son service personnel cette jolie chapelle, vierge encore de toute profanation depuis sa construction, les deux tombes de Jean et de Thomas de Maniban furent ouvertes, leurs ossements enlevés et portés au cimetière de Massencôme, et la pierre tombale, qui les recouvrait, brisée en plusieurs morceaux. Il reste encore quelques-uns de ces précieux débris, déposés tout près, contre le mur extérieur, et sur lesquels on peut voir, sur un premier écusson, les armes des Maniban, dans une couronne de feuillage; et sur un autre, presque indéchiffrable, aux 1 et 4 une fleur, et au 2 un oiseau, le tout entouré de rinceaux et de moulures diverses, très finement sculptées. La place de ces intéressants débris n'est-elle pas tout indiquée au musée archéologique de la Société historique de Gascogne, dans les grandes salles du palais archiépiscopal d'Auch?

Derrière l'ancien autel de la chapelle existe encore un escalier de pierre R, de proportions bien moindres que l'escalier d'honneur, mais utile néanmoins pour desservir cette partie droite du château, et qui aboutissait aux grands appartements du premier étage, chambres à coucher, *chambre des Nègres*, ainsi appelée en souvenir de domestiques nègres qui étaient au service du dernier seigneur de Maniban, et enfin à la belle salle à manger, qui occupait tout le dessus de la cuisine H et de la salle des gardes E, et qui offrait également d'imposantes proportions.

Des deux côtés de la cour B s'élevaient de vastes décharges ou communs, qui ont encore conservé leur destination première. Signalons sommairement, à droite, à côté de la cour S, un vaste hangard, et derrière, en Z, deux immenses décharges, voûtées en berceau, qui pouvaient être des étables, des granges ou des celliers; à gauche, en T, le cellier particulier à la maison; en U, toujours voûtée, l'écurie; en V, également voûtée en berceau, la remise; enfin en X, un chai ou tinal monumental, dont la charpente était soutenue par huit gros piliers.

Là ne s'arrêtaient pas les dépendances de ce vaste château. Un peu en dehors, au nord-ouest, se voit encore une construction basse de forme, dont la porte est surmontée d'un grossier mascaron. C'était la *brûlerie*, les vins blancs renommés de l'Armagnac étant déjà, dès le milieu du xvii° siècle, livrés à la distillation. Plus loin encore était l'*ormière*. Enfin, au midi, à trois cents mètres environ du château, et sur le vieux chemin qui le reliait avec la vallée de l'Osse, un gros amas de constructions, dont il reste à peine quelques traces, et qui, d'après la légende, était dénommé le *Tourne-Bride*, destiné, comme son nom l'indique, à loger les chevaux et les voitures des étrangers.

Ainsi que nous l'avons déjà dit, le château du Busca, tel que nous venons de le décrire, fut achevé en 1649, du vivant même de Thomas de Maniban. Le célèbre avocat-général aimait à s'y rendre, à y oublier les ennuis de la vie publique, et ainsi qu'on va le voir, à agrandir chaque année ses nombreuses propriétés. Nous l'avons déjà trouvé remboursant, dès 1630, à Philippe de Pins, seigneur d'Aulagnères, la somme de 3,200 livres, afin de pouvoir entrer en pleine possession de son domaine, et protester en même temps énergiquement « contre les ruynes et détériorations que le temps ou les anciens détenteurs avaient fait subir au château de La Gardère » (1).

Trois ans après, le 24 juin 1633, il reconnaît « à Messieurs du chapitre de l'église cathédrale de Saint-Pierre de Condom le droit de donner en afferme, pour 100 livres tournois, deux paires de chapons et quatre sacs d'avoine par an, la moitié du dixième dudit château de Lagardère à lui appartenant » (2).

L'année suivante (1634), il rend hommage au roi pour la

---

(1) Notariat de Valence. Reg. pour 1630, f° 155. Bartharès, notaire.
(2) Idem,. Reg. pour 1633.

baronnie de Mauléon, la seigneurie de Maniban et toutes ses terres du Bas-Armagnac (1), et il obtient facilement du Parlement de Toulouse un arrêt portant enregistrement des Lettres Patentes accordées par le roi à son instigation, à l'effet d'établir un marché au bourg et baronnie de Cazaubon (2). Il possédait même à cette époque la moitié des boues du fief de Barbotan, qu'il acquit bientôt en leur entier à la suite de la condamnation d'un membre de la famille de Barbotan (3).

En 1635, le 11 octobre, « noble Thomas de Maniban, seigneur et baron des baronnies de Maniban, Auzan, Larroque, Ampeils, Lagardère, le Busca, etc., donne en afferme la seigneurie de Lagardère avec toute justice, amendes au-dessous de cent francs, etc., consistant en fiefs, lods, ventes, greffes, et de plus la métairie noble de La Bourdette, avec toutes ses appartenances et dépendances, pendant six ans, pour la somme de 1,440 livres, payables chaque année (4). »

Trois ans après, les consuls de Lagardère sont démunis de toute ressource et ne peuvent payer les subsides pour les gens de guerre logés dans la ville de Lannepax. Les consuls de cette dernière ville saisissent alors comme gage tout un troupeau de bœufs appartenant à la communauté de Lagardère. M. de Maniban, qui se trouvait ce jour-là à Lannepax, s'empresse de reprendre ledit bétail et de prévenir les consuls de Lagardère. Ceux-ci réunissent les habitants en jurade, le 22 mai 1658, envoient le peu d'argent qu'ils ont dans la caisse commune à la municipalité de Lannepax, et adressent des remerciments à leur seigneur, M. de Maniban, pour le service qu'il leur a rendu (5).

La même année, le 8 juillet, le seigneur du Busca donne en afferme, pour la quantité de sept sacs d'avoine que le fer-

---

(1) *Nobiliaire du Languedoc*, par Bremond (tome II).
(2) Archives départementales de la Haute-Garonne, B. 540.
(3) *Histoire de Cazaubon*, par l'abbé Ducruc.
(4) Notariat de Roques. Reg. pour 1635, f° 258. Truau, notaire.
(5) Idem, Reg. pour 1638.

mier devra lui envoyer à Toulouse, tous les droits et devoirs seigneuriaux qu'il possède ou peut posséder en Cézan et autres lieux qui en dépendent, en qualité de coseigneur (1).

L'année suivante, le 20 mai 1639, noble Thomas de Maniban, seigneur du Busca, Lagardère et autres lieux, donne en afferme la seigneurie même du Busca, « comprenant, dans les diverses juridictions de Valence, de Gondrin, de Mouchan, du Castèra, etc., dix métairies, savoir : Bordeneuve, Gelleneuve, le Bourdas, le Héouré, Laura, Theous, Maillon, Jolis, Mounicat et Saint-Martin, avec la terre d'Ampeils, consistant en la demi-lune, péage, taverne, mazel, droit de fief, etc., ainsi que la vigne du Colomé en dépendant, pour une durée de trois ans et pour la somme importante de 3,750 livres par an » (2).

Enfin, le 5 octobre 1643 nous le voyons passer un compromis avec dame Catherine de Pardaillan, femme de messire Henri de Baudéan, comte de Parabère, au sujet de certains droits à percevoir sur le lieu et les habitants de Beaucaire (3).

Il serait trop long d'énumérer ici tous les actes de gestion et d'administration passés par Thomas de Maniban lui-même, durant cette longue période de 1635 à 1652 et dont les originaux sont encore déposés dans les minutes des notariats de Valence, Roques, Cazaubon, etc. Ils nous montrent en tout cas combien était vif en lui l'amour de ses domaines et avec quelle facilité il savait rendre compatibles ses occupations agricoles avec ses hautes fonctions de magistrat. Notons, en terminant, et d'après dom Brugèles (4), un des derniers actes de piété du seigneur du Busca : c'est la fondation d'une chapellenie, dite du Busca, en l'église de Massencôme, que confirma plus tard son fils Jean Guy de Maniban (5).

(1) Notariat de Roques. Reg. pour 1638, P. Truau, notaire.
(2) Idem. Reg. 1639, f° 250. — Idem : Notariat de Valence. Reg. Saint-Martin, 1644.
(3) Idem. Reg. Saint-Martin, 1643, page 19.
(4) Dom Brugèles, page 493.
(5) Lachesnaye-des-Bois. Article *Du Faur*.

Thomas de Maniban mourut le 7 janvier 1652. De son mariage avec *Antoinette Du Faur de Pibrac*, fille d'Henri Du Faur de Pibrac, conseiller au Parlement de Toulouse et de Marie de Gessé, et petite-fille du fameux auteur des quatrains Guy Du Faur de Pibrac, il laissait quatre enfants :

1° *Jean Guy*, qui suit;

2° *Marie*;

3° *Jeanne*;

4° *François Lancelot*, baron de Cazaubon, conseiller également au Parlement du Toulouse, où il joua un rôle relativement effacé (1665-1715), et qui, de son mariage avec Jacquette de Roux, eut à son tour trois enfants : 1° *Jean Guy de Cazaubon*; 2° *François-Honoré*, qui entra dans les ordres, devint successivement abbé de Sandras le 15 août 1712, vicaire-général du diocèse de Toulouse, puis grand archidiacre en juillet 1714, évêque de Mirepoix le 8 janvier 1721, enfin archevêque de Bordeaux, au mois d'octobre 1729. Il prêta en cette qualité serment le 11 avril 1730, et mourut dans son diocèse, après une vie des plus mouvementées, le 29 juin 1743 (1); 3° Une fille, qui épousa le poète dramatique Jean-Galbert de Campistron, de l'Académie française, et dont les descendants relevèrent plus tard le nom, le titre et les armes des Maniban (2).

Thomas de Maniban testa quelques mois avant sa mort, le 18 octobre 1651. Dans cet acte très important, que nous allons résumer ici, il est qualifié de « seigneur et baron de Maniban, des baronnies d'Eauzan, Larroque, Le Busca, Ampeils, Lagardère et autres lieux, conseiller du roi en ses Conseils d'Etat et privé, et son avocat-général au Parlement de Toulouse » (3). Il désire, avant toutes choses, être enseveli dans la chapelle qu'il a fait construire au château du Busca,

---

(1) Voir le *Gallia Christiana*.
(2) *Armorial du Languedoc*, par Larroque. Art. *Campistron-Maniban*.
(3) Il ne fut donc jamais, ainsi que l'indique à tort Lachesnaye-des-Bois, président à mortier à ce même Parlement.

le plus près possible du corps de feu Monsieur le président de Maniban, son père. Il veut que demoiselle Antoinette du Faur, son épouse, place à rentes constituées la somme de 2,200 livres, pour doter la chapelle du Busca d'une prébende à la nomination de ses héritiers et successeurs. Il lègue à sa fille aînée, Marie de Maniban, la somme de 50,000 livres. Il lègue à Jeanne, sa seconde fille, pareille somme; et il veut que ses dites filles ne puissent se marier sans le consentement de son épouse et de son frère, M. de Ram, leur mère et oncle. Il lègue à *François Lancelot de Maniban*, baron de Cazaubon, son fils, 50,000 livres, qui lui seront payées quand il aura vingt ans, laquelle somme sera employée à acheter une charge au Parlement de Toulouse. Il lui lègue en outre l'usufruit de la baronnie de Larroque-Maniban, avec cette condition, que son héritier bas-nommé pourra racheter cet usufruit moyennant 50,000 livres, « pour le désir que j'ay que toutes mes terres demeurent en la main de mon héritier, de mesme que je les possède. » Il laisse *Antoinette du Faur*, son épouse, dame maîtresse de tous ses biens. Il institue son héritier général *Jean Guy de Maniban*, son fils aîné, et il *veut qu'il soit pourvu d'une charge au Parlement*, quand il aura atteint l'âge de dix-huit ans. Il lui substitue, et à ses enfants, son second fils François et ses enfants mâles, « *à condition qu'ils seront de robe* » (1). Il substitue à François les enfants mâles de sa fille aînée Marie, et à ceux-ci les enfants mâles de sa seconde fille Jeanne, toujours « *à condition qu'ils soient de robe et prennent les armes et le nom de Maniban.* » Il leur substitue les enfants mâles de son frère messire Guy de Maniban, président en la Cour des Aides de Guienne. Enfin il substitue à ces derniers les enfants de son second frère de Ram, et à ceux-ci ceux de son autre frère François Lancelot de Maniban, à condition

---

(1) Cette substitution devait être invoquée plus tard, comme nous le verrons, par les descendants de ce François de Maniban et faire momentanément la fortune des Campistron.

que celui qui recueillera sa succession, à quelque degré qu'il soit, porte son nom et ses armes, et soit *de robe longue :* « et s'il ne remplit ces conditions, je le prive de ma succession. » Suivent plusieurs autres legs de moindre importance. « Ledit testament est fait à Toulouse, en la maison qu'occupe le testateur, le jour et an susdits, 18 octobre 1651. »

Le testament de Thomas de Maniban fut ouvert le lendemain même de sa mort, le 8 janvier 1652, à la requête de sa veuve, en présence de Michel de Noël, seigneur et baron de Grosac, conseiller en la Cour, Gabriel de Barthélemy, également conseiller, François de Madran, seigneur des Issars, Pierre de Lafont, Thomas de Lanes et Etienne d'Ambres, parents ou alliés du défunt. Enfin, il fut insinué, le 21 janvier 1762, à la requête de Jean Guy de Campistron, avocat au Parlement, seigneur de Saint-Orens, Montpapon, etc., en vertu des précédentes substitutions (1).

III. *Jean-Guy de Maniban.* — Entre le père et le petit-fils, entre l'avocat-général Thomas, disert, habile, se passionnant toujours pour la cause qu'il a à défendre, et le premier président Gaspard, sévère, grave, compassé, respecté de tous, et, comme nous le verrons dans la suite, un des plus grands caractères du Parlement de Toulouse, le président *Jean-Guy de Maniban* semble avoir joué un rôle un peu effacé, quoique ne manquant cependant ni de dignité ni de grandeur.

Le temps des grandes luttes oratoires est d'ailleurs passé. La Fronde vient de succomber sous les efforts habiles de Mazarin et l'omnipotence hâtive du jeune roi, les orages des jours précédents se sont dissipés, et les Parlements n'ont plus qu'à enregistrer les édits royaux, ce à quoi du reste ils se résignent de la meilleure grâce du monde, du moins pour le moment. La centralisation excessive du pouvoir diminue leur importance. Leurs attributions s'en ressentent durant

(1) Archives départementales du Gers. Série B. Reg. des Insinuations.

toute la seconde moitié du xvıı° siècle; et les figures des Parlementaires apparaissent par suite sous un jour moins lumineux que celles de leurs prédécesseurs.

L'amnistie royale du 26 août 1652 venait de ramener la paix dans les esprits et la tranquillité dans le royaume. Peu de jours après, mourait à Toulouse le premier président Jean de Bertier, qui, pendant vingt ans, avait exercé avec un tact infini ses délicates fonctions et jouissait à juste titre de la faveur populaire en même temps que de l'amitié du roi. Chancelier des jeux-floraux, sachant unir la science du droit à la culture des belles-lettres, il laissait une réputation « de sagesse, de patriotisme, d'indépendance et d'honneur », justement méritée. Sa succession fut vivement disputée. Vingt-deux parlementaires briguèrent l'honneur d'occuper le fauteuil présidentiel. Le choix du roi se porta sur le procureur général Gaspard de Fieubet, dont le père, président à mortier au Parlement de Toulouse, avait été ensuite premier président de la cour d'Aix. Il occupa cette charge de 1653 à 1686. C'est durant ce laps de temps qu'il maria sa fille Madeleine, issue de son premier mariage avec Marguerite de Gameville de Montpapon, à Jean-Guy de Maniban.

Le mariage se fit en 1668, et aussitôt après les jeunes époux entreprirent un voyage de noces à petites journées dans toutes leurs terres de l'Armagnac. A Cazaubon, notamment, la jurade offrit un cadeau de cent louis d'or à la jeune épouse pour s'attirer ses bonnes grâces et lui souhaiter la bienvenue (1).

(1) Archives municipales de Cazaubon. D'après M. l'abbé Ducruc, qui, avec le plus grand soin, a dépouillé le premier ces riches archives, et après lui, M. Romieu, dans son bel ouvrage sur l'*Histoire de la Vicomté de Juliac* (In-8°, Romorantin, 1894), sur lequel nous reviendrons plus amplement dans ce travail, Jean-Guy de Maniban, en fervent catholique qu'il était, aurait usé de tout son pouvoir pour extirper de ses domaines l'hérésie protestante. A cet effet, il aurait même, vers cette époque, entre autres moyens, envoyé à La Bastide-d'Armagnac le père Augustin de Narbonne, qu'il aurait chargé d'une mission toute particulière et dont il serait venu suivre lui-même les prédications, afin de donner l'exemple à ses vassaux.

Dès l'année 1651, et tout jeune encore, nous voyons pour la première fois apparaître sur la scène parlementaire le fils et l'héritier de Thomas de Maniban. Comme autrefois son père, il exerce dès cette époque au Parlement de Toulouse la charge d'avocat-général. Il ne paraît néanmoins ni dans les dernières convulsions de la Fronde, ni dans la délégation chargée d'aller recevoir le jeune roi Louis XIV, lors de son passage à Toulouse, en 1659, ni dans les séances mémorables des grands jours du Puy en Velay, en l'année 1666.

Les communautés religieuses, qui avaient trouvé le plus solide appui dans la régence d'Anne d'Autriche, et qui depuis s'étaient multipliées outre mesure, principalement à Toulouse, cherchaient trop ostensiblement à accaparer les biens des particuliers, et, aux dépens des familles, à accroître leurs domaines. Le Parlement s'émut de cet état de choses et essaya de réagir contre cet accroissement des biens de main-morte. Il s'opposa aux largesses abusives faites par les malades en faveur des maisons religieuses, et il tenta, mais vainement, de réprimer l'instinct beaucoup trop processif des couvents. M. de Maniban fut chargé de cette affaire. C'est avec une grande fermeté et un esprit tout à fait gallican que nous le voyons requérir contre les communautés. Il rappela en effet aux réguliers « que leur véritable caractère devait être un parfait détachement de toutes les choses de la terre et une complète indifférence pour acquérir du bien. » Il leur reprocha « d'oublier trop souvent ce principe, d'importuner tous les jours les particuliers sans nécessité, d'utiliser pour l'intérêt de leurs maisons l'autorité que le tribunal de la confession leur donne, de venir à tout propos porter leurs querelles au Palais, et de se rendre maîtres des plus belles terres et des domaines les plus considérables qui fussent dans le ressort de la Cour. » Il réclama « contre la multiplicité des monastères et l'encombrement qu'on y remarquait, dénonça les procédés employés pour tirer de l'argent des filles de bonne maison entraînées

dans les couvents, et il traita de pactes simoniaques les contrats qui se faisaient à l'occasion des prises de voile (1). »
Le Parlement lui donna raison et confirma son réquisitoire par un arrêt célèbre du 6 décembre 1667, qui ne fut du reste que très imparfaitement appliqué.

Jean-Guy de Maniban demeura avocat-général jusqu'en 1683. A cette époque, il fut nommé président à mortier au même Parlement de Toulouse.

Trois ans plus tard, et quelques mois après la révocation de l'édit de Nantes, mourait, en août 1686, le premier président Fieubet. Les parlementaires présentèrent au roi, pour le remplacer, le procureur général Le Masuyer et les deux présidents à mortier de Maniban et de Rességuier. Il importait fort, en effet, que le siège vacant fut occupé, suivant la tradition, par un des membres de l'illustre compagnie. Ce ne fut pas l'avis du Roi, qui redoutait avant tout l'influence et l'autorité d'un Toulousain sur le gouvernement de la ville et qui préféra choisir un étranger. Il nomma à cet effet un intendant de Provence, Thomas-Alexandre de Morant, et mécontenta fort, par cette décision, les membres du Parlement.

Jean-Guy de Maniban se consola de sa déconvenue par l'étude des lettres et par les soins qu'il donna à ses immenses domaines de l'Armagnac, qu'il venait visiter et accroître tous les ans.

En 1674 en effet, il acquit, après plusieurs accords intervenus déjà entre lui et le marquis de Monluc, seigneur de Massencôme, la coseigneurie de cette dernière terre, qui attenait au domaine du Busca; et il se chargea même de faire exécuter à ses frais quelques réparations indispensables « audit château de Massencôme, métairies et molin en dépendants ». Un différend s'éleva plus tard, en 1687, à propos de ces dépenses entre les deux coseigneurs de Massencôme, qui

---

(1) Archives du Parlement de Toulouse. Cf. *Histoire du Languedoc*, t. XIII, et les pièces justificatives, t. XIV, n° CCCLXIII, col. 960.

fut réglé par M. le comte de Gohas, arbitre choisi par les deux parties (1).

Le 7 octobre 1676, « dans le château noble du Busca en Armagnac, Jean-Marie Loubaissin, écuyer, seigneur de Tilladet, considérant le mauvais état de ses affaires, fait don à messire Jean-Guy de Maniban, conseiller du Roi, avocat-général au Parlement de Toulouse, de tous ses biens, notamment du château noble de Tilladet, relevant en foi et hommage de Sa Majesté, avec grange, moulin appelé de Villeneuve et métairie dite de Cassaignet, le tout en la sénéchaussée d'Auch, et tel que ledit sieur de Lamarque et ses auteurs le possédaient, sous la réserve des droits de demoiselle Angélique de Rivière, sa mère, et de Claire de Loubaissin, sa sœur, moyennant une pension annelle de 400 livres » (2).

En même temps il se rendait maître, dans le Bas-Armagnac, des terres de Toujouse et de Monguilhem, ainsi que de plusieurs autres métairies, et il faisait réparer et agrandir son château de Maniban (1685).

Par lettres-patentes du 22 mai 1681, et en considération des services rendus par Jean-Guy de Maniban et ses ancêtres, le Roi érigea en marquisat la terre et seigneurie de Maniban, en Armagnac, ainsi que la baronnie d'Auzan. Cette érection fut enregistrée aussitôt après par le Parlement de Toulouse. Les armes du nouveau marquis furent, comme nous l'avons déjà dit : « de gueules à deux bourdons d'or passés en sautoir, cantonnés en chef d'un croissant d'argent et d'un feu-follet

(1) Notariat de Roques. Reg. 1687, f° 1,009. Lapeyrère, notaire. Voir pour plus amples détails notre *monographie du château de Massencôme*.

(2) Archives départementales du Gers. B. Reg. des Insinuations. Ce passage de notre texte était depuis longtemps écrit, quand a paru dans le dernier numéro de janvier 1895 de cette même *Revue* un très substantiel article de notre ami M. A. Lavergne sur le romancier François de Loubeyssin, sieur de Lamarque, et son fils Jean-Marie de Tilladet. A ces si intéressantes recherches sur ces deux personnages nous renvoyons nos lecteurs, avides de connaître leur existence mouvementée. Profitons de cette occasion pour remercier ici, une fois de plus encore, notre savant collègue M. Ph. Tamizey de Larroque, de ce que, par ses questions, jamais assez indiscrètes, il a fait jaillir un rayon de lumière sur ces raffinés du XVII° siècle, sans lui bien oubliés. Sa curiosité, toujours inassouvie, doit être cette fois amplement satisfaite.

ou larme dans les autres cantons » (1); au-dessus de l'écusson une couronne de marquis, et au-dessus encore un mortier de magistrat.

Le 6 décembre 1684, Jean-Guy de Maniban donne en afferme à Jean Bézian, bourgeois de Condom, la seigneurie de Larroque-Fourcès (2).

La même année et le même mois, il offre sa médiation entre M° Geraud Borista, prêtre et chapelain de Sansan, subrogé aux droits dudit seigneur sur les métairies de Pébergé et de Pédané d'une part, et le fermier de la métairie de Lagardère d'autre part (3).

Le 6 juillet 1685, « dans le château noble de Massencôme, diocèse et sénéchaussée d'Auch, noble Jean-Guy de Maniban, marquis de Maniban, seigneur du Busca, Massencôme, Valence, Ampeils, Lagardère et autres lieux, donne en afferme à François Cugnaux la terre et seigneurie de Lagardère, consistant en un château noble, jardin, vigne, la métairie de la Bourdette, la Tuilerie, la taverne, les agriers et fiefs qu'il a coutume de prendre au parsan de Bellegarde, etc. » Deux ans après, le 16 décembre 1687, il renouvelle ce bail, et cette fois pendant six ans, pour la somme de 500 livres (4).

Le même mois, « il fait vente de tout le poisson vendable de l'étang dit de l'Escudelle, dans la juridiction de Cazaubon, pour la pêche qu'il fera le jour des Cendres, à raison de 19 livres le quintal de carpes, et 20 livres le quintal de tanches et de brochet (5). »

C'est du reste maître Bernard de Sarniguet, prêtre et chapelain du Busca, qui, en l'absence de Jean-Guy de Maniban, retenu à Toulouse par ses fonctions de président, administre ses biens du Haut-Armagnac et notamment les seigneuries du

---

(1) *Nobiliaire du Languedoc*, par Brémond, t. ii, page 126.
(2) Notariat de Roques. Reg. pour 1684. Lapeyrère, notaire.
(3) Idem.
(4) Idem. Reg. pour 1685 et 1687.
(5) Idem. Reg. pour 1687-88, folio 1051.

Busca et de Lagardère. Les minutes des notariats voisins de ces deux domaines sont pleines de baux et contrats passés à cette époque par cet intègre et vigilant régisseur, qui mourut en 1699, non sans avoir fait, le 17 octobre de cette année, un testament dans lequel « il exprime le désir d'être enterré dans l'église Saint-André de Massencôme, et il lègue en même temps au marquis de Maniban tous les biens qu'il possède en Mouchan et Valence (1). »

Enfin, en 1701, Jean-Guy de Maniban acquit, pour 11,500 livres, de messire Jacques de Monlezun, marquis de Campagne, l'immense domaine de Campagne et d'Ayzieu, entre Eauze et Cazaubon (2).

Fidèle à la tradition de sa famille, Jean-Guy de Maniban fit marcher, toute sa vie, de pair l'étude du droit avec la culture des belles-lettres. Il honora tout particulièrement de sa présence et de ses labeurs les séances des jeux-floraux. Tombée en pleine décadence et devenue la proie d'une mesquine coterie, l'académie du Gai-Savoir n'était plus à cette époque que l'ombre d'elle-même. La poésie, sa raison d'être principale, en était presque totalement exclue. Les parlementaires avaient accaparé le verger de Clémence Isaure, et la charge de mainteneur, comme en toute chose, était devenue héréditaire. Les rivalités du Parlement et du Capitoulat avaient encore, en réduisant les faibles ressources dont disposait l'académie, aggravé cet état de choses, si bien que de toutes les traditions populaires et littéraires il n'était demeuré que le banquet, auquel prenaient part annuellement les membres de cette académie.

Désolés de cet oubli des anciennes règles, quelques beaux esprits résolurent d'opérer au sein des jeux-floraux une transformation radicale et de leur rendre leurs attributions et leur lustre d'autrefois. Il fallait auparavant rétablir le caractère

---

(1) Notariat de Roques. Reg. pour 1699, f° 2576. Lapeyrère, not.
(2) *Monographie de Casaubon*, par l'abbé Ducruc.

électif des mainteneurs et faire cesser l'abus de la vénalité du titre. C'est un honneur pour lè président Jean-Guy de Maniban, depuis longtemps mainteneur, et, en 1694, déjà chancelier de l'académie toulousaine, que d'avoir pris la direction de ce mouvement et consacré ses efforts et son influence à cet essai de régénération littéraire. Les Capitouls consentirent à la suppression de l'antique banquet du 3 mai, et les 1,400 livres qu'ils donnaient à cet effet furent consacrées « aux dépenses des réunions ordinaires et au paiement des trois fleurs d'argent, augmentées d'une amaranthe d'or pour le prix de l'ode. »

Le Roi rendit en conséquence, sur la demande expresse des principaux mainteneurs, des lettres patentes, en date de septembre 1694, qui réformaient entièrement l'ancien collège de la Gaie-Science; et un décret du 26 du même mois réglementait tous les détails de la nouvelle organisation. L'académie des jeux-floraux était composée de trente-cinq mainteneurs nommés par le roi, dont les sept en exercice. Le chancelier devait être élu à la pluralité des suffrages; mais il ne pouvait être pris que parmi le premier président ou les présidents à mortier du Parlement. Le premier chancelier, nommé cette année par le roi, fut précisément « le sieur de Maniban, président à mortier audit Parlement, nommé, dit textuellement le brevet du roi, en considération de son mérite personnel et du zèle avec lequel il a poursuivi l'établissement et la réformation desdits jeux (1). » M. de Maniban ouvrit donc la marche dans ce rajeunissement du collège de Clémence Isaure, et c'est avec un soin jaloux et une remarquable autorité qu'il en surveilla les travaux jusqu'à ses derniers moments.

Jean-Guy de Maniban mourut l'an 1707. De son mariage avec la fille du premier président Fieubet, il n'eut qu'un fils, *Gaspard*, qui naquit le 2 juillet 1686. Sept ans avant sa mort,

---

(1) *Traité de l'origine des jeux-floraux de Toulouse.* Toulouse, chez Claude Gilles. 1715. Cf. *Etudes sur l'histoire de Languedoc*, par M. E. Roschach.

le 22 septembre 1700, et déjà fort avancé en âge, il fit son testament, véritable monument parlementaire, qui mérite d'être rappelé ici, sinon *in extenso,* du moins dans ses principales et si curieuses dispositions :

Avant toutes choses, il recommande son âme à Dieu. Après avoir invoqué la Très Sainte Vierge et saint Joseph,

Auxquels, dit-il, j'ay eu toujours recours dans les différens accidens qui me sont arrivés dans le cours de ma vie, je déclare que, si je meurs dans la province de Guienne ou de Languedoc, je veux estre enseveli avec mes ancêtres dans la chapelle du Busca, avec le moins de pompe et d'éclat qui se pourra; que si je meurs ailleurs, ce sera au lieu qui sera choisi par mon héritier bas nommé.

Je veux, ajoute-t-il, que pendant dix années, à compter de celle de mon décès, il soit distribué par mon héritier, chaque année, aux pauvres de mes terres, ou à marier des pauvres filles, la somme de 600 livres : savoir 300 livres dans l'étendue de mon marquisat de Maniban, Campagne et Ayzieu, et pareille somme de 300 livres aux pauvres de mes terres du Busca, Ampeils, Lagardère, Mouchan et Valence, et qu'on leur distribue en argent, denrées ou remèdes, ou bien à marier des pauvres filles, ou mettre au métier des pauvres garçons; ce que je veux être observé avec économie pour soulager les nécessiteux et les mettre en état de pouvoir travailler leur bien fonds.

Il lègue en outre 200 livres aux pauvres de Toulouse dans les mêmes conditions.

J'ordonne à mon héritier et successeur de *protéger mes terres,* aider et servir les habitans d'icelles avec la mesme affection que j'ay toujours faict; priant tous les curés et vicaires de mes dites terres, pendant un an après mon décès, de se souvenir de moi dans leur sacrifice de la messe, et de dire huit messes de mort à mon intention, espérant que, par le secours de leurs prières, Dieu me fera miséricorde; et pendant une année dans leurs paroisses, de réciter pour moi à haute voix un *De Profundis,* estant assuré qu'ils le feront de bon cœur, aussi bien que mes dits vassaux; et *la tendre amitié et confiance qu'ils ont toujours eue de moy m'obligent à croire qu'ils seraient bien aises qu'on les fasse souvenir de moi.*

Suit le réglement relatif aux deux chapellenies du Busca :

Et parce que depuis quelque temps, 'j'ai retiré de la communauté d'Auch la somme de 6,400 livres qui servaient de taxation aux deux chapelles fondées par mes ancêtres pour estre desservies dans la chapelle du Busca, au cas que je n'y ai pas pourveu pendant ma vie, je veux et ordonne que ladite somme de 6,400 livres soit établie sur l'hôtel de ville dudit Tolose, afin que le revenu en soit pris par les chapelains que j'ai nommés; et comme le revenu desdites chapelles a diminué par la réduction du denier 16 au denier 20, je veux encore qu'il soit établi 1,600 livres sur ledit hôtel de ville à ces fins, etc. (1)

Il veut en outre que le chapelain soit logé dans sa maison du Busca, dans l'endroit qui sera marqué par son hériritier, « si mieux il n'aime lui faire bâtir un logement dans la cour de l'escurie, afin qu'il soit mieux en estat de servir la chapelle et faire dire la prière du matin et du soir aux domestiques; voulant que lesdits chapelains résident sur le lieu et ne puissent tenir [lieu] de curé ni servir de vicaire, etc. »

Il déclare en outre avoir été marié avec *dame Marie-Marguerite* (ou *Madeleine*) *de Fieubet,* de laquelle il n'a eu qu'un fils, *Joseph-Gaspard de Maniban,* lequel il institue son héritier universel :

Voulant et ordonnant qu'il se fasse pourvoir d'une charge au Parlement de Toulouse, et plus tôt qu'il pourra, afin qu'il suive l'exemple de ses ancêtres qui y font encore fonction avec beaucoup d'honneur et de fermeté; souhaitant qu'il les imite dans les bonnes qualités qui les ont rendus recommandables dans leur profession. Et, parce que je désire que ma famille, suivant l'exemple de mes ancêtres, continue la mesme profession dans laquelle je suis, je veux et ordonne que mondit fils soit pourvu d'un office audit Parlement de Tholose, aussitôt qu'il le pourra estre. *Mais s'il estoit assez mal pour ne pas se conformer en ce point à ma volonté, et ne vouloir pas prendre la profession de la robe, je le prive de mon hérédité et le réduis à une simple légitime,* telle que les lois naturelles lui donnent; et veux que mon hérédité aille au fils aîné de messire François Lancelot de Maniban, conseiller audit Parlement de Toulouse, mon frère; et de l'aîné au second, gardant l'ordre de primogéniture, avec la condition ci-dessus apposée qu'*il soit officier audit Parlement,* voulant que le *cadet de robe soit préféré au cas que l'aîné ne le soit pas;* que si mondit fils venait à mourir sans

(1) La première de ces chapellenies avait été fondée par Jean de Maniban, son aïeul; la seconde, par Thomas de Maniban, son père.

enfans mâles de légitime mariage et ses enfans mâles sans mâles, je lui substitue le fils aîné de mondit frère qui sera audit temps et de l'ayné au second et au troisième, gardant toujours l'ordre de primogéniture, *pourvu que soit de robe*, aussi bien que les enfants mâles qui en viendront.

Il veut que son hérédité soit admise par son frère, jusqu'à ce que son fils Gaspard ait atteint l'âge de vingt-cinq ans révolus. Il lui donne en même temps pour curateurs François Lancelot de Maniban, son frère, et Gaspard de Fieubet, son beau-frère, ordonnant à son fils de les honorer et respecter toute leur vie.

Il veut qu'il soit fait un inventaire de tous ses revenus, meubles et immeubles, « ainsi qu'il sera aisé de le faire par ses papiers et livres de raison, » aussi bien dans son hôtel de Toulouse, que dans ses châteaux du Busca et de Maniban.

Enfin, il veut et ordonne que tout ce qui est renfermé dans le testament de feu messire Thomas de Maniban, son père, du 18 octobre 1651, reçoive son plein et entier effet, priant M. de Cazaubon, son frère, et M. de Fieubet, son beau-frère, de faire enregistrer son présent testament aux greffes des sénéchaussées de Toulouse, Lectoure et Auch.

« Ledit testament fait à Toulouse, dans sa maison d'habitation, le 22 septembre 1700; enregistré à Toulouse le 17 novembre 1707, après sa mort; et à Auch, le 23 juin 1710 (1). »

IV. *Jean-Gaspard de Maniban.* — Les vœux formulés si énergiquement par le président Jean-Guy dans le testament qui précède se réalisèrent de point en point, au-delà même de toutes ses espérances. Dès sa majorité, son fils unique, Jean-Gaspard, « prit la profession de la robe, » et, dès le 2 juin 1706, il était pourvu d'une charge de conseiller au Parlement de Toulouse. Son éducation, très soignée, était l'œuvre de son père. Sa vaste intelligence embrassait toutes les branches de la science; et, au contact du milieu distingué

---

(1) Archives départementales du Gers. Reg. des Insinuations, série B.—Idem : Archives du Parlement de Toulouse. Reg. des insinuations, n° 34, p. 79.

dans lequel il vivait, son esprit s'orna de bonne heure des plus brillantes qualités, comme son cœur se forma rapidement aux plus solides vertus.

L'année suivante et quelques mois seulement avant la mort de son père, Gaspard de Maniban, à peine âgé de vingt-un ans, s'allia à la famille du fameux président de Lamoignon. Il alla à cet effet, à Paris, voulant demander lui-même à l'illustre magistrat la main de sa fille. Sa requête fut favorablement accueillie; et, le 20 février 1707, était passé

En la ville de Toulouse et dans l'hôtel de messire Jean Mathias de Riquet, seigneur de Bonrepos et président à mortier au Parlement, le *contrat de mariage*, entre haut et puissant seigneur, messire *Joseph-Gaspard de Maniban*, chevalier, marquis de Campagne, conseiller au Parlement de Toulouse, lequel était assisté de haut et puissant seigneur messire *Jean-Guy de Maniban, marquis de Maniban*, président à mortier audit Parlement, son père; de haute et puissante dame Gabrielle de La Valette d'Epernon, veuve de haut et puissant seigneur Mgr Gaspard de Fieubet, premier président audit Parlement; de haut et puissant seigneur messire François Lancelot de Maniban, baron de Cazaubon, conseiller audit Parlement et de dame Jacquette de Roux, son épouse, ses oncle et tante; de dame Jeanne de Fieubet, veuve de M. de Cassagnau, seigneur de Saint-Félix, sa tante; de messire Paul de Lambrais, seigneur de Rochemonteix, conseiller au Parlement, et dame Catherine de Fieubet, son épouse, ses oncle et tante; de messire Léonard d'Aignan, baron d'Orbessan et autres places, président audit Parlement; de messire Jean-Raymond de Lafont, conseiller audit Parlement, et dame Jeanne d'Orbessan, mariés; de messire Jean-Pierre de Foucaud, président audit Parlement, et dame Marie-Marguerite d'Orbessan, mariés; de messire Jean Guy de Maniban, baron de Cazaubon; de messire François-Honoré de Maniban, abbé de Cazaubon; de messire Jean-Charles de Mayssac, seigneur de Mauriac et dame Jacquette de Ferrand, mariés; de messire Gaspard et Jean-Pierre de Cassagnau de Saint-Félix, ses cousins et cousines, d'une part,

Et demoiselle *Jeanne-Christine de Lamoignon*, fille de haut et puissant seigneur Mgr Chrestien-François de Lamoignon, marquis de Basville, président au Parlement de Paris, et de dame Marie de Voysin, son épouse, d'autre part.

La future apportait en dot la somme de 240,000 livres.

Le marquis de Maniban, de son côté, faisait donation à son fils de tous ses biens, à savoir : le marquisat de Maniban, le marquisat de Campagne et d'Ayzieu, la seigneurie de Cazaubon, les terres de Labastide, de Toujouze, de Monguilhem, le comté d'Eauze, et dans le Haut-Armagnac les seigneuries du Busca, Ampeils, Lagardère, Mouchan, Cézan, Tilladet, Valence, etc., « ensemble la charge de conseiller au Parlement de Toulouse, dont ledit seigneur est pourvu, et l'hôtel où ledit marquis de Maniban fait sa résidence (1). »

Deux ans après son mariage, l'Académie des Jeux-Floraux admettait dans son sein Gaspard de Maniban, en lui octroyant une place de survivancier, qu'il échangeait, en 1712, pour le rang plus élevé de mainteneur.

En même temps, le jeune magistrat prenait son essor rapide au Parlement; car, dès le 22 août 1714, le roi le nommait président à mortier. C'était l'époque où le premier président François de Bertier avait remplacé Thomas de Morant, et où le Parlement de Toulouse, tout à fait discipliné et entièrement dévoué au principe de la monarchie absolue, ne donnait plus signe, comme autrefois, de vie politique, se contentant de remplir pour le mieux ses vastes attributions judiciaires. Aussi les débuts du jeune président furent-ils exempts des tribulations par lesquelles étaient passés ses ancêtres.

A peine relèverons-nous, dans les premières années de ses fonctions de président, un incident curieux d'audience, qui dénote néanmoins son esprit d'à-propos et sa grande fermeté.

L'avocat Simon de Bastard, professeur de droit français à la Faculté de Toulouse, plaidait un jour devant la Chambre que présidait M. de Maniban. Au son de sa voix monotone la plupart des conseillers s'étaient endormis. L'avocat, s'en apercevant, s'interrompit au milieu de sa plaidoirie, et s'écria :

(1) Archives départementales du Gers. Série B. Reg. des Insinuations.

« La Cour dort! » « A son réveil, répondit M. de Maniban, la Cour vous interdit pour six mois ! » « Et moi, riposta Simon de Bastard, plus puissant que la Cour, je m'interdis pour toujours. » Il sortit, en effet, et ne reparut plus au Palais (1).

En 1722, François de Bertier abandonna son siège de premier président, préférant aux honneurs de sa charge le repos et la tranquillité des champs. Ce fut Jean-Gaspard de Maniban qui fut appelé par le Roi à ces hautes fonctions. Son installation eut lieu le 14 août 1722. Il n'avait alors que trente-six ans.

Jamais peut-être plus noble et plus austère figure n'était apparue sur ce premier siège si envié et si important de l'illustre compagnie. A un esprit fier, altier, amoureux de l'autorité et de la domination, M. de Maniban savait joindre les manières les plus affables, une urbanité exquise, en même temps qu'une gaieté décente dans ses rapports avec ses subordonnés. Les audiences où il siégeait revêtaient par le seul fait de sa présidence un caractère particulier de solennité et de grandeur. Le jour où il apprit la mort du Régent et du cardinal Dubois, dont il avait toujours critiqué l'inconduite et la mauvaise administration, il leva devant toutes les Chambres assemblées les mains au ciel en signe de bénédiction. Il arriva sur la fin de sa carrière, par la gravité de ses manières, son faste, son luxe, la magnificence de sa représentation et les nombreux services qu'il avait rendus, à jouir dans Toulouse d'une popularité et d'un respect qui approchaient d'un véritable culte. Sa maison était celle d'un grand seigneur. Ses réceptions étaient fort suivies et des plus somptueuses, ses équipages des plus riches, et il ne sortait dans les rues qu'en carrosse, entouré d'un appareil, souvent exagéré, de laquais, de piqueurs et de valets. Tout le monde se découvrait sur son passage; et les pauvres de la ville, comme les

(1) *Histoire du Parlement de Toulouse*, par E. Dubédat, tome II.

nombreux vassaux de ses vastes domaines le bénissaient pour sa charité inépuisable, sa philantropie et sa douceur envers eux.

Pendant quarante ans Gaspard de Maniban présida avec une rare distinction les séances solennelles du Parlement de Toulouse. Son assiduité au Palais était devenue proverbiale. Son histoire, durant cette époque (1722-1762), est celle du Parlement tout entier.

Quelques mois après son installation, le procureur syndic de Toulouse vint à mourir. M. de Maniban voulut que cette charge fut confiée à un homme dévoué au Parlement. Il se rendit à cet effet au Capitole, le jour de l'élection, en grande pompe, accompagné du procureur général, de trois conseillers, de deux avocats généraux, du juge mage et du sénéchal; et, malgré l'opinion publique, on n'osa voter contre sa volonté. Mais les capitouls se plaignirent au Roi, et le Conseil cassa l'élection comme nulle et entachée de pression. Le premier président se vengea quelques jours plus tard de cet échec en faisant élire capitoul, et malgré l'hôtel de ville, le célèbre avocat Furgole, à qui l'on reprochait de ne pas être né à Toulouse (1).

La terrible inondation de 1727 donna à Gaspard de Maniban une nouvelle occasion de montrer son zèle et son dévouement absolu aux intérêts de ses concitoyens. Le 12 septembre en effet, le fleuve grossi par des orages et des pluies persistantes envahit le faubourg Saint-Cyprien, l'île de Tounis et submergea toutes les maisons qui se trouvaient de ce côté sur les routes de Comminges, d'Armagnac et de Lomagne. Beaucoup s'écroulèrent, entraînant avec elles les habitants et les meubles qu'ils possédaient, et notamment la maison du Bon Pasteur. Des bandes de vagabonds accoururent pour piller et dévaliser, à la faveur du désordre, le peu de choses qui restaient; et la confusion, durant deux jours, devint extrême. Le Parlement était en vacances. Néanmoins, à la première

(1) *Histoire du Parlement de Toulouse*, t. II.

alarme, M. de Maniban accourut. Il assembla la Chambre des vacations pour réprimer et juger les abus; et lui-même se porta avec le procureur-général Le Masuyer sur tous les lieux menacés et ruinés, se multipliant, organisant les secours d'accord avec les capitouls, et distribuant à pleines mains des aumônes et des subsides aux plus malheureux de ceux qui avaient été délogés par les eaux. Les dégâts furent considérables. M. de Maniban écrivit directement au Roi pour qu'il vint en aide aux inondés; et Louis XV envoya, sur ses instances réitérées, la somme de 248,000 livres, qui devait être répartie entre les différentes villes de la province que la Garonne avait inondées (1).

Sa fidélité et son dévouement à la royauté n'empêchaient pas le premier président de Maniban de faire opposition à la création d'impôts toujours nouveaux qu'établissaient les ministres de Louis XV, et de prendre, au sein du Parlement, l'initiative pour refuser à cet égard l'enregistrement des édits bursaux. Pendant quatre ans, de 1728 à 1732, Gaspard de Maniban fut inébranlable sur cette question, qui fit qualifier par le Roi l'intraitable compagnie « de muraille de fer ». Vers cette époque il tomba gravement malade et sa vie courut de grands dangers. « Quand il reparut aux audiences, nous disent les chroniques du Parlement, le peuple alluma des feux de joie sur les places publiques et illumina ses maisons. »

M. de Maniban prit du reste toujours à cœur de défendre les intérêts du peuple, d'adoucir sa misère et d'intercéder pour lui auprès du gouvernement. On sait qu'en 1747 des troubles surgirent à Toulouse à propos de la cherté des grains. Chargé d'appliquer ces édits, un malheureux fermier des droits de la ville fut poursuivi par les taverniers et les femmes de la populace, jusque devant l'hôtel du premier président. Il allait être lapidé, quand M. de Maniban intervint, l'arracha à la

---

(1) Archives municipales de Toulouse — Voir aussi les *Etudes sur l'Histoire de Languedoc*, par E. Roschach, et l'*Histoire du Parlement de Toulouse*.

fureur populaire et calma aussi l'émeute en promettant de s'intéresser à la cause des industriels. Il réunit en effet de suite le Parlement et fit décider qu'on créerait un grenier général, afin d'y conserver du blé pour les mauvais jours. Puis il s'interposa auprès du Roi, et pendant plus de sept ans plaida chaleureusement auprès des ministres la cause du libre-échange des grains. Nous reproduisons ici deux lettres, une de M. de Séchelles, contrôleur général, à M. de Maniban, et l'autre de ce dernier, qui nous montrent avec quelle ténacité et quelle hauteur de vues il sut, jusqu'à ce qu'il eut gagné son procès, s'occuper de cette importante question. Tirées d'archives privées, elles sont inédites.

I. *Copie de la lettre écrite de Versailles, le 18 septembre 1754, par M. de Séchelles à M. de Maniban.*

Monsieur, je réponds à vostre lettre du 11, à laquelle étoit joint le mémoire que Messieurs du Parlement vous avoient prié de m'envoyer, et par lequel on demande une permission générale pour la sortie des bleds du Languedoc et de la Guienne. Il m'avoit déjà été demandé plusieurs permissions particulières que je n'ai pas voulu accorder; j'en connois tout l'inconvénient et j'ai proposé au Roy l'arrest dont je joins la copie. On l'expédie actuellement et il sera envoyé incessamment à M. de Saint-Priest. Les précautions qui ont été prises pour indiquer les portes d'Agde et de Bayone pour cette permission ont pour principal objet de conoître les quantités qui sortiront et de prévenir les inconvéniens qui résultent d'une trop grande exportation, qui est quelquefois suivie d'une disette quand on n'arreste pas la sortie assés promptement.

II. *Copie de la lettre écrite par M. de Maniban à M. Devic, le 26 septembre 1754.*

Vous avez eu, Monsieur, tant de part à la lettre et au mémoire que j'ai adressé à M. le Contrôleur général au sujet du transport des bleds d'une province à l'autre et de leur sortie hors du royaume, qu'il est bien juste de vous faire part au plus tot de la réponse que je viens de recevoir de lui là-dessus. Je profite avec plaisir de cette occasion pour vous renouveler les assurances des sentimens avec lesquels, etc.

A cette lettre M. de Maniban joint l'arrêt du Conseil du Roi qui lui donne pleinement raison et établit

Que le commerce de toute espèce de grains sera libre entièrement par terre et par les rivières de province à province dans l'intérieur du royaume; mais que pour l'étranger la traite n'en pourra être faite que par les seuls ports d'Agde et de Bayone pour la province de Languedoc et les généralités d'Auch et de Pau (1).

Aux qualités éminemment françaises qui le distinguaient, M. de Maniban joignait un esprit sagement religieux, ennemi de toute exagération, avec un fonds très marqué de gallicanisme. La courte, mais bonne harangue suivante qu'il adressa au P. Dezeuzes, professeur de rhétorique au collège des Jésuites et qu'une chronique nous a conservée, nous montre ses idées en ces délicates matières. En juin 1755 et le jour de Saint-Yves, ce religieux monta en chaire devant tous les Parlementaires réunis, fit l'apologie des idées ultramontaines, s'insurgea contre les appels comme d'abus, et critiqua ouvertement les mesures prises par la Royauté française contre les décisions de la Cour de Rome. M. de Maniban, outré de tant d'audace, fit traduire le P. Dezeuzes devant le Parlement; mais, sur la rétractation complète qu'il fit de ses paroles, il se contenta de lui interdire pendant cinq ans tout enseignement dans les écoles publiques et de l'admonester en ces termes :

Vous avez été instruit, par l'arrêt de la Cour, combien elle improuve l'abus que vous avés fait de votre ministère, pour blamer et énerver l'autorité des lois et des maximes du royaume, aussi anciennes qu'elles sont nécessaires au maintien des droits et de l'indépendance légitime de la couronne contre les entreprises de la puissance ecclésiastique. Les lois ne sont pas moins utiles à la discipline de l'Eglise. Vous apprendrez à en connaître le mérite et à les respecter. Retirez-vous (2).

Malgré ses incessants labeurs de magistrat, Gaspard de Maniban ne dédaignait pas de s'intéresser à l'Académie des Jeux-Floraux, dont il fut nommé de très bonne heure chancelier. La part qu'il prit néanmoins à ses travaux fut moins

---

(1) Archives de M. J. de Carsalade du Pont, dossier Maniban.
(2) *Heures perdues* de Pierre Barthès, III, p. 45. — Cf. *Etudes historiques sur la province de Languedoc*, par M. E. Roschach.

active que celle de son père. Il venait rarement aux séances, et il ne paraît pas y avoir fait d'importantes communications. Chez cet austère magistrat l'amour du droit primait celui des belles-lettres. Toutefois il ne ménageait à l'Académie ni ses lumières ni son argent, et nous savons qu'en maintes occasions il lui fournit les fonds nécessaires à l'achèvement de plus d'une de ses publications.

— Dès la mort du président Jean-Guy de Maniban, son fils Gaspard prit en mains la haute direction de ses affaires privées, et il consacra tous ses loisirs de magistrat à surveiller l'administration et la gestion de ses vastes domaines. Il avait à peine seize ans lorsqu'il fut présenté par son père à ses nombreux vassaux. Les jurats de Cazaubon nommèrent même à cet effet une délégation chargée d'aller offrir à leur futur seigneur « dix louis de la nouvelle espèce, valant quatorze livres chacun » en guise de bienvenue (1). De 1709 à 1760, il renouvelle chaque année, durant son séjour au château du Busca, dont Jean Pérès se trouvait être alors le concierge attitré et Guiraud Duprom le jardinier, de nombreux baux à ferme concernant ses multiples domaines et seigneuries (2). La terre de Lagardère entre autres y est maintes fois citée, notamment dans les hommages et dénombrements qu'il rendit, comme seigneur, devant le bureau des finances de la généralité d'Auch, en 1745, 1748, 1754 et 1758 (3).

Il eut vers l'année 1731 d'assez sérieux démêlés avec la communauté de Cazaubon au sujet de certaines redevances qu'il lui imposa et de quelques privilèges anciens qu'il voulut lui supprimer, notamment le droit de justice criminelle qu'il enlevait aux consuls. Ceux-ci supplièrent d'abord, mais vainement, M. de Maniban ; puis ils protestèrent devant l'Intendant de la province, M. de Pomereu. L'affaire ne se termina

---

(1) Archives municipales de Cazaubon. Voir aussi : *La baronnie de Cazaubon* par M. l'abbé Ducruc.
(2) Notariats de Valence, Roques, Gondrin, etc.
(3) Archives départementales du Gers, série C. 451.

qu'en 1734 par une transaction, à laquelle consentit de bonne grâce M. de Maniban. Ce dernier maintenait toutes ses premières dispositions, à l'exception toutefois du droit de justice criminelle qu'il abandonnait aux consuls (1).

C'est l'année suivante que M. de Maniban acquit en entière propriété la seigneurie de Massencôme, dont il était déjà coseigneur avec son père dès 1674. Sur la saisie réelle de ce domaine, opérée par le duc d'Antin, créancier de François de Lasseran-Monluc, marquis de Lagarde, pour la somme de 18,000 livres, à la date du 16 avril 1735, et devant l'impossibilité dudit marquis de se libérer de sa dette, le château et la terre de Massencôme furent mis aux enchères, au prix de 16,000 livres, et, après une longue procédure, définitivement adjugés, le 20 septembre 1736, à Jean-Gaspard de Maniban, qui s'en rendit adjudicataire pour la somme de 20,000 livres (2). L'antique fief des Lasseran passa donc après cinq siècles dans une famille étrangère, et ce fut l'heureux et opulent seigneur du Busca qui le réunit à ses terres, auxquelles du reste il était attenant. Il opéra de nombreuses réparations aux salles dénudées de la vieille forteresse du xiiie siècle, construisit les voûtes du rez-de-chaussée, répara la toiture, consolida l'escalier, et fit de cette sombre demeure un séjour, sinon agréable, du moins habitable pour des colons. Il aurait peut-être achevé de la réparer dans son entier, lorsqu'il dut la rendre après une douzaine d'années au fils du marquis de

---

(1) Archives municipales de Cazaubon. — Cf. *Histoire de Cazaubon*, par M. l'abbé Ducruc. Dans son remarquable ouvrage, si documenté, sur l'*Histoire de la vicomté de Juliac*, déjà cité par nous, M. Romieu, ayant à parler incidemment du premier président Gaspard de Maniban, nous le représente (p. 145-146) comme un des plus acharnés destructeurs du protestantisme, dans ses domaines du Bas-Armagnac. « Il en avait fait, nous dit-il avec preuves à l'appui, une sorte de croisade, et il écrivait à ses voisins pour les exciter à la lutte. » La lettre qu'il adressa, le 24 juillet 1721, au nouveau seigneur de Juliac, le vicomte Josoph de Pujolé, indique qu'il ne voulait à aucun prix dans ses terres de serviteur soupçonné seulement d'hérésie. « Lui-même, ajoute-t-il, donnait l'exemple. Comme son royal maître, Louis XV, il avait voulu s'affilier à la confrérie des Pénitents Bleus, et il assistait pieusement aux offices, revêtu du costume couleur azur et du ruban bleu et blanc de l'ordre. »

(2) Original en parchemin. Archives de M. l'abbé J. de Carsalade du Pont.

Lagarde, Denis-François de Lasseran-Massencôme, qui, à la mort de son père, tint à honneur de payer ses dettes, et, usant de son droit de rachat, de faire rentrer en sa possession le plus ancien fief de sa famille. Massencôme fut donc à cette époque rétrocédé par M. de Maniban à son voisin, le jeune marquis de Poyanne-Lagarde, qui dut néanmoins en abandonner la jouissance à ses nouveaux créanciers, les du Haget du Vernon (1).

Les dernières années du premier président de Maniban se ressentirent de l'agitation qui s'empara vers le milieu du siècle de tous les Parlements de France et qui contraste si fort avec la période de calme et de monotonie du règne de Louis XIV. La question toujours si épineuse des libertés gallicanes revint sur le tapis et fut à nouveau discutée par le Parlement de Toulouse sur l'instigation même de M. de Maniban, qui ne transigeait pas, on le sait, en matière de foi religieuse. En outre, les conflits d'autorité entre le Parlement et les Etats redoublèrent à cette époque d'intensité, faisant présager déjà la lutte violente et décisive qui allait s'engager entre ces corps turbulents et la Royauté. Enfin deux grands procès signalèrent les derniers mois de sa présidence et attristèrent singulièrement son esprit et son cœur.

Nous voulons parler d'abord du fameux procès Calas, qui surgit tout à coup en l'année 1761 et dont le retentissement fut si considérable, mais aux séances duquel néanmoins nous ne voyons pas apparaître, du moins directement, le premier Président, cette curieuse affaire s'étant déroulée uniquement devant la Tournelle, c'est-à-dire la juridiction criminelle. Puis, le procès des Jésuites.

M. de Maniban tenait à honneur de diriger personnellement cette dernière affaire. Il en avait commencé l'instruction et allait présider la première séance, lorsqu'il tomba tout-à-coup

(1) Voir, pour plus amples détails, notre monographie antérieure du *Château de Massencome*.

malade, et fut obligé d'abandonner son siège au président de Niquet, qui ouvrit le procès le 24 avril 1762. Les sentiments d'hostilité à l'égard de la Compagnie de Jésus, qu'en qualité de gallican professait Gaspard de Maniban, et avec lui la plupart des Parlementaires, s'émoussèrent aussitôt par le seul fait de sa retraite, et changèrent du tout au tout le caractère du procès. Une brusque réaction s'opérait même en leur faveur, lorsque on apprit la mort du premier Président.

Jean-Gaspard de Maniban expira en effet, à Toulouse, dans la nuit du 31 août au 1er septembre, à l'âge de 76 ans. La seule fille qui lui restait, Madame de Livry, voulut que de magnifiques honneurs funèbres lui fussent rendus. La cérémonie eut lieu le 4 septembre. Tous les corps constitués, le haut et bas clergé, le Parlement en robe rouge, les Chapitres, l'Université, les Capitouls, l'Académie des Jeux-floraux et toutes les corporations religieuses accompagnèrent ses dépouilles mortelles. Sur le cercueil, porté par des membres de la confrérie des Pénitents blancs à laquelle appartenait le défunt, on avait placé sa robe rouge, son mortier de président, son chapeau, ses souliers et son épée. La cérémonie religieuse fut célébrée en grande pompe à la cathédrale Saint-Etienne; après quoi le corps fut déposé dans le cimetière du cloître de ladite église, au pied d'une croix de pierre, et à côté de la tombe de son grand-père maternel, le premier président de Fieubet. Sa statue fut couchée plus tard sur le marbre blanc de son mausolée (1).

Cinq mois après, le 6 février 1763, M. de Villeneuve de Beauville, maître ès Jeux-floraux, prononçait au sein de cette académie l'éloge, devenu introuvable, de M. de Maniban (2). La chambre dorée du Palais de justice de Toulouse est encore ornée d'un curieux plafond à caissons, décoré de fleurs de lys

(1) Archives du Parlement de Toulouse. — Cf. *Etudes historiques sur la province de Languedoc*, par M. E. Roschach.
(2) *Mémoires pour servir à l'histoire des Jeux-floraux*, par Poitevin-Peitavi, tome II.

et de diverses allégories. Sur les murailles sont appendus les portraits de plusieurs anciens premiers Présidents. Dans le nombre se trouve celui de Gaspard de Maniban.

De son mariage avec Jeanne-Christine de Lamoignon, morte bien avant lui, le 25 mars 1744, Gaspard de Maniban n'eut que deux filles : 1° *Marie-Françoise*, mariée le 15 mars 1729 à Louis Auguste de Bourbon, vicomte de Lavedan, marquis de Malause, etc., colonel du régiment d'Agenois, qui mourut sans enfants le 27 décembre 1741; 2° *Marie-Christine*, beaucoup plus jeune, qui épousa, le 1er mars 1744, messire Paul Sanguin, marquis de Livry, né à Versailles en 1709, premier maître d'hôtel du Roi, capitaine de ses chasses, colonel du régiment du Perche et conseiller d'Etat, mort, également sans enfants, le 16 mai 1758. C'est donc son épouse, la *marquise de Livry*, veuve déjà depuis quatre ans, et la seule fille survivante de Gaspard de Maniban, qui fut instituée par ce dernier son héritière universelle dans son testament du 15 juillet 1762, où il serait trop long de relever ici la quantité innombrable de legs laissés, soit aux églises, soit à chacun de ses serviteurs. C'est à Madame de Livry également qu'échurent, du moins en grande partie, les immenses domaines de la famille de Maniban.

V. *Madame de Livry.* — Le premier président Gaspard de Maniban mourait, en effet, sans laisser de descendants masculins directs. En vertu du testament de son grand-père Thomas de Maniban, à la date du 18 octobre 1651, dont nous avons rapporté précédemment les principales dispositions, et de la substitution qu'il y avait établie « en faveur de son second fils François Lancelot, baron de Cazaubon et de ses enfants mâles, à *condition qu'ils fussent de robe* », tous les biens qu'il avait possédés au moment de sa mort furent revendiqués par la branche latérale des Maniban-Cazaubon, représentée, en cette année 1762, par Cécile-Louis-Marie de Campistron. François Lancelot avait eu, on le sait, trois enfants :

Jean-Guy de Cazaubon, mort sans postérité; François-Honoré, l'archevêque de Bordeaux; et une fille qui épousa le poète dramatique Jean Galbert de Campistron. De ce mariage étaient nés cinq enfants : trois filles, un fils qui, en 1755, était capitaine au régiment de Condé-infanterie, et un second fils, également capitaine au régiment d'Agenois. C'est ce dernier qui fut le père dudit Cecile-Louis-Marie de Campistron, conseiller au Parlement de Toulouse, le 4 janvier 1768, et ensuite Président à mortier au même Parlement, le 30 août 1775 (1). En sa qualité « d'homme de robe » il invoqua la substitution de Thomas de Maniban, et, plutôt que de plaider, préféra s'entendre amiablement avec la marquise de Livry.

D'une très grande bonté, digne descendante des Maniban, la fille du premier président Gaspard consentit à la demande de son parent. La distinction des différents biens de l'immense domaine fut longue, difficile, pleine de procédures et d'obscurités. Néanmoins les parties finirent par tomber d'accord. Une grande portion des terres du Bas-Armagnac, Maniban, Mauléon, Cazaubon, etc., revinrent à Louis de Campistron, tandis que Madame de Livry conservait le Busca, Lagardère et toutes les terres du Haut-Armagnac. M. de Campistron revendiqua même le nom et les armes de son grand-oncle; ce qui lui fut accordé; et il prit, dès cette époque, le titre de

---

(1) Dans la réponse, à une question de M. Tamizey de Larroque, insérée dans le tome XVI, page 248, de la *Revue de Gascogne*, M. Paul La Plagne Barris, a donné quelques indications sur la famille de Campistron. Beaucoup d'entre elles malheureusement sont inexactes, et, d'après lui, les assertions de l'abbé Ducruc dans son histoire de Cazaubon (Id. Tome XXI, p. 171). La principale erreur consiste à donner pour fille à Jean-Guy de Maniban la femme du poète Campistron, et à en faire ainsi une sœur du premier président Gaspard. Or, il résulte formellement des termes mêmes du testament de Jean-Guy que ce dernier n'eut qu'un fils unique, Gaspard. Ainsi du reste que l'indique fort bien M. Louis de La Roque, dans son *Armorial du Languedoc* (Généralité de Toulouse, tome 1, p. 108), et non pas M. de Cologne, comme l'écrit également par erreur M. Paul La Plagne-Barris, la femme du poète Campistron fut la fille de François Lancelot, baron de Cazaubon, la sœur par conséquent de l'archevêque de Bordeaux, et dès lors la cousine germaine du premier président Gaspard. Le conseiller Louis-Cécile de Campistron, son petit-fils, était donc simplement arrière-petit-cousin de la marquise de Livry.

marquis de Maniban. Mais il n'apporta dans l'exercice de ses diverses charges parlementaires ni l'élévation d'esprit, ni la distinction de manières, ni la supériorité des trois grands Maniban. Son rôle fut des plus effacés. Nous le voyons toutefois, en 1771, faire partie des membres de l'ancien Parlement dissous par le chancelier Maupeou, protester avec ses collègues contre cette mesure despotique et recevoir l'ordre de se retirer « à Roussel, au-delà de Bordeaux, » dans une de ses terres. Il était alors simplement conseiller à la première chambre des Enquêtes(1). M. de Campistron ne sut pas du reste administrer en bon père de famille les domaines qu'il avait pris à Madame de Livry. Il mourut dans la gêne en 1782. Son fils, président de chambre également au Parlement de Toulouse, ne put, malgré son bon vouloir, solder les dettes de son père. Il se vit même forcé, pour mener le rang de ses ancêtres à Toulouse, d'abandonner pour 6,000 livres à ses créanciers tous les revenus de son marquisat de Maniban. Il fut convoqué en 1789 à l'assemblée de la noblesse de l'Armagnac (2); puis il émigra. Il mourut, après avoir vendu successivement toutes ses terres, dans la plus extrême misère (3).

Madame de Livry, au contraire, continua, quoique de loin, la tradition de sa famille. Elle habita peu Toulouse après la mort de son père, encore moins le château du Busca et ses divers domaines de l'Armagnac. Retirée à Paris, rue de l'Université, pendant l'hiver, à Soisy-sous-Etioles pendant la belle saison, elle chercha peu à peu à se débarrasser de ses lointaines propriétés, que géraient tant bien que mal ses trop nombreux régisseurs (4). Son intendant du Busca, résidant au château même, était en 1773 un certain Jean-Pierre

(1) Archives du Parlement de Toulouse.
(2) *La noblesse d'Armagnac en 1789*, par le vicomte de Bastard d'Estang.
(3) *Armorial du Languedoc.* — Archives de Cazaubon. — Voir les notes de M. l'abbé Ducruc.
(4) Notariats de Valence, Roques, Gondrin, etc., etc.

Lago (1). En 1774, elle vendit déjà pour 200,000 livres au marquis de Poyanne ses terres de Toujouse et de Monguilhem; puis, dans les années suivantes, diverses métairies aux environs de Massencôme et de Mouchan. Enfin, le 18 mai 1780, elle se décida à se dessaisir du vieux berceau de sa famille, et elle aliéna au comte *Henri-Bernard de Faudoas*, capitaine de cavalerie, moyennant une rente viagère au capital de 90,000 livres, la terre, seigneurie et château du Busca. Mais elle se réserva certains biens avoisinants, notamment le moulin de Gelleneuve-sur-l'Osse, qu'elle affermait encore, pour la somme de 600 livres, le 30 janvier 1786 (2).

M. de Faudoas, en partie déjà ruiné, comme la plupart des grands seigneurs de cette époque, ne put payer à Mme de Livry les 90,000 livres résultant de la vente du Busca. En l'année 1786, il ne lui avait encore donné comme à compte que 15,000 livres. Les instances de la marquise, pour se faire rembourser intégralement, ayant été infructueuses, elle reprit son ancien domaine, et, le 25 juillet de cette même année, elle faisait saisir, sur la tête du comte Henri de Faudoas, « ladite seigneurie du Busca avec toutes ses appartenances et dépendances pour se couvrir des sommes à elles dues (3). » La saisie fut effectuée sans protestation de la part du débiteur; et la marquise de Livry redevint ainsi propriétaire de la terre de ses ancêtres. Elle la garda et l'administra jusqu'à la Révolution.

Les mauvaises heures étaient arrivées pour les grands propriétaires des vieilles terres féodales et seigneuriales. Alors

(1) A propos de la vente de la justice d'Eauze, en cette année 1773, M. Romieu, dans sa si intéressante *Histoire de la vicomté de Juliac*, nous raconte comment Madame de Livry, à court d'argent et, par ses dépenses exagérées, déjà très gênée dans ses affaires, ne put acquérir cette justice qu'elle convoitait et en garda toute sa vie rancune à son principal compétiteur, M. de Bouglon, à qui elle intima l'ordre de n'avoir plus à chasser sur ses terres. La plus punie en cette affaire fut encore la vindicative marquise, à qui M. de Bouglon se garda bien d'envoyer depuis lors « certains pots de compotes de perdreaux qu'elle appréciait infiniment. »
(2) Notariat de Roques, Lapeyrère, notaire.
(3) Idem.

que la plupart des plus avisés ne trouvaient nulle grâce devant les administrateurs des nouveaux districts, que pouvait faire une simple femme, résidant à Paris, éloignée de ses propriétés, et forcée de s'en rapporter sans contrôle à l'honnêteté plus ou moins assurée de ses hommes d'affaires? Il en fut un cependant, le sieur Joachim Senat, de Montestruc, régisseur de son beau domaine de Campagne, qui sut inspirer à Mme de Livry une entière confiance. Elle lui vendit, nous dit M. l'abbé Ducruc d'après les archives révolutionnaires de Cazaubon (1),

> Toutes ses terres de Campagne et d'Ayzieu, ses droits ou jouissances sur la terre de Maniban, sa créance sur le Busca et une créance de 5,534 livres de rente sur l'Etat, avec réserve de l'usufruit de cette dernière seulement, moyennant : 1° 40,000 livres une fois payées à la passation de l'acte; 2° deux rentes perpétuelles, dont l'une de 300 livres au capital de 6,000 livres à veuve Abadie de Rieux, en Languedoc, et l'autre de 1,200 livres au capital de 30,000 livres à veuve Romane décédée, représentée par la nation, parce que ses enfants et héritiers étaient réputés émigrés; 3° enfin, une rente viagère et annuelle de 20,000 livres à Mme de Livry, venderesse, laquelle rente, à son décès, devait être réduite à celle de 4,000 livres de rente, aussi viagère, en faveur de quelques personnes désignées en l'acte, dans le cas où elles lui survivraient.

La Révolution marchait à grands pas. Tel projet, formé antérieurement, devenait tout à coup irréalisable par suite des dispositions, sans cesse renouvelées, prises par les législateurs. Ce fut le cas de Mme de Livry.

Pour ne parler que de ses deux domaines, qui seuls nous intéressent ici, la *terre et le château de Lagardère* furent vendus, en l'année 1791, au citoyen *Jean Delas,* de la Bordeneuve, qui, d'après le livre terrier de la commune de Lagardère (section B, n° 201), s'en déclare déjà à ce moment plein et entier possesseur (2). Sa famille continua à détenir l'ancien

---

(1) *Histoire de Cazaubon*, par M. l'abbé Ducruc.
(2) Archives municipales de La Gardère.

fief des moines de Condom, puis des Lavardac, jusque vers le milieu de ce siècle (1845), époque où il fut acheté par M. *Edouard du Pin de La Forcade*, dont le fils, M. *Henri du Pin de La Forcade*, en est encore aujourd'hui propriétaire (1).

Quant au domaine du *Busca*, il fut acquis en partie, avec le *château*, dépendances et appartenances, le 11 pluviose an XI (31 janvier 1803), par M. *Jean-Robert Rizon*, docteur en médecine de Condom.

De son mariage avec demoiselle Augustine Capot de Feuillide, le docteur Rizon eut deux filles. L'ainée, Elisa, épousa M. Adrien Laroche. La seconde, Julia-Marie-Thérèse, se maria avec M. Bazin, vice-président du tribunal d'Auch. A la mort de leur père, les deux sœurs se partagèrent la terre du Busca. Le château lui-même fut divisé en deux lots, et un mur de clôture, du plus mauvais effet, qui subsiste encore aujourd'hui, vint scinder la cour d'honneur en deux parties à peu près égales. L'aile septentrionale, avec la cage d'escalier et la grande salle, échurent à Mme Bazin, tandis que l'autre côté, renfermant la chapelle et les communs, resta à la famille Laroche.

Héritier de sa mère, M. Hermann Bazin, ancien conseiller à la Cour d'appel de Montpellier, est demeuré de nos jours propriétaire de la plus belle et de la plus intéressante partie du château du Busca. Magistrat distingué, esprit fin et délicat, il a su conserver à sa résidence d'été le cachet d'ampleur et de majesté que lui avaient donné ses premiers seigneurs. Le vestibule, le grand escalier d'honneur, la vaste salle d'armes se voient encore tels que les avaient ordonnés le grand avocat-général Thomas de Maniban, et, après lui, son petit-fils le premier Président. Entre les mains du dernier détenteur nous avons la certitude qu'ils ne péricliteront pas. Est-il nécessaire d'ajouter qu'à tous les visiteurs, soucieux des reli-

---

(1) Voir, pour plus amples détails généalogiques sur la famille du Pin de La Forcade, notre précédente *monographie du château du Tauzia*.

ques du passé, M. Bazin fait les honneurs de sa demeure avec une obligeance, une urbanité, conformes aux vieilles traditions et qui ne se démentent jamais? Pour nous, à qui il a été donné de parcourir si souvent ces vastes salles, et qui avons constamment trouvé en lui un guide éclairé et un ami toujours prêt à nous servir, il nous est doux de pouvoir ici, au nom de tous les archéologues comme en notre nom propre, lui adresser, pour son extrême complaisance, l'expression bien vive de notre sincère gratitude.

LE CHATEAU DE LÉBERON

CHATEAU DE LÉBERON
ARRONDISSEMENT DE CONDOM (GERS)

LE CHATEAU DE LÉBERON

Lorsque l'on suit le grand chemin de Condom à Valence, et qu'arrivé dans la plaine, à un kilomètre environ de cette dernière ville, on tourne ses regards vers l'ouest, on remarque, au-dessus des poétiques ruines de l'abbaye de Flaran, un épais massif de grands arbres dont les ramures séculaires abritent un antique château qu'il est tout d'abord malaisé de définir. On n'entrevoit, en effet, qu'un amas de bâtisses, les unes carrées ou rectangulaires, les autres rondes, polygonales, aux pignons plus ou moins aigus et dont les formes multiples, enchevêtrées les unes dans les autres, accusent chacune un style différent. C'est le château de Léberon.

Mais si, se rapprochant de ses respectables murs et pénétrant dans la grande cour d'honneur, on étudie avec quelque attention les principaux caractères architectoniques qui s'en détachent, on s'aperçoit que l'on a devant soi une construction qui ne paraît avoir aucun rapport avec les châteaux que nous nous sommes proposé d'étudier ici. Tout porte la marque du XVI° siècle; et à voir ces croisées aux moulures rondes ou prismatiques si délicates, ce fronton qui couronne si élégamment la vieille porte de la tourelle servant de cage d'escalier, cette admirable charpente de la grande salle d'armes, ces briques émaillées et vernissées, ces meurtrières inoffensives, cet appareil qui n'est plus celui des XIII° et XIV° siècles, on en conclut que le manoir des Gélas ne ressemble en rien au Tauzia, à Massencôme, à La Gardère, au Guardès, et qu'il leur est postérieur de deux cents ans au moins.

Cette opinion, nous l'avons longtemps partagée avec nombre d'archéologues plus compétents que nous. Aussi aurions-nous jugé inutile de comprendre ce château dans cette étude de forteresses construites au moment de l'invasion anglaise, si, en l'examinant de plus près et à la suite de documents que nous avons récemment découverts, nous n'avions été amené à modifier entièrement notre première manière de voir. Si bien qu'aujourd'hui, tant à cause de sa situation topographique, qui en fait une sentinelle avancée à l'extrémité nord du territoire Armagnacais, qu'à raison de certaines parties tout à fait primitives de sa construction, et aussi de son existence constatée par d'anciens actes bien avant le xvi° siècle, nous n'hésitons plus à le considérer, non pas peut-être comme contemporain des châteaux précédents, mais comme devant se rattacher à cette série de postes avancés, élevés au moment de la guerre de Cent ans, en vue de renforcer les points faibles ou les défilés importants de la frontière.

L'étude du château de Léberon a donc, au point de vue purement archéologique, sa place toute marquée dans ce travail. Quant à son histoire, elle offre un si puissant intérêt, si vif et si profond est le charme qui se dégage de son chartrier comme de l'existence aventureuse et chevaleresque de ses premiers seigneurs, que nous ne saurions, en aucune façon, la passer sous silence. La vie des Gélas de Léberon, aux xvi° et xvii° siècles, constitue à elle seule une véritable épopée ! Et c'est écrire une monographie de cape et d'épée, en même temps rigoureusement historique, que d'en raconter ici tous les détails.

Mais avant d'aborder, comme nous l'avons fait dans les chapitres précédents, la description technique du curieux manoir et de déterminer les parties successivement ajoutées, ainsi que la diversité de ses styles architectoniques, nous croyons nécessaire, pour l'intelligence même de cette portion de notre étude, d'entrer de plain pied dans le domaine de son histoire et de remonter tout de suite aussi haut que les documents nous le permettront. Ce n'est que lorsque nous serons arrivé à l'importante mutation de propriété du commencement du xvi⁰ siècle que nous décrirons minutieusement l'intéressante demeure, que transforma alors radicalement la branche cadette de l'illustre famille de Gélas.

Léberon n'est point le véritable nom du château qui nous occupe. De tout temps et jusqu'à la fin du dernier siècle il n'a été connu et désigné que sous celui de *Flarambel*, en latin *Flarani Veteris* (Flarau Vieux), d'où on a fait *Flaranvieil* et *Flarambel*. Sa proximité, si rapprochée, de l'antique monastère cistercien indique suffisamment cette origine de son nom.

Le fief patronymique de Léberon, la salle (*aula*), fort modeste, ainsi dénommée, se trouvait à deux kilomètres plus au nord, au-dessus des grands bois qui recouvraient tout le versant de la rive gauche de la Baïse (1). Situé dans le Condomois et faisant partie de la juridiction de Cassagne, il appartenait de très longue date aux Gélas. L'acte d'hommage suivant, rendu le 21 octobre 1475 à Gui de Montbrun, évêque de Condom, et, à ce titre, seigneur de Cassagne, par noble Pierre de Gélas, seigneur de Léberon, nous fournit les indications les plus précises sur l'existence et les délimitations au xv⁰ siècle de cette petite seigneurie de l'ancien Léberon, dite *aula de Leberono* :

« In nomine Domini...etc. Nobilis vir *Petrus de Gelanis*, dominus *aulæ de Leberono*, cum suis pertinentiis, existens coram dicto domino episcopo, et genibus flexis et capite discooperto, explicavit quod ipse tenebat ab ipso domino Condomiensi Episcopo in hommagium dictam aulam de Leberono, cum suis pertinentiis, sitam in pertinentiis de Cassanea, quæ confrontantur cum quadam carreria publica, per quam

---

(1) Cette maison du *Vieux Léberon* existe encore aujourd'hui, quoique ayant perdu tout caractère d'ancienneté. Elle est connue sous le nom de *Petit Léberon*, et se trouve être, au-dessus des grands bois non coupés, une métairie dépendante du domaine de Fondelin, à madame la marquise de Cugnac.

tenditur de loco de Cassanea apud *grangiam de Filheto*(1), et etiam apud civitatem Condomiensem ex una parte, et cum terris dictæ grangiæ de Filheto ab alia parte, et cum rivo vocato *lo Tornesoc* ex alia parte, et cum rivo vocato de *Marmanda* ex alia parte, et cum territorio Bernardi de Tesan, vocato à *Las Branas*, ex alia parte, et cum terris Bernardi de Samadeto parte ex alia, et cum nemore vocato *de Couayx* ex alia parte. »

Pierre de Gélas donne pour cet hommage au seigneur évêque, en outre du baiser d'usage, une paire de gants de cuir noir, et il promet et jure en même temps d'être à son égard bon et loyal vassal.:

« Acta fuerunt hæc in domo episcopali Condomiensi, anno, die, mense, indictione et pontificatu quibus supra, in præsentia venerabilis et circumspecti viri domini Johannis Auriolle, presbyteri officialis Condomiensis, discreti viri domini Petri Audoneti, presbyteri familialis dicti domini Condomiensis episcopi, et nobilis Caroli de Berna, gubernatoris terræ de Pinibus, pro nobili domina Nivernenx (2). »

Cette famille de Gélas, que nous trouvons propriétaire, dans la seconde moitié du xv° siècle, de cette petite salle de Léberon dans la juridiction de Cassagne, était une branche collatérale de l'illustre famille de Gélas, existant depuis le commencement du xii° siècle, et dont la branche aînée était brillamment représentée, pendant les guerres anglaises, par les seigneurs de Bonas et de Rozès. Ce fut un cadet de cette puissante race qui dut, pour des motifs à nous inconnus, se fixer sur le territoire de Cassagne, dans cette salle de Léberon, qui lui échut probablement en partage. Quoi qu'il en soit, nous

(1) Cette grange de *Filhet* ou du *Hilhet* appartenait à l'abbaye de Flaran. Ce fut, ainsi que nous l'avons longuement écrit dans notre *Monographie de l'abbaye de Flaran*, une des premières donations qui furent faites au monastère.

(2) *Chartrier de la famille de Gélas*. Bibliothèque Mazarine, Paris. C'est à l'obligeance du très regretté M. Paul Laplagne-Barris, qui n'avait pas craint de faire copier, pour la riche collection du château de Laplagne, cet important chartrier tout entier, relatif à l'histoire de la Gascogne, ainsi qu'aux notes toujours si substantielles de M. l'abbé J. de Carsalade du Pont, que nous devons de pouvoir utiliser ici ces documents inappréciables pour la monographie du château de Léberon. Il existe également à la Bibliothèque nationale, au Cabinet des Titres (Mss), un *dossier Gélas*, auquel nous ferons de nombreux emprunts.

voyons ce fait établi par le testament de Blanche de Bourrouillan, veuve de Pierre de Gélas, précédemment nommé, écrit « le 15 mai 1507 dans la salle de Cantemerle, près le lieu de Cassagne, diocèse de Condom », et par lequel elle désire « être enterrée dans l'église de la bienheureuse Vierge Marie de Cassagne, lègue plusieurs sommes aux églises et monastères de Condom, donne à son fils Jean une maison sise dans le lieu de Cassagne, confrontant avec la muraille dudit lieu; plus une autre maison dans le même lieu; et institue pour son héritier universel son fils aîné André de Gélas, à qui elle lègue en même temps la salle noble de Léberon (1). »

Pierre de Gélas rendit hommage, le 22 avril 1489, à Antoine de Pompadour. Son fils, *André de Gélas,* en fit autant le 30 septembre 1498 à Jean Marre, évêque de Condom, pour cette même salle de Léberon et plusieurs autres maisons et pièces de terre dans le lieu de Cassagne, toujours sous la condition du baiser d'usage et d'une paire de gants en cuir noir (2).

Ce fut ce fils aîné de Pierre de Gélas, seigneur de Léberon, et de Blanche de Bourrouillan, *André de Gélas,* qui se rendit acquéreur, par contrat du 5 mars 1508, de la terre et seigneurie de Flarambel.

— La terre de Flarambel appartenait à cette époque à la branche des *Castelbajac,* qualifiés seigneurs de Maignaut. Ceux-ci la tenaient à leur tour des *seigneurs d'Aure.*

Vers le milieu du xv⁰ siècle, en effet, *Pierre-Armand de Castelbajac,* second fils de Bernard V de Castelbajac, épousa sa cousine *Bertrande d'Aure,* dame de Cardaillac, au diocèse de Comminges. Devenue veuve, cette dernière fit un échange avec son parent *Manaud d'Aure*. Elle lui donna sa terre de Cardaillac et elle reçut de lui : « les *seigneuries de Maignaut*

---

(1) Chartrier de Gélas.
(2) Idem.

et de Flarambel, avec la moitié de la seigneurie de Roques et du Busca (1). »

Son fils *Bertrand de Castelbajac,* qui épousa Marguerite d'Astarac, hérita de sa mère en 1483, et il approuva l'échange fait par elle des seigneuries précitées. Qualifié de seigneur de Maignaut et de Flarambel, il eut, en 1495, de longs démêlés avec les habitants de Roques au sujet de cette ville, qui ne se terminèrent que par l'achat complet de cette seigneurie en 1515 (2).

Mais le seul acte de lui que nous ayons à retenir ici est la vente faite, d'accord avec son fils Jean de Castelbajac, « de toute la dîme des grains, vin et fruits du territoire de Flarambel aux syndics de l'église cathédrale de Condom, Manaud de Ferrabouc et Jean de Prayssac, moines de Saint-Pierre de Condom, pour la somme de 150 écus, comptant 108 ardits par écu. » L'acte, passé au lieu de Maignaut par devant Bernard Gardelle, notaire de Maignaut, porte la date de 24 avril 1492 (3). Nous verrons dans la suite que Jean de Castelbajac s'était réservé le droit de rachat.

Maître de sa fortune au décès de son père, ce *Jean de Castelbajac,* seigneur de Maignaut et de Flarambel, renouvela quelques années plus tard la vente précédente. C'est ainsi qu'il cède à Hérard de Grossolles, alors seulement moine et infirmier du chapitre de Condom, plus tard évêque de ce diocèse à la mort de Jean Marre, « decimam bladii, vini et lini et aliorum granorum, nec non feudi et vendis cum aliis juribus, dicto domino de Castrobajaco pertinentibus in tota juridictione et territorio de Flarano Veteri », pour la somme de 400 écus petits, à raison de 108 ardits l'écu, et toujours à faculté de rachat. Mais en même temps il vend, d'accord avec son fils Bertrand, « le 5 mars 1508, à André de Gélas,

(1) Notes généalogiques de M. le chanoine J. de Carsalade du Pont. Voir également Lachesnaye des Bois, tome IV, article *Castelbajac.*
(2) Archives du Séminaire d'Auch.
(3) Archives du château de Barbazan à M. le marquis de Castelbajac.

seigneur de Léberon, la totalité de la seigneurie de Flarambel avec le château, pigeonnier, moulin, prés, bois et terres avoisinantes; et il subroge ledit seigneur de Léberon à tous les droits qu'il peut avoir sur cette seigneurie. » Cet acte, capital pour l'histoire du château qui nous occupe, fut retenu par Antoine Gardelle, notaire de Valence (1).

Usant aussitôt du droit auquel il était subrogé par cette vente, le nouveau seigneur de Flarambel, André de Gélas de Léberon, racheta « à noble et vénérable personne Hérard de Grossolles, moine et infirmier du chapitre de Saint-Pierre de Condom, comme ayant-droit de noble Jean de Castelbajac et de Bertrand son fils, la dîme que ledit Jean de Castelbajac avait vendue précédemment audit Hérard de Grossolles dans l'étendue de la juridiction et territoire de Flarambel. » Ce nouvel acte porte la date du 13 mars 1508. Il fut conclu huit jours après la vente première de la seigneurie.

A dater de cette année 1508, le château et la terre de Flarambel, appartiennent donc définitivement et en totalité à la branche cadette de la famille de Gélas. En moins d'un siècle ce domaine avait été détenu par trois grandes familles différentes, les seigneurs d'Aure qui le possédaient dès le XIVe siècle, puis les Castelbajac, seigneurs de Maignaut, enfin les Léberon.

— Le vieux château de Flarambel tombait en ruines. Rarement ou pas du tout habité par ses seigneurs, qui résidaient au loin dans des demeures plus somptueuses, il ne contenait à cette époque qu'un seul corps de logis carré, défendu, selon l'usage du XIIIe siècle, à ses deux angles ouest, par deux tours, non plus rectangulaires comme dans les châteaux précédemment décrits, mais rondes. Soit qu'il ne formât à l'intérieur qu'une seule grande salle, ou qu'il eût été divisé par un ou deux murs de refend, il n'était ajouré que par

(1) Chartrier de Gélas.

d'étroites meurtrières, dont quelques-unes, encore conservées, portent la marque du commencement du xiv° siècle. Une enceinte carrée, comme le corps principal, et protégée par des fossés toujours pleins d'eau, l'entourait des quatre côtés.

C'est par l'étude de ce grand corps de logis H, qui nous a été conservé, que nous pouvons rattacher le vieux château de Flarambel aux constructions élevées entre l'Armagnac et le Condomois à l'époque de l'occupation anglaise. La courtine occidentale et les deux tours D et C, qui la flanquent à chacune de ses extrémités, ont encore tous les caractères du commencement du xiv° siècle. Si l'appareil n'est plus aussi régulier, aussi solide, aussi parfait qu'au Tauzia ou à La Gardère, quelques traces d'archères en croix pattée sont encore suffisamment visibles pour que nous puissions faire remonter à cette époque cette partie, la plus ancienne du château. C'est donc ce corps de logis H qui constitue le vieux manoir de Flarambel qu'achetèrent en 1508 les Gélas, et qui, deux siècles avant, avait été construit sur cette pointe extrême du comté d'Armagnac, à cinq cents mètres à peine de la frontière anglaise, sur l'ordre, peut-être, du chef du parti national et grâce à l'argent des seigneurs d'Aure, dont il pouvait être, dès cette époque, la propriété. A ce titre donc son étude rentre dans le cadre que nous nous sommes imposé. Son assiette était du reste très habilement choisie pour se relier avec Massencôme, Le Guardès et Valence, et tenir en observation le Tauzia, la vallée de la Baïse au nord, et, avec elle, la grande route de Condom.

Lorsque André de Gélas acheta, dans l'intention de l'habiter, cette sombre forteresse, tout danger était depuis longtemps passé. Aussi s'empressa-t-il de la modifier entièrement. De triste et ennuyeuse caserne qu'elle était, il chercha à en faire un séjour agréable. A cet effet, il perça les murailles de larges fenêtres à meneaux par où l'air et la lumière pussent facilement pénétrer. Puis il éventra la courtine est et y adossa cette élégante tourelle octogonale, à pignon aigu, pour servir de cage à un superbe escalier à vis de Saint-Gille. Ses descendants continuèrent son œuvre. Ce fut quelques vingt ans après que fut ajouté le corridor E, destiné à relier l'ancien corps de logis à la vaste salle d'armes ou salle d'honneur M, que surmonta cette magnifique charpente qui fait encore l'admiration de tous les visiteurs. Enfin, toujours plus tard, fut appuyé également contre le mur d'enceinte primitif le long corps de logis N, qui, ainsi que nous le verrons en détail, renferme une immense salle contre les parois de laquelle se distinguent encore, bien que dans le plus déplorable état, des peintures murales du plus haut intérêt.

Telles sont donc, à première vue, les annexes successives qui vinrent considérablement agrandir l'ancien château de Flarambel, et dont les principales virent le jour au xvi° siècle, c'est-à-dire à l'époque la plus florissante de la Renaissance.

— Pénétrons maintenant dans l'intérieur du château et appliquons-nous à en faire ressortir les principales beautés. Dans le plan ci-contre, relevé par notre ami regretté Pierre Benouville, nous voyons que l'entrée principale est au nord, en A, percée dans le mur d'enceinte, et très probablement défendue autrefois par un pont-levis qui se relevait sur les fossés. En B, se trouve la cour d'honneur, d'où se dressent, à droite la vieille construction du xiv° siècle, en face et à gauche les adjonctions postérieures. (*Voir notre photogravure, planche n° 2.*)

Le vieux château était autrefois beaucoup plus élevé. Il n'était ajouré qu'à sa partie supérieure, à laquelle on n'accédait, comme dans les autres châteaux, que par un escalier extérieur ou plutôt un pont mobile en bois. Plus tard, au xvi° siècle, on aménagea des ouvertures à tous les étages, après avoir toutefois fait tomber le second étage qui menaçait ruine.

La façade nord est percée en effet, au rez-de-chaussée, d'une croisée à meneau vertical, encadrée de moulures prismatiques du commencement du xvie siècle, et d'une porte moderne P; puis, au premier étage, de deux fenêtres à meneaux croisés, également ornées de moulures prismatiques.

La tour ronde C, la partie la plus ancienne du château et en très forte saillie, n'est percée que de deux meurtrières remaniées postérieurement pour les armes à feu, dont l'une, dirigée vers l'est, défend la façade nord, tandis que l'autre, tournée vers le midi, correspond à celle de la tour D, afin de protéger avec elle toute la courtine ouest.

Cette courtine occidentale ne présente aucune ouverture. Elle est donc demeurée dans son état primitif.

Elle est reliée à la façade méridionale par la tour D, semblable en tous points à la tour ronde C, et percée de meurtrières, actuellement remplacées par des croisées à moulures prismatiques du commencement du xvie siècle.

Cette façade sud n'a au rez-de-chaussée qu'une fenêtre à meneau vertical. Les quatre croisées du premier étage sont inégales. L'une est murée, l'autre ressemble à celles de la tour D; les deux dernières, plus larges, sont coupées par un double meneau croisé. Elles servent à éclairer le passage E, qui relie l'ancien château à la construction M, toute du xvie siècle.

A l'intérieur, l'ancien château carré de Flarambel fut également entièrement restauré à l'arrivée des Gélas. On y accède aujourd'hui par la belle porte Renaissance F, percée dans l'élégante tourelle octogonale G. Cette porte, dont le battant est recouvert encore de ses clous primitifs, est couronnée d'une accolade surmontée d'un fleuron et accostée de deux pinacles. Les armes des Gélas étaient sculptées sur le panneau. Ils portaient : *d'azur au lion d'or, armé et lampassé de gueules*. Cimier : *un lion de même*. Devise : *Virtute duce*. Support : *deux lions aussi d'or, armés et lampassés de gueules*.

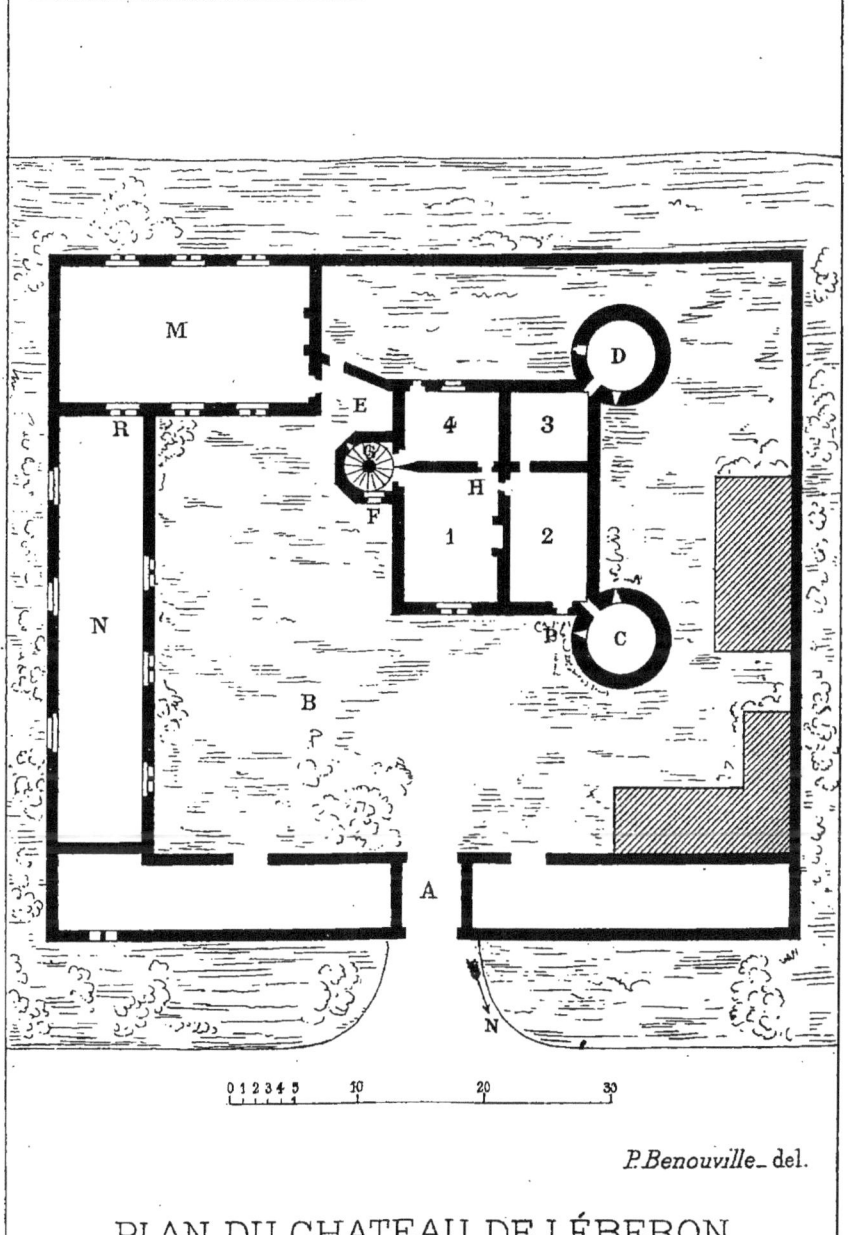

PLAN DU CHATEAU DE LÉBERON

Deux murs de refend, qui se croisent, divisent en quatre grandes salles le vieux corps de logis.

La salle 1, la plus spacieuse, a toujours servi, au rez-de-chaussée, de cuisine. On y admire encore une belle cheminée du commencement du xve siècle, qui pourrait bien avoir été dressée par les plus anciens seigneurs. Les autres salles, 2, 3 et 4, ainsi que les deux tours rondes, ne présentent, à ce même rez-de-chaussée, aucune particularité.

Si maintenant nous montons au premier étage par le large escalier à vis, bien appareillé, de la tourelle G, la salle 1 nous offrira un intérêt tout spécial. Aménagée au xvie siècle par les seigneurs de Gélas comme salle à manger, elle contient une belle et large cheminée dont le linteau est supporté par des consoles richement ornées. Au-dessus, le trumeau central sur lequel s'appuyait soit une toile peinte, soit une tapisserie, est ceint d'un cadre où figurent, supportées par deux mascarons, deux cordes de fruits et légumes de toute espèce, grenades, poires, ananas, raves, radis, aubergines, etc. Tout autour de la salle étaient suspendues des tapisseries dont on voit les attaches. Au-dessus se déroulait une large frise dont on distingue quelques curieux motifs de peinture, tous de la Renaissance, tels que des rinceaux de pampres, d'élégants enroulements, quelques personnages, notamment un archer tirant de l'arc, des grotesques en queue d'oiseau, des canons, des faisceaux d'armes, de nombreux oiseaux, et enfin, de chaque côté de la cheminée, deux monogrammes identiques représentant deux D ou deux C entrelacés et barrés au milieu. On sait que ce monogramme est celui d'Henri II et de Diane de Poitiers ou de Catherine de Médicis. Reproduit, non seulement sur les monuments royaux, mais encore sur beaucoup de demeures seigneuriales absolument privées, il est considéré comme une date certaine de l'époque de la construction, c'est-à-dire la seconde moitié du xvie siècle. Un beau plafond à la française, dont les poutrelles peintes sont encore bien conservées, recouvre cette salle à manger.

Les salles 2 et 3 ne constituent au premier étage qu'une seule et grande salle, malheureusement aujourd'hui entièrement délabrée. La tour C sert de pigeonnier. De nombreuses niches ont été pratiquées à cet usage dans son mur intérieur.

La salle 4 est mieux conservée. Eclairée au midi par une large croisée à double meneau, elle est recouverte d'un joli plafond à la française, aux chevrons délicats très rapprochés, et carrelée en petites briques carrées dont l'assemblage en forme de quatre feuilles est des plus intéressants. Les panneaux de bois en forme de rectangle, qui recouvrent encore l'ébrasement de la croisée, méritent également d'être signalés.

Par cette salle 4 on sort de l'ancien château et l'on pénètre dans les constructions modernes du xvie siècle, au moyen du couloir E, éclairé, au nord et au midi, par deux larges croisées à double meneau, garnies encore de leurs vitraux primitifs et contre lesquelles on remarque les mêmes panneaux de fine menuiserie, décorés de jolis clous à tête losangée.

La grande salle M constitue, au premier étage, la partie la plus imposante et la plus belle du château. De dix-huit mètres cinquante de long sur dix mètres trente de large, elle reçoit le jour de cinq magnifiques croisées à meneaux, dont trois au midi et deux au nord, se faisant face, et ornées à l'extérieur de moulures prismatiques et de montants couronnés de pilastres coniques du plus ravissant effet. L'échelle de notre photogravure, représentant la cour intérieure du château, est assez grande pour que nos lecteurs puissent suffisamment admirer ces spécimens très purs de l'art au xvie siècle. Les trois fenêtres du midi ont été ouvertes en brèche, c'est-à-dire qu'elles ont été percées dans le mur d'enceinte primitif, exhaussé plus tard jusqu'à la hauteur de la toiture.

La grande salle de Léberon est ornée sur son mur occidental d'une majestueuse cheminée, de trois mètres de largeur extérieure. Son manteau, remarquable par son appareil, est agrémenté de moulures rectilignes très simples et très belles. Il est surmonté d'un immense panneau carré sur lequel on devine quelques traces de peintures à fresque au ton jaune ocreux. D'autres traces de peintures se retrouvent également tout autour de la salle, au-dessous de la corniche et au-dessus des vastes panneaux que recouvraient de riches tapisseries. On distingue çà et là quelques médaillons et deux lions. Le plafond à la française, s'il a jamais existé, aurait reposé sur des consoles, en pierre d'un côté et de l'autre en bois. Il n'en reste aucune trace; ce qui pourrait laisser supposer que cette charpente admirable, qui est l'œuvre maîtresse du château de Léberon, était destinée à rester toujours apparente.

Cette charpente sans entraits, qui recouvre la salle M, est surtout remarquable par sa sveltesse et par son assemblage. Elle affecte la forme d'une carène de navire renversée ou d'un berceau à sept pans. Elle est de tous points semblable à des spécimens assez rares de charpentes appliquées à des édifices religieux ou civils et destinées à rester apparentes. Des jambettes, reposant sur des blochets en saillie, se relient aux arbalétriers; des esseliers, également appliqués aux arbalétriers, supportent un premier entrait retroussé, qui correspond à une entretoise dans le sens horizontal et longitudinal, et à un poinçon dans le sens vertical. Un second entrait retroussé, un peu au-dessous du faîtage, consolide cet ensemble de poutres, qui n'a pas fléchi.

Peu de temps après qu'ils eurent élevé cette belle salle, les seigneurs de Gélas étendirent du côté de l'est leurs constructions; et, profitant toujours du mur d'enceinte qui n'avait plus sa raison d'être, ils le surélevèrent et y adossèrent l'aile N, dont la galerie intérieure, sans nul mur de refend, ne mesure pas moins de trente-deux mètres de long. Eclairée de chaque côté par trois croisées, elle communique avec la salle M par la porte R, encadrée également de montants, dont les pilastres à chapitaux ioniques sont semblables à ceux des fenêtres de la cour intérieure.

La salle entière N est décorée de peintures murales, qui devaient être fort curieuses, mais qui sont aujourd'hui presque entièrement effacées. Néanmoins, avec quelque attention, on reconnaît encore sur un fond tantôt gris, tantôt jaune ou rouge, des silhouettes de personnages à cheval, de grandeur naturelle, soit en costume de parade, soit armés de pied en cap. Les chevaux sont revêtus de riches harnachements, les uns peints en rouge vif, d'autres en blanc, d'autres en jaune ocreux. Dans un des panneaux du milieu, on croit distinguer une scène de tournoi, dans un autre une monstre d'armes, dans un troisième une vraie bataille, avec charge de cavaliers se heurtant, la lance au poing, les uns contre les autres. Au-dessus de ces scènes très curieuses se déroule, dans la frise et au-dessous de la corniche, toute une série de médaillons. On en compte dix-huit du seul côté ouest. Les personnages sont difficiles à reconnaître. Néanmoins apparaissent encore, dégradées par les intempéries des saisons, des têtes de cardinaux, d'évêques, de seigneurs laïques, d'hommes d'armes, tous dans les costumes de la première moitié du XVIIe siècle.

Cette décoration murale, très rare dans notre région du Sud-Ouest, offre incontestablement un intérêt tout particulier. Pourquoi le temps s'est-il montré si cruel à son égard ? Que ne pouvons-nous aujourd'hui saisir l'effet que devaient produire, à l'époque qui les a vues naître, ces mâles et héroïques peintures dans ces grandes salles toutes remplies de trophées victorieux ? Quelle fortune et quel goût instinctif des arts elles dénotent chez ces grands seigneurs, contemporains d'Henri IV et de Louis XIII, qui, au retour de luttes pénibles et sanglantes, savaient si noblement se reposer dans le calme de leurs vieux châteaux, transformés et embellis par

COUR DU CHATEAU DE LÉBERON
Arrondissement de Condom (Gers)

eux, et transmettre ainsi à la postérité ces témoignages aussi vivaces de leur faste et de leur puissance !

Au dehors, le château de Leberon, tel qu'il a été conservé de nos jours, a encore très grand air. Il est dominé par le chapeau octogonal en tuiles à crochets de la tourelle de l'escalier et par la toiture à pignon aigu de la belle charpente du XVIe siècle. Cette toiture est coupée dans sa hauteur par trois bandes horizontales et inégales de tuiles vernissées et imbriquées dont l'assemblage est des plus artistiques. De larges fossés, jadis remplis d'eau, et dont on voit les traces, baignaient tout le pourtour de l'ancienne enceinte. Ils sont aujourd'hui comblés; et les vertes pelouses qui les recouvrent donnent naissance à de nombreux pieds de lierre dont les ramures inextricables tapissent de la façon la plus pittoresque les parois assez sombres des antiques murailles.

Cachée sous les branchages épais des chênes et des ormeaux, une humble chapelle se dresse modestement à côté. Elle n'offre aucun intérêt architectonique, si ce n'est une litre double, qui contourne ses murs à l'extérieur et sur laquelle sont représentées les armoiries de ses derniers seigneurs, les Melet, qui portaient : *d'azur à trois ruches d'or, posées deux en chef et une en pointe*. C'était la chapelle du château. Là devaient prier les nobles châtelaines; là furent enterrés, durant deux longs siècles, les plus illustres et les plus valeureux de cette grande famille de Léberon, qui portèrent si haut leur nom durant les luttes du XVIe siècle et dont nous allons, à grands traits, retracer l'histoire mémorable, qui se trouve être en même temps celle de leur château.

— Aussitôt après avoir acheté la seigneurie et le château de Flarambel, André de Gélas, seigneur de Léberon, s'y installa avec toute sa famille. Fils de Pierre de Gélas et de Blanche de Bourrouillan, dont les résidences habituelles étaient Condom et Cassagne, il avait épousé, en 1499, Marguerite de Lamothe d'Arriès, dont il eut trois enfants : 1° François, qui suit; —

2° André de Gélas, dit le capitaine Léberon, seigneur de Moussaron et de Caubet, marié en premières noces à Marguerite de Gensac, laquelle testa en sa faveur, le 24 août 1572, dans la salle noble de Moussaron (1), puis à Charlotte d'Estang. Sans enfants d'aucune de ces deux femmes, il testa lui-même plus tard en faveur de Lysander de Gélas, son petit-neveu;
— 3° Marguerite, qui épousa Roger de Larée, seigneur de La Rivière (2).

Mais à peine le seigneur de Léberon était-il entré en possession de sa nouvelle acquisition, qu'il lui arriva une aventure étrange, à la suite de laquelle il fut obligé de quitter momentanément le pays. Ayant rencontré aux environs de Simorre, dans une chevauchée qu'il faisait avec son frère Jean de Gélas et la femme du sénéchal d'Aure, une troupe de gentilshommes armés, il fut attaqué par ces derniers. Une lutte des plus acharnées s'engagea entre eux, au cours de laquelle il vint à tuer un de ses adversaires Jean de Daguin ou d'Aquin. Condamné pour ce fait, André de Gélas dut implorer la clémence du Roi et obtenir de lui des lettres de rémission.

Ces lettres de grâce, dont l'original a été conservé et qui sont restées inédites jusqu'à ce jour, donnent de si curieux et si intéressants détails sur cette émouvante affaire, elles nous retracent si bien les mœurs brutales de l'époque, les dangers à courir, le peu de sécurité des chemins, que nous n'hésitons pas, malgré leur longueur, à les reproduire ici *in extenso :*

François, par la grâce de Dieu, roi de France, à tous ceux qui ces présentes lettres verront, salut. — Receue à nous l'humble suplication d'*André de Gélas*, escuyer, seigneur de *Léberon*, chargé de femme et enfans, contenant que dix ans ou environ sont passez que ledit suppliant et *Jean de Gélas*, son frère, partirent dudit lieu de

---

(1) Chartrier de Gélas.
(2) Notes généalogiques de M. le chanoine J. de Carsalade du Pont. La généalogie des Gélas, dans Lachesnaye des Bois, ne commence qu'à Lysander.

Léberon, pour aller jusques au lieu d'*Aryès* (1), dont sa femme était sortie et issue, et passèrent par le lieu de *Symorre*, où ils couchèrent la nuit en la maison de *Jean de La Barthe*, sénéchal d'Aure, et de *Maria de Biela*, femme dudit sénéchal,—auquel suppliant ledit sénéchal dit que sa dite femme vouloit aller à *Montcorneil*, et qu'ils pourraient aller ensemble; car ledit Moncorneil était sur le chemin pour aller audit Aryès, et de ce furent d'accord. Et le lendemain, environ dix heures du matin, le suppliant en la compagnie de ladite femme dudit sénéchal et de Jehan de Gélas, frère du suppliant, de Jean de Grantmont, d'un nommé Cadeillan, et certains autres serviteurs dudit sénéchal, qui y estèrent pour accompagner ladite de Biela, femme d'iceluy sénéchal, partirent dudit lieu de Symorre pour aller audit Montcorneil; et quand ils eurent passé la borde d'un nommé Jehannot de Daguin, habitant d'Aguin, un nommé *Arnaud de Bère*, bastard du seigneur dudit lieu d'Aguin, soy-disant seigneur dudit lieu d'Aguin, accompagné d'un nommé *Arnautolet de Casterès* et de *Guillaume de Casterès*, son baile, avec un gros baston ou barre, et en pourpoint, ayant lesdits bastard et Casterès chacun son arbalestre bandée, avec le traict dessus, vinrent droitement contre lesdits supliant et autres dessus nommés, lesquels ladite *Catherine*, demoiselle, qui estoit avec ladite femme dudit sénéchal, les aperçeut qu'ils venoient contre eux, c'est à sçavoir ledit bastard d'Aguin et baile par derrière, et ledit de Casterès par devant, dit à la dite femme dudit sénéchal telles parolles ou semblables : « Hélas ! regardatz Monsieur d'Aguin, qui vient au travers des vignes, avec l'arbalestre tendue; quelque desplaisir nous fera; » et lors ladite dame et ledit supliant avec leurs compagnons s'arrestèrent et assemblèrent, et tout incontinant lesdits susdits d'Aguin, Arnautolet et Guillaume de Casterès, et autres leurs complices, survinrent sur le chemin, disant ledit bastard telles ou semblables parolles : « Retirates, retirates; plagues de Diou ares y faran : » et en disant lesdites paroles, estant en la vigne d'un nommé de Tayau, auprès de la haye de ladite vigne, dessera son arbalestre et en frappa un nommé Jehan de Grantmont, serviteur dudit sénéchal, d'un coup de traict par le ventre; lequel de Grantmont, incontinent qu'il fut frappé, tournant son cheval en arrière, se mist à fuir vers ledit lieu de Symorre, ensemble le fils dudit sénéchal; et aussy ledit de Casterès dessera son arbalestre contre ledit supliant et autres qui estoient en la compaignie de ladite femme, et alors

(1) Hautes-Pyrénées, canton de Castelnau-Magnoac, arrondissement de Bagnères-de-Bigorre.
(2) Gers, canton de Saramon, arrondissement d'Auch.

ioelle femme dudit seneschal dit audit bastard d'Aguin telles parolles :
« Hélas ! Monsieur d'Aguin, que voulez fa ? » le priant à mains jointes
pour l'amour de Dieu qu'il ne luy voulust faire tel deshonneur, luy
disant, outre qu'elle ne scavoit point luy avoir fait aucun desplaisir, et
qu'il les devoit avoir avertys; et lors ledit bastard leur dit : « Tirez,
tirez, que par las plagues de Diou, tous mauritz ! » et sur ces parolles,
ladite dame tomba de son mulet en terre, comme demi-morte; lequel
bastard, incontinent qu'il eut desserré sa dite arbalestre et fait ledit coup
en perseverant toujours de pis en pis en son mauvais vouloir, voulut
derechef bander et tendre sa dite arbalestre pour en tirer autre coup; ce
que voyant par ledit Cadeilhan, serviteur dudit sénéschal, et la fureur
ou estoit iceluy bastard, craignant qu'il ne tuast de sa dite arbalestre ou
traict qu'il s'efforcoit de bander sa dite maistresse ou les autres qui
estoient en sa dite compagnie, prinst une arbalestre qu'il avoit et d'icelle
tira un coup de traict contre ledit bastard, duquel coup luy cousut la
main contre l'arbrier de sa dite arbalestre, au moyen de quoy iceluy
bastard ne put bander sa dite arbalestre; et tout soudain degaigna son
épée qu'il avoit et vinst à l'encontre desdits serviteurs dudit séneschal, frappant grands coups de sa dite épée, reniant toujours Dieu
qu'ils mourroient audit lieu; lesquelles menaces ainsy faites par ledit
bastard, ledit *Jean de Gélas*, frère dudit supliant, pour apaiser ledit
bastard, luy pria fort et requit en disant telles paroles : « Monsieur
d'Aguin, que voulez-vous faire ? Vous et moy avons été frères d'armes
en la guerre dela les monts; et ne nous faites tel deshonneur; pour
l'amour de Dieu ne le faites; mais donnez-nous passage pour cette
fois. » Ce que ledit bastard ne voulust faire; et persévérant toujours par
luy en son damné propos, nonobstant les prières à luy faites, appela
aucuns de ses autres serviteurs ou sujets pour venir vers luy et augmenter sa force. Et pour plus aisément parvenir à ses fins et outrages
et batre ledit supliant et autres de sa dite compagnie, au mandement
duquel d'Aguin survinst un nommé *Jean de las Cournères*, fils de
Pierre de las Cournères, dit Peton, avec une aguillade; lequel sitost
qu'il fust armé, se prinst à ruer de grands coups de ladite aguillade
sur un nommé *Pierre*, l'un des serviteurs dudit sénéschal qui estoit
en ladite compagnie; et semblablement donna de sa dite aguillade sur
le visage dudit supliant, tellement qu'il le blessa près de l'œil; et se
mirent lors lesdits bastards d'Aguin, de Casterès et de las Cournères,
tous trois ensemble à ruer et frapper de grands coups d'épée et de
pierres tant sur la teste et visage dudit supliant et Pierre, serviteur
dudit sénéschal, qu'autres parties de leur corps. Quoy voyant par ledit

Jehan de Gélas, frère dudit supliant, et que ledit d'Aguin, bastard, ne vouloit cesser de les outrager et ne les vouloit laisser passer leur chemin, pour prières qui luy fussent faites, print une javeline que avoit aucun de sa dite compagnie, et ledit supliant une autre pour se deffendre; de laquelle javeline ledit Jehan de Gélas, frère dudit supliant, pour dessus une haye et foussé, en rua un coup à l'endroit dudit d'Aguin, qu'il atteignit au fond du ventre, auprès de la cuisse; et alors iceluy d'Aguin se retira en derrière et tomba par terre, et tout incontinent se retira en disant telles ou semblables paroles : « Ha, je suis mort; mais par ma foy, je l'ai bien gagné! » et sur ces paroles vinrent lesdits Jehan de las Cournères, et ledit de Casterès, baile dudit d'Aguin, à l'encontre desdits supliant et Pierre, serviteur dudit séneschal, ruant toujours sur eux de grands coups de barre; et n'eust esté la résistance et deffense dudit supliant et aussy le secours que luy fist son dit frère, eust esté tué et occis par les dessus dits de Casterès et de las Cournères, parce qu'il estoit sans aucun harnois, ni armures, fors que une courte dague qu'il tira pour se deffendre, sans faire ni frapper aucun coup, sinon rabattre toujours les grands coups qu'on luy donnoit à son pouvoir, et ne seust si bien se deffendre qu'il ne fust blessé et navré audit conflit et noise; et pour secourir iceluy supliant et luy aider à passer ledit chemin, vinrent lesdits Jean de Gélas, son frère, et Pierre, serviteur dudit séneschal, sur lesquels se jettèrent lesdits baile et de las Cournères, en leur ruant grands coups de barre, desquels ledit Pierre fust fort blessé par ledit baile et de las Cournères; lesquels Jehan de Gélas, et Pierre, serviteur susdit, ou eux deffendant, donnèrent aucun coup de javeline sur la teste dudit baile; et ce fait se départirent, et incontinent ledit d'Aguin fust emporté en sa maison par ses serviteurs, en laquelle, comme l'on dit, il seroit une heure après, au moyen desdits coups, allé de vie à trépas. Et semblablement ledit baile, cinq ou six heures après, au moyen desdits coups, tant par faute de bon appareil qu'autrement, serait aussy allé de vie à trépas.

Pour raison desquels cas ledit supliant, craignant rigueur de justice, se seroit absenté du pays, auquel ni ailleurs en nostre royaume il n'oseroit jamais bonnement ny seurement converser, reparoir, ni demeurer, si nos grace et pardon ne luy estoient et sont sur ce préalablement impartis. Si, comme il dit, en nous humblement requerant que, attendu ledit cas ainsy advenu par la manière que dit est, et que auxdits deffunts ne fut donné aucun coup par ledit supliant, combien qu'il y fut présent, et que de tout son pouvoir il tachoit à éviter ladite noise et debat, ainsy que en tous autres cas, iceluy supliant a tousjours été et est de bonne vie, renommée et honneste conversation, sans avoir jamais esté atteint ni convaincu d'aucun autre vilain cas, blasme ou reproche; Nostre plaisir soit, sur ce, luy elargir et implorer nos dits grace et pardon. Pourquoy Nous, ces choses considérées, voulant miséricorde préférer à rigueur de justice, audit supliant, au cas dessus dit, avons quitté et pardonné, et par la teneur de ces présentes de nostre grace espécialle, pleine puissance et authorité royale, quittons et pardonnons le fait et cas dessus déclaré, avec toute peine, amende et offence corporelle, criminelle et civile, etc.

Donné à Saint-Germain-en-Laye, le seizième jour d'octobre, l'an de grâce 1522 et de notre règne le huitieme (1).

Il est à présumer qu'André de Gélas n'attendit pas l'envoi de ces lettres pour rentrer dans ses domaines, si tant est qu'il en fut seulement sorti après cette équipée, qui dut arriver vers l'an 1512. Nous voyons, en effet, que bien avant l'année 1522, date de leur émission, il habitait le château de Flarambel et qu'une de ses principales occupations était d'augmenter paisiblement l'étendue de ses possessions. C'est ainsi que, le 22 avril 1514, il achète à Bertrand de Castelbajac, seigneur de Maignaut, le même qui lui avait vendu Flarambel, une partie de la « salle de La Serra, en juridiction de Gondrin (2), » et que, trois ans après, il opère avec le couvent des Frères-Prêcheurs de Condom un échange des plus importants, dans l'acte duquel se retrouvent les noms de certaines grandes propriétés du territoire de Valence. Le 1er juin 1517, en effet, les Frères-Prêcheurs de Condom, « cèdent à noble André de Gélas, seigneur de Léberon et de Flarambel, un écu de fief noble, comptant 108 ardits par écu, que certains particuliers de Condom font auxdits Frères Prêcheurs; plus tous les fiefs et servitudes qui appartiennent à la Milice du Temple, dans les lieux et juridictions du Sempuy et d'Ayguetinte, appelés *los fiefs de la Cabaleria* (3), et, dans

(1) Chartrier de Gélas. Bibliothèque Mazarine, Paris.
(2) Archives du Séminaire d'Auch.
(3) On sait que la Cavalerie, près d'Ayguetinte, était une des commanderies d'abord des Templiers, puis des Hospitaliers de Saint-Jean de Jérusalem. Ses titres, qui existent encore au complet, se trouvent aux Archives départementales de la Haute-Garonne.

la juridiction de la ville de Valence et la paroisse de Saint-Vincent d'Asques, certains autres fiefs, ayant appartenu autrefois à noble Carbonnel du Busca, et qu'avaient achetés les Frères-Prêcheurs. » En échange, André de Gélas leur abandonne un écu de fief noble, qu'avait coutume de lui payer tous les ans, à la fête de Tous les Saints, Arnaud de Cassagne, pour sa métairie du Cluset, juridiction de Valence, plus divers autres fiefs lui appartenant, également autour de cette métairie, et une certaine somme d'argent. Figurent dans l'acte :

Frater Johannes de Riparia in sacrâ paginâ magister, prior claustralis dicti conventus; et fratres : Bernardus de Melena, Petrus de Aquilano, Geraldus de Tarragona, Johannes de Pomareto, Rigaldus de Siconario, Bonus de Comitanis, Petrus de Castilhano, Arnaldus de Pyto, Guillelmus de Belo, Petrus de Tilhaco, Petrus de Bustario, Dominicus de Cazeriis, Antonius Rigaldi, Johannes de Beza, Johannes de Fabro, Bernardus de Lerio, Vitalis de Aristallo... facientes majorem partem religiosorum antedicti conventus (1). »

Enfin, le 15 mai 1521, André de Gélas, seigneur de Léberon et de Flarambel, rend, en la personne de l'évêque de Nimes, vice-chancelier d'Armagnac, hommage à Charles, duc d'Alençon, pair de France et comte d'Armagnac et de Fezensac, pour sa terre noble de Flarambel, située dans ledit comté de Fezensac (2).

Parmi les nombreux actes passés par ce premier seigneur de Flarambel, dont les originaux se retrouvent tous dans l'important chartrier de sa famille, il nous faut signaler un curieux document, qui nous fournit les limites exactes à cette époque, autour du château de Flarambel, du Condomois et du comté de Fezensac. C'est le *Procès-verbal de visite et information faite de l'estat et situation des limites de la comté de Fezensac, le 29ᵉ aoust de l'année 1538*. Le village de Cassagne appartenait, on le sait, aux évêques de Condom.

(1) Chartrier de Gélas. Bibliothèque Mazarine.
(2) Idem.

Dans la juridiction dudit village se trouvait la salle noble de Léberon à André de Gélas, et, pour ce fait, hommagère dudit évêque. Les consuls de Condom prétendirent avoir des droits sur ladite salle et percevoir, à ce titre, des tailles et deniers du seigneur de Léberon. Ce dernier protesta, affirmant avec juste raison que ce fief se trouvait en Fezensac et non dans la sénéchaussée de Condom. Des commissaires furent nommés; ils se transportèrent sur les lieux et donnèrent tort aux consuls de Condom. Leur décision porte en effet que :

La salle et maison de Léberon est située dans le comté de Fezensac, et au faict et juridiction dudit lieu de Cassagne, comme sont bois et terres, prés et vignes; allant par un costé jusqu'à un ruisseau appelé le *Tournehoc*, et au bas de la caute, confrontant avec le chemin public, tirant de Flaran à Condom, là où ils ont vu mectre les limites, savoir : une fleur de lis; et ce du consentement des officiers desdits seigneur et dame Roy et Reyne de Navarre et des habitans de la ville de Condom. Et ainsi le faict dudit lieu de Cassagne dure tout au long du chemin public jusques à un ruisseau appelé *de Marmande*, et aussi dure tirant par un fossé près d'un ruisseau au-devant de ladite salle et maison de Léberon jusqu'à un carrefour appelé *à la Carrère de Nebout*, incluse une fontaine, où ont veu mettre une limite, savoir est : un pan de bois en lequel fut afigée une fleur de lis par un costé en signe de division des faits et juridiction tant dudit lieu de Cassagne que de la ville de Condom; lequel *lieu de Cassagne est situé dans le comté de Fezensac avec toutes ses appartenances et ladite salle et maison de Léberon est située et assise dans la juridiction et appartenances dudit lieu de Cassagne*, etc. (1).

Ce qui n'empêchait pas le seigneur de Léberon de continuer, pour cette salle de Léberon, sise dans la juridiction de Cassagne et par suite dans le comté de Fezensac, en dehors par conséquent de la sénéchaussée de Condom, à rendre foi et hommage à chaque nouvel évêque de Condom, comme seigneur du lieu de Cassagne. Témoin l'acte d'hommage

(1) Chartrier de Gélas.

rendu le 23 octobre 1535 par le même André de Gélas au nouvel évêque Mgr Charles de Pisseleu, où, en outre de la salle de Léberon, il reconnaît encore tenir en fief dudit évêque la salle de pierre, dite de Cantemerle, une métairie avec terres, prés, vignes et bois, et enfin trois maisons dans le lieu et juridiction de Cassagne. A genoux devant l'évêque, André de Gélas lui fait don pour cet hommage d'une paire de gants de cuir noir, et il promet de continuer à être bon et fidèle vassal. Sont témoins : Frère Jean de Verduzan, abbé de Pessan, Mᵉ Jehan Le Roy, Géraud La Verigne et Guillaume Gannot, lieutenant et avocat du Roi (1).

André de Gélas dut mourir peu après ce dernier acte d'hommage. Nous ne connaissons pas la date exacte de son décès. Son fils aîné *François* lui succéda et devint, à sa mort, seigneur de Léberon et de Flarambel. Epoux d'Anne de Montesquiou-Lasséran-Massencôme, la propre sœur du maréchal Blaise de Monluc, François de Gélas en eut quatre enfants : 1° *Antoine*, le fameux neveu de Monluc, continua la filiation; 2° *Charles*, abbé de Sainte-Ruffe, puis évêque de Valence et de Die en 1560; 3° *Marguerite*, qui épousa. le 16 juin 1566, Jean de Puységur, écuyer, seigneur de Montaut, un des cent gentilshommes de la maison du Roi, et qui reçut comme dot, de son frère Antoine, alors chef de la famille, « la somme de 2,200 livres tournois, plus de riches accoutrements de velours et de soie (2) »; 4° enfin *Anne*, mariée plus tard à Bertrand d'Astugues, seigneur de Rezengues (3).

Nous ne connaissons sur François de Gélas, beau-frère de Monluc, que ce passage des Commentaires, qui lui est relatif. Il s'agit de travaux de défense à effectuer devant le fort de Montareau, près Boulogne-sur-Mer :

Je ne trouvay pas ung seul soldat qui y veulust mettre la main. Ce

(1) Chartrier de Gélas.
(2) Idem.
(3) Idem.

que moy voyant, pour les convier par mon exemple, prins ma compaignie, celle de mon frère, monsieur de Lioux, et celles des cappitaines Léberon, mon beau-frère, et Lavit, mon cousin-germain; car ceux-là ne m'eussent ozé refuser... Et comme je m'en vins à la cortine, j'y commensay à mettre la main le premier, à remuer la terre, et tous les cappitaines après, etc. (1).

Dans le tome III (page 442) de son *Histoire générale de France,* Dupleix cite comme ayant assisté à la bataille de Cerisoles (1544) un « Monsieur de Léberon. » Ce ne peut être que François de Gélas. Néanmoins il dut mourir jeune, car, en 1554, il avait cessé d'exister. Témoin les transactions et accord intervenus entre son frère André, dit le capitaine Léberon, et messires nobles Bertrand de Lavardac, dit le capitaine Aysieu, seigneur de Castelblanc, et Jean de Moncaup, archidiacre de Basselogne, tuteurs de nobles Antoine et Charles de Gélas, fils de François. Passée le 15 juin 1554 dans la maison noble de Léberon, cette transaction eut pour but d'évaluer les droits qui revenaient audit André de Gélas, après la mort de son frère François, et qui furent fixés à la somme de 1,600 livres. En garantie de ces droits reconnus par la dame Anne de Massencome, dame de Lisle, mère desdits enfants de François de Gélas, il fut donné au capitaine Léberon, la maison de pierre dite de Cantemerle, dans la juridiction de Cassagne, ainsi que plusieurs autres pièces de terres avoisinantes. L'ensemble du riche héritage de François de Gélas revint, sous la surveillance de sa mère Anne, à Antoine, son fils aîné, dont le nom allait devenir bientôt à jamais célèbre.

Il n'est pas, en effet, un seul chapitre des Commentaires de Monluc, où ce seigneur de Léberon, neveu, ainsi que nous l'avons dit, de l'illustre maréchal, ne soit nommé. Faits d'armes, entreprises dangereuses, missions diplomatiques, ce hardi Gascon tente tout, et partout la fortune lui sourit. Nous

(1) *Commentaires de Monluc,* édition de Ruble, tome I, page 309.

ne savons si le mot qu'on prête à Monluc : *Quand on a pour devise, « Deo Duce et ferro comite, » et pour neveu Monsieur de Léberon, on est invincible*, est réellement authentique. En tous cas, les nombreux passages de ses Mémoires où il est cité et toujours avec honneur prouvent surabondamment qu'Antoine de Gélas ne fut pas le premier venu, et que c'est avec juste raison que son oncle le Maréchal le tint en haute estime et sincère affection.

Antoine de Gélas, seigneur de Léberon et de Flarambel, chevalier de l'Ordre du Roi, gentilhomme de la Chambre de Sa Majesté, plus tard colonel des légionnaires de Guienne et gouverneur de Libourne et de Bergerac, épousa, le 7 décembre 1561, Antoinette de Pavet, dame de Montpeiran et des Eymeries (1).

Il en eut cinq enfants : 1° Lysander, qui suit; 2° Fabien-Agésilas, tige de la branche des Gélas du Dauphiné; 3° Pierre-André, abbé commendataire de Flaran, évêque de Condom, puis de Valence et de Die; 4° Quitterie, mariée à Jacques de Larée, seigneur de La Rivière; 5° Marguerite, mariée à son cousin Joseph de Gélas, seigneur de Rozès.

Antoine de Gélas demeura paisiblement au château de Flarambel jusqu'à l'année 1567. Mais à cette époque, les troubles religieux s'étant ravivés et toute la noblesse de Gascogne ayant repris les armes, il s'enrôla dans l'armée de son oncle, que désormais il ne quitta plus. La veille de son départ, il fit solennellement, ainsi qu'il suit, son testament dans son château de Léberon :

Au nom de Dieu, le Père, le Fils et le Saint-Esprit. Sachent tous ceux à qui il appartiendra que moy, Antoine de Léberon, ay faict et arresté et signé de mon seing accoustumé mon testament; lequel, s'il advient par le vouloir de Dieu que je meure au voyage que j'entreprends, je veulx que soit executé en la même forme, etc.

Sur ce, il nomme son fils aîné Lysander de Gélas son

(1) Bibliothèque Nationale. Cabinet des Titres. Dossier Gélas. Cf. *Commentaires de Monluc*, édition de Ruble, tome III, page 152, note 1.

héritier universel; il lègue à chacun de ses deux autres fils, Pierre-André et Agésilas, la somme de 1,000 écus; il nomme sa femme Antoinette de Pavet usufruitière de tous ses biens, à la charge de faire de nombreuses aumônes aux pauvres, et il déclare en même temps qu'il la laisse enceinte : si elle donne le jour à un enfant mâle, il veut que ledit enfant ait, comme ses deux frères, la somme de 1,000 écus; si c'est une fille, il lui donne 3,000 livres en argent et 500 louis pour ses accoutrements nuptiaux; enfin il ordonne qu'après son décès, sa femme, « vive en viduité, chasteté et bien gouvernant le bien de ses enfants (1) ».

Une fois à l'armée, Antoine de Gélas prend part à toutes les opérations militaires dirigées par Monluc. Et d'abord il fait partie, en 1568, de l'expédition de Saintonge : « Et baillay la charge des gens de pied à commander à mon nepveu, Monsieur de Léberon », dit le Maréchal au livre VI de ses *Commentaires* (2).

Puis, il prend l'Ile-de-Ré (mars 1568) :

Et feys embarquer mon nepveu de Léberon avec ladite troupe au havre de Brouage... La tourmente garda ung jour et une nuict que mondict nepveu ne peust faire descente... A la fin, il s'advisa la nuict d'envoyer tous les petits batteaulx qu'il avoit menés avec luy, chargés de soldatz, faire descente par des rochiers derriere l'isle, où les ennemys ne se prenoient garde... Mondit nepveu qui estoit au combat, manda tous les esquifs pour faire venir tous les aultres cappitaines et soldatz qui estoient demeurés aux navires, ce que promptement feut faict. Et comme tous feurent à terre, ils marchèrent droit au grand fort de l'esglise, qu'estoit à une grande lieu et demye et de là l'assaillirent par deux ou trois coustés; de sorte qu'ils l'emportèrent et tuèrent tout ce qui se trouva dedans (3).

Quelques jours après, Monluc envoie M. de Léberon à la Cour de France, afin que la Reine vienne au secours de sa

---

(1) Chartrier de Gélas.
(2) Edition de Ruble, tome III, livre VI, page 152.
(3) *Commentaires de Monluc*, tome III, page 156. — Idem, tome V, page 110. Lettre de Monluc au Roy, du 29 mars 1568.

petite armée et l'aide à fortifier les ports qui sont à sa disposition :

> Et conclusmes que Monsieur de Léberon, mon nepveu, iroit remonstrer tout cecy à la Reyne, et que Sa Majesté comprendroit mieulx son affaire que personne de son conseil. Et ainsin despeschay Monsieur de Léberon en poste à la Cour. La Reyne escouta toutes les remonstrances que mondict nepveu luy feist. Elle luy dict qu'elle en vouloit parler au Conseil. Et au bout de trois jours la Reyne luy dict que le Conseil du Roy ne l'avoit pas trouvé bon... et me renvoya mondict nepveu sans autre despeche (1).

A peine était-il rentré auprès du Maréchal, qui, malade à Agen, « s'en vint à Cassaigne pour changer d'air, qui feust environ vers la fin de juillet (1568) (2), » que celui-ci apprenant l'arrivée de la Reine de Navarre à Nérac, « l'envoya le lendemain visiter par M. de Léberon, la suppliant très humblement que sa venue apportât quelque profit pour l'entretenement de la paix (3) ».

Après la bataille de Jarnac, Antoine de Gélas reçut de son oncle l'ordre de garder la place forte de Sainte-Foy; « et Monsieur de Léberon, mon nepveu, demeura à Saincte-Foy, ayant trois companies et charge que si les ennemis s'approchoient de la Guyenne que il se iroit jecter dans Libourne avec lesdites trois companies ». Ce qu'il fit en juillet et en août de cette même année (4).

Le seigneur de Léberon s'illustra, quelques jours après, à

---

(1) *Commentaires* de Monluc, page 169.

(2) D'après ses *Commentaires* et sa volumineuse correspondance, Blaise de Monluc fit de longs séjours au lieu de Cassagne. Entend-il par cette dénomination le petit village même, où nous ne sachons pas qu'il ait possédé une maison, son fils Jean de Monluc n'ayant été évêque de Condom qu'en 1571, et par suite propriétaire du château de Cassagne qu'à ce moment ? Son lieu de résidence ne serait-il pas le château de Massencôme, qui appartenait à son père François de Lasséran, distant de Cassagne de trois kilomètres seulement ? ou même, plutôt encore, le château de Léberon, qu'habitait constamment sa sœur Anne de Massencôme, mère dudit Antoine de Gélas, et sis, comme nous l'avons dit, dans la juridiction de Cassagne ?

(3) *Commentaires*, tome III, page 172.

(4) Idem, tome V, pages 180 et 226. Lettres de Monluc à M. de Damville, du 3 juillet et du 29 août 1569.

la prise du château de Lévignac, dont Monluc lui ordonna de s'emparer « à quelque prix que ce feust. »

Il est prou fort pour bapterie de main, et n'en pouvoient venir à boult, car les ennemys se deffendoient fort et cognoissoient bien que l'on leur feroit une mauvaise guerre, à cause des grandes cruautés et meschancetés qu'ils avoient fait autour de Lévignac. Monsieur de Lauzun leur presta une coulouvrine et feyrent ung trou qu'il y pouvoit passer deux hommes, et les ungs avec les eschelles par le cousté de la basse-cour, et les autres par le trou donnoient et les emportarent. Et ne se sauva que troys prisonniers, et tout le reste feust mis en pieces (1).

Antoine de Gélas ne fut pas si heureux devant Aiguillon. Pendant que le comte de Mongonmery ravageait la Gascogne et prenait son quartier général à Condom, Monluc fit venir son neveu de Libourne et il lui donna ordre de se porter avec ses quatre compagnies à Aiguillon et à Port-Sainte-Marie. Trois occupèrent cette dernière ville. Une seule resta à Aiguillon, qui dut se diriger sur Villeneuve.

Ledict seigneur de Léberon resta seulement avec huict ou dix arquebouziers à Aiguillon. Encore dut-il, sur l'ordre de son oncle, faire escorte au commissaire Viard, de sorte que des douze arquebouziers que Monsieur de Léberon avoit, il luy en bailla les dix, faisant estat que dans trois heures ils seroient de retour. En attendant lesdits arquebouziers, voicy arriver Messieurs de La Caze, de La Loue, de Guytinieres, de Moneins et austres cappitaines, avec sept ou huict cornettes de gens de cheval... qui environnarent Aiguillon. Monsieur de Léberon se trouva seul avec ses deux soldatz et les païsans. Incontinent Monsieur de Montazet luy vint dire qu'il ne pouvoit pas tenir la ville et qu'il ne la vouloit poinct mettre au hasard d'estre destruite et ruinée; et firent quelque cappitulation, laquelle feust bonne pour ledict de Léberon; car il tomba ès mains de ces quatre qui estoient fort de mes amys, parce que le temps passé j'avois faict quelque chose pour eulx, et au cappitaine Moneins... Chacun voulust recongnoistre le plaisir qu'il avoit autresfois receu de moy, de sorte qu'ils le laissarent aller. Ce sont des honnestes courtoisies entre gens de guerre : mais mondit nepveu fit là ung pas de clerc, de n'avoir sceu garder ses gens pour la necessité.

(1) *Commentaires*, tome III, page 242. Lévignac est dans le canton de Seyches (Lot-et-Garonne).

Aiguillon fut pris le 28 novembre 1569. Léberon revint aussitôt auprès de Monluc, à Agen.

Nous le retrouvons enfin, d'abord à l'affaire de Mont-de-Marsan, puis à côté de son oncle et toujours intrépide au siège de Rabastens (23 juillet 1570). La veille de l'attaque, Monluc l'amène seul avec lui reconnaître la place; puis il lui confie, durant les cinq jours de lutte, la conduite de cinquante à soixante pionniers, chargés « de tirer le terre-plein et de creuser les fossés ». Enfin, au moment de donner l'assaut : « Je fis toucher du doigt à Messieurs de Léberon et de Montaut et aux cappitaines qui estoient de garde qu'en leur diligence tendoit toute nostre victoire; et ne dormirent pas, car comme j'ay desja dict, à la pointe du jour, l'artillerie commensa à tirer, et la contrescarpe feust rasée (1) ». On sait que Monluc fut affreusement blessé au visage, en conduisant lui-même la dernière escalade. Son neveu ne le quitta point; « et le lendemain matin, qui feust le troisieme jour de ma blessure, Monsieur de Léberon, mon nepveu, me fit pourter à Marsiac, qui est à deux grandes lieues de Rabastens. »

La prise de cette petite ville mit fin à la campagne. Quelques jours après, le 11 août 1570, fut signée la paix de Saint-Germain. Le seigneur de Léberon rentra dans ses domaines pour goûter un repos qu'il avait bien mérité.

A dater de ce moment, nous trouvons dans le chartrier de sa famille de nombreux actes touchant la gestion de ses biens et la surveillance de ses intérêts. C'est d'abord la revente que lui fait noble Jacques de Larée, son gendre, de la dîme de Flarambel, aliénée précédemment par lui à l'occasion du mariage de sa fille, Quitterie de Gélas (2); puis de nombreux emprunts, contractés en 1572, 1573 et 1575, pour payer ses dettes de guerre (3). Dans un inventaire des papiers de Mme de Lisse, passé en sa présence, Antoine de Gélas est qualifié,

---
(1) *Commentaires*, tome III, page 417.
(2) Chartrier de Gélas.
(3) Idem.

à la date du 11 mai 1574, du titre de gouverneur de Condom (1). Enfin, le 25 avril 1577, il préside, dans la maison noble de Léberon, à un accord intervenu entre tous les membres de sa famille (2).

Antoine de Gélas mourut deux ans après, le 30 mars 1579, en la ville de Condom (3). C'est ce que nous apprend l'inventaire après décès, fait à la requête de sa veuve Antoinette de Montpeyran (4) et pour lequel le notaire,

En compagnie de noble Antoine de Gélas, seigneur de Moussaron, oncle paternel dudit feu, et dame Marguerite de Monluc, abbesse du monastère de Prouillan, se transportent au château et maison noble de Léberon, *où ledit seigneur faisoit sa continuelle résidence.* Et estant entré dans la salle où ledit feu avait accoustumé de coucher, appelée la *chambre vieille*, avons fait ouverture du coffre-bahut, couvert de peau noire, où ledit feu avait accoustumé tenir son argent et papiers precieux; et avons trouvé une bourse de soie, contenant de l'or et de l'argent, plus papiers, titres, contrats, etc.

Mais l'inventaire fut arrêté dès le lendemain, la veuve d'Antoine de Gélas ayant déclaré qu'elle était malade et ayant prié le sieur de Moussaron de faire renvoyer à plus tard la visite des hommes de loi. Ce à quoi il fut consenti.

Lysander de Gélas fut le digne fils de son père. Sa bravoure à toute épreuve, le courage et le sang-froid qu'il montra en maintes occasions, son dévouement absolu à la cause du roi

---

(1) Les seigneurs de Gélas possédaient dans la ville de Condom une maison, rue du Collège, encore connue sous le nom d'*Hôtel de Gélas*. Très spacieuse, agrémentée d'un assez vaste jardin, cette maison se fait surtout remarquer, sur sa façade septentrionale, par une ravissante croisée à meneaux, de la plus pure époque de la Renaissance, dont les pilastres et l'entablement sont ornés de moulures très fines et très délicates. Cette croisée, aujourd'hui murée, qui éclairait une des salles du premier étage, est surmontée, à l'étage supérieur, d'une autre croisée, de dimensions moins vastes, mais tout aussi artistiquement sculptée. L'ancien hôtel de Gélas est aujourd'hui la propriété de M. André Lussan, qui l'habite avec sa famille.

(2) Chartrier de Gélas.

(3) Son portrait se trouve dans les *Monuments de la Monarchie françoise* de Montfaucon, page 219.

(4) Chartrier de Gélas. C'est par erreur, croyons-nous, que le savant annotateur des Commentaires de Monluc, M. A. de Ruble, donne, au tome III, page 152, la date du 23 décembre 1577 comme celle de sa mort, qui n'arriva que deux ans après.

de France et de la religion catholique, lui valurent l'amitié d'Henri III d'abord, puis du duc d'Anjou son frère, et plus tard, après la pacification générale, celle d'Henri IV. Lysander de Gélas porte à leur faîte la gloire et la grandeur de sa maison.

Entre autres faits d'armes, si nombreux dans sa longue carrière, citons ici ceux que nous raconte son compatriote Scipion Dupleix, dans son Histoire d'Henri III :

Ce ne sont pas ces actions-là que je veux recommander à la postérité, mais tant seulement celles qui sont dignes des âmes généreuses; comme ces deux, faites en ce temps par Lysander de Gélas, marquis de Léberon, desquelles aiant ouy souvent faire le récit en ma jeunesse, j'en ay bonne mémoire. Aussy l'une fut faite à une lieue de chez moy et l'autre à deux journées.

Ce gentilhomme, âgé tant seulement de xxiii ans, estoit arrivé naguères de la Cour, où il s'estoit arresté quelque temps après le trespas du duc d'Anjou, son maistre, soubs lequel il avoit fait de très bonnes et hardies actions, et notamment en une retraicte devant Cambray, aiant aux trousses, luy deuxiesme, une compagnie de gendarmes. Or, le sieur d'Estignoz, du parti contraire, aiant eu advis qu'il se divertissoit ordinairement à la chasse, se mit en embusche prez de sa maison, accompagné de trois gendarmes et trois arcbusiers à cheval, espérant le surprendre. Mais aiant esté descouvert, Léberon monte promptement à cheval et sans attendre trois des siens qui s'apprestoient pour le suivre, s'en alla droit à l'embuscade et chargea si furieusement ses ennemis qu'en aiant terrassé un en le choquant et l'autre (qui estoit d'Estignoz) d'un coup d'espée, les cinq restans (dont les deux furent aussi blessés) prirent la fuite. Quant à luy, il fut blessé aussi de trois grands coups et couroit fortune de la ●e, si ses ennemis, résolus de le prendre pour le rançonner, n'eussent a esté de tuer son cheval, luy couper les resnes de la bride et, le me nt hors de combat, se saisir de sa personne. Et de fait, ils ne manquèrent pas de donner à l'abordée deux coups de pistolet au cheval, et c upèrent une des resnes de sa bride; et se voians charpentés à coups d'es furent contraints de charger aussi le cavalier; mais ce fut trop tard et ap qu'ils se trouvèrent en désordre. Les gens de Léberon, arrivans après le mbat, ramenèrent d'Estignoz et son compagnon prisonniers; lesquels Léberon fit traicter avec pareil soin que luy-mesme; et le roy de Navarre les luy aiant envoyé demander en eschange de quelques prisonniers catholiques, il les luy renvoia libéralement sans rançon et sans aucune récompense.

— En l'autre action, écrit encore Dupleix, le marquis de Léberon eut le sieur de Gohas, depuis capitaine au régiment des gardes du Roy, pour compagnon de son péril et de sa gloire. Tous deux passans en Perigort, accompagnés tant seulement de dix chevaux (entre lesquels estoient les deux jeunes frères de Léberon, l'un nommé Fabien et l'autre Pierre-André, depuis évesque de Valence, et le capitaine Baudevez), ils rencontrèrent dans le bois de Petbeton, près l'église de Rampieu, le sieur de Piles, lequel, avec quatre cens hommes de pied et quarante maistres, alloit exécuter certaine entreprise sur Doumes. C'estoit au matin, le jour estant couvert d'un brouillas fort espez, de sorte que les uns ne pouvoient point cognoistre les forces des autres. Le *qui vive* aiant fait descouvrir les partis contraires, Léberon et Gohas chargèrent si brusquement la cavallerie des ennemis, qu'ils la renversèrent sur leur infanterie, en tuèrent cinq ou six, en blessèrent plusieurs, entre autres Piles mesme de deux coups d'espée, et en retinrent aucuns prisonniers; desquels aiant appris le nombre des ennemis, ils prirent un autre chemin. D'autre part, le soleil commençant à dissiper le brouillas, Piles ne se voiant point poursuivy, jugea que ceux qui l'avoient chargé, n'estoient pas guère forts, et aiant rallié les siens, tourna vers eux en bon ordre. Mais Léberon, monté sur un bon cheval d'Espagne, se mit seul sur la retraicte, et entretint si vaillamment ceux qui l'abordoient, que Gohas eut le temps de gaigner la susdite église de Rampieu avec sa petite troupe, et Léberon ensuite; de sorte que Piles s'en retourna sur ses pas pour rejoindre son infanterie (1).

Devenu maréchal de camp des armées du Roi, Lysander de Gélas, seigneur de Léberon et de Flarambel, épousa à Albi demoiselle Ambroise de Voisins, fille et héritière de feu messire François de Voisins, seigneur et baron d'Ambres, en partie, vicomte de Lautrec et chevalier de l'ordre du Roi. Son frère, Louis de Voisins, baron d'Ambres, était gouverneur pour le Roi des diocèses d'Albi, Castres et Lavaur. La future reçut en dot la somme de 2,000 écus, plus 2,500 autres écus que son mari lui constitua. Si ce dernier venait à mourir avant elle, les pactes de mariage portent « qu'elle jouira pleinement

(1) *Histoire générale de France*, par Scipion Dupleix, tome III, page 122 et suivantes.

de la maison noble de Flarambel ». C'est à la suite de cette union avec la demoiselle de Voisins que les seigneurs de Léberon devinrent possesseurs du marquisat d'Ambres, prirent dans la suite le titre de vicomtes de Lautrec, et qu'ils abandonnèrent peu à peu leurs terres de Gascogne pour se fixer dans leurs domaines, beaucoup plus importants, du Languedoc.

Lysander de Gélas, néanmoins, en dehors du temps qu'il passa à l'armée, continua de résider avec toute sa famille au château de Flarambel, que l'on voit déjà désigné dans certains actes, quoique rares, de château de Léberon. C'est de là que sont datés tous les contrats et documents que nous fournissent à foison, durant sa vie, les archives de sa famille. Nous n'en indiquerons que les plus importants :

Le 12 mars 1585, dame Antoinette de Pavet de Montpeyran, sa mère, lui fait don de la plus grande partie de ses biens, entre autres des château et maison noble de Montpeyran, juridiction de Villeréal, en Agenais. (1)

Le 8 novembre 1588, Lysander de Gélas reçoit —

Dans le château noble de Léberon, messire Hector de Pardaillan, seigneur de Gondrin, Montespan et autres lieux, chevalier des ordres du Roi, gentilhomme ordinaire de sa chambre, capitaine de cinquante hommes d'armes de ses ordonnances; et il lui donne quittance de la somme de 5,000 écus sols pour la dot de demoiselle Ambroise de Voisins, sa femme, comme étant chargé, à cet effet, de la procuration de messire Louis de Voisins, baron d'Ambres, frère de ladite dame.

Le 10 septembre 1595, « dans la ville de Condom et logis de M⁰ Jean Imbert, avocat au siège présidial de Condom, noble André de Gélas, seigneur de Mousseron, considérant son grand âge et qu'il n'a pas de postérité et que d'ailleurs il est chargé de nombreuses dettes, et notamment de la dot de feue demoiselle Charlotte d'Estang, sa dernière femme, désirant reconnaître les services qu'il a reçus et qu'il reçoit

(1) Chartrier de Gélas.

de noble Lysander de Gélas, seigneur de Léberon, son petit-neveu, lui fait don de tous et chacun de ses biens, consistant en deux maisons nobles appelées l'une de *Caubet*, juridiction de La Roque Fimarcon, et l'autre de *Mousseron*, juridiction de Condom, à la charge par lui de payer les legs qui suivent, etc. (1). » Lysander de Gélas prit possession effective de ces deux domaines, car nous le voyons affermer deux ans après la « maison noble de Mosseron, » et en 1599 celle de Caubet (2).

Le 16 juillet 1597, le même Lysander de Gélas donne quittance aux consuls de Condom pour la somme de 1,500 escus sol à eux prêtés par Hector de Pardaillan, qui avait cédé, nous l'avons vu précédemment, sa créance audit seigneur de Léberon (3).

Un long procès s'engagea à cette époque entre le seigneur de Léberon et les moines de Flaran au sujet de la délimitation de leurs domaines, qui étaient attenants et si proches l'un de l'autre. Les religieux réclamaient en outre à leur abbé, toujours absent, et qui avait pris comme mandataire pour le représenter Lysander de Gélas, de nombreuses sommes d'argent qui leur étaient dues et qu'il refusait de leur payer. Une transaction intervint entre eux, le 2 novembre 1608, qui durant quelque temps aplanit les difficultés (4).

Nous devons signaler à ce moment l'importante donation faite, en vertu de lettres patentes du roi du 14 octobre 1601, à Fabien de Gélas de Léberon, oncle de Lysander, et « en reconnaissance des bons et agréables services qu'il a faict à Sa Majesté en ses guerres, en plusieurs occasions qui se sont présentées, » de l'abbaye de Valette, ordre de

---

(1) Chartrier de Gélas.
(2) Notariat de Valence. Années 1597 et 1599. Les registres qui suivent, jusqu'à l'année 1635, contiennent à foison les multiples contrats, affermes, baux, gazailles, passés au château de Léberon par Lysander de Gélas.
(3) Minutes de Lafargue, 1587, f° 553, en marge.
(4) Chartrier de Gélas. Voir aussi notre *Monographie de l'abbaye de Flaran*. Années 1608 et suiv.

Cîteaux, diocèse de Tulle, « vacante par le décès de feu messire Charles de Léberon, en son vivant évêque de Valence et de Die, pour en faire pourvoir Pierre-André de Léberon, à présent évêque de Valence, ou telle autre personne capable que ledit sieur avisera, etc. (1). » Ce Pierre-André, oncle également de Lysander, était, on le sait déjà, à cette date, abbé commandataire de l'abbaye de Flaran (2).

Les deux lettres suivantes de Louis XIII à Lysander de Gélas, devenu marquis de Léberon par suite de l'érection en marquisat, sous ce nom et à cette époque, de la seigneurie de Flarambel, montrent de quelle haute estime et bienveillance particulière cette noble famille était honorée de la part du Roi :

> Louis, par la grâce de Dieu..., voulant aucunement reconnaître les services que le sieur marquis de Léberon, capitaine de l'une de mes compagnies d'ordonnances, a faits aux Rois nos prédécesseurs et à nous-mêmes, aux dépens qu'il a supportés en la levée des troupes, desquelles il nous a assisté l'année dernière et la présente en notre voyage de Guienne, — à ces causes avons accordé et accordons la jouissance pour six ans des droits qui nous appartiennent en la ville de Valence en Armagnac, dépendante de notre domaine de Navarre et qui sont en partage entre nous et l'abbé de Flaran, jusques à concurrence de la somme de 75 livres par an, que ledit sieur marquis nous a dit lesdits droits être affermés, pour en jouir et percevoir les revenus, etc.

Donné à Paris le 1er jour d'octobre l'an de grâce 1616 (3).

Et cette autre, également inédite, encore plus flatteuse :

> Monsieur de Léberon, j'ay été bien aise de voir icy le sieur de Flarambel, vostre fils, lequel m'a confirmé de bouche les assurances que vous me donnez de vostre affection à mon service par la lettre qu'il m'a rendu de vostre part et dont j'ay reçu plusieurs bons temoignages en diverses occasions qui s'en sont offertes. Je ne doute point que vous ne les eussiez continuées en ces occurences dernières, si les mouvements eussent passé plus avant, ainsi que vous me le faites paroistre par votre lettre. Mais Dieu y a voulu pourvoir par ce qui est arrivé en la personne du maréchal d'Ancres dont vous avez entendu les parti-

(1) Chartrier de Gélas.
(2) *Monographie de l'abbaye de Flaran.*
(3) Idem.

cularités. Je crois que vous aurez pris bonne part au contentement général que cette action a produit à tout mon royaume, ainsi qu'ont fait tous mes bons et fideles sujets et serviteurs, du nombre desquels je vous ai toujours estimé et tenu. Je donnerai ordre de leur affermir la paix dont ils jouissent maintenant par le bon establissement que je fais état de mettre aux affaires, par le moyen duquel ceux qui se sont emploiés à me bien servir pourront être assurés d'en recevoir la reconnaissance qu'ils méritent, ainsi que vous le pouvez être pour votre particulier, et que j'aurai toujours à plaisir de vous faire ressentir les effets de la bienveillance que j'ay en votre endroit, soit en votre personne ou de ceux qui vous appartiennent. Et n'étant cecy à autre fin, je prie Dieu, Monsieur de Léberon, vous avoir en sa sainte garde.

Ecrit à Paris, ce 15ᵉ de mai 1617.

Signé : Louis (1).

C'est vers ce temps-là que les trois filles de Lysander de Gélas contractèrent mariage au château de Léberon, où d'ordinaire elles résidaient. Le 7 octobre 1618, *Françoise de Gélas* épouse noble Antoine du Chemin, baron de Lauraët et de Pouypardin, fils de Guy du Chemin et de Charlotte de Gout, et héritier de son oncle Jean du Chemin, évêque de Condom. Le futur était assisté de messire Antoine de Cous, évêque de Condom, la fiancée de toute sa famille. Elle reçut en dot 10,000 livres tournois que son oncle Charles-Jacques de Gélas, abbé de Flaran, lui donna au nom de son père absent.

Trois ans après, ce fut le tour de *Marguerite de Gélas*, qui épousa, le 17 avril 1621, noble Corbeyran d'Astorg, vicomte de Larboust, et qui reçut en dot la somme de 12,000 livres.

Enfin, le 12 janvier 1622, la troisième fille, *Charlotte de Gélas*, épousa Melchior de Saint-Pastour, fils du seigneur baron de Bonrepos, qui fut blessé en 1637 à la bataille de Leucate (2).

Le vieux château de Flarambel était donc toujours habité. C'est Lysander de Gélas, ou peut-être même son père Antoine, le fameux neveu de Monluc, qui, durant les quelques heures

(1) Chartrier de Gélas.
(2) Idem.

que les dures nécessités de la guerre leur permettaient de passer dans leur manoir, le restaurèrent, l'embellirent, ornèrent ses croisées de leurs fines moulures prismatiques, la salle à manger des curieuses peintures murales, la grande salle de ces riches tapisseries dont on ne voit plus que la place, et qui décorèrent la salle oblongue de ces scènes de batailles et de ces médaillons, aujourd'hui presque entièrement effacés, que nous avons signalés dans la partie archéologique de ce travail.

Le dernier fait d'armes de Lysander de Gélas nous est raconté encore par Dupleix, à la date de 1622. L'armée royale guerroyait en Quercy. Nègrepelisse et Saint-Antonin venaient d'être pris par les troupes de Louis XIII. La plupart des villes rebelles du Languedoc faisaient leur soumission au Roi.

Les villes de Cuq et du Mas-Saintes-Puelles estant aussi à cause du voisinage, comme deux espines aux pieds des Toulousains, Sa Majesté, à leur supplication, se résolut de les leur oster; et à cet effect commanda au mareschal de Praslin d'y conduire son armée. Cuq n'attendit pas la sommation de se rendre; les habitans au seul bruit de ce commandement ayant déserté la ville et mis le feu en quelques endroits. *Alexandre de Gélas*, marquis de Léberon et d'Ambres, et depuis lieutenant du Roy en Languedoc, passant auprès avec sa compagnie de chevau-légers, et oyant les lamentations des femmes abandonnées de leurs maris et de leurs parens, entra dedans, et trouvant cet horrible spectacle, fit esteindre le feu et se saisit de la place pour Sa Majesté (1).

Le 8 janvier 1623, il est fait un inventaire fort curieux « des meubles laissés par noble Lysander de Gélas, marquis de Léberon, dans la maison noble de Moussaron, entre les mains de noble Daniel de Bure, sieur de Luzan, et noble Joseph de Bure, sieur de Pellecomme, ses fermiers (2). »

Un des derniers actes de Lysander de Gélas, nommé le 27 janvier 1625 maréchal de camp des armées du Roi, fut l'hommage solennel rendu par lui, le 20 novembre 1624, à

(1) Dupleix, tome v, page 224.
(2) Acte passé dans la maison noble de Moussaron et retenu par Bézian, notaire de Condom. (Etude Lagorce.)

l'évêque de Condom Antoine de Cous, pour la seigneurie et la salle de Léberon : « Laquelle salle contient le labourage de deux paires de bœufs, un bois, un pré, une vigne, un pigeonnier et une garenne; avec une paire de gants cuir noir et un baiser à la joue d'hommage, payable à chacun seigneur mouvant (1). »

Lysander de Gélas mourut, *ab intestat*, en 1626 ou au commencement de 1627. En outre des trois filles dont nous avons relaté les précédents mariages, il laissait trois fils :

1° *Hector*, qui suit;

2° *Charles-Jacques* de Gélas, évêque de Valence et de Die, après la mort de son oncle Pierre-André de Gélas, et, comme lui, abbé de Flaran (diocèse d'Auch), de Bonnecombe (diocèse de Rodez) et prieur du prieuré de Sainte-Livrade en Agenais. « Il fut sacré à Toulouse en 1624, fit son entrée à Valence, le 6 février de la même année, et à Die, le 6 avril suivant. Il travailla utilement à établir le culte de la religion catholique dans son diocèse, d'où il était presque banni; fit réparer le palais épiscopal de Valence et celui de Die, et soutint avec beaucoup de zèle les droits et les intérêts de son église. Il fonda en 1644 le séminaire de Valence, assista aux assemblées générales du clergé de 1625, 1635 et 1645, et il mourut au Mesnil, près de Saint-Germain-en-Laye, le 5 juin 1654, âgé de soixante-deux ans (2). » Son héritier universel fut son neveu, François de Gélas de Voisins, marquis d'Ambres.

3° *Jean de Gélas*, seigneur de Montpeyran, capitaine d'une compagnie de chevau-légers, blessé grièvement, nous apprend Dupleix, au siège mémorable de Tonneins, en 1622 (3), à côté du marquis d'Ambres qui fut tué et dont la mort fit passer sur la tête de son gendre Lysander la couronne du marquisat d'Ambres; présent à tous les combats engagés par l'armée

---

(1) Chartrier de Gélas.
(2) Lachesnaye des Bois, tome IX, art. Gélas. Voir aussi la *Gallia Christiana*, tome XV, page 335, ainsi que notre monographie de l'abbaye de Flaran.
(3) Dupleix, tome V, page 215.

royale contre les protestants, et « mort en 1628 dans les bois de Vênes, près de Castres, où les religionnaires, dont il était grand ennemi, lui dressèrent une embuscade (1). »

A partir d'*Hector de Gélas*, fils aîné de Lysander, le château de Léberon devint inhabité. Ses hautes fonctions militaires, son riche mariage, ses possessions chaque jour plus nombreuses dans le midi de la France, lui firent abandonner le vieux berceau de sa famille et préférer ses magnifiques résidences du Languedoc. C'est au château d'Ambres principalement qu'il résida. C'est de là que sont datés les actes les plus importants de son administration. Nous n'esquisserons donc ici que très sommairement la vie des seigneurs de Léberon pendant tout le XVII° siècle, où ils demeurèrent loin de nos contrées. Quel intérêt peut s'attacher à des ruines, si des souvenirs vivants ne viennent pas les peupler?

Un des premiers actes d'Hector de Gélas, marquis de Léberon et d'Ambres, vicomte de Lautrec, fut de passer avec ses frères, le 7 août 1627, et après le décès de son père, une transaction, en vertu de laquelle « ils renoncent à toutes sortes de procès et différends déjà engagés entre eux, et conviennent que pour les droits qui peuvent appartenir auxdits évêque de Valence et de Montpeyran en la succession de leurs feu père et mère, ledit seigneur marquis sera tenu leur bailler la somme de 50,000 livres, savoir 6,000 en argent et le reste en fonds de terre dépendants de l'hérédité, etc. (2). »

La terre de Léberon, qui seule nous importe, resta néanmoins à Hector de Gélas. Nous en avons pour preuve l'hommage qu'il en rendit au roi, le 4 avril 1634. A cette date, en effet,

Se présenta devant Scipion Dupleix, conseiller du roi, commissaire à ce député, en son logis de Lectoure, M° Gilbert Bartharès, notaire

---

(1) Histoire latine de France, par Barthélemy de Grammont, pages 611, 621 et 729.
(2) Chartrier de Gélas.

royal de Valence, pour et au nom de messire Hector de Gélas et de Voisins, marquis de Léberon et d'Ambres, vicomte de Lautrec, sénéchal de Lauraguais, chevalier des ordres du roi, conseiller du Roi en ses Conseils d'Etat et privé et lieutenant-général pour Sa Majesté au pays de Languedoc, lequel rendit hommage pour les marquisat, terre et seigneurie de Flarambel, consistant en justice, haute, moyenne et basse, avec la faculté d'instituer et destituer les officiers nécessaires pour l'exercice d'icelle, élire les consuls, recevoir leur serment, etc..... consistant en château et maison seigneuriale, offices d'icelle, jardins, verger, garenne, une métairie appelée du Comte, paires de bœufs, vignes, bois et autres terres... plus le greffe et domaine de Valence, dont a esté faict don à son père par lettres d'octobre 1615... le tout situé dans le comté de Fezensac, etc. (1).

De nombreux baux d'afferme existent dans les registres du notariat de Valence, concernant, à cette époque, la terre de Flarambel. Ils ne sont passés que par des mandataires, le marquis de Léberon toujours absent et aux armées (2).

Hector de Gélas, en effet, resta toute sa vie dans les camps au service du roi. En 1622, du vivant encore de son père, il défaisait déjà un corps de religionnaires près de Lavaur. En 1625, il se trouve au siège de Saint-Paul et à toutes les affaires, en Languedoc, de l'armée du maréchal de Thémines, à laquelle il appartenait, contre les entreprises du duc de Rohan. Dupleix nous apprend à cet égard qu' « en l'affaire de Viane, une des plus fortes places de l'Albigeois, le marquis de Ragny et le comte de Carmain, mareschaux de camp, le MARQUIS D'AMBRES, Montpeyran son frère, etc., firent très bon devoir en ces attaques (3). » Et plus loin, nous dit-il encore,

Le desplaisir que les nostres eurent du mauvais succès de l'entreprise du Mas-d'Azil, fut aucunement adouci par un heureux combat que le marquis d'Ambres fist auprès de Revel. Lui estant en sa garnison d'Avignonnet avec sa compagnie de chevau-légers, eut advis que le marquis de Luzignan avec la compagnie de gendarmes du duc de Rohan faisoit conduire neuf charretées de sel à Revel. Il monte incon-

(1) Chartrier de Gélas.
(2) Notariat de Valence. Reg. Bartharès et autres.
(3) Dupleix, t. v, p. 267.

tinent à cheval avec trente-deux maistres, et envoyant Montpeyran son frère devant avec treize cuirasses recognoistre les ennemis; Montpeyran lui mande qu'ils sont environ cent maistres, qu'il recognoit qu'ils branslent et s'en va les charger, le priant de s'avancer pour le soutenir. Luzignan qui ne voyoit que les coureurs et ne sçavoit pas de quelles forces ils estoient soutenus, mit sa troupe en trois petits esquadrons, faisant celuy du milieu beaucoup plus fort que les deux autres. Montpeyran, qui estoit un des plus déterminés cavaliers du royaume, donne vertement sur le dernier, le perce, le renverse, et charge encore si furieusement le second qu'il l'esbranle, et le marquis son frère survenant là dessus le rompt entièrement. Luzignan gaigna le devant à force d'esperons, entrainant avec luy la pluspart de sa troupe qui se sauva dans Revel, en estant demeuré sur la place et sur le chemin vingt quatre des plus mal montés ou des plus courageux qui furent tués après quelque resistence; et entre autres les deux Margueritte frères, Monclus frère du baron de Cancalières, Messaguel enseigne de la mesme compaignie, Desplas, La Rivière et du Gric de Lectoure. Des nostres, il n'y eut que Combrières de tué. Le duc de Rohan qui estoit dans Revel, entendant la route des siens, fit sortir tout ce qu'il avoit de cavallerie (qui consistoit en cent cinquante chevaux) contre le marquis d'Ambres, lequel, se retirant sur ses pas en bon ordre, acquit autant de gloire en sa retraite qu'au combat, l'ayant faite avec tant de resolution et de bonne conduite, en repoussant tous ceux qui l'abordèrent, qu'il n'y perdit pas un homme (1625) (1).

En 1627, Hector de Gélas est blessé au siège de Pouille, près de Castelnaudary, toujours contre le duc de Rohan. En 1632, il soumet la plupart des places fortes du Haut-Languedoc, la ville de Saint-Félix entre autres, ainsi que nous l'apprend toujours Dupleix (2). En 1633, il est nommé lieutenant-général du Languedoc. Puis il assiste au siège de Nancy et à la bataille de Leucate en 1637. A cette affaire il se montra vraiment digne de ses ancêtres, entrant le premier à la tête de quelques gentilshommes dans le retranchement ennemi et recevant deux coups de pistolet au bras droit. En 1638, le roi lui donna le gouvernement de Carcassonne. Mais il ne survécut guère à cette haute récompense. Le 1ᵉʳ février 1645 il

(1) Dupleix, t. v, p. 268.
(2) Idem, p. 427.

teste à Narbonne et il meurt dix jours après, le 10 février, âgé seulement de cinquante-quatre ans. Selon ses ordres, son corps fut porté au château d'Ambres, puis enseveli dans la chapelle des Cordeliers de Lavaur. Nous donnons ici l'épitaphe fort curieuse qui fut gravée sur sa tombe :

D . O . M

HIC JACET

CELSISSIMUS ET POTENTISSIMUS DOMINUS

HECTOR DE GELAS

MARCHIO DE LEBERON D'AMBRES ET DE VIGNOLLES

VICECOMES DE LAUTREC

OCCITANIÆ PROREX

EQUES TORQUATUS UTRIUSQUE ORDINIS REGIS

CARCASSONI PRÆFECTUS

EX ANTIQUA GELASORUM FAMILIA ORTUS

QUÆ EX COMITUM DE FEZENSAC PROSAPIA ORIGINEM TRAHENS

AB INITIO UNDECIMI SŒCULI INNOTUERAT

VIR NON SOLUM GENERIS NOBILITATE SED ET VIRTUTIS PRÆSTANTIA

RERUMQUE GESTARUM CLARISSIMUS

CONSILIO ET MANU

DOMESTICIS EXTERISQUE BELLIS MAGNUM NOMEN ADEPTUS

PATRIÆ, REGI, RELIGIONI SEMPER UTILIS

ULTIMÆ GLORIÆ CUMULUS ACCESSIT LEUCATA

HANC ARCEM HISPANI INGENTI OBSIDIONE CINXERANT ANNO 1633

HECTOR DE GELAS

NOBILIUM EQUITUM COPIOSISSIMA TURMA QUAM SUMPTIBUS SUIS ADDUXERAT

COMITATUS

HISPANORUM STATIONEM AGGREDITUR

MUNITIONES PERRUMPIT

EQUITATUM FUNDIT

MAGNAQUE STRAGE EDITA LOCUM TURMÆ SUÆ PRIMUS APERIT

EUMQUE JAM GRAVI VULNERE PERFOSSUS ET SANGUINE MADENS STRENUE TENUIT

DONEC COPIÆ REGIÆ AB HOSTIBUS UNDIQUE FUSÆ

AD IPSUM

VIA QUAM VI FECERAT PERVENISSENT

HIC TAM AUDACI FACINORE

PRÆCIPUAM SERVATÆ LEUCATÆ LAUDEM MERUIT

OBIIT X FEBRUARII, ANNO MDCXLV, ÆTATIS LIV. (1)

(1) Chartrier de Gélas.

De son mariage, contracté à Villefranche de Rouergue, le 8 septembre 1627 (1) avec Suzanne de Vignolles, dame de Vignolles et de Lahire, qui ne mourut à Lavaur qu'à l'âge de quatre-vingts ans, son testament datant du 30 juin 1682, Hector de Gélas laissait trois enfants : 1° François, qui suit; — 2° Marie-Françoise, qui épousa, le 4 janvier 1658, François de La Rochefoucauld, duc d'Estissac; — 3° Suzanne, morte à l'âge de douze ans.

Le 21 octobre 1646, la dame de Vignolles rend hommage au Roi pour la terre et seigneurie de Flarambel, le greffe de la ville de Valence, *plus les terres, bois, prés, vignes, où était anciennement la maison de Léberon* (2).

Son fils, *François de Gélas*, marquis de Léberon et de Vignolles, vicomte de Lautrec, n'eut pas moins que ses ancêtres de brillants états de service. Il prend part d'abord aux sièges de Douai et de Courtrai en 1667; puis, il passe le Rhin à la nage, avec Louis XIV :

> La Salle, Beringhen, Nogent, d'*Ambres*, Cavois,
> Fendent les flots tremblants sous un si noble poids.

Il assiste aux campagnes de Hollande et de Franche-Comté, reçoit le 11 mai 1675 le gouvernement comme lieutenant-général de la Haute-Guyenne, et dirige jusqu'à sa mort les affaires de ce pays.

Marié le 25 février 1671 à Charlotte de Vernon de Bonneuil, François de Gélas en eut quatre enfants. Son fils aîné François, vicomte de Lautrec, mourut à trente-trois ans au siège de Brescia (1705), sans avoir été marié. C'est son troisième enfant, *Daniel-François*, qui continua la race (3).

François de Gélas mourut à Paris, le 1er mars 1721, à l'âge

---

(1) Chartrier de Gélas. Dans cet important chartrier existent de nombreuses lettres, toutes fort intéressantes de Louis XIII, d'Henri de Bourbon, de Mazarin, etc., écrites à Hector de Gélas. Le cadre, forcément restreint de cette étude, nous interdit, à notre grand regret, de publier ces documents, jusqu'à ce jour inédits.

(2) Idem.

(3) Chartrier de Gélas.

de quatre-vingt-un ans. Il fut le dernier seigneur de Gélas propriétaire de Léberon.

Ce fut lui, en effet, qui aliéna en Armagnac et en Condomois, la plupart des domaines de ses ancêtres. Et d'abord, le 20 mars 1700, après procuration donnée par lui le 21 novembre 1699 à Gilbert Marignac, juge du marquisat de Léberon et du Tauzia, demeurant à Valence, devant maître Rizon, notaire à Condom, la salle noble de Moussaron, avec ses appartenances et dépendances, en faveur de Jean Bézian (1). Puis, le 17 février 1717, il vendit à noble Gaston de Courtade, capitaine, habitant de Condom, le vieux château de Flarambel. Le contrat de vente porte que le marquis d'Ambres, absent, mais représenté par Jean Marignac, avocat, demeurant à Valence,

Aliène à noble *Gaston de Courtade* la terre et seigneurie noble de *Flarambel, autrement dite de Léberon*, sise dans la sénéchaussée d'Armagnac et comté de Fezensac, avec haute, moyenne et basse justice; plus la métairie appelée de Léberon, sise en la juridiction de Condom; plus la métairie dite à Las Branes, juridiction de Cassagne, ces deux sous la juridiction de l'évêque de Condom; le moulin à eau de Graziac; moyennant les prix suivants : la terre de Flarambel, dite de Léberon, pour la somme de 8,000 livres; le moulin de Graziac et la métairie de Léberon, sis en Condom, pour celle de 11,000 livres; la métairie de Las Branes, pour la somme de 11,000 livres; en tout 30,000 livres. [Il fut en outre expressément stipulé] que ledit sieur acquéreur et ses descendants, *ne pourroient sous aucun prétexte que ce fut porter le nom de Léberon*, mais seulement qu'il leur seroit loisible, dans les contrats et actes qu'ils passeroient, de prendre le titre de seigneurs de Léberon, se réservant ledit seigneur marquis d'Ambres à perpétuité pour lui et ses descendants de prendre, si bon leur semble, le nom de Léberon.

Fut remis en même temps au sieur Courtade le contrat d'achat de la terre de Flarambel, fait le 5 mars 1508 par noble André de Gélas à noble Bertrand de Castelbajac (2).

(1) Notariat de Condom. Etude de M⁰ Lagorce.
(2) Chartrier de Gélas. Voir également Notariat de Condom, Lacapère, le même acte passé en présence d'Antoine de Goyon, subdélégué de l'Intendant de Bordeaux, et la ratification dudit acte par le marquis d'Ambres, à la date du 30 mars 1717.

— Le château de Léberon passa donc, au commencement du XVIII° siècle, en de nouvelles mains. Il était resté deux cent neuf ans en la possession de la famille de Gélas.

Le 8 février 1738, prête serment de fidélité et fait acte de foi et d'hommage « noble *Gaston de Courtade*, seigneur de Léberon et Flarambel, chevalier de Saint-Louis, ancien capitaine au régiment des cuirassiers, en faveur d'Emmanuel-Henri-Timoléon de Cossé-Brissac, évêque de Condom et seigneur de Cassagne, à raison de la maison et salle noble de Léberon, sises dans ladite seigneurie de Cassagne, » toujours comme dans l'ancien temps, sous forme de la redevance d'une paire de gants de cuir noir et d'un baiser sur la joue à chaque mutation d'évêque (1).

Gaston de Courtade, seigneur de Léberon, n'eut qu'une fille, Marie, qui hérita, à sa mort, de tous ses biens et les apporta dans la famille de Melet. Le 16 septembre 1743, en en effet, « dans le château noble et seigneurial de Léberon, juridiction dudit lieu, en Armagnac, sénéchaussée d'Auch, fut signé le contrat de mariage de *noble Robert de Melet*, écuyer, seigneur de Fondelin, habitant la ville de Condom, fils de noble Pierre de Melet, écuyer, seigneur de Fondelin, et de dame Marie de Courtade; et de demoiselle *Marie de Courtade*, fille de noble Gaston de Courtade, seigneur du présent lieu, habitant au présent château de Léberon, et de Marie du Puy. » La future apportait en dot 70,000 livres (2).

Cette année-là encore, sur la liste des terres nobles de la vicomté de Fezensac nous relevons l'acte d'hommage rendu au roi par noble Gaston de Courtade pour la terre de Flarambel. Puis, en 1748 et 1753, ce sont « les héritiers de feu monsieur de Courtade ». Enfin, en 1763, rend seule hommage pour la même seigneurie de Léberon sa fille, « Marie de Courtade, veuve de M. Melet de Fondelin (3) ».

(1) Notariat de Condom. Lacapère, notaire, année 1738.
(2) Notariat de Valence. Registre Boyer, 1743.
(3) Archives départementales du Gers, Série C. 451-454.

Ce fut peu de temps avant cette dernière date que mourut en effet brusquement le jeune et nouveau seigneur de Lèberon, Robert de Melet. Sa fin fut tragique. S'étant pris de querelle avec son beau-frère, M. d'Anglade, pour des questions d'intérêt, dit la tradition, le seigneur de Léberon et de Fondelin fut attiré un soir par ce dernier hors des murs de Condom. Là, la dispute s'envenimant, les deux beaux-frères dégainèrent et M. de Melet fut blessé mortellement. Sa veuve, qui ne mourut que le 24 février 1771, intenta, à la suite de ce mémorable événement, un long procès à la famille d'Anglade, qui finalement dut pour un assez long temps quitter le pays (1).

La fille aînée de Robert de Melet et de Marie de Courtade fut *Anne de Melet*, qui épousa, le 10 septembre 1765, *Paul-François-Philibert du Bouzet*, comte de Marin, chevalier de l'ordre de Saint-Louis (2), et qui apporta ainsi, à la fin du dernier siècle, à l'illustre famille de Marin les terres de Léberon et de Fondelin. Mais les du Bouzet n'en demeurèrent pas longtemps propriétaires, car le comte de Marin n'eut qu'une fille, *Marie-Charlotte*, qui épousa, le 13 mars 1782, le *marquis de Cugnac-Giversac* et à qui revint tout l'héritage de ses parents (3).

En moins d'un siècle, le château de Léberon était donc passé successivement aux mains des familles de Gélas, de Courtade, de Mélet, du Bouzet et de Cugnac.

Grâce à la marquise de Cugnac, qui ne quitta point ses terres pendant la tourmente révolutionnaire, grâce surtout à son père le comte de Marin, qui dut à sa popularité et à l'estime générale dont il jouissait dans tout le Condomois de ne point partager le sort de la plupart des gentilshommes de la contrée, les châteaux de Léberon et de Fondelin ne furent

---

(1) Factums et pièces de procédure.
(2) *Maisons historiques de Gascogne*, par M. Noulens. *Généalogie du Bouzet*, p. 110.
(3) D'Hozier, nouvelle édition, t. IX, art. Cugnac.

point aliénés. Ils sont restés, depuis la fin du xviii° siècle et jusqu'à nos jours, entre les mains de la famille de Cugnac, dont le dernier descendant mâle, M. le marquis Amalric de Cugnac-Giversac, mort dernièrement à la fleur de l'âge sans postérité, en a transmis la jouissance à sa mère Madame la marquise de Cugnac et la nue-propriété à sa sœur Mademoiselle Blanche de Cugnac.

— Depuis plus d'un siècle, le vieux château de Flarambel, « dit de Léberon, » n'est plus habité que par des colons. Il sert aujourd'hui de centre à une importante exploitation agricole, dont les vins rouges, à juste titre renommés, constituent le principal produit. C'est dire que si ses curieuses peintures murales, à peu près disparues du reste, sont cachées presque toute l'année sous des meules de paille ou de foin, si les carreaux émaillés de ses grandes salles se brisent chaque jour davantage sous le poids des grains de blé, d'avoine ou de maïs, si ses vastes cuisines sont transformées en greniers, en granges ou en celliers, ses murs, grâce à cette nouvelle destination, sont demeurés intacts, ses charpentes dressent vers le ciel leurs pignons aussi solides, aussi fiers qu'aux premiers jours, sa vaste ossature, en un mot, a été conservée avec le soin et le respect pieux que réclament les grands souvenirs du passé. Au nom des archéologues comme des artistes, nous devons en remercier ses propriétaires et faire des vœux pour qu'ils maintiennent le plus longtemps possible, même dans son état actuel, sans que rien vienne plus le détériorer ni altérer son caractère primitif, ce très intéressant spécimen de l'architecture seigneuriale au xvi° siècle.

LA TOUR DU GUARDÈS

ET

LE CHATEAU DE PARDAILLAN

Cliché Ph. LAUZUN. Imp. Phot. Alfred ARON, Paris.

TOUR DU GUARDÈS
en Armagnac

LA TOUR DU GUARDÈS

Sise sur un étroit plateau très élevé, d'où elle domine la contrée, à trois kilomètres au sud de la ville de Valence, contemporaine en même temps de toutes ces petites forteresses, échelonnées le long de la frontière de l'Armagnac et du Condomois et dont nous avons entrepris, du moins pour quelques-unes, de retracer l'histoire, la tour de Guardès ne saurait être omise par nous dans cette étude de Châteaux Gascons de la fin du XIIIe siècle, qui se pressent d'une façon si curieuse les uns contre les autres sur les deux versants de la vallée de la Baïse.

Mais si, par son plan très simple comme par son histoire à peu près inconnue, elle semble présenter au premier abord moins d'intérêt que les châteaux précédents, il n'en est plus de même en ce qui concerne sa situation topographique et stratégique, une des plus importantes de toute la région. En outre du merveilleux panorama dont on jouit de son sommet, le plateau sur lequel elle s'élève constitue, en effet, un des plus beaux types d'ancien *Refuge*.

C'est donc à ce point de vue tout d'abord que nous allons l'étudier, sans négliger d'indiquer toutefois et quel parti surent tirer de sa position les architectes militaires du moyen-âge, et quel rôle glorieux dans les guerres des xiv°, xv° et xvi° siècles jouèrent plus tard ses seigneurs.

On sait ce qu'il faut entendre par ce terme général de *Refuge:* un abri, soit naturel, soit artificiel, permettant aux peuplades primitives de se défendre contre toute attaque ennemie. Certaines configurations de terrain en rendaient le plus souvent l'établissement des plus faciles. Pour peu que de trois côtés du promontoire les pentes fussent naturellement escarpées, il suffisait, du seul côté accessible, de creuser un fossé et de le munir d'un parapet, pour que le refuge fut ainsi assuré. Dans les plaines, cas assez rare, le refuge devait être créé de toutes pièces. D'autres fois, sur les hauteurs, la nature pourvoyait à tout. Mais le cas le plus fréquent est celui où le Refuge, facilité déjà par les accidents naturels, se trouve complété par un ou plusieurs ouvrages défensifs, créés à main d'homme. C'est dans cette dernière catégorie que doit être rangé le refuge du Guardès.

A ceux qui ont examiné avec attention la carte géographique de la Gascogne il a été aisé de remarquer que, dans cette gerbe fort curieuse de cours d'eau qui, partant presque tous du plateau de Lannemezan, s'étale en forme d'éventail dans toutes les directions à l'est, au nord et à l'ouest, les pentes qui bordent les rives droites sont beaucoup plus escarpées et par suite découpées que celles des rives gauches. Le terrain diffère également. A droite le rocher, le calcaire; à gauche l'alluvion, la boulbène. Les sites, fournis par les promontoires de droite devaient donc être choisis de préférence par les premiers guerriers, comme leur offrant des refuges naturels, auxquels ils n'avaient que très peu à ajouter.

C'est, par suite, de ces côtés qu'il faut chercher la plupart des stations fortifiées, camps retranchés, castrum, oppidum, abris de toutes sortes qu'élevèrent les conquérants d'autrefois, et qui plus tard devinrent tout naturellement les châteaux, les forteresses, les bastides, les enceintes de villes que l'on voit encore aujourd'hui. Pas plus que la Save, la Gimone, l'Arrats, le Gers, l'Osse, l'Auloue, la Gélise ou l'Adour, la Baïse ne fait exception à cette règle; et de même que Lectoure, le Sempuy, Montesquiou, Montréal, Larressingle, Sainte-Mère, La Gardère et tant d'autres, s'élèvent sur les sommets qui couronnent les rives droites de toutes ces rivières, c'est de ce côté-là également de la Baïse que l'on trouve Valence, Condom, Montcrabeau, etc., et que se dresse, encore, imposant, le refuge du Guardès.

Protégé des trois côtés nord, ouest et sud par des pentes tout à fait abruptes, le plateau du Guardès s'élève à cent soixante-quatorze mètres au-dessus du niveau de la mer, (cote de l'Etat-major). Très étroit et présentant ainsi qu'on peut le voir sur le plan ci-contre (1), en R, la forme un peu irrégulière d'une semelle de soulier, il mesure cent soixante mètres dans sa plus grande longueur de l'est à l'ouest. Sa largeur moyenne est de vingt mètres, s'abaissant jusqu'à quinze et ne dépassant jamais trente mètres.

Enfin, signe caractéristique des plus importants, il est terminé à son extrémité ouest par une magnifique butte ovale, M, élevée entièrement à mains d'homme et en terre rapportée, extraite en grande partie du fossé F, qui la sépare ainsi du reste du plateau. Cette butte, ou motte défensive, mesure à sa partie inférieure quarante mètres de diamètre dans son sens le plus long, sur trente mètres dans son autre sens. Beaucoup plus étroite à son sommet, son diamètre n'est plus que de seize mètres sur dix. Enfin, son élévation au-dessus du fossé F est de quinze mètres environ. Ce fossé se prolonge tout autour de la motte, formant au nord, à l'ouest et au sud, en V, une sorte de chemin de ronde creux, ou *Vallum*, protégé par un parapet élevé sur sa contrescarpe, et qui,

(1) Nous devons à M. Henry Fumat, conducteur des ponts et chaussées à Condom, qui l'a relevé avec le plus grand soin, de pouvoir offrir à nos lecteurs ce plan, très exact et absolument inédit, du refuge du Guardès. Qu'il nous permette de lui renouveler ici l'expression bien vive de notre gratitude.

recouvert de terre gazonnée, offrait un abri sûr aux sentinelles chargées d'y monter la garde ou au poste plus important envoyé là pour repousser l'escalade de l'ennemi. Les pentes de cette motte M sont, au nord et au sud, déjà beaucoup plus prononcées que celles qui s'étendent autour du reste du plateau. Quant à sa déclivité ouest, elle est tellement accentuée que, presque à pic, elle paraît inabordable, descendant en escarpements successifs, à plus de cent vingt mètres de profondeur, jusqu'au niveau de la vallée de la Baïse qui coule à ses pieds. Seul est accessible, quoique assez difficilement encore, pour les voitures et les chevaux le côté est du plateau, H, dont la pente s'abaisse, plus adoucie que les autres, vers la vallée de l'Auloue et le grand chemin de Condom à Auch.

Le plateau du Guardès n'est, on le voit, commandé par aucune hauteur plus élevée que lui. Ainsi isolé de tous côtés, il devait fournir une assiette parfaite pour l'établissement, non pas d'un oppidum, qui aurait réclamé des dimensions beaucoup plus considérables, ni plus tard d'une bastide, comme le plateau voisin de Valence avec ses roches taillées à pic et son promontoire avancé au dessus du confluent de deux rivières, mais bien d'un camp retranché, d'une station militaire provisoire, capable de contenir une petite garnison, une grand-garde, dont la mission était de surveiller les environs et peut-être aussi d'éclairer et de protéger une masse plus importante de troupes, campées derrière et un peu plus bas. Son élévation, en outre, imposait à ses sentinelles l'obligation de se relier par des signaux avec d'autres postes établis sur les hauteurs avoisinantes, au-dessus des grands bois qui à l'origine couvraient tout ce pays. Nul doute n'est donc permis sur sa destination. Et qu'il ait servi de point d'observation, de poste de signal ou de camp retranché, il est certain que, dès les temps les plus reculés, le plateau du Guardès a été utilisé comme un point stratégique des plus sérieux. Sa belle motte défensive en fait foi. Ses pentes, aujourd'hui plus affaiblies, devaient être au début garnies de haies vives, de palissades, de parapets en terre. Bien qu'encore apparents en certains endroits, le temps a forcément aplani et dénaturé ces anciens terrassements. Il n'en reste pas moins vrai que le Guardès présente encore les caractères les plus significatifs d'un ancien refuge de grande dimension, et qu'à ce titre seul il méritait d'être signalé ici.

— Maintenant quels furent ses premiers occupants ? Quelle race, quel peuple a présidé à sa formation ? Ici nous sommes en plein domaine de l'hypothèse, ne pouvant procéder que par comparaison avec les autres stations du même genre, qu'un hasard plus heureux a permis de dater. Les seuls documents qui pourraient sûrement donner à ces camps retranchés une date précise seraient les résultats de fouilles habilement pratiquées. Or, nous devons avouer qu'à part quelques objets insignifiants trouvés çà et là sur le plateau qui nous occupe, aucune recherche sérieuse n'a jamais été faite sur son emplacement. Que ne savons-nous suivre dans notre région du sud-ouest, pourtant si riche en souvenirs, l'exemple de M. Bulliot au Mont-Beuvray, ou de M. Keller sur les lieux de refuge des anciens Helvètes (1) ? Et combien sont-ils, dans notre province, les émules de M. Castagné, étudiant avec tant de soin les deux rives du Lot, de M. Edouard Fleury, le savant auteur des *Antiquités de l'Aisne* (2), et, plus près de nous encore, de M. Léo Drouyn, énumérant tous les anciens refuges de la Gironde dans la curieuse préface de son beau travail sur les constructions militaires de la Guienne à l'époque de l'occupation Anglaise (3) ? Qui donc jusqu'à ce jour s'est occupé de rechercher d'abord, puis de décrire les stations militaires Gauloises, Aquitaniques, Celtiques, et postérieurement

---

(1) Voir les tomes xxxii et xxxiii des Mémoires de la Société des Antiquaires de France.
(2) Paris, 1877, Jules Claye.
(3) *La Guienne militaire.* Bordeaux, 1865. Introduction.

Romaines et Wisigothiques de l'ancienne Vasconie(1)? Le travail reste à faire en son entier. Aussi la plus grande réserve nous est-elle commandée, non seulement sur la question d'origine de chacun de ces monuments, mais même sur leur ancienne destination.

Mais si l'absence de documents probants ne nous permet pas de donner au Refuge du Guardès une date même approximative, nous n'en pouvons dire autant de ce *champ du Glésia*, situé à cinq cents mètres au sud-est du Guardès, et qui, depuis le premier moment où nous y avons personnellement pratiqué des fouilles, nous réserve chaque jour de nouvelles surprises.

Le champ du Glésia, ainsi dénommé, comme tous ses semblables fort nombreux de la Gascogne, à cause de l'antique église que les siècles de foi y avaient vu construire, et qui, d'après la tradition, fut détruite au XVIe siècle lors des guerres de la Réforme, est un vaste plateau, à peu près circulaire, de deux cents mètres environ de diamètre, assis sur la ligne de faîte des vallées de la Baïse et de l'Auloue, à cent cinquante mètres au-dessus du niveau de la mer. Abrité des vents du nord par le plateau du Guardès, qui dresse au-dessus de lui comme une muraille protectrice, cet emplacement beaucoup plus vaste que le précédent, présentait de grands avantages pour l'établissement d'un camp. Certains des objets qu'on y a trouvés peuvent donner à penser que telle fut, peut-être, à une époque non éloignée de l'occupation Romaine, sa destination temporaire. Puis, de vastes constructions y furent élevées, dont le groupement dut former, à n'en pas douter, une riche villa gallo-romaine et peut-être en même temps un temple païen.

Ce n'est qu'en très petite quantité que nous y avons ren-

---

(1) Dans la trop courte nomenclature précédente, nous devons faire entrer les si intéressantes et si substantielles *Notes sur les stations, oppidum, camps et refuges du département de Lot-et-Garonne* de notre savant ami M. G. Tholin. (Agen, 1877.)

contré quelques objets préhistoriques. Des silex, des haches polies, un joli couteau en os, sont les seuls témoignages d'une occupation primitive par des peuplades ou des familles dont le souvenir s'est à jamais perdu dans la nuit des temps. En revanche, c'est à profusion que nous y avons récolté et que nous y récoltons encore une ample moisson de débris romains ou gallo-romains, parmi lesquels nous citerons, entre autres : des petits cubes de mosaïque, en silex blanc, en marbre noir et en brique rouge, presque tous malheureusement disjoints et qui, à la partie supérieure du champ, jonchent véritablement le sol; puis, des poteries de toutes sortes, rouges et grises, débris d'amphores, bouts de chandeliers, fonds de vases usagers, généralement assez grossiers et sans nul détail d'ornementation; une fort intéressante collection de ces pesons, également en briques rouges, sous forme de pyramides tronquées, percés à leur extrémité supérieure, que l'on croit être généralement des poids de tisserands; des fragments de verreries bleutées, quelques-unes très fines et très légères; des polissoirs, dont l'un en marbre rougeâtre affecte la forme d'un marteau; un ou deux carreaux de dallage; une quantité très considérable de briques et de tuiles plates à rebord, certaines ornées d'une double rose ou d'une croix de Saint-André, quelques-unes très larges recouvrant des ossements humains; des fers de lance; un étrier rongé par la rouille; enfin une très jolie boucle ou agrafe de ceinturon en bronze, de cinq centimètres de long sur trois de large, aux moulures délicates et aux élégants rinceaux pointillés.

Nous n'aurions garde d'oublier dans cette énumération plusieurs pièces de monnaie, mais en bronze seulement, dont les plus intéressantes sont : un Trajan de 3 cent. 25 de diamètre, et deux Marc-Aurèle, l'un de 2 cent. 50 de diamètre et pesant 19 grammes, l'autre, plus petit, de 2 centimètres et d'un poids de 15 grammes. Sur chacun de leur revers se trouve très finement gravée l'effigie d'une déesse, debout, la main gauche tenant un drapeau et la main droite reposant sur le faîte d'un autel. Des deux côtés, selon l'usage, les lettres S. C. (*Senatus-Consulto.*)

Mais la pièce capitale, trouvée dans ce champ du Glésia, est un buste, en beau marbre blanc des Pyrénées, d'un empereur romain, de grandeur naturelle, fendu malheureusement de haut en bas par un coup de hache, qui n'a laissé subsister que les deux tiers de la tête. Malgré cette mutilation et vu de côté, ce buste, très artistiquement sculpté, présente tous les caractères de la bonne époque. Le front ceint d'une couronne, en partie effacée, est bas; l'œil large et sévère; le nez droit, quoique effrité légèrement par le temps; la bouche dédaigneuse, le menton rond et court; le cou très fort comme celui des premiers Césars. Singularité remarquable, il se termine à la base inférieure du cou par une pointe conique, de dix centimètres de longueur, grâce à laquelle il pouvait s'ajuster sur un corps ou des épaules adaptées *ad hoc.* On n'ignore pas, en effet, que dans les temples païens, la statue de l'Empereur occupait la première place. Or, il était bien difficile dans les temples de campagne, perdus au fond des provinces conquises et généralement aussi pauvres que le sont de nos jours nos églises rurales, de refaire, à chaque révolution de palais si fréquentes en ces temps là, dans son entier la statue du nouveau maître. Aussi se contentait-on, sur le même corps, revêtu des insignes immuables du pouvoir suprême, de changer simplement la tête; et on avait ainsi, à bien meilleur marché, la statue en pied du nouvel Empereur.

De la découverte précieuse de ce buste, enfoui depuis plus de dix-huit cents ans dans cette terre du Glésia, ne peut-on pas conclure que là pouvait exister au premier siècle de notre ère quelque temple païen? En tous cas, cette quantité si considérable d'objets gallo-romains ne prouve-t-elle pas surabondamment l'existence d'une villa gallo-romaine, ou de quelque centre très important d'habitation, détruits plus tard et incendiés, ainsi que l'atteste la terre noircie et calcinée tout autour, par les Barbares qui ravagèrent aux IV° et V° siècles notre malheureux pays, en suivant la route que leur traçait tout naturellement le cours de la Baïse ?

Qu'advint-il à ce moment du refuge du Guardès et du champ du Glésia, et quel sort leur fut-il réservé, la tourmente une fois passée ? Si ce dernier vit ses constructions démolies, le premier servit-il d'asile momentané à ces hordes sauvages que poussait toujours plus avant un mystérieux besoin de déplacement, de meurtres et de pillage ? Les Wisigoths, les Vandales, et plus tard les Sarrasins et les Normands y déployèrent-ils leurs étendards tachés de sang ? Nul document ne nous l'apprend qui sans doute ne sera jamais découvert. Tout ce que nous pouvons affirmer, c'est que longtemps après, au moyen-âge, nous trouvons sur l'emplacement même de la construction romaine et au milieu du champ du Glésia une église, bâtie avec les matériaux qui tout autour recouvraient le sol et qu'utilisa le culte chrétien. Son nom, malheureusement encore, ne nous est point parvenu; et une fois de plus nous sommes réduit à cet égard à de simples conjectures.

— Dans les trois Etats des paroisses, cures, rectoreries, que renferme le *Livre rouge du Chapitre d'Auch*, nous trouvons, sur la longue liste des bénéfices de l'*Archidiaconné de Pardaillan*, qui comprenait tout le pays de Valence (1), de nombreux noms d'églises, aujourd'hui entièrement disparues, et parmi lesquelles doit très certainement figurer l'église qui nous occupe en ce moment, située dans ce champ dit du Glésia, au sud-est du Guardès, au sud-ouest du hameau du Bouch, et à l'est de celui de Bidalet. Mais à quel nom sûrement s'arrêter ? Est-ce à celui de Villalonga, (*Ecclesia de Villalonga*), dont on aurait fait Vilalet et par contraction

---

(1) *Livre rouge du chapitre d'Auch.* (Archives départementales du Gers. G. 19; fol. LXVIII; fol. CXLIII verso; et fol. CLXVII).

Bidalet ? Sur la carte de Cassini, nous voyons au sud-ouest du Sempuy un endroit écrit *Vidaulahon*. Ce nom ne désignerait-il pas plutôt l'emplacement de cette église ? Ne faudrait-il pas adopter de préférence l'église de *Gardia*, « *Capellanus de Gardia* », ainsi dénommée dans le premier des trois états, au décime de l'an 1405, non taxée, et dont il est impossible aujourd'hui de retrouver la trace ? Enfin, ne serait-ce pas mieux encore l'église, également disparue, de *Gordenxis* ou *Gardenxis*, citée dans les trois Etats : « 1° *Rector de Gordenxis, sine curâ;* 2° *Ecclesia de Gardenxis et de Fortanherio, sine curâ, X libr;* 3° *Capellanus de Gordex et de Fortanherio, X libr.* », et dont le nom s'identifie si bien à celui de Gardès ?

Quel que soit la solution de ce difficile problème, il est sûr que, durant tout le moyen-âge, il exista au champ du Glésia une église, construite avec les débris d'une villa gallo-romaine, et détruite au xvie siècle, comme celle-ci l'avait été précédemment, par une soldatesque bornée, dont la haine aveugle s'attaquait à tous les monuments du passé. Et ce n'est point assez que cette pauvre église ait été incendiée par les soldats de Mongonmery, il faut encore qu'elle ait laissé assez peu de place dans l'histoire pour que son nom même ait à jamais disparu, la tradition seule n'ayant jusqu'à ce jour gardé d'elle qu'un constant souvenir !

— Mais, si de l'antique et modeste chapelle il ne reste plus que quelques pans de murs calcinés, que chaque année, au temps des labourages, vient heurter la charrue du vigneron, et çà et là tout autour de nombreux ossements humains, preuves irréfutables du cimetière attenant, nous n'en pouvons dire autant de l'imposante tour du Guardès, élevée au xiiie siècle sur le plateau que nous avons déjà signalé, et qui, sauf quelques modifications de peu d'importance et quelques adjonctions toutes récentes, est restée jusqu'à nos jours dans son état primitif.

Lorsque, au début de la domination anglaise et avant même que les soldats d'outre-mer n'aient foulé en conquérants le sol Gascon, le comte d'Armagnac, fidèle à la cause du roi de France, eut décidé, un peu après le milieu du xiii° siècle, de fortifier au nord la frontière de son comté, le point culminant du Guardès fut certainement un des premiers qui frappa son attention. Aussi fut-il désigné par lui, tant à cause de son importance stratégique qu'en souvenir de ses anciens retranchements, pour servir à ses troupes de poste d'observation.

Existait-il, déjà à cette époque, une construction fortifiée sur l'étroit plateau ? Nous ne trouvons, dans cette nuit du moyen-âge, qu'une seule fois mentionné le nom du Guardès :

Quidam miles (nous apprend Larcher, d'après le Cartulaire de Condom écrit du xi° au xiii° siècle), nomine *Raymundus Garcias de Casals* venit ad conversionem beato Petro et dedit unam frandad facientem tres solidos; alio vero in tempore, per suum filium Arnaldum dedit in bailivo unum hominem duodecim nummos dantem, *atque unam culturam ad Guardesc, autem unum campum*.

Larcher écrit *Guardesoc*; mais le cartulaire original et tous les autres copistes, notamment dom Luc d'Achery, écrivent *Guardesc*. L'identification de ce lieu avec le refuge qui nous occupe ne saurait faire, croyons-nous, aucun doute.

En tous cas, qu'il y ait eu ou non une simple bâtisse au xii° siècle, un siècle plus tard le besoin se faisait trop impérieusement sentir de fortifier ce point culminant de la frontière pour que le comte d'Armagnac n'ait pas hésité à y élever ou à y faire élever selon son habitude, en concédant à titre de fief ce terrain à quelqu'un de ses officiers, une solide construction, en bel appareil moyen, avec créneaux, meurtrières et toutes les défenses usitées en ces temps-là. Peut-être déjà ce terrain appartenait-il aux barons de Pardaillan, qui, comme les moines de La Gardère, reçurent l'ordre de leur suzerain « *hædificare aut facere construere munitionem, fortalitium seu alia quæcumque hædificia* (1) ». Quoiqu'il en soit, et malgré la difficulté très grande de se procurer les matériaux nécessaires et notamment la pierre, fort rare en cet endroit, l'ancien castrum fit place à une tour unique carrée, capable de contenir une compagnie de gens d'armes, et suffisante pour monter la garde et en cas d'alerte donner l'éveil. C'est donc au moment où des deux côtés de la frontière surgissaient presque à chaque pas ces petites forteresses, que s'éleva, une des premières, comme certains détails archetectoniques l'indiquent, la tour du Guardès. Nous allons en donner la description.

— La tour du Guardès, A, ainsi qu'on peut le voir sur le plan ci-inclus, est de forme quadrangulaire. Sa hauteur actuelle, qui a été primitivement quelque peu dépassée, atteint 14 mètres.

A l'extérieur, elle mesure dans son sens le plus long 14 m. 75 et dans son sens le plus étroit 11 m. 50. Les murs des quatre côtés ont une épaisseur invariable de 1 m. 75. La tour du Guardès serait absolument régulière, si, à son encoignure nord-est, elle ne présentait un avancement triangulaire C, destiné à renfermer une étroite cage d'escalier. Par suite, de ce côté est, la longueur de sa muraille est portée à 16 m. 10, le contrefort qui la soutient et qui semble inachevé mesurant à lui seul 1 m. 35.

Comme toutes les constructions militaires de cette époque, la tour du Guardès était hermétiquement close à son rez-de-chaussée, sauf en B, du côté de l'est, où s'ouvrait, comme au Tauzia, une haute porte cintrée, double, de 8 mètres de haut sur 1 m. 50 de large. Cette porte a été murée de nos jours pour les besoins du service; mais elle est encore en bon état de conservation et visible seulement de l'intérieur. Le grand portail méridional est moderne, ne datant que de quelques années.

(1) Voir précédemment l'acte de fondation du château de La Gardère.

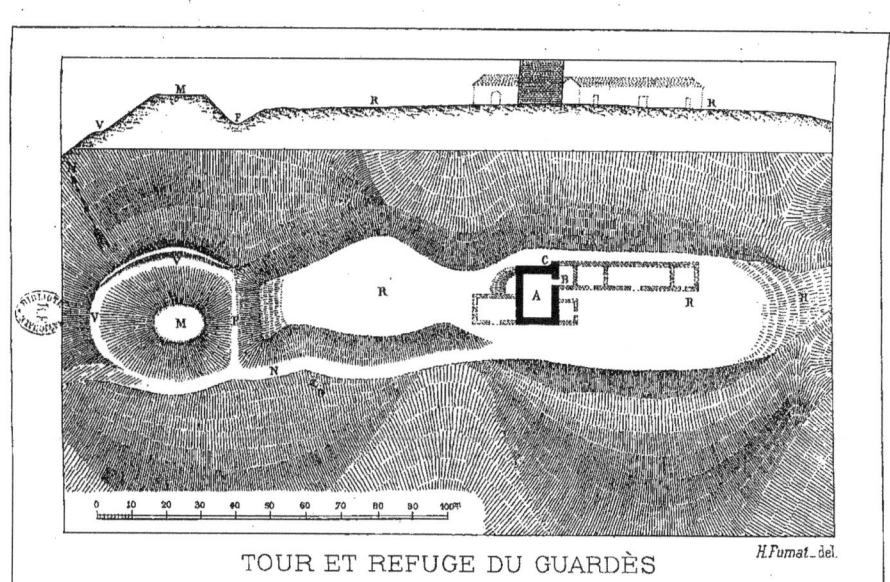

TOUR ET REFUGE DU GUARDÈS

A l'intérieur, la tour du Guardès ne renferme au rez-de-chaussée qu'une unique salle de 11 m. 30 de long sur 7 m. 50 de large. Cette salle est couverte par une belle voûte en berceau, qui atteint à sa plus grande élévation une hauteur de 8 mètres. Sauf sa porte à l'est, qu'une herse au besoin pouvait facilement fermer, cette vaste salle n'était ajourée que par une étroite meurtrière au midi, et encore à sa partie tout à fait supérieure. Rien au nord ni à l'ouest. Une rangée de corbeaux la contourne à 3 mètres seulement au-dessus du sol; ce qui aurait permis, par un plancher, de la partager en deux étages. Mais nous ne pensons pas que cette disposition ait jamais été adoptée, ce rez-de-chaussée nécessitant toute cette hauteur pour l'emploi auquel il était destiné, c'est-à-dire servir de magasin à provisions ou plus généralement de corps de garde.

A 6 mètres au-dessus du sol et toujours dans cette même vaste salle, se trouve percée dans le mur septentrional une porte surbaissée, à arc brisé, de 1 mètre seulement de large, donnant accès dans la tourelle de l'escalier, qui ne commence qu'à cette hauteur. Pour arriver à cette porte, une échelle était donc indispensable, nulle trace d'escalier fixe n'existant contre la paroi du mur. Il arrivait par suite qu'une fois cette échelle relevée, l'accès du premier étage se trouvait impossible. Cette disposition originale, que nous avons retrouvée au Tauzia, à La Gardère et qui existait dans presque toutes ces constructions du XIIIe siècle, constituait, en cas de surprise de la tour, une de ses plus sérieuses et dernières défenses. Notons de ce côté nord, dans l'épaisseur du mur et à côté de la cage de l'escalier, une sorte de réduit, ajouré par une large meurtrière oblongue qui se voit encore aujourd'hui, et dont la destination reste énigmatique.

Un escalier à vis, très étroit, puisque le diamètre de sa cage, ronde à l'intérieur, triangulaire extérieurement, ainsi qu'on le voit sur notre photogravure, ne dépasse pas 2 mètres, desservait les étages supérieurs jusqu'au faîte de la tour.

A 8 mètres au-dessus du rez de-chaussée du côté du midi, reposait sur l'épaisse voûte en berceau, que nous venons de signaler, le premier étage, composé également d'une seule et vaste pièce qui recevait le jour à l'est d'une jolie fenêtre à arc brisé de 2 m. 90 de haut sur 1 m. 30 de large, peut-être dans les premiers temps géminée, comme celles que nous avons vues aux châteaux précédents; et au nord, d'une autre croisée cintrée, de 3 m. 65 de hauteur, large de 1 m. 70, et dont l'ébrasement dans la forte épaisseur du mur constitue une petite voûte en berceau du plus gracieux effet. A l'ouest, une seule meurtrière en croix pattée, dans le style du temps. Au midi enfin une autre meurtrière, qui a fait place aujourd'hui à une large fenêtre, toute moderne.

De même qu'au rez-de-chaussée et juste au-dessus de la première porte, s'ouvre à ce premier étage une autre porte sur la tourelle de l'escalier, à arc brisé et fort basse, puisqu'elle atteint à peine 2 mètres de hauteur sur 1 mètre de large. Cette porte permettait au chef, qui très vraisemblablement occupait cette salle supérieure, d'atteindre rapidement, en cas d'alerte, le second étage qui était le dernier. Il arrivait ainsi au faîte de la tour, qui partout était crénelé. Un chemin de ronde, dont les parapets se voient encore, servait aux sentinelles pour faire bonne garde et pour fouiller au loin tous les replis du terrain.

La vue dont on jouit de ce point est, en effet, une des plus belles que puisse offrir le pays de Gascogne. Au nord, autrefois le côté ennemi, l'œil n'est arrêté que par les côteaux qui dominent le village de Moncrabeau à plus de vingt kilomètres de distance. A l'ouest, sur les contreforts de la rive gauche de la Baïse, ce sont les châteaux de Goalard, de Beaumont, du Busca, de Massencôme, de Seridos, d'Ascous, de La Gardère, de Pardaillan, de Bezolles, de Rozès, dont les ossatures plus ou moins bien conservées se profilent successivement à l'horizon. Au nord-est, c'est encore le Tauzia dont on n'aperçoit que le faîte des tours. Puis à l'est, Maignaut, Saint-Orens, Roquepine, Pouypetit, le Sempuy, le Mas de Fimarcon, la Sauvetat, point culminant des deux vallées de la Baïse et du Gers, le Castéra-Verduzan, Lavardens, et dans le lointain, la flèche de l'église de Jegun. Au midi enfin, par delà le château moderne de Bonas, ce sont les villages de Saint-Paul-de-Baïse, de Saint-Jean-Poutge, Miran, le Brouilh, les bois de Mazères, les sinuosités de la Baïse jusqu'à l'Isle-de-Noé, et tout au-dessus, dans le bleu clair du ciel, l'admirable chaine des Pyrénées qui se déroule dans toute sa splendeur, depuis les montagnes les plus éloignées de l'Ariège et par les temps bien purs le blanc sommet du Canigou, jusqu'aux cimes des pics d'Ossau et d'Anie au-dessus du pays Basque, et quelquefois jusqu'aux vaporeuses et dernières ondulations de la Rhune dont les pieds se baignent dans l'Océan.

Cliché Ph. LAUZUN Imp. Phot. Alfred ARON, Paris

CHATEAU DE PARDAILLAN-BETBÉZÉ
en Fezensac

LE CHATEAU DE PARDAILLAN

I

L'histoire de la tour du Guardès n'offrirait qu'un bien mince intérêt, si nous cherchions à l'écrire isolément. Depuis le XIIIᵉ siècle, date de sa construction, jusqu'au milieu du XVIᵉ siècle, nous ne trouvons son nom mentionné nulle part. Ne joua-t-elle donc aucun rôle pendant l'occupation anglaise et ne servit-elle que de simple poste d'observation ? Ou bien les deux partis, en raison de sa proximité de la frontière, se la disputèrent-ils dans maints assauts, dont le souvenir ne se serait perpétué que dans les riches archives des collections de Londres ? C'est ce que jusqu'à ce jour aucun des nombreux documents que nous avons consultés sur cette époque si obscure n'a pu nous apprendre.

Lorsque pour la première fois nous la trouvons désignée, c'est seulement dans la seconde moitié du XVIᵉ siècle. Elle est mentionnée alors comme une dépendance, très ancienne, de la baronnie de Pardaillan. Le nom du Guardès reste donc indissolublement lié à ce grand nom de Pardaillan, un des plus glorieux de toute la Gascogne. Et c'est en écrire l'histoire que de résumer ici, comme nous allons le faire à grands traits, celle de cette antique baronnie et par suite de cette famille, aussi vieille et aussi noble que celle des Armagnacs, en qui du reste elle se fondit au xiv° siècle, ainsi que nous le verrons.

A quatre kilomètres seulement au sud-ouest de la tour du Guardès et sur l'autre rive de la Baïse, se dressent, en plein pays de Fezensac, les ruines encore très imposantes du *château de Pardaillan*. Si ce n'est là le berceau primitif de la puissante famille dont les branches multiples jetèrent sur la Gascogne un si vif éclat, ne datant, ainsi que l'indique son appareil et que nous l'établirons dans la suite, que du xiii° siècle, et s'il faut aller le chercher un peu plus bas, sur les bords de la Baïse, à l'antique refuge de la *Tourraque*, appelé dans les plus anciens actes *Pardaillan-Vieil*, ainsi qu'il sera dit plus tard, c'est ce lieu de Pardaillan toutefois, dont ils étaient possesseurs depuis les temps les plus reculés, qui très certainement lui donna son nom. On le trouve, en effet, mentionné au ix° siècle, et, dès le x°, il est indiqué dans les vieux cartulaires comme un des plus puissants de la contrée.

On sait, en effet, qu'au moyen-âge la baronnie de Pardaillan formait, avec celles de Montaut, de Montesquiou et d'Arbéchan de l'Isle, la troisième des quatre grandes baronnies de l'Armagnac. L'adage patois, rapporté par le Père Montgailhard dans ses manuscrits de la première moitié du xvii° siècle,

> Parlo Montaout, arrespound Montesquiou,
> Escouto Pardaillan, que dises-tu la Hillo ?

en a transmis le souvenir.

Comme abrité sous ses épaisses murailles, se trouve à cinq cents mètres environ du château, au nord-ouest, l'antique *village de Pardaillan*, jadis beaucoup plus important que de nos jours, au milieu duquel s'élève la modeste église, au vieux portail roman, avec sa litre extérieure encore visible, bien que les armoiries de ses seigneurs, Pardaillan ou Parabère, soient effacées. Est-ce là le lieu que les seigneurs de Pardaillan, au xɪɪɪᵉ siècle, voulurent ériger en bastide et auquel ils donnèrent des coutumes, dont une copie, écrite en 1475, se trouve dans l'étude du notariat de Gondrin (1)? Faut-il au contraire assimiler ce lieu à celui de Cazeneuve, près de Gondrin, ou à quelque autre de la vicomté de Juliac? Tout ce que nous pouvons dire, c'est que ce lieu de Pardaillan, près Beaucaire, en Fezensac, dont nous nous occupons ici, a été le seul dont le nom ait toujours prévalu et qui n'ait jamais changé.

C'est là également, à cet endroit même de Pardaillan, et en la paroisse de Saint-Martin, que se trouvait le centre de l'*Archidiaconé de Pardaillan,* qui comprenait les deux archiprêtrés de Valence et de La Sauvetat et s'étendait jusqu'aux limites du Condomois et du pays de Gaure (2).

La baronnie de Pardaillan occupait encore à la fin du xvɪᵉ siècle un vaste territoire, très irrégulier, morcelé en maints endroits, plus restreint sans doute qu'aux siècles précédents, dont le centre se trouvait être le château proprement dit de Pardaillan, et qui enfermait en son entier la commune actuelle de Beaucaire, comprenait une très grande partie de celle de Bezolles, s'étendait au nord jusque sous les murs de Valence, au midi jusqu'au hameau de La Mazère, et, franchissant la Baïse, se prolongeait à l'est, en y englobant la tour et le domaine du Guardès, jusqu'à la rivière de l'Auloue. Voici, du reste, en quels termes elle est détaillée et démembrée dans l'acte d'afferme que passa, le 9 avril 1588, « haut et puissant Jean-François-Charles de Pardaillan, seigneur, baron dudit lieu, Panjas, Castelnau et autres places, par devant Mᵉ Marignac, notaire de Valence, en faveur de noble Hector de Saint-Gresse, seigneur d'Asques et de Seridos, et du sieur de Peimbat, qu'il prend comme fermiers de ladite

---

(1) V. *Sceaux Gascons du moyen âge*, par M. P. Laplagne-Barris, t. ɪɪ, p. 436.
(2) Voir la carte, assez rare, du diocèse d'Auch, par Moullard-Sanson (1714).

baronnie, moyennant la somme de trois mille trois cents escus solz comptant pour escu soixante sols » :

Ladite baronnie de Pardeilhan (1) au comté d'Armagnac, consistant en ung *beau chasteau appelé à Pardeilhan*, avec ses escuries, jardins, vergers, vignes, grand boy aussi appellé de Pardeilhan, où y a une teoulère construicte, taverne, fiefs, nauvins, dixmes de ses mestairies et autres rentes;

Mestairie dicte à *La Bordasse*, de la contenance de troys paires de bœufs;

Aultre mestairie appelée *de Arton*, du laboraige d'ung paire de bœufs, avec son *molin* aussi appelé à Arton, sur le ruisseau de la Bèze;

Vigne de *La Bordasse et de Arton*, et vignes dudict Pardeilhan;

Aultre *vigne* derrière le chasteau, plus aultre vigne au-dessus du grand jardin et le pigeonnier de la Bordasse;

Item, le villaige appelé de *Beaucayre* et le lieu appelé *à la Turracque*, autrement *à Pardailhan-Vieil* (2), consistant en fiefs, fornaiges, nauvins, greffe, justice, avec les esmendes, taverne, baylie et péaige, molins battans, boys appelé *au Vergier* et *au Baredes*;

Item, la *mestairie de Castaignés et Mallet*, du laboraige de troys paires de bœufs, avec son grand boys dict de Castaignés;

Aultre mestairie appelée *à Mondot*, du laboraige de deux paires de bœufs;

Item, aultre mestairie appelée *au Gardesc*, avec son boys, du laboraige de trois paires de bœufs, avec sa vigne appelée *au Broc*;

---

(1) On sait que le nom de Pardaillan se trouve écrit indistinctement dans les anciens actes : *Pardelha, Pardillan, Pardeillan, Pardeilhan, Pardailhan*, et le plus communement *Pardaillan*.

(2) L'ancienne destination de ce lieu, dit *à la Tourraque*, reste encore énigmatique. A un kilomètre en aval du village de Beaucaire et à pic sur la rive gauche de la Baïse, il consiste actuellement en terrassements successifs, demi-circulaires, opérés de main d'homme et présentant tous les caractères d'un *Refuge*. La tradition veut que ce soit un camp romain. On n'y a découvert cependant ni pièces de monnaie ni trace quelconque d'occupation de cette époque. L'acte que nous rapportons ci-dessus lui donne le nom de *Pardaillan-Vieil*. Serait-ce donc là le berceau primitif de la grande famille de Pardaillan, bien avant qu'elle n'eût fait construire, sur les hauteurs avoisinantes de *Betbezé*, le château-fort du XIIIe siècle ? On peut le supposer, quoiqu'on ne retrouve que très peu de traces ou de débris de substructions anciennes. N'y aurait-il eu en cet endroit qu'un poste fortifié, une tour de garde ou une pile galla-romaine, ainsi que semblerait l'indiquer ce nom de La Tourraque ? Le champ, faute de documents précis, reste ouvert à toutes les hypothèses. Profitons néanmoins de l'occasion qui nous est offerte ici pour signaler à l'attention des archéologues ces très curieux vallonnements, dont les trois mottes, d'inégale hauteur et séparées par trois fossés, attirent les regards de tous ceux qui suivent la grande route de Valence à Beaucaire, le long de la Baïse.

Item, le villaige appelé d'*Ampeils*, consistant en fiefs, taverne, etc.;

Item, une mestairie appelée à *Saint-Martin*, du laboraige de deux paires de bœufs, avec sa vigne et aultre vigne dicte à Ampeils;

Item, le boys appelé *au Baulac* et aultre appelé *au Boscas;*

Item, le villaige de *La Mazère*, consistant en deux preds et fiefs, vigne, appelée à *Saint-Jehan*, sans toucher à la taverne et hostellerie, et une concade de terre qui a esté baillée par ledit sieur à Ragot, à quoy lesdits fermiers ne prendront rien;

Item, le pred appelé à *Mondon*; aultre pred à *Mondot*; aultre pred appelé à *Arton*; aultre à *Castaignés*; aultre à *Mallet* et aultre appelé à *Lagunes*; desquels ledit sieur prend ordinairement les foins à sa main, où les mestadiers ne prennent rien que la réserve et généralement tous aultres fruits parfaicts; revenus et esmolumens qui sont des appartenances et dépendances desdites baronnies; et ce pour le terme et espace de troys années et troys cueillettes complectes et révolues.

Commençant ladicte afferme au vingtiesme du présent mois d'avril et finissant à semblable jour, etc. (1).

De cet acte très important pour nous, puisqu'il est l'un des premiers, suivi du reste de nombreux autres, qui mentionne la tour du Guardès, il résulte que cette construction se trouvait déjà au XVIe siècle une des dépendances de la baronnie de Pardaillan, à laquelle, nous le verrons, elle resta unie jusqu'à la Révolution. Il n'est donc point téméraire de supposer qu'elle en faisait partie depuis son origine, c'est-à-dire depuis la fin du XIIIe siècle, époque où les seigneurs de Pardaillan étaient, avec les comtes d'Armagnac, les plus puissants de toute la Gascogne et détenaient à eux seuls à peu près toute cette contrée.

Par là, nous sommes amené à étudier leur histoire, mais non sans faire connaître auparavant, pour la première fois, leur grandiose résidence, laquelle, sise à gauche de la Baïse sur un roc aussi élevé que celui du Guardès, semble, non point menacer cette dernière forteresse qui lui servait au contraire de poste avancé du côté de l'ennemi, mais rivaliser avec elle d'omnipotence, comme si elles voulaient toutes deux se par

---

(1) Notariat de Valence. Marignac, notaire. Reg. pour 1585-1593.

tager le commandement de la vallée, et, en même temps, la domination du pays tout entier.

Disons-le de suite, une bonne fortune s'offre à nous, dont nous nous ferions un vrai scrupule de ne point faire profiter nos lecteurs. Nous voulons parler de la description du château de Pardaillan, que notre ami M. Georges Tholin, épris du charme qui reste attaché à ces belles ruines, a consenti à écrire, un jour qu'il les avait visitées avec nous. Nous ne saurions donc mieux faire que de reproduire *in extenso* et avec son autorisation ces remarquables pages, qui dénotent une fois de plus la compétence archéologique du savant archiviste de Lot-et-Garonne, comme elles font briller à nouveau ses qualités habituelles d'écrivain, la clarté, la précision, la correction en toutes choses. Aussi avons-nous hâte de lui passer la plume, heureux également de pouvoir reproduire à l'appui de son texte le plan-croquis, suffisamment exact, qui, pour la première fois, a été relevé par lui de cet important château.

II

« Dans les plus anciens fiefs, un château souvent fort petit, s'élevait au milieu d'immenses domaines.

» Il en fut autrement pour les grandes seigneuries constituées ou accrues pendant les trois derniers siècles du moyenâge. Le nombre et l'importance des forteresses en la possession d'une famille féodale pourraient, à défaut de tout document historique, attester le degré de sa puissance.

» S'il y a des exceptions à cette règle, ce n'est point dans les domaines des barons de Pardaillan qu'il faudrait en chercher une. Le château qui porte leur nom est à lui seul l'équivalent de deux ou trois de ces châteaux contemporains, tels que ceux du Tauzia, de Massencôme, de La Gardère, et dont les plans, publiés ici même, peuvent être comparés.

» Ses ruines imposantes couvrent un promontoire de près

de quatre-vingt-dix mètres de longueur sur trente de largeur, qui est partout défendu par des pentes rapides. La destruction de cette forteresse est malheureusement trop complète pour qu'il soit possible aujourd'hui de l'étudier dans tous ses détails. Les tours et les corps de logis sont rasés dans le plein du premier étage; l'aire du rez-de-chaussée est ensevelie sous trois à cinq mètres de décombres; certains raccords entre les plus grandes pièces, certaines divisions ne pourraient être constatés qu'au moyen de fouilles. Malgré tout, il serait encore difficile de déterminer la destination de chaque salle, et la restitution des étages et du couronnement resterait absolument conjecturale. La description de l'état actuel ne pourra donner qu'une faible idée de ce bel ouvrage d'architecture (1).

» Un vieux chemin aboutit à la façade sud-est. Sur ce point, le promontoire se présente dans le sens de sa longueur. Avant d'atteindre la porte, ouverte dans une tour carrée, on rencontre des terrassements élevés en forme de bastion, à l'extérieur d'un fossé aujourd'hui comblé. L'ancien pont s'appuyait sur un premier réduit A, percé de petites meurtrières rondes, appropriées aux armes à feu. Cet ouvrage en ruines, de même que le bastion, ne paraît pas dater du moyen-âge; il est peut-être du XVIe siècle.

» La porte B, à cintre brisé, correspond à un couloir C, voûté en berceau brisé, sans trace de herse et de machicoulis. Elle est défendue par la tour carrée qui la surmonte, et, sur la droite, par la tour F, refaite sur des fondations anciennes. Elle n'a pas de flanquement sur la gauche.

(1) Le plan du château de Pardaillan n'a pu être relevé comme il en avait eu l'intention par notre ami regretté Pierre Benouville. C'est avec l'assistance de MM. J. Gardère et Ph. Lauzun que, le 2 août 1889, nous avons fait le croquis ci-joint. Nous tenons à ce terme de *croquis*, car certains angles n'ont pas été déterminés très exactement et il y a des approximations pour quelques détails. Toutefois, comme les mesures ont été assez bien prises, les erreurs doivent être peu sensibles en ce qui concerne les pièces principales. Nous devons des remerciments à M. Jules Capuron, propriétaire du château, pour son accueil affable et pour les précieux renseignements qu'il a bien voulu nous donner.   G. T.

» On pénètre dans une cour intérieure ou baille, longue de 55 mètres et large de 26 à 30. Les courtines qui la défendent, d'une grande épaisseur, ont une hauteur de 5 à 6 mètres. Comme à l'extérieur, les pentes, retaillées de main d'homme, ont une hauteur égale, et, s'il faut tenir compte de l'escarpe des fossés aujourd'hui comblés, on constate que les remparts étaient assez élevés pour braver les escalades.

» La courtine sur le front sud-ouest, de D en E, est à peu près intacte. Son chemin de ronde est apparent et les merlons seuls ont été détruits. Douze meurtrières, espacées de 4 en 4 mètres, la défendent. Elles ne sont pas à hauteur d'homme, et pour les atteindre il fallait gravir trois ou quatre marches d'un escalier de bois. Elles affectent la forme d'une niche à plein cintre de 1^m 45 de largeur sur 1^m 25 de hauteur; dans leur fond plat s'ouvrent les embrasures, larges de 0^m 60 et réduites, à l'extérieur, à de très petites rainures en croix (1).

» La courtine sur le front nord-est, de F en G, a été complètement reconstruite en appareil irrégulier, dont la mauvaise façon accuse l'époque moderne, peut-être le xvie siècle. Dans cette restauration on n'a ménagé aucune meurtrière. Parmi quelques fragments anciens apparaissent des portions de niches pareilles à celles de l'autre courtine, ce qui porte à croire que ces deux clôtures avaient des défenses toutes pareilles.

» La tour ronde élevée à l'angle F, percée de meurtrières à rainures horizontales destinées aux armes à feu, est un ouvrage du même temps que la courtine F G. Nous avons dit qu'elle paraît reposer sur des fondations modernes. (Toute cette partie du château, relativement moderne, est indiquée en teinte plus pâle sur notre plan.)

(1) Ces meurtrières se rapprochent beaucoup de celles que Viollet-le-Duc a reproduites dans son *Dictionnaire d'architecture*, t. vi, pl. à la page 394. D'après cet auteur (ibid., p. 393), les meurtrières dont la rainure est entaillée par une croix pattée ne seraient pas antérieures au milieu du xive siècle. En Gascogne, cette forme fut adoptée dès le milieu du xiiie siècle. On en voit sur des monuments à date certaine, notamment dans les tours de Larressingle, de La Gardère, de Sainte-Mère, etc.

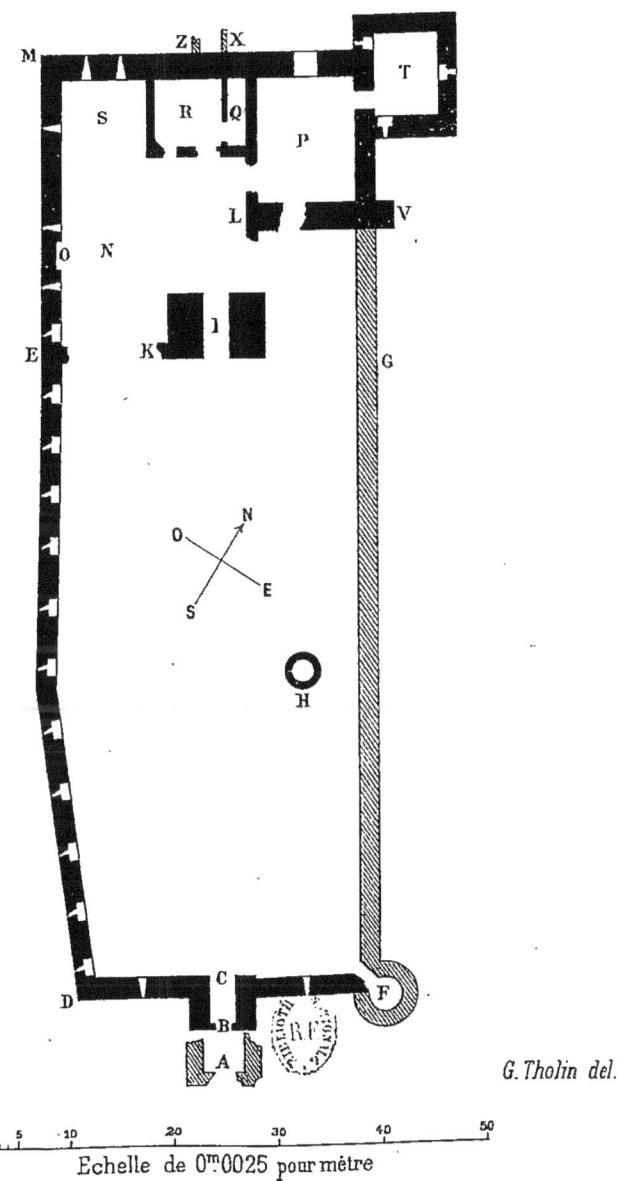

PLAN (Croquis) DU CHATEAU DE PARDAILLAN

» Pour en finir avec la description de la baille, signalons deux meurtrières rectangulaires dans les murailles C D et C F, et un puits en H. Tout le long de la courtine D E, à l'intérieur, au-dessous du chemin de ronde, des arrachements de pierre ont été opérés à des intervalles réguliers dans le but de loger des poutres. Ce ne sont ni des trous de boulin, ni des coulisses pour des hourds. On a dû adosser autrefois à cette muraille des hangards qui ont pu servir de corps de logis pour des réfugiés ou pour des écuries.

» Une tour pleine I, élevée dans l'axe de la première entrée, défendait la porte du château proprement dit. Son couloir est voûté en berceau brisé, légèrement surbaissé. Cette ruine est devenue pareille, dans son isolement, à un arc de triomphe antique. Son appareil est superbe, et son front se couronne d'arbustes sauvages. On se souvient de l'avoir vue rattachée au point E de la courtine par un mur dont les arrachements se voient en K. Toutefois, un passage étroit, mais fort élevé, avait été ménagé entre ce mur de refend et la courtine. Il n'y a pas de point de raccord entre ce rez-de-chaussée de la tour I et la courtine G et les clôtures du corps de logis L; mais ces communications, au moins en L, étaient forcées; et, au dire des vieillards, la tour se reliait de tous côtés aux chemins de ronde des courtines et du château. Il faut croire que ces communications, à la hauteur du premier étage, étaient établies au moyen de ponts volants; nous rechercherons la raison de cette disposition singulière.

» Du point E à l'angle M, les chemins de ronde ont environ deux mètres de plus d'élévation que sur la courtine E D.

» La salle qui était en N a dû servir de cuisine. On y voit, en O, les restes d'une large cheminée, grossièrement appareillée, sur les côtés de laquelle sont établies à une certaine hauteur des meurtrières rectangulaires.

» En P, est une vaste salle dans laquelle une large fenêtre avait été percée à une époque récente; — en Q, une pièce étroite, voûtée en berceau brisé; — en R, une autre salle. En S devait se trouver aussi une salle, isolée de la cuisine. Elle avait pour défense trois meurtrières à rainures verticales.

» Sur le front nord-ouest, et particulièrement au point T, les pentes sont moins abruptes qu'au sud-ouest et au nord-est. Ce fut donc de ce côté qu'on éleva le plus fort ouvrage de défense, une tour à peu près carrée, qui déborde et commande les courtines T G F et T M. (Voir notre photogravure reproduite à l'appui de cette description.) L'aire du rez-de-chaussée de cette tour est fort basse et le premier étage correspond à peu près au niveau du sol de la baille. Cet étage a trois meurtrières du même type que celles de la courtine D E. La construction du château tout entière révèle une grande unité; d'où l'on peut conclure qu'il fut élevé tout d'une pièce, en peu de temps.

» La porte du premier étage, qui met en communication la tour T avec la grande salle P, est assez étroite pour être facilement murée ou défendue. Ainsi la prise de la tour extérieure n'entraînait pas celle du château. Il faudrait pouvoir achever des fouilles entreprises dans le sous-sol du rez-de-chaussée T et P pour déterminer leur destination. Vus de l'extérieur, ils paraissent privés de meurtrières. Ils devaient servir de magasins pour les vivres. Le mur de clôture L V, d'une grande épaisseur, est consolidé par un contrefort.

» De X en Z, il existait un ouvrage extérieur en encorbellement sur six grandes assises superposées, taillées en quart de rond. (Voir également notre photogravure.) La saillie de la tourelle qui devait s'élever sur cette base était assez considérable pour permettre aux archers de battre le front nord-ouest de la tour T et l'angle de la courtine M. En face de ces encorbellements, de Z à X, on a construit, à la dernière époque, une sorte de réduit qui complétait la défense à la base même des remparts. L'angle M, l'angle D, le contrefort

V étaient vraisemblablement couronnés d'échauguettes.

» Vu l'état de ruines où se trouve actuellement le château, il est difficile de déterminer exactement le rôle que la tour I jouait dans la défense. Au cas où la porte C B eût été forcée et la baille prise, elle se présentait comme un poste avancé pour la défense du château. Au contraire, dans le cas où le château aurait été attaqué directement et emporté, elle restait comme un dernier refuge, un réduit qu'il était facile d'isoler, si les communications entre elle et les chemins de ronde n'étaient établies qu'au moyen de ponts volants. Cette masse énorme de maçonnerie, que l'ouverture d'un couloir n'affaiblissait guère, pouvait résister longtemps à la sape; et, logée dans les deux ou trois étages supérieurs, qui n'existent plus, la garnison pouvait tenir encore quelques jours (1).

» Des documents historiques permettront peut-être de déterminer les dates de la construction et de la destruction de ce château. S'il fallait se prononcer, à défaut de tout renseignement, on pourrait admettre que le château fut bâti tout entier aux environs de l'an 1300. Une de ses grandes courtines, complètement détruite, fut refaite au XVIe ou au XVIIe siècle. La forme des brèches ouvertes dans le corps de logis et la démolition de tous les étages supérieurs prouvent que le château n'a pas été ruiné par l'action du temps, mais démantelé. » (G. Tholin.)

L'enquête que nous avons faite dans le pays depuis que ces pages ont été écrites, ainsi que les documents historiques

---

(1) Isolons, par la pensée, l'ancien corps de logis habitable de la grande cour intérieure, et tirons une ligne de séparation, soit de V en O par L et N, en laissant de côté la tour I, soit encore de G en E, en englobant cette même tour; ne trouvons-nous aucune ressemblance avec les plans des châteaux précédemment relevés et rapportés dans ce travail, tels que ceux du Tauzia, de Massencôme, de La Gardère ? Et serait-il bien téméraire d'assimiler la tour carrée T à la principale de leurs tours d'angle, la tour I pouvant servir de *tour opposée* ? Dans cette hypothèse, le château de Pardaillan, construit du reste à la fin du XIIIe siècle, ne pourrait-il pas rentrer, quoique de dimensions plus grandes, dans la catégorie de ces châteaux et avoir été élevé dans le même but qu'eux ?— P. L.

que nous avons pu recueillir, corroborent en tous points les hypothèses de notre savant collaborateur et viennent confirmer ses précédentes prévisions. Le château de Pardaillan n'a point en effet été démoli, ainsi que d'aucuns pouvaient jusqu'à ce jour le croire, ni du temps des guerres anglaises, ni à l'époque des guerres de religion, pas même par ordre supérieur du cardinal de Richelieu. Ainsi que nous le verrons par des actes des xvie, xviie et même xviiie siècles, passés dans ses murs, il exista intact, ou à peu près, jusqu'à la Révolution. Naguère encore une femme, morte centenaire, affirmait avoir dansé toute jeune dans ses immenses salles. Et ce n'est que tout de suite après la tourmente révolutionnaire, pendant laquelle cependant la tradition veut qu'il ait été incendié, que des entrepreneurs l'achetèrent momentanément et ne se firent aucun scrupule de le démolir pièce à pièce, mettant successivement en vente ses bois, ses charpentes, ses toitures et jusqu'aux anciennes pierres de ses antiques murailles.

Quant à la courtine F G, à l'ouvrage avancé A, ainsi que toutes les adjonctions modernes, nous ne pouvons, faute de documents, indiquer à quelle époque ces réparations furent faites. Mais nous allons voir que dans les premières années du xvie siècle le château de Pardaillan passa de la branche aînée des barons de Pardaillan dans celle de Panjas, de même qu'au commencement du xviie siècle il devint, à la suite d'une alliance, la propriété des comtes de Parabère. Il est donc permis de supposer que ce fut, ou le célèbre M. de Panjas, l'ami de Monluc et plus tard d'Henri IV, ou bien encore le nouveau propriétaire Henri de Beaudéan de Parabère, qui tint à honneur de relever le berceau à moitié ruiné par le temps de ses illustres ancêtres et de le maintenir en un état digne de son nom.

III

I. Les Pardaillan. — L'origine des Pardaillan se perd dans la nuit du moyen-âge. Aussi haut que peuvent remonter les rares cartulaires qui nous ont été conservés sur ces époques lointaines des premiers siècles de l'histoire féodale de la Gascogne, nous les voyons jouissant dans le pays d'une autorité sans conteste; et leur nom se trouve inscrit sur le même pied que celui des comtes d'Armagnac et de Fezensac. Leurs alliances sont si nobles, leur puissance si considérable, qu'il n'est pas téméraire de les considérer, sinon comme des descendants de Pepin, roi d'Aquitaine (1), du moins comme des cadets de ces mêmes comtes de Fezensac au xe siècle, et de rattacher par suite leur souche à celle des anciens ducs de Gascogne (2).

« Il y a, écrit le Père Anselme, deux terres de Pardaillan, l'une dans le Haut-Languedoc, diocèse de Saint-Pons, l'autre appelée *Pardaillan-Belbézé*, l'une des quatre plus anciennes baronnies du comté d'Armagnac, où elle est située, diocèse d'Auch. » Cette dernière est celle dont nous retraçons l'histoire (3).

(1) C'est l'opinion de M. M. Romieu, qui, dans son *Histoire de la Vicomté de Juliac* (in-8°, Romorantin, 1894), a eu à s'occuper de cette illustre famille et a jeté sur elle un jour tout à fait nouveau. Nous regrettons, avec bien d'autres, que certains passages de ce si intéressant et remarquable travail, fruit de longues et patientes recherches, ne soient pas documentés d'une façon plus précise. Ce qui ne nous empêchera pas de lui faire de nombreux emprunts, après avoir eu soin de les contrôler rigoureusement avec les documents concernant cette grande maison, qui sont conservés dans les dépôts publics.

(2) Voir les notes de M. l'abbé Breuils sur les *Principaux barons du Fezensac à l'époque féodale*. (*Revue de Gascogne*, tome XXXVII, pages 82 et 146.)

(3) Il existait également dans l'Agenais une autre famille de Pardaillan, dont les membres, sous le nom d'*Escodeca de Boisse*, seigneurs de la terre de Pardaillan, à neuf kilomètres de Duras, jouèrent un très grand rôle pendant les guerres de religion. Voir les multiples notes que leur a consacrées M. Ph. Tamizey de Larroque dans plusieurs de ses brochures et notamment le *Récit de l'assassinat du sieur Boisse de Pardaillan* (Plaquettes Gontaudaises. N. 6. Bordeaux, in-8°, 1880). Voir aussi la *Notice sur le château, les anciens seigneurs et la paroisse de Mauvezin*, par M. l'abbé Alis (in-8° 1887). Ces Pardaillan de l'Agenais n'eurent jamais aucun lieu de parenté avec ceux dont nous nous occupons ici. Leur nom seul est le même, mais provenant de deux fiefs différents.

Les deux noms de Pardaillan et de Betbézé furent, en effet, réunis depuis le xiiie siècle, et c'est comme tels que nous les trouvons accolés dans presque tous les actes antérieurs à la Révolution. L'explication en est facile. Lorsque, à cette lointaine époque, les seigneurs de Pardaillan abandonnèrent leur ancienne résidence, le lieu de la Tourraque, peut-être, sur les bords de la Baïse, que dans l'acte de 1588 nous avons vu désigné sous l'appellation de *Pardaillan-Vieil*, et qu'ils construisirent le château actuel selon toutes les règles de défense exigées, ils choisirent pour son assiette l'extrémité du promontoire, au-dessus duquel s'élevaient le petit village de Pardaillan et, à côté, sur la partie la plus haute du plateau, le *vieux château de Betbézé*, dont le souvenir n'est conservé que par la tradition. Néanmoins, sur ce *champ dit de Betbézé*, attenant au village de Pardaillan, on trouve encore des tuiles à rebord, des cubes disjoints de mosaïques et de nombreux silex polis, dont quelques-uns en forme de hache. Dépendant de la baronnie de Pardaillan, ce lieu de Betbézé donna ainsi son nom au nouveau château, lequel, pour se distinguer du vieux château de Pardaillan, situé plus bas, prit désormais le nom de *Pardaillan-Betbézé*, c'est-à-dire Belle-Vue (1).

« Mais, ajoute le Père Anselme, l'on trouve aussi deux maisons du nom de Pardaillan. Comme on n'a pu découvrir si elles sortent de la même tige, ni laquelle est l'aisnée, étant toutes deux fort anciennes, après avoir rapporté par ordre de date les seigneurs de ce nom dont on n'a pu trouver la jonction, on commencera par la généalogie des Pardaillan-Gondrin, ducs d'Antin, pairs de France, puis celle des *Pardaillan-Betbézé* et Panjas (2). »

Tous les généalogistes qui se sont occupés de cette famille

(1) Plus tard, lorsque, au xive siècle, les barons de Pardaillan devinrent vicomtes de Juliac et firent de cette dernière seigneurie une de leurs principales résidences, ils importèrent dans ce pays, nouveau pour eux, plusieurs des noms de leur berceau; et ils donnèrent notamment au plus proche village du château de Juliac le même nom de Betbézé, qu'il a gardé depuis.

(2) Père Anselme, tome v, page 174 et suivantes.

ont cherché à raccorder, en effet, ces deux branches. Aucun n'a pu fournir le document tant désiré. Nous n'en persistons pas moins à croire, avec Lachesnaye des Bois, que « *la maison ducale de Pardaillan-Gondrin n'est qu'une branche cadette du nom qu'une héritière de la terre de Pardaillan porta, en 1524, dans l'ancienne maison des barons de Gerderest du nom de Béarn* (1). »

La branche aînée fut donc celle qui, de tout temps, garda en sa possession le château et la baronnie de Pardaillan, c'est-à-dire le fief patronymique. C'est elle seule dont nous aurons à nous occuper ici; moins brillante peut-être sur son déclin que la branche cadette, qui, d'abord fixée à La Mothe-Gondrin, dont il ne reste plus qu'une haute tour crénelée, puis au château même de Gondrin entièrement détruit, parvint, grâce à Mme de Montespan, au faîte des honneurs, mais plus puissante à ses débuts, et dans tous les cas tout aussi prodigue sur les champs de bataille du sang de ses enfants.

« Il y a plus de six cents ans, écrivait Louis XIV en tête des Lettres d'érection du duché-pairie d'Antin en faveur de Louis-Antoine de Pardaillan-Gondrin, que la maison de Pardaillan tenait déjà un des premiers rangs entre les maisons les plus illustres de la Guyenne. Dès le XIe siècle, les seigneurs de Pardaillan étaient chanoines d'honneur du chapitre de Tarbes et ils avaient des alliances avec la maison de Castillon de Médoc, l'une des plus puissante de la Guyenne, etc. (2). » Remontant donc aussi haut que l'avait pu faire le grand roi, nous allons, très sommairement, indiquer les quelques faits d'armes ou actes des plus anciens Pardaillan, dont nous ne pourrons, pas plus que nos devanciers, établir d'une façon exacte la filiation; mais ils prouveront une fois de plus l'ancienneté comme la valeur de cette famille, si intimement liée aux annales de la Gascogne que M. Noulens a pu dire d'elle

---

(1) Lachesnaye des Bois, tome XV, page 443 et suivantes.
(2) Père Anselme, tome V, pages 167-170. — Cf. *Revue d'Aquitaine*, tome IX, page 312.

avec juste raison : « Quand la vieille et forte race des Pardaillan agit, la Gascogne est en mouvement (1). »

Les armes des barons de Pardaillan, seigneurs de Pardaillan et plus tard de Juliac et de Panjas, les seuls dont nous ayons à nous occuper ici, étaient : *d'argent à deux fasces de gueules* (2).

— Le cartulaire de Condom, si heureusement reproduit par Larcher dans son *Glanage Condomois* (3), est un des plus anciens recueils qui parlent des premiers seigneurs de Pardaillan. C'est ainsi qu'il cite un *Hugues de Pardaillan*, accordant de précieux avantages à l'église de Condom; puis un *Othon* ou *Odet de Pardaillan*, donnant au chapitre de Condom, vers 1070, l'église de Saint-Jean de Gardère, près de Moncrabeau; postérieurement, « Sanxio-Garcias, miles de Sentosca (?), veniens ad Sanctum Petrum, dedit beato Petro agrum unum magnum in loco qui dicitur Calaved (?) *juxta Castrum Pardeilhan*; item, in alio loco qui dicitur Camarada... etc. »

En 1070 également, le Père Anselme cite un *Pons de Pardaillan*, époux de Navarre de Luppé, et déjà possesseur de la ville de Gondrin et des terres de Justian, de Cacarens et de Cazeneuve. La même année, Dom Brugèles rappelle une donation d'un *Odon* de Pardaillan au monastère de Saint-Mont (4). Enfin, d'après M. Romieu, ce même Odon de Pardaillan, qui vivait en 1070, aurait pris part à la première Croisade.

De ces seuls faits il résulte que, dès le xie siècle, la famille de Pardaillan avait fait son apparition dans le pays et qu'il existait même déjà à cette époque un *château de Pardaillan*, antérieur par conséquent de plus de deux siècles à celui dont on voit encore les ruines.

---

(1) Noulens, *Mémoire pour servir à M. le comte de Pardaillan contre Messieurs de Treil*. Paris, in-8°, 1867, page 171.
(2) Père Anselme, tome v, page 192. — Cf. Lachésnaye des Bois, tome xv. — Romieu, etc.
(3) Archives municipales de Condom.
(4) Dom Brugèles, page 55.

— Au XIIIe siècle, les détails abondent; et, sans établir exactement la filiation de ces premiers seigneurs de Pardaillan, nous les suivons pour ainsi dire à chaque pas de leur vie si mouvementée de soldats. Alliés aux plus grandes familles, ils occupent les charges les plus importantes.

En 1215, le 8 juin, nous apprend le Père Anselme, *Eudes ou Odon de Pardaillan* est présent à l'hommage solennel que Géraud, comte d'Armagnac et de Fezensac, rend à Simon, comte de Montfort, pour les comtés d'Armagnac, de Fezensac, le Fezensaguet et tout ce qu'il possède dans le Magnoac (1). En 1231, ce même Odon de Pardaillan est nommé commandeur de l'Ordre de Saint-Jacques, institué par Amanieu, archevêque d'Auch, pour protéger la paix et combattre les usurpations des biens ecclésiastiques. En 1244, Odon de Pardaillan est présent au mariage de messire Géraud de Forcès, avec dame Alpays, fille de Jourdain de l'Isle (2). Est-ce le même qui, en 1255, se soumet au sénéchal d'Agen et promet de paraître devant sa Cour, et, la même année, jure entre ses mains la paix, à la suite d'une guerre privée entre le comte d'Armagnac et le vicomte de Lomagne (3)?

En 1227, un *Hugues de Pardaillan* devient évêque de Tarbes, et peu après, en 1244, archevêque d'Auch, ou plutôt vicaire-général de cette église (4).

Dans les cartulaires d'Auch, nous trouvons vers cette époque un *Guillaume de Pardaillan* faisant donation, avec son neveu Guillaume de Lagraulet, au chapitre de Sainte-Marie d'Auch de la moitié de l'église d'Arpentian, ainsi que d'une portion de celles de Cézéran, Pellefigue, Fournès et autres, dans l'archidiaconé de Pardaillan (5).

---

(1) Père Anselme, tome v, page 174. — Cf. Monlezun, tome vi, page 318.
(2) Bureau des finances de Montauban. — Somme de l'Isle, fol. 408.
(3) *Généalogie de la famille de Galard*, tome I, page 60. — Cf. Oïhénart: Collection Duchesne, vol. XLVI, fol. 29. Bibliothèque nationale, cabinet des Titres.
(4) Père Anselme, tome v.
(5) Archives départementales du Gers, G. 17. — Cf. Mss. d'Aignan, tome IV, page 623. — *Histoire de la Gascogne*, tome II, page 354.

Les lettres d'érection en duché-pairie du marquisat d'Antin (1711) nous disent que *Bernard*, seigneur de Pardaillan et de Gondrin, fut l'un des seigneurs de Guyenne qui suivirent le roi saint Louis à son premier voyage d'Afrique, en 1248. « Dans cette expédition célèbre, ajoutent-elles textuellement, il eut un combat particulier avec un Maure des plus distingués de l'armée des infidèles; il lui coupa la tête, et, pour conserver le souvenir de cette action glorieuse, il ajouta trois têtes de Maures à l'écu de ses armes : sa postérité les porte encore aujourd'hui (1). » M. Romieu fait mourir ce Bernard de Pardaillan au siège de Tunis en 1270. Le Père Anselme, au contraire, tout en mentionnant sa présence à ce siège mémorable, le fait assister quatre ans après à une assemblée de la noblesse du Fezensac tenue à Justian.

Quoi qu'il en soit, si la présence du père à cette réunion reste problématique, il n'en est pas de même de celle de son fils, Odet. Tous les documents de cette époque rapportent, en effet, qu'Odet ou *Odon de Pardaillan*, fils de Bernard, fut choisi par les nobles d'Armagnac et de Fezensac, réunis solennellement à Justian, en l'année 1276 dit le Père Anselme, 1286 dit, à tort croyons-nous, l'abbé Monlezun, afin d'aller comme député demander des coutumes au comte d'Armagnac pour le pays de Fezensac. Les démarches du sire de Pardaillan eurent un plein succès, et il obtint de Bernard d'Armagnac, non seulement des coutumes générales pour le comté de Fezensac, mais même des franchises spéciales pour sa propre baronnie de Pardaillan-Betbézé, notamment une juridiction pleine et entière et la faculté d'ériger des fourches patibulaires. Bien plus, dix ans après, en 1286, il fut encore délégué par les mêmes nobles du Fezensac pour arrêter la rédaction desdites coutumes, et, en leur nom, prêter à leur suzerain le serment d'usage. « *Item, nos comes prædictus de*

---

(1) *Lettres d'érection du duché-pairie d'Antin*. Père Anselme, tome v. — Cf. Noulens, *Mémoire pour M. le comte Jules de Pardaillan*.

consensu et assensu expresso nobilium virorum, domini Bartholomei de Caillaveto, militis, et ODONIS DE PARDEILLANO, *domicelli, procuratorum universitatis baronum, militum, domicellorum et aliorum nobilium nostri comitatus Fezensaci,* » etc. — Et plus loin : « *Concedimus et donamus dominis Bernardo de Polastrono, Bartholomeo de Caillaveto, Gallardo de Besola, militibus, Odoni de Pardeilhano, domicello, procuratoribus totius curiæ Fezensaci,* etc. (1) ».

Entre autres actes importants de sa vie, citons encore la présence d'Odon de Pardaillan, comme témoin à la vente faite au roi d'Angleterre de la quatrième partie de la terre et justice de Torrebren, au diocèse d'Auch, par Guillaume-Raymond de Pins, damoiseau, à la date du 15 octobre 1275 (2).

Odon ou Odet, seigneur de Pardaillan et de Gondrin, jeta sur sa famille, déjà très puissante, un nouveau lustre. Il réunissait sur sa tête les deux grandes seigneuries de Pardaillan et de Gondrin, qui n'étaient point encore séparées, et sa prépondérance dans tout l'Armagnac était incontestable.

Quels enfants eut-il de son mariage avec *Claire de l'Isle?* Sur cette question les généalogistes ne sont point d'accord. Le Père Anselme lui en donne sept, dont un, Bernard, acheta la terre de Mons en 1324, pour la somme de 475 livres, et une fille Mabille, épouse de Pierre de Pujols, fondatrice d'une chapellenie dans l'église de La Romieu. Une confusion égale règne dans l'ordre de sa descendance. Faut-il, selon le Père Anselme, lui donner pour fils aîné *Odet II*, qui devint en 1328 le chef de la branche des Pardaillan, seigneurs de La Mothe et de Gondrin, si célèbre dans la suite avec les marquis de Montespan et les ducs d'Antin, lequel Odet épousa en 1309 Marguerite de Biran et octroya en 1336 des coutumes à la ville de Gondrin (3)? Faut-il, s'en rapportant à la même

(1) Privilèges du comté de Fezensac. — Monlezun, *Histoire de la Gascogne*, VI, 15. — Cf. Tome III, V. — Père Anselme, tome V, page 175, etc.
(2) Bureau des finances de Bordeaux, Reg. 6, f° 49. — Cf. Père Anselme.
(3) Père Anselme, tome V.

source, considérer encore, après lui, comme seigneur baron de Pardaillan en même temps que de Gondrin son fils *Hugues*, époux de Brune de Montaut, dont le procès avec le vicomte de Castillon au sujet de la maison de ville de Gondrin dura plus de soixante ans ? Et, après lui encore Odet III, qui épousa Esclarmonde de Benque, et qui aurait été le dernier seigneur des baronnies de Pardaillan et de Gondrin réunies (1) ?

Ou bien, la baronnie proprement dite de Pardaillan passat-elle à la mort d'Odet Ier entre les mains d'un autre de ses fils *Jean*, qui, qualifié dans certain acte de l'époque d'écuyer, aurait continué la descendance directe d'Odon (2), alors qu'Odet II, frustré de la seigneurie patrimoniale, serait devenu le chef de la branche de Gondrin; ce qui, dès cette époque, c'est-à-dire la fin du xiiie siècle, aurait provoqué la scission définitive des deux seigneuries ?

Aucun document formel n'est venu jusqu'à ce jour nous renseigner sur ce point obscur et controversé. Ce qu'il y a de sûr, c'est que dès les premières années du xive siècle, la branche des Pardaillan, seigneurs de Pardaillan, et celle des Pardaillan, seigneurs de Gondrin, sont nettement séparées; qu'elles marchent de pair avec leur filiation parfaitement établie; qu'elles rivalisent de bravoure sur les champs de bataille, et qu'elles se partagent, tout en se traitant de parentes, les fiefs les plus importants du Haut-Armagnac.

Nous abandonnerons donc, à partir de ce moment, la branche cadette de Gondrin, dont l'histoire ne saurait plus nous intéresser; et nous ne nous attacherons qu'à la branche aînée, seule propriétaire de la baronnie de Pardaillan et par suite de la terre du Guardès.

II. *Les Pardaillan-Juliac*. — Dès les premières années du xive siècle, nous rencontrons comme seigneur de la baronnie

---

(1) Père Anselme, tome v. — Cf. Noulens. *Mémoire pour M. de Pardaillan*
(2) *Histoire de la vicomté de Juliac*, par M. Romieu. Appendice, page 395.

de Pardaillan, *Bernard de Pardaillan*, dont la vie aventureuse ne fut qu'une longue épopée. D'après la plupart des auteurs, il aurait été fils aîné de *Jean* qui précède et frère de Bertrand et d'Amanieu, petit-fils par conséquent d'Odet Ier. Les documents abondent sur son compte. Résumons les plus authentiques.

En 1501, le lendemain de l'Ascension, Bernard de Pardaillan, seigneur dudit lieu, est présent au paréage d'Auch, et il sert comme témoin dans l'arbitrage prononcé par messire Odon de Massas, chevalier, sur le différend intervenu entre Bernard, comte d'Armagnac et les consuls d'Auch, au sujet de la propriété de la maison commune de cette ville (1).

Onze ans après, Bernard de Maignaut, damoiseau, rend hommage à « noble et puissant homme Bernard de Pardaillan, damoiseau, seigneur de Pardaillan, pour raison de tout ce qu'il tient de luy en fief noble dans la paroisse de Saint-Vincent de Thézan, par acte reçu par Pierre de Macari, à Condom (2).

En 1517, Bernard de Pardaillan souscrit comme témoin à la donation entre vifs, faite par noble Auger, baron de Mauléon, porte-étendard de Navarre, à noble Miramonde de Mauléon, sa nièce, de toute sa terre, justice, châtellenie et seigneurie de Castelsarrasin, au duché d'Aquitaine (3).

Trois ans après, « le 11 des calendes d'avril 1320 », noble et puissant homme Bernard de Pardelhan, damoiseau, avoue tenir en fief et hommage du comte d'Armagnac, Fezensac et Rodez, sa baronnie de Pardelhan, avec toute ce qu'il possède en Fezensac (4).

En 1322, Bernard de Pardaillan cautionne Mathe d'Armagnac pour ses 20,000 livres de dot. En 1323, il assiste comme

---
(1) Monlezun, tome III, page 88, et tome V, page 79. — Cf. Bureau des finances d'Auch.
(2) Archives du château de Montaut. Chartrier Laplagne.
(3) Idem.
(4) Bureau des finances de Montauban, livre vert, cotté. CC 28, f° 22. — Monlezun donne la date du 22 mars 1320, tome III, page 485.

témoin au mariage de Marquèze de Savinhac avec Othon de Montaut. Enfin, en 1327, il accorde « par courtoisie » et avec son cousin Odet de Pardaillan une journée de gages au clerc du trésorier des guerres (1).

La même année 1327 et le 24 octobre, Bernard de Pardaillan épouse en grande pompe Ciboye de Mauvesin ou de Malvin, fille unique d'Arnaud-Guillem de Mauvesin, vicomte de Juliac. La future lui apportait en dot la vicomté de Juliac et de Mauvesin, sur les confins de l'Armagnac et des Landes. Cette terre, dont les Pardaillan allaient faire une de leurs principales résidences, était un des plus riches domaines de la Gascogne (2).

Bernard de Pardailhan comptait déjà à ce moment parmi les plus puissants seigneurs de l'Armagnac. Le Père Anselme nous apprend, en effet, qu'en ces temps-là « il donna quittance à Jean Mousquet, lieutenant du trésorier des guerres à Agen, de vingt livres sur ses gages et ceux des gens d'armes et de pied de sa compagnie. Cette quittance est scellée d'un sceau en cire rouge à deux fasces, dont la légende porte ✝. S. B. Senh. d. Par...an. (Sigillum Bernardi, senhoris de Pardaillan). On en trouve encore plusieurs autres, ajoute le même auteur, données au même lieu : de cent livres, le 6 décembre 1340, où il est qualifié *capitaine de Malvesin* (3); — de 55 livres, le 30 janvier, — de pareille somme, le 13 mars de la même année, — de cent livres, le 19 novembre 1341, où il est qualifié *Bernard de Pardelhan, chevalier, capitaine de Juliac;* — de cent livres, en octobre 1342, où il est qualifié *seigneur de Pardeillan.* Il avait 500 livres de pen-

---

(1) Bibliothèque nationale. collection Decamps, tome 83, f° 431. — Cf. *Généalogie des Galard*, par Noulens, tome I, page 378.

(2) Père Anselme, tome v. — Cf. *Histoire de la vicomté de Juliac*, par M. M. Romieu.

(3) Il s'agit ici de la seigneurie de Mauvesin, dans le Gabardan. Mauvezin (Landes) est actuellement une commune de 281 habitants, à 13 kilomètres de Gabarret, arrondissement de Mont-de-Marsan. Ne pas confondre avec deux Mauvezin dans la Haute-Garonne, un dans le Gers, un dans Lot-et-Garonne, un dans les Hautes-Pyrénées et deux dans l'Ariège.

sion en 1344 et 1347. Il est qualifié *Bernard de Pardelhan, chevalier banneret, capitaine de Condom*, dans une quittance de 1,340 livres, 19 sols, 6 deniers, qu'il donne le 1ᵉʳ juillet 1350 à Jean Chauvel, trésorier des guerres, sur ses gages et ceux d'un chevalier, et commandant 56 écuyers et 120 sergens de pied. Elle est scellée comme cy-dessus. (Cahiers de M. de Clairambaut). Enfin, il reçut, le 18 mars de la même année, la moitié de la vicomté de Juliac, suivant des lettres du Roi du même jour. (Reg. du Trésor, n° 80) (1). »

Mais ce que ne nous dit pas l'histoire des *Grands officiers de la Couronne* et ce qu'il importe de connaître, c'est la part glorieuse prise par Bernard de Pardaillan dans tous les combats de cette époque, ce sont les hauts faits d'armes accomplis par lui presque chaque jour, et qui lui valurent la réputation d'un des plus grands hommes de guerre de son temps.

Bernard de Pardaillan resta toute sa vie fidèle à la cause du roi de France, et c'est sous la bannière nationale qu'il combattit toujours, tantôt pour son propre compte, tantôt pour celui du comte d'Armagnac.

Un des premiers faits de guerre qu'il accomplit aussitôt après son mariage, fut de reconquérir à main armée le magnifique et vaste domaine que lui avait apporté sa femme, c'est-à-dire la vicomté de Juliac, restée de par la soumission des anciens seigneurs, les Mauvesin, dans la vassalité d'Edouard d'Angleterre. Après plusieurs essais demeurés infructueux, Bernard de Pardaillan, qui, à la tête d'une nombreuse bande de gens d'armes, parcourait en tous sens la Gascogne, résidant tantôt dans sa baronnie de Pardaillan, tantôt dans une des places fortes de la région, voua une haine éternelle aux nouveaux conquérants d'outre-mer, et devint, au début même de la guerre de Cent ans, le porte-étendard de la cause française.

Néanmoins il fallait compter avec les rudes mœurs de ce temps-là, et, disons-le bien vite, avec les habitudes de rapine,

---

(1) Père Anselme, tome v, page 192 et suivantes.

de pillage et de meurtre de tous ces altiers barons féodaux. Les chroniques de cette époque nous montrent en 1333 le sire de Pardaillan allié au comte de Comminges, et à la tête tous deux d'une bande de soudards qui, sans pitié, rançonnait le pays. L'Agenais, le Condomois, l'Armagnac furent mis, par eux, à feu et à sang, sous prétexte d'exterminer l'Anglais, et il n'est pas un village, un château, ou un monastère, qui n'ait été, dit-on, dévasté par ces terribles seigneurs.

Le roi de France s'en émut et envoya une compagnie de ses gens d'armes pour faire entendre raison aux fiers barons. Mais Bernard de Pardaillan les reçut en en faisant pendre six aux portes de Mezin (1).

Le comte de Comminges cependant ne tarda pas à se soumettre; et, plutôt que de l'exaspérer, Philippe de Valois jugea plus prudent d'accorder au seigneur de Pardaillan des lettres de rémission pleines et entières, le 8 novembre 1333 :

Attendu, disent-elles dans leur langage si expressif, que le comte de Comminges, *Bernard de Pardaillan*, vicomte de Juliac, Gaillard de Pardaillan, son cousin et plus de cent autres gentilshommes de leur suite se sont rendus coupables pendant trois ans de désobéissance notoire à nos gens, homicides, guerres et forces publiques, roberies de marchands, rapines, ravissements de femmes et plusieurs autres grands et contingents méfaits; qu'ils ont refusé aux commissaires royaux de leur ouvrir leurs châteaux en parlant à iceux outrageusement et vitupérant et méprisant l'autorité royale... Ce néanmoins, considérant les grandes affections et bonnes volontés du comte de Comminges, du vicomte de Juliac et du sire de Pardaillan, ainsi que leurs bons et agréables services, le Roi leur accorde plein et entier pardon (2).

Loin de diminuer le crédit dont jouissait parmi les gens de guerre Bernard de Pardaillan, ces méfaits ne firent que l'accroître, si bien que le roi d'Angleterre lui-même chercha à l'attirer dans son parti. A cet effet il lui écrivit, en juin 1340, une lettre des plus flatteuses, dans laquelle il faisait valoir

(1) Romieu. *Histoire de la vicomté de Juliac*.
(2) Idem.

ses droits à la couronne de France (1) et implorait avec insistance son aide et son appui. Mais Bernard de Pardaillan fit la sourde oreille; il se sépara momentanément du comte d'Armagnac, dont le concours fut acheté pour 57,500 livres par Edouard III; et, à la tête d'une compagnie de gens d'armes, fournie par le roi de France, il se jeta résolument, le 5 août de cette année 1340, et au moment où s'engageait la terrible lutte dont les péripéties devaient durer cent ans, dans la ville de Condom avec les plus fidèles des nobles Gascons.

D'autres avant nous ont raconté ce siège mémorable que soutinrent les courageux partisans de la cause française contre Bernard-Esi d'Albret, qui commandait les troupes anglaises (2). La résistance fut héroïque et dura quinze jours. Condom fut-il pris, au bout de ce temps-là, par l'armée anglaise, ainsi que l'écrit Monlezun à la page 248 de son tome III ? Le sénéchal de Languedoc, Pierre de la Palu, au contraire, arriva-t-il à temps, avec l'armée royale, pour lui faire lever le siège avant la reddition de la ville, ainsi que semble le faire supposer Dom Vaissete dans son Histoire de Languedoc ? Toujours est-il que les Anglais durent abandonner cette ville et transporter à Mézin le siège de la juridiction. Le roi de France n'oublia pas ses valeureux partisans, et il nomma Bernard de Pardaillan gouverneur en titre de la ville de Condom (3), lui octroyant, ainsi qu'à Bertrand de l'Isle, de nombreuses faveurs. Le fier baron de Pardaillan ne s'endormit pas sur ses lauriers. Il continua la lutte, envahit cinq ans après le Gabardan où se trouvaient ses terres de Juliac et son château de Beroy; et, après un lutte opiniâtre, en chassa les Anglais. C'est alors que lui fut conféré le titre de capitaine de Juliac (4).

---

(1) Rymer. *Fædera*, tome v, page 192. Voir également Monlezun, tome III, page 245; *Généalogie des Galard*, tome I, pages 460 et 621, etc.

(2) Dom Devienne. *Histoire de Languedoc*. — Cf. Monlezun, tome III, page 247. — *Mémoire historique sur les deux délivrances de Condom*, par Gillot de Kerbardène. (Auch, 1847), etc.

(3) Père Anselme, tome v.

(4) *Histoire de la vicomté de Juliac*.

Bernard de Pardaillan rendit, vers cette époque, plusieurs fois hommage au roi de France et parallèlement au comte d'Armagnac pour ses nombreux domaines. C'est ainsi que, le 26 février 1344, nous le voyons accomplir solennellement cet acte pour son château de Roquefort, dans les Landes (1).

Vers le même temps, il eut de longs démêlés avec le grand maître des Hospitaliers de Saint-Jean de Jérusalem, au sujet de la commanderie de La Cavalerie, près d'Aiguetinte, qui était, on le sait, un des membres les plus importants de l'Ordre de Malte en Armagnac, et qui n'était éloigné que de deux lieues à peine du château de Pardaillan-Betbézé.

« Par titres du 6 septembre 1307 et 1320, nous apprend à cet effet le Père Anselme (2), les seigneurs de Pardelhan étaient fondateurs et patrons de la maison et du temple de la commanderie de La Cavalerie, près Aiguetinte, ce qui paraît par ces mots : *En lo domini et jurion des senhors de Pardelhan,* avec privilège de mettre en possession les seigneurs commandeurs à leur première entrée. Un autre seigneur de Pardelhan fit donation d'un droit de dîme inféodée à la paroisse de Gelon, où ils ont sépulture. (Larcher écrit de Gellelong). Ils sont encore patrons de deux prébendes en l'église métropolitaine d'Auch, et y nomment lorsqu'elles sont vacantes, et d'une autre dans l'église du chapitre de Vic-Fezensac. Les ornemens de cette église ont été donnés aux prébendes par les seigneurs de Pardelhan, et leurs armes sont gravées sur les calices. »

Les armes de Bernard de Pardaillan étaient, nous l'avons déjà dit, *d'argent à deux fasces de gueules.* Dans son précieux Recueil des Sceaux Gascons, M. Laplagne-Barris reproduit plusieurs sceaux différents de divers membres de la famille de Pardaillan. Celui de Bernard de Pardaillan, tou-

---

(1) Bureau des finances de Montauban-Armagnac. liasse f, n° 131. — Cf. Monlezun, tome III, page 486.
(2) Père Anselme, tome V, page 175 et suivantes.

jours d'argent à deux fasces de gueules, figure sous les numéros 525 et 526 (1).

La date de la mort de Bernard de Pardaillan reste incertaine. M. Romieu le fait mourir en l'an 1346, se basant sur ce fait que, dans le contrat de mariage de sa fille en 1347, il est porté comme décédé. Le Père Anselme au contraire, ainsi que nous en avons donné précédemment l'extrait, et avec lui M. de Cauna, conduisent jusqu'au 1ᵉʳ juillet 1350 la liste des quittances qu'il remit au trésorier des guerres.

La mort de Bernard de Pardaillan donna lieu à une légende, qui se serait longtemps perpétuée dans tout l'Armagnac. Nous la reproduisons telle que la rapporte si pittoresquement M. M. Romieu, tout en lui en laissant l'entière responsabilité (2).

« Pardaillan était, dit-il, un grand veneur devant l'Eternel. Certain jour, accompagné de sa suite ordinaire, il attaqua un fort loup, de poil gris, qui l'entraîna fort avant dans la Lande. Les chiens avaient perdu la piste, les valets et les pages s'étaient arrêtés, surpris par la nuit et rompus de fatigue. Seul, le vicomte de Juliac, emporté dans un galop vertigineux, disparut à la suite de l'animal fantastique sans que personne put le rejoindre.

» Le lendemain, au petit jour, les gens de M. de Pardaillan se mirent à sa recherche. Ils le trouvèrent étendu dans une clairière, mort sans aucune trace de blessure. Aucun d'eux ne douta que le loup gris ne fut messire Satanas en personne, dont les griffes crochues avaient emporté en enfer l'âme du terrible seigneur. En l'examinant de près, ils s'aperçurent cependant qu'on avait coupé au vicomte de Juliac le pouce du pied gauche. Et depuis, la tradition affirme que tous les aînés de Pardaillan-Juliac viennent au monde privés du pouce du pied gauche. Longtemps la superstition environna de son auréole le nom de Pardaillan. Chaque année, à la même

---

(1) Archives historiques de la Gascogne. *Sceaux Gascons*, t. II. p. 437 et 438.
(2) *Histoire de la vicomté de Juliac*, page 29.

époque, dans le Condomois, les gens affirmaient entendre pendant la nuit un grand bruit de chevaux, de chiens et de piqueurs, et se disaient en se signant avec terreur : « C'est le Sire de Pardaillan qui passe ! »

Serait-ce Bernard de Pardaillan qui aurait construit, au cours de son existence, le château de Pardaillan-Belbèzé en Fezensac, tel que nous le retrouvons encore ajourd'hui ? Bien qu'aucun document précis ne nous l'apprenne, tout semble le faire supposer. Son caractère architectonique, ses multiples détails de défense, son appareil, concordent pour attribuer comme date à sa construction soit les dernières années du XIIIe siècle, soit plutôt les premières années du XIVe, ainsi du reste que l'a si bien fait ressortir ici même M. G. Tholin. Or, ce sont précisément celles où l'altier baron porta à son faîte la puissance de sa maison. Se contenta-t-il d'agrandir la demeure primitive de ses pères et de l'entourer de ces épaisses courtines qui la rendaient presque imprenable ? On peut encore le croire. Quoi qu'il en soit, Bernard de Pardaillan était trop homme de guerre pour n'avoir point mis son château patrimonial sur le même pied que toutes ces autres forteresses qui surgissaient à ce moment à chaque pas sur le sol gascon, et pour n'avoir pas, très probablement aussi, laissé inoccupé le tertre, si bien défensif, qui se dressait à l'extrémité nord-est de sa baronnie, en y élevant lui-même, comme bastion avancé, la tour du Guardès, dont le style, on l'a vu, accuse cette même époque.

— De son mariage avec la vicomtesse de Juliac, Bernard de Pardaillan ne laissa qu'une fille, *Esclarmonde*, qui hérita de toutes les terres de son père. D'abord mariée, en 1341, à Guillaume de Podenas, damoiseau, que l'on dit être mort, deux mois après son union, « victime d'un envoûtement », elle convola bientôt en secondes noces. Son choix fut plus heureux, puisqu'elle s'allia à la plus grande famille de la Gascogne.

La fille du seigneur de Pardaillan épousa en effet, le 15 septembre 1347, Marie-Roger d'Armagnac, vicomte de Fezensaguet et de Lavardens, fils puîné de Gaston d'Armagnac, vicomte de Fezensaguet, et de Valpurge de Rodez et petit-fils de Géraud V, comte d'Armagnac, et de Mathe de Béarn (1).

On ne saurait trop faire ressortir l'importance de cette union, qui rehaussa encore l'éclat de l'illustre maison de Pardaillan.

Roger d'Armagnac, occupé à batailler au loin, ne se présenta pas en personne au jour fixé pour la cérémonie, et il députa, comme procureur, Géraud de la Barthe, baron d'Auros. L'évêque de Lectoure donna la bénédiction nuptiale devant toute la noblesse du pays, en tête de laquelle, comme témoins, se trouvaient Bertrand et Amédée de Pardaillan, chevaliers, oncles de la mariée. Mais la clause du contrat qu'il importe avant tout de retenir est celle où il fut stipulé que l'époux, Roger d'Armagnac, abandonnerait son nom et serait tenu de prendre celui de Pardaillan ainsi que les armes de cette maison, moyennant quoi il jouirait de tous les biens de sa femme, quand même il ne surviendrait pas d'enfants (2).

Ainsi donc, en plein XIV° siècle, le nom de Pardaillan était à ce point puissant et respecté qu'il fut imposé comme devant primer celui, bien illustre cependant, d'Armagnac. Et comme conséquence, nous allons voir la descendance mâle des d'Armagnac se perpétuer, durant deux siècles, sous le nom de Pardaillan. Ce n'est donc plus en fait la famille de Pardaillan directe qui va se trouver propriétaire de la baronnie de ce nom, mais bien la puissante race des comtes d'Armagnac.

Il semble, à dater de ce moment, que les nouveaux seigneurs de Pardaillan aient peu habité leur fief patrimonial. Le château de Pardaillan-Betbézé, en effet, fut souvent délaissé

---

(1) Père Anselme, tome v, page 192 et suivantes.
(2) Bibliothèque nationale, fonds d'Hozier; — Cf. Père Anselme, tome v; — *Histoire de Languedoc*, tome iv, page 417; — Noulens, *Revue d'Aquitaine*, tome xi, page 534, etc.

par eux pour leurs terres du Bas-Armagnac; et c'est au château de Réroy notamment, lorsque toutefois les Anglais leur en laissaient la jouissance, qu'ils paraissent avoir établi leur principale résidence. C'est là particulièrement que vint habiter aussitôt après son mariage la comtesse Esclarmonde et qu'elle reçut son maître et seigneur, Roger de Pardaillan-Armagnac. Ce qui n'empêcha pas les nouveaux époux de venir, ainsi que leurs descendants, séjourner de loin en loin à Pardaillan, où nous les trouverons passant nombre d'actes relatifs à la gestion de leurs immenses terres, et aussi dans leurs autres résidences, notamment au château de Lavardens.

Dans la division du vaste domaine de son père, le vicomte de Fezensaguet, le fief de Lavardens était devenu le lot du nouveau seigneur de Pardaillan. Mais ce dernier n'en jouit pas longtemps. Onze ans après son mariage, en effet, il trouvait la mort « en 1359 » dans un combat singulier avec le sire de Nançay, député du roi de France, qui était venu porter secours à la garnison gasconne de la petite ville de Saint-Justin, attaquée par les troupes réunies du roi d'Angleterre et du comte de Foix son allié, et énergiquement défendue par Amanieu d'Armagnac et son frère Roger de Pardaillan. Comme si, dans leur humeur batailleuse, ces turbulents guerriers ne trouvaient pas assez d'occasions de verser uniquement leur sang pour la cause de la Patrie !

Roger d'Armagnac laissait trois enfants : *Lebours* de Pardaillan, à qui échut le fief de Lavardens, mais qui mourut jeune, après avoir vu son héritage accaparé à main armée par un de ses cousins, Géraud d'Armagnac; *Bertrand*, qui va continuer la race; *Bernard*, qui devint seigneur de Moncrabeau.

En 1359, Bertrand était encore trop jeune pour gérer lui-même ses vastes domaines. Ce fut à sa mère qu'incomba cette lourde charge, et l'histoire nous apprend qu'elle s'en acquitta avec une énergie toute virile. Restée fidèle au parti d'Armagnac, c'est-à-dire à la cause française, elle combattit sans cesse les Anglais, durant les terribles incursions du Prince Noir dans toute la Gascogne, et ce n'est que forcée par le fer et le feu, qu'elle leur abandonna ses domaines de Juliac, pris et repris sans cesse, en ces années désastreuses, par les conquérants d'Outre-Mer.

Le traité de Bretigny donna, on le sait, toute la Gascogne au roi d'Angleterre. Pour rendre hommage à son nouveau suzerain, la comtesse Esclarmonde fut-elle aussi lente à se décider que son parent, Jean Ier, comte d'Armagnac, en qui s'incarne, en ces rudes moments, la cause nationale (1)? Et faut-il croire, sans qu'il en ait indiqué la source, au fait que rapporte M. Romieu, d'après lequel l'écuyer de la comtesse Esclarmonde, mandé avec tous les nobles de la Gascogne à Bordeaux pour faire acte de foi envers le Prince Noir, aurait insolemment jeté aux pieds du monarque, dans la vaste nef de Saint-André, le gant de sa maîtresse (2)?

Quoi qu'il en soit, ce n'est qu'à regret qu'elle reconnut la suzeraineté de l'Angleterre; et si elle dut abandonner momentanément ses terres de Juliac, ce fut pour se retirer sûrement et peut-être finir ses jours à son château de Pardaillan-Betbézé, plus à l'abri des coups hardis des envahisseurs.

Nous ne dirons pas, au cours de ce récit, les diverses péripéties par où passèrent les multiples domaines des barons de Pardaillan, notamment la vicomté de Juliac, qui nous intéresse peu ici. Nous rappellerons seulement les principaux faits d'armes des descendants d'Esclarmonde, et nous ne nous arrêterons qu'aux actes concernant la baronnie de Pardaillan.

— Son fils *Bertrand*, né vers 1348 ou 1349, c'est-à-dire peu de temps après le mariage de ses parents, devint à sa majorité seigneur de Pardaillan et vicomte de Juliac. Tout jeune encore et à peine âgé de quinze ans, il assiste, à côté du comte d'Arma-

---

(1) Voir le remarquable travail de M. l'abbé Breuils sur *Jean Ier, comte d'Armagnac*, dans la *Revue des Questions historiques* (janvier 1896).
(2) *Histoire de la vicomté de Juliac*, page 33.

gnac, à la fameuse bataille de Launac, le 5 décembre 1362. On sait que dans ce combat auquel prit part toute la noblesse gasconne et qui a été chanté par maints troubadours, la témérité de Bernard d'Armagnac lui valut une sanglante défaite, dont n'abusa point outre mesure le vainqueur, Gaston-Phœbus, comte de Foix. Pardaillan, ainsi que son cousin Odet, seigneur de Gondrin, six d'Albret et bien d'autres valeureux gentilshommes furent faits prisonniers et enfermés au château de Foix. Mais il offrit lui-même sa rançon, qu'il estima, dit la légende, cent mille livres (1); après quoi il fut mis aussitôt en liberté.

En 1378, le fils d'Esclarmonde reconnaît tenir en fief noble du comte d'Armagnac le lieu de Pardaillan (2). A la même époque, son cousin Odet, seigneur de Gondrin, rend hommage pour la terre de *Lamothe-Pardaillan*, qu'il ne faut pas prendre pour le fief de Pardaillan-Betbézé qui nous occupe et qui n'est autre que la terre de Lamothe-Gondrin. Une confusion est d'ailleurs facile à s'établir ici, les deux branches cousines de Pardaillan ayant à la fin de ce xive siècle et au commencement du xve toutes deux pour chef un Bertrand de Pardaillan. C'est ce qui explique comment la plupart des généalogistes ont mêlé ces deux personnages et pu attribuer indifféremment à chacun bien des faits et gestes qui doivent leur revenir en propre.

C'est ainsi que le Père Anselme, et après lui M. Noulens, écrivent que, le 26 janvier 1422, Bertrand de Pardaillan, vicomte de Juliac, fut témoin au contrat de mariage de Louis de Lasséran avec Catherine de Massencôme (il faut lire de Massat) (3); et, le 19 décembre 1437, de celui de Bertrand de Luppé, seigneur de Gensac, avec Pellegrine de Goth (4). Or,

---

(1) *Histoire de la vicomté de Juliac*, par M. M. Romieu. — Cf. Monlezun, tome III, page 367.
(2) Bureau des finances de Montauban. N. 11, f° 46.
(3) Voir notre monographie du château de Massencôme, page 93.
(4) Père Anselme, tome v. — Cf. Noulens, *Revue d'Aquitaine*, tome XI, page 537; Monlezun, etc.

depuis longtemps déjà le vicomte de Juliac, qui aurait eu à cette époque près de 90 ans, était mort, alors que son cousin Bertrand, seigneur de Gondrin, époux de Bourguine de Castillon, vivait encore jusqu'après l'année 1483, époque où il testa. L'un des fils de ce dernier, *Pons*, fut l'auteur de la branche des seigneurs de *Lamothe-Gondrin*; et un autre, *Amanieu*, des seigneurs de *Caumort*, d'où sont descendus les seigneurs d'*Ardenx*, de *Bonas*, de *Durfort*, de *Las*, de la *Barthe*, etc., toutes branches latérales dont nous n'avons point à nous occuper ici (1).

Le vicomte de Juliac rendit plusieurs fois hommage au comte d'Armagnac pour ses terres de Pardaillan et autres, notamment le 18 septembre 1392 (2) et le 14 novembre 1393 (3). Chaque fois il est qualifié de noble et puissant seigneur. Cette même année, il appose sa signature aux coutumes de l'Armagnac.

Cinq ans après nous le voyons jurer solennellement, avec d'autres seigneurs, qu'il maintiendra de tout son pouvoir le testament qu'avait fait le comte d'Armagnac avant son départ pour l'Italie, où il était allé, par ordre du Roi, secourir le comte de Florence (4 juin 1398) (4).

Enfin, le 12 janvier 1413, il assiste au mariage de sa fille Jacquette avec Béraud III, seigneur de Faudoas et de Barbazan, fils de Louis de Faudoas et d'Ondine de Barbazan, à laquelle il constitue en dot la somme de 4,000 florins d'or ou en monnaie courante dans le comté de Fezensac. A cette cérémonie assistèrent Géraud de Lomagne, seigneur de Fimarcon, Jean d'Armagnac, seigneur de Thermes, Jean de Vicmont, seigneur de Tournecoupe, Odon de Montaut, seigneur de Grammont, Jean de Pardaillan, seigneur de Panjas, Gaston

---

(1) Père Anselme, t. v. — Cf. Lachesnaye des Bois, Noulens, etc.
(2) Archives du château de Montaut.
(3) Bureau des finances de Montauban, petit livre, N. 6, f° 90. — Cf. Monlezun, III, 489.
(4) Bureau des finances de Montauban. Registres d'hommages. N. 11, f° 65.

de Sédillac, seigneur de Saint-Léonard, et Pierre de Bellofare, *notaire de Valence*, qui reçut le contrat (1). Les pactes, disent cet acte, confirmé par le Père Anselme, furent passés « *au château de Betbézé de Pardaillan, au diocèse d'Auch* », c'est-à-dire au château dont nous écrivons l'histoire, lequel était proche de Valence, d'où vint le notaire; et non, comme l'écrivent M. Noulens et, après lui, M. M. Romieu, au château de Betbézé en Juliac, qui était et a toujours été dans le diocèse d'Aire (2).

Bertrand de Pardaillan demeura tranquille en ses domaines durant la fin de son existence. Il ne semble avoir pris qu'une part bien faible à la lutte qui s'était engagée de plus belle entre la France et l'Angleterre, puisqu'on ne le voit qu'une fois signer, en 1400, le pacte de Gien contre les Bourguignons, en compagnie du comte de Foix, du sire d'Albret et de son cousin Bernard d'Armagnac, le fameux connétable.

Le seigneur de Pardaillan mourut en 1413 (3). De son mariage avec Angline d'Antin, qu'il avait épousée le 30 novembre 1386 (4), il n'eut, en outre de sa fille Jacquette, mariée au seigneur de Faudoas, qu'un seul fils Jean, qui hérita de tous ses domaines.

— La vie de *Jean I*^{er} *de Pardaillan*, quoique très mouvementée, ne fut pas de longue durée. L'époque où il succédait à son père est une des plus tristes de l'histoire de France; et on sait ce que coûta à notre malheureux pays la déplorable querelle des Armagnacs et des Bourguignons, dont ne profita que trop l'invasion anglaise. A peine en état de porter les armes, Jean de Pardaillan, qui dut naître vers 1387, puisqu'il était l'aîné,

(1) Archives de la maison de Faudoas. Généalogie, pages 85-87.
(2) *Revue d'Aquitaine*, tome XI, page 537. — Cf. *Histoire de la vicomté de Juliac*, page 58. Voir la carte du diocèse d'Auch, par Moullard-Sanson.
(3) Le Père Anselme le fait vivre jusqu'en 1441. Nous croyons que c'est une erreur et qu'il l'a confondu avec son cousin, cette date de 1413 provenant, ainsi que nous l'apprend M. Romieu, de l'inscription même de sa tombe dans la chapelle de La Madeleine de l'église de Juliac, où il aurait été inhumé avec d'autres membres de sa famille.
(4) Père Anselme, tome V.

s'enrôla dans les milices armagnacaises et il suivit à Paris son terrible parent, le connétable d'Armagnac. A la tête d'une puissante compagnie d'hommes d'armes qu'il avait recrutée dans ses nombreux domaines, auxquels il faut ajouter la seigneurie de Panjas, que venait de lui transmettre un de ses oncles, Guillaume de Pardaillan, décédé sans enfants mâles en 1414, Jean de Pardaillan fit ses preuves au combat de Montdidier, contre les troupes du duc de Bourgogne, et il devint un des chefs du parti national.

L'année précédente, et avant de quitter l'Armagnac, il avait épousé solennellement sa belle-sœur Jeanne de Faudoas, à laquelle il avait été fiancé dès le 2 février 1411. Mais, dit le Père Anselme (1), bien que le contrat ait été signé à cette date, la cérémonie ne fut célébrée en face de l'église que deux ans après, la fiancée n'ayant alors que l'âge de douze ans. Cette dernière fille de Louis de Faudoas, chevalier, seigneur de Montégut, de Saint-Paul, etc., et d'Ondine de Barbazan, apporta en dot 4,000 florins.

Le mariage de Jean Ier de Pardaillan avec Jeanne de Faudoas s'effectua le même jour que celui de sa sœur Jacquette avec Béraud de Faudoas dont nous venons de parler, c'est-à-dire à la date du 23 janvier 1413.

Il ressort, en effet, des pactes de mariage de sa sœur Jacquette avec Béraud de Faudoas, cités précédemment, que le même notaire de Valence, Pierre de Bellofare, reçut le lendemain les nouveaux pactes de mariage du seigneur de Pardaillan avec Jeanne de Faudoas, et que la cérémonie du double mariage entre ces deux grandes familles se célébra solennellement dans la chapelle d'abord, puis dans les vastes salles du château de Pardaillan-Betbézé, « au diocèse d'Auch (2) ». Sur l'étendard qui flottait ce jour-là au faîte du donjon se

---

(1) Père Anselme, tome v, page 192 et suivantes.
(2) *Généalogie de la maison de Faudoas*, pages 85-87. C'est donc à tort que M. Romieu fait célébrer ce double mariage dans l'église de Betbézé en Juliac, page 39.

détachaient les armes du jeune seigneur, qui, d'après une quittance donnée le 10 janvier 1415, étaient : d'argent à deux fasces de gueules, timbrées d'un heaume, cimé d'une tête de licorne et supporté par deux demoiselles (1).

Sans cesse à Paris, à la tête de la faction des Armagnacs, Jean I er de Pardaillan fut député avec Arnaud de Barbazan auprès de Jean-Sans-Peur pour traiter de la paix. Mais l'humeur batailleuse des deux Gascons ayant fait échouer cette tentative de conciliation, la lutte fratricide recommença de plus belle et les rues de Paris furent journellement le théâtre de scènes de violence, de massacres et d'incendies. C'est dans une de ces rencontres terribles entre Armagnacs et Bourguignons, qu'au dire de M. M. Romieu, Jean I er de Pardaillan, couvert de son heaume et de sa cuirasse, fut pris pour le Dauphin, et, alors que celui-ci, sauvé par Tanneguy-Duchâtel, était emporté loin de l'hôtel Saint-Pol, fut percé d'un coup d'épée par un Bourguignon, le sire de Jacqueville, et achevé par une soldatesque ivre et forcenée (30 mai 1418) (2).

Bien qu'il nous soit impossible de contrôler cette assertion et de vérifier à quelle date et de quelle manière Jean de Pardaillan trouva la mort, nous devons reconnaître qu'à partir de cette époque son nom ne se retrouve plus nulle part.

Il laissait trois enfants de son mariage avec Jeanne de Faudoas : 1° *Jean II*, qui va suivre; — 2° *Bernard*, époux de Clarmontine de Labatut, à qui échut la seigneurie de Panjas et qui va devenir le chef de la branche latérale des Pardaillan-Panjas, à qui revint plus tard la baronnie de Pardaillan; — 3° *Bernard*, marié à Béliette de Verduzan et dont la seconde fille, *Marguerite*, mérite ici une mention spéciale. Belle, spirituelle, elle devint, toute jeune, demoiselle d'honneur de la comtesse de Foix, fut très remarquée à cette cour littéraire,

---

(1) Archives historiques de la Gascogne. *Sceaux Gascons*, tome II, fascicule XVII, page 438, n° 527.
(2) *Histoire de la vicomté de Juliac*, page 40.

se laissa compromettre par le sire de Navailles et le chevalier d'Espagne, fit même, dit la chronique, impression sur le cœur du jeune comte Gaston, « lequel fust tout enthousiasmé des merveilles de son esprit », passa ensuite à la Cour de France et finit par épouser le comte de Lautrec (1).

— *Jean II de Pardaillan* n'avait que quatre ans, lorsque mourut tragiquement son père, assassiné dans les rues de Paris par la faction bourguignonne, en 1418. Quel fut son tuteur et qui géra ses immenses domaines durant sa minorité ? Bien qu'aucun texte ne nous l'apprenne formellement, nous voyons à cette date un *Bertrand de Pardaillan* accomplir ces formalités. Etait-ce son oncle Bertrand, chef de la branche de Gondrin, lequel ne testa que le 3 avril 1483 ? Le 31 décembre 1418, en effet, « Monseigneur Jean étant comte d'Armagnac, de Rodez, de Fezensac et de Pardiac, vicomte de Lomagne, Auvillars, Fezensaguet, Brulhois, seigneur de Rivière, d'Aure et des montagnes de Rouergue, dans le chasteau comtal de la ville de Vic-Fezensac et en la chapelle dudit chasteau, en présence de moi notaire bas nommé et des témoins ci-dessus... s'est présenté noble et honorable homme messire *Bertrand de Pardaillan, seigneur de Pardaillan*, chevalier, pardevant mondit seigneur et comte... et à genoux a reconnu tenir, vouloir et devoir tenir dudit seigneur comte de Fezensac, présent et comme ci-dessus stipulant, en fief noble et gentil et sous la charge desdits hommages et jurements de fidélité, savoir : *toute la baronnie de Pardaillan avec toutes ses appartenances, dans laquelle se trouvent trois lieux principaux qui sont Betbézé, Ampeils et Beaucayre...* En plus la coseigneurie de Gondrin, etc. (2) ». Et dans la liste des gentilshommes du Pardiac, en 1424, on trouve le même Bertrand de Pardaillan, qualifié seigneur de Beaucayre (3).

(1) *Histoire de la vicomté de Juliac*, page 40.
(2) Bureau des finances de Montauban; — Cf. Monlezun, tome IV, page 439.
(3) Monlezun, tome IV, page 223.

Quel serait également ce Jean *de Pardaillan*, chevalier, seigneur de Panjas, marié à noble dame Marie Sanguinède, dame de Panjas, et dont le nom se retrouve dans plusieurs actes de cette époque? Notamment le 24 décembre 1418, où il rend hommage au comte d'Armagnac pour les lieux de Panjas et de Manhan (1); le 21 septembre de la même année, où il est témoin à l'hommage des consuls et habitants de la ville de Lectoure (2); le 30 août 1419, où il assiste Carbonnel de Luppé, dans le serment de fidélité que ce dernier prête au comte d'Armagnac en l'église de Nogaro, pour ses baronnies d'Eauzan et de La Barrère, etc. ? (3). Dans la généalogie des seigneurs de Panjas, nous ne voyons figurer aucun Jean, en ce premier quart du XVe siècle, et ce n'est que dans la seconde moitié qui paraît souvent mentionné Jean, seigneur de Panjas, fils de Bertrand, chef de cette branche et époux d'Isabeau de Castillon.

Quoi qu'il en soit, et bien qu'on puisse facilement confondre les deux cousins à cause de leur homonymie, revenons à Jean II, vicomte de Juliac, seigneur de Pardaillan et présentons-le comme suivant le noble exemple de ses pères et comme un des plus vaillants capitaines, qui, à côté de tant d'autres Gascons, contribua si efficacement à expulser les Anglais.

Tout jeune encore, il parcourt la Gascogne, se montre à Condom à côté de son cousin, « Monsieur de Panjas », accompagne ce dernier dans l'Agenais et se trouve plusieurs fois dénommé dans les Comptes consulaires de Montréal (4).

En 1445, Jean de Pardaillan, vicomte de Juliac et seigneur de Pardaillan, signe avec son frère le seigneur de Panjas un accord avec tous les gentilshommes tenant fiefs en la vicomté de Juliac, et parmi lesquels nous relevons les noms de noble

---

(1) Bureau des finances de Montauban; livre rouge, fol. 4
(2) Archives municipales de Lectoure.
(3) Bureau des finances de Montauban; livre rouge, fol. 85. 8°.
(4) *Comptes consulaires de Montréal*, publiés par M. l'abbé Breuils (t. XXIX des Archives historiques de la Gironde).

Pierre de Bessabat, seigneur de Castels, à qui le comte d'Armagnac venait de vendre la baronnie de Saint-Julien en Juliac, noble Aymery de Barbotan, seigneur de Barbotan, noble Pierre de Lavardac, seigneur d'Aysieu, Bertrand de Podenas, seigneur de Podenas, etc., lequel accord fut passé à Valence, à la date du 25 avril (1). Cinq ans après, le 31 août 1451, il rend hommage pour toutes ses terres et notamment pour la baronnie de Pardaillan au comte d'Armagnac (2).

C'est à cette époque que Jean II de Pardaillan, âgé de trente-cinq ans environ, dut contracter mariage. Mais nous nous trouvons ici en présence de deux textes absolument opposés. Alors que le Père Anselme et après lui MM. Noulens et Romieu lui donnent pour femme Jeanne de Cauna, fille de Louis de Cauna et d'Estiennette de Castelnau (3), nous lisons dans un registre du notariat de Vic qu'à la date du 16 février 1453, « Jean de Pardelhan, chevalier, vicomte de Juliac et baron de Pardelhan, épousa Sibylle de Castelbajac (Cebeliam de Castrobajaco), fille de Bernard de Castelbajac. Etaient présents noble Bertrand de Montesquiou, seigneur de Montesquiou, Lagraulet et Lauraet, Bertrand de Castelbajac et Pierre de Castelbajac, chanoines de l'église de Tarbes, lesquels se portèrent solidairement cautions du paiement de la dot. Dans ce contrat, Jean de Pardaillan fait donation au premier enfant mâle qui naîtra de son mariage de la vicomté de Juliac et du lieu de Lias (4). »

Auquel de ces deux textes devons-nous nous arrêter ? A ce dernier très certainement, absolument authentique, qui seul donne une date précise au contrat, et qui est en outre confirmé par deux autres actes, en vertu desquels, en 1470

---

(1) Archives de M. de Barbotan. — Cf. Dom Villevieille; — *Revue d'Aquitaine*, tome xi, page 538.
(2) Monlezun. *Histoire de la Gascogne*, iv, page 304.
(3) Père Anselme, tome v, page 194; — Noulens, *Revue d'Aquitaine*, tome xii page 539; — Romieu, page 41.
(4) Notariat de Vic-Fezensac. Reg. Dieuzaide de Baquerio (Archives du Séminaire d'Auch).

d'abord, puis l'année suivante le 13 octobre 1471, « *au château noble de Betbézé de Pardaillan (de Bellovidere de Pardelhano)*, noble Sibylle de Castelbajac, femme de noble et puissant seigneur Jean de Pardeilhan, chevalier, seigneur de Pardeilhan et vicomte de Juliac », fait cession de certains de ses droits sur des terres lui appartenant en propre (1).

Sibylle de Castelbajac fut donc sinon la femme unique, du moins la première femme du sire de Pardaillan, dans le cas où, à sa mort, il aurait convolé en secondes noces avec Jeanne de Cauna, ce qui paraît assez vraisemblable.

Les dernières années de la vie de Jean II de Pardaillan furent très mouvementées. Quelque temps avant la mort de Charles VII, le vicomte de Juliac, suivant la fortune du bâtard d'Armagnac, devint un des favoris du Dauphin alors en lutte ouverte avec son père le roi de France, qui tenait à Genappe, près de Bruxelles, une cour dissolue où la conspiration était à l'ordre du jour. Aussi, dès qu'il fut monté sur le trône, Louis XI récompensa-t-il la fidélité de ses serviteurs et octroya-t-il à Jean de Pardaillan le cordon de Saint-Michel (2).

Mais la brouille ne tarda pas à se faire entre eux. Jean de Pardaillan quitta la Cour et revint en Gascogne, où il recommença son existence batailleuse. En 1473, il s'impose, à la tête d'une compagnie de gens d'armes, à la ville de Riscle, qu'il oblige à lui payer de forts subsides. En 1475, le 18 juillet, il est témoin avec le baron de Montesquiou, le sire de Thermes et Manaut du Lau, à l'hommage rendu par le baron d'Arbéchan, pour sa seigneurie de l'Isle (3). L'année suivante, il répond à l'appel du sire d'Albret, lieutenant-général de Louis XI, pour porter secours au roi de Portugal. Il le suit en Espagne, assiste à la prise de Renteria, et revient, la paix signée, dans ses domaines.

(1) Notariat de Vic-Fezensac. Reg. pour 1470-72. Odet Fabri, notaire
(2) *Histoire de la vicomté de Juliac*, p. 45. — Cf. *Louis XI et la Gascogne*, par M. l'abbé Tauzin. *Revue des Questions historiques*, 1ᵉʳ avril 1896, page 406.
(3) *Histoire de la Gascogne*, tome IV, page 443.

Là nous le voyons, le 3 mars 1479, « vendre un écu de fief au chapitre de Vic-Fezensac (1). »

Cet acte est le dernier authentique où son nom soit inscrit. Mourut-il tranquillement au château de Pardaillan ou à celui de Juliac, en cette année 1479 ? Faut-il au contraire accepter la version de MM. M. Romieu et Tauzin qui le font mourir la même année au Plessis-les-Tours, dans la cage de fer légendaire, victime d'une vengeance du roi Louis XI, son ancien compagnon ? C'est contre ce monarque, en effet, que d'après eux, il aurait pris les armes, étant entré dans la conspiration ourdie par le duc de Guyenne contre son royal frère et qu'il aurait été fait prisonnier par le sire de La Trémoille, lieutenant du Roi, dans une rencontre où ce dernier avait même été blessé par lui (2).

— Jean II de Pardaillan n'eut qu'un fils, *Bernard*, qui lui succéda.

Non moins hasardeuse ni accidentée fut la vie de ce baron de Pardaillan, vicomte de Juliac. Ami et confident de Jacques de Nemours, ce malheureux prince si persécuté par Louis XI (3), Bernard de Pardaillan ne demeura guère à la cour du roi de France, durant sa jeunesse. Aussi, dès la mort de son père, se hâta-t-il de venir prendre possession de ses vastes domaines, craignant, à l'exemple de son cousin Jean V d'Armagnac, un coup de main du cauteleux monarque.

Déjà, du vivant de son père, dans la lutte sans merci que Louis XI entama contre la maison d'Armagnac, Bernard de Pardaillan ne faillit pas au devoir qui lui incombait d'assister

---

(1) Notariat de Vic. Reg. pour 1479. Fabri, notaire.

(2) *Histoire de la vicomté de Juliac*, page 48.—Cf. *Louis XI et la Gascogne*, par M. l'abbé Tauzin. (*Revue des Questions historiques*, 1ᵉʳ avril 1896).

(3) On sait, en effet, que Jacques d'Armagnac, duc de Nemours, était le petit-fils du fameux connétable Bernard d'Armagnac, issu d'un de ses fils cadets. Comblé d'abord de bienfaits par le futur Louis XI, qui, devenu roi, lui donna le duché de Nemours, Jacques d'Armagnac ne s'en montra pas reconnaissant. Il se ligua avec les ennemis de son bienfaiteur, qui lui pardonna deux fois, puis finalement le saisit à Carlat, l'enferma à la Bastille dans une cage de fer et le fit décapiter en 1477.

son parent, l'infortuné Jean V. Aussi paraît-il s'être trouvé à ses côtés, lors du sac de Lectoure et du lâche assassinat dont fut victime le dernier rejeton de cette illustre race. C'est en vain qu'il s'interposa pour faire respecter les conditions de la capitulation. Il ne put empêcher le massacre de la garnison, et ce ne fut qu'à grand'peine qu'il parvint, écrit M. Romieu et après lui M. l'abbé Tauzin, à sauver la comtesse d'Armagnac (1). Ce sombre drame se passait le 6 mars 1473 (1472, vieux style).

Tant que vécut Louis XI, Bernard de Pardaillan ne sortit point de ses domaines de l'Armagnac, partageant son temps entre la vicomté de Juliac et la baronnie de Pardaillan. Ce ne fut qu'à l'avènement de Charles VIII qu'il revint à la Cour, où le nouveau monarque le combla de ses faveurs. Il le nomma en effet, dès les premières années de son règne, l'un des cent gentilshommes de sa chambre, aux gages de 400 livres (2); et il se fit accompagner par lui dans son expédition en Italie. Bernard de Pardaillan assista, à côté de son maître, à la bataille de Fornoue et ne revint dans ses domaines qu'à la fin de la campagne.

En 1489, le roi de Navarre octroie au vicomte de Juliac 400 livres également de pension annuelle (3). Enfin, sur la liste des gardes du corps et hommes d'armes du roi de France, à la date de 1490-1491, on voit inscrit le nom de Bernard de Pardaillan (4).

A quelle date mourut-il? Le Père Anselme se contente d'écrire que Bernard de Pardaillan, seigneur de Pardaillan et vicomte de Juliac, mourut avant l'année 1522. M. Romieu au contraire donne comme date certaine de sa mort l'année 1496, c'est-à-dire celle qui suivit la bataille de Fornoue. Sur quel document se base-t-il ?

(1) Monlezun, *Histoire de la Gascogne*, tome IV, page 373 et suivantes. —Cf. Dom Vaissète, Commines.
(2) Père Anselme, tome V.
(3) Bureau des finances de Montauban. Inventaire, n° 56, chapitre 4.
(4) Monlezun, tome IV, page 449.

De son mariage avec Jeanne de Caumont-Lauzun, fille de Jean Adam Nompar de Caumont, baron de Lauzun et de Jeanne de Goth, « laquelle, ajoute le Père Anselme, hérita de son fils de la vicomté de Juliac, de la moitié de ses biens meubles, et d'un supplément de pension de 24 livres par an (1) », Bernard de Pardaillan eut quatre enfants : 1° *Jacques*, qui continua la race; 2° *Anne*, que nous verrons appelée à recueillir la baronnie de Pardaillan, qu'elle apporta dans une maison étrangère; 3° et 4° *Jeanne* et *Marie*, religieuses en la ville de Condom et qui sont mentionnées dans le testament de leur frère Jacques, du 5 août 1522, lequel leur faisait une pension de 24 livres qu'il augmenta de 16 livres, tout en leur léguant en outre cent écus (2).

— Bien que dans « la collation de la prébende de Pardaillan en l'église de Vic par noble Bernard de Ferrabouc, procureur fondé de noble dame Jeanne de Caumont », nous voyions, en l'année 1505 et le 20 juillet, cette dernière qualifiée de « tutrice de la personne de noble et puissant seigneur *Jacques de Pardaillan*, seigneur de la baronnie de Pardaillan, patron de ladite prebende (3) », ce qui dénoterait qu'à cette date Jacques de Pardaillan n'avait pas encore atteint sa majorité, il n'en est pas moins vrai que, marchant sur les traces de ses illustres ancêtres, le jeune seigneur de Pardaillan se couvrit de bonne heure de lauriers.

D'abord page du roi, il suivit Louis XII dans sa campagne du Milanais et fit ses premières armes à la bataille de Ravenne (1512), où « entre autres faits d'armes, il sauva la vie à un Stuart, qui, en reconnaissance, lui donna son épée et le créa chevalier sur le champ de bataille (4). » Puis il se distingua l'année suivante à la bataille de Novare, que nos armées per-

---

(1) Père Anselme, tome v, page 194.
(2) Idem. Voir aussi *Armorial des Landes*, par M. de Cauna, tome I, page 273, qui copie *in extenso* le Père Anselme.
(3) Notariat de Vic-Fezensac. Fabri, notaire. Reg. pour 1505.
(4) *Histoire de la vicomté de Juliac*, page 52.

dirent. Mais à la mort de Louis XII il abandonna la Cour, ne servit plus sous François Ier et se retira dans ses terres tantôt de Pardaillan, tantôt de Juliac, au château de Beroy notamment, où il semble avoir habité de préférence les derniers temps de sa vie.

Jacques de Pardaillan mourut, en effet, encore jeune, et comme tous ses ancêtres de mort tragique. Il ne se maria pas; ce qui ne l'empêcha pas, selon un usage trop répandu parmi ces grands seigneurs féodaux, d'avoir de nombreux enfants illégitimes. Une sorte de légende mystérieuse plane encore sur ses derniers moments. Un de ses bâtards, Jean d'Argelouse, espérant hériter de ses riches domaines, résolut de l'empoisonner. Il s'entendit, à cet effet, avec un certain Cyprien Vimie, astrologue italien, qui était venu s'établir dans le pays de Créon, et à eux deux ils versèrent dans la coupe du malheureux seigneur le fatal breuvage.

Ce fut dans d'atroces douleurs que mourut Jacques de Pardaillan en son château de Beroy, le 12 août 1532. M. Romieu, à qui nous empruntons ces derniers détails, ajoute que son corps fut enseveli dans la chapelle seigneuriale, dédiée à sainte Madeleine. « C'est là, écrit-il, qu'il reposait encore en 1650, sous le maître-autel, à côté de sa mère Jeanne de Caumont-Lauzun et de son père Bernard II. Dénoncés par la voix publique, l'astrologue italien et le bâtard de Pardaillan furent convaincus du crime devant le Parlement de Bordeaux et condamnés par lui à être brûlés vifs. Il furent exécutés le 7 novembre 1532 (1). »

— D'après son testament, du 5 août 1522 dit le P. Anselme, du 5 août 1532 prétend M. Romieu, ce qui semblerait plus conforme aux derniers moments du vicomte de Juliac, Jacques de Pardaillan laissait un fils et une fille naturels qui y sont mentionnés; en outre, il instituait pour son héritière

---

(1) *Histoire de la vicomté de Juliac*, page 53.—Cf. Extraits des archives du Parlement de Bordeaux.

universelle Anne de Pardaillan, sa sœur, qualifiée dame de Beaucaire; lui substituait Jean de Pardaillan, son cousin, seigneur de Panjas; à celui-ci Pierre de Pardaillan, seigneur de Mirepoix; à ce dernier Antoine de Pardaillan, seigneur de Saint-Quentin; et à ce dernier Jean de Pardaillan, fils de Pons de Pardaillan. Il ordonnait sa sépulture dans la chapelle de la Madeleine, du château de Betbézé, et il nommait pour ses exécuteurs testamentaires Bertrand d'Estissac, Arnaud de Caumont, Jean de La Rochebaucourt, Guillaume de Voisins de Montaut, Jean de Pardaillan de Panjas et André de Gélas de Léberon (1).

La succession de *Jacques de Pardaillan* échut donc à sa sœur Anne, laquelle, mariée en 1524, apporta les immenses domaines de la puissante famille de Pardaillan dans la famille de son mari, François de Béarn, baron de Gerderest. Ainsi s'éteignit, faute de descendants mâles, la branche des Pardaillan-Juliac, et avec elle la descendance directe de Roger d'Armagnac, pour se perpétuer, comme nous allons le voir, d'abord dans celle des seigneurs de Gerderest, puis dans la branche collatérale des Pardaillan de Panjas.

III. *Les Béarn de Gerderest.* — A la mort de Jacques, seigneur de Pardaillan et de Juliac, ces deux baronnies passèrent, en vertu de son testament, dans les mains de sa sœur Anne, qui, dans tous les titres de l'époque, est qualifiée *dame de Beaucaire*, et par suite dans celles de son mari François de Béarn, baron de Gerderest, fils de Bertrand, sénéchal de Béarn et de N. d'Andouins. Descendant des Grailly, comtes de Foix, le nouveau propriétaire du château de Pardaillan ne le cédait en rien à ses prédécesseurs comme ancienneté du nom, comme vaillance, et, disons-le aussi, comme arrogance et comme orgueil. Mais l'heure d'omnipotence sans contrôle des seigneurs féodaux était désormais passée, ce qui n'empêcha pas le nouveau seigneur d'avoir toute sa vie de longs démêlés

(1) Père Anselme, tome v, page 195.

avec la plupart de ses vassaux. Presque toujours absent de ses domaines, puisque ses fonctions de sénéchal de Béarn le forçaient de résider à Pau, ce furent ses trop nombreux régisseurs qui eurent maille à partir avec eux; et ce sont tantôt les habitants de la vicomté de Juliac, tantôt ceux de la ville de Mauvezin (Landes), qui se prétendirent lésés par les exactions des fermiers, réclamant à hauts cris la maintenue de leurs soi-disant privilèges.

Mêmes difficultés dans le Haut-Armagnac, partout du reste où se heurtaient les intérêts du nouveau seigneur. Le 29 août 1536, « au château de Pardaillan-Betbézé, haut et puissant seigneur François de Béarn, seigneur de Gerderest, chevalier, vicomte de Juliac, baron de Pardaillan, sénéchal de Béarn, et sa femme Anne de Pardaillan donnent procuration pour suivre un procès qu'ils ont contre le cardinal de Lorraine »; et, « le 29 mai 1543, au même château de Pardaillan, en Beaucaire, François de Béarn, seigneur de Gerderest donne pouvoir de constituer arbitre dans le procès qu'il soutient contre les chanoines de Saint-Pierre de Vic, à l'occasion de la dîme de Beaucaire et de Saint-Martin de Castagnès, et la présentation d'une prébende en ladite église (1). »

Est-ce parce que le seigneur de Béarn et sa femme Anne, de catholiques qu'ils étaient, avaient avec ardeur embrassé la religion réformée, que les princes de l'Eglise leur suscitèrent ainsi des difficultés? En tous cas elles n'étaient pas faites pour ramener ces brebis égarées, qui se montrèrent au contraire des plus exaltées dans leurs nouvelles croyances.

François de Béarn dut mourir vers l'année 1556, non toutefois sans paraître, selon sa détestable habitude, dans un dernier procès avec les habitants de Beaucaire. Ces derniers, en effet, soutenaient encore le 21 mars 1549 un interminable différend, commencé devant le Parlement de Toulouse dès 1540 contre le seigneur de Panjas, et relatif à la substitution

(1) Notariat de Vic. Reg. pour 1536 et 1543.

établie par Jacques de Pardaillan-Juliac dans son testament. Condamnés à 2,500 livres d'amende envers le seigneur de Panjas, ils se refusèrent à les payer. Le seigneur de Pardaillan fut mis en cause, chercha à faire accepter une transaction, et, à cet égard, obligé de se rendre à Toulouse, demanda que ses frais de voyage lui fussent payés. « Seroit ledit de Béarn venu en la presente cité et sur ce tant venant que besoignant et que s'en retournant, aurait bacqué quinze jours avec quinze serviteurs et tant de chevaux qu'il a coustume mener, en rayson de 8 livres pour chascun jour; afin de quoi demande cxx livres... Et pour consulter leurs titres et faits, feurent assemblés cinq avocats, à chascun desquels fut payé ung escu (1). » Il laissait trois enfants : *Gabriel*, qui suit; *Agnès*; *Hilaire*, qui épousa le baron de Larboust.

— *Gabriel de Béarn de Gerderest* devint donc à la mort de son père baron de Pardaillan. Son entrée dans la vie militaire coïncide avec les premiers troubles religieux. Autant le père fut un religionnaire exalté, autant le fils pour les besoins de sa cause devint un catholique militant. Et ce n'est pas, il faut bien le dire, par conviction religieuse, mais uniquement par intérêt, qu'il se fit un des plus fermes soutiens de Monluc. Tel était l'usage d'ailleurs, en ce xvie siècle si extraordinaire, que les membres d'une même famille embrassaient presque toujours un parti religieux différent. Pour ne citer que les Pardaillan, les Gondrin furent de farouches huguenots, les Juliac-Panjas au contraire les défenseurs les plus ardents de la messe et de l'autel. Et c'est en faisant valoir les droits de l'Eglise catholique que pour la première fois nous apparaît Gabriel de Béarn, dans une assemblée solennelle des Etats, réunis à Pau en 1566.

Pour lui avoir ainsi tenu tête et combattu ses opinions, Jeanne d'Albret ne pardonna pas au seigneur de Pardaillan. Elle lui manifesta en toutes occasions sa colère et sa haine.

---

(1) Archives du château de Laplagne. Dossier Pardaillan.

Ce fut bien pis encore, lorsque, délégué par le parti catholique, il vint en personne lui déclarer que ni lui ni les siens ne paieraient les subsides qu'elle avait récemment établis pour entamer la lutte. Elle lui donna brutalement congé; et de ce jour la séparation entre eux devint définitive. (1569)

Gabriel de Béarn prend part, à dater de cette époque, à toutes les affaires militaires de la Gascogne, provoquées par la différence des religions. Avec huit cents hommes d'armes seulement, il s'empare de Morlas, se fait remettre les clefs de la ville de Lescar, combat aux côtés de Terride sous les murs de Navarreinx, où il se couvre de gloire, et il insiste pour que l'armée catholique, contrairement aux conseils et aux ordres de Monluc, tienne tête aux troupes de Mongonmery que la reine Jeanne envoie en toute hâte de La Rochelle défendre ses états de Béarn.

Le seigneur de Pardaillan devait payer cher son entêtement. Mongonmery tomba, en effet, à l'improviste sur les troupes catholiques et les tailla en pièces le 7 août 1569. C'est à peine si, avec quelques soldats seulement, Terride et Juliac eurent le temps de s'enfermer dans le château d'Orthez. Là se passa un drame que tous les écrivains ont raconté. Mongonmery investit la place; et, six jours après, la petite garnison catholique dut se rendre sans conditions (15 août 1569). Le procès-verbal de la capitulation nous a été conservé. Les soldats purent sortir les uns après les autres sans armes, se retirer où bon leur semblerait et s'engager même, s'ils le voulaient, dans l'armée de M. le Comte. Quant aux officiers, Terride, M. de Saint-Salvy son frère, Sainte-Colombe, Basiliac, Gabriel de Gerderest, vicomte de Juliac, Caupenne, Gohas, Saint-Lary, Pellefigue et quelques autres, ils eurent la vie sauve, mais durent rester prisonniers « jusques à ce qu'ils en ayent rachepté d'autres en leur lieu, qui seront trouvez estre de leur mesme quallité, ou qu'ils ayent satisfaict à la rançon à laquelle ceulx de la religion seroient detenus par les ennemis (1) ».

Ces conditions étaient dérisoires. C'était l'ordre de Jeanne d'Albret qu'attendait Mongonmery, ainsi que l'atteste la lettre que lui écrivait son lieutenant Montamat le 21 août suivant : « Et il n'y a aulcun d'iceulx mis en liberté que par votre commandement (2). » Tandis que se discutait leur sort, ils furent envoyés au château de Navarrenx. Jeanne, quoiqu'on ait essayé de l'absoudre, se montra comme toujours impitoyable (3). Pour faire croire à une tentative d'évasion on appliqua des échelles contre les murs du château, et le 20 août, les soldats de Mongonmery se précipitèrent dans les salles où reposaient les malheureux prisonniers, et lâchement les égorgèrent.

Presque tous les historiens portent à huit le nombre des victimes : Sainte-Colombe, Gerderest, Gohas, Candau, Salis, Pordéac, Sus et Abidos. Ces deux derniers, croyons-nous, furent épargnés, ou purent se sauver. Il n'en reste pas moins vrai que Gabriel de Gerderest, baron de Pardaillan et vicomte de Juliac, fut assassiné, malgré la parole donnée par Mongonmery, et que ses biens furent aussitôt saisis par la reine de Navarre. Dans le *Rôle des biens saisis en Béarn* par ordre de Jeanne d'Albret on lit en effet, à la date d'octobre 1569 : « La maison senhorialle et baronie de Jarderest (4), ab toutz los autres bees apertenens à defunt Gabriel de Garderest,

---

(1) Capitulation d'Orthez. Bibliothèque nationale, Fonds Baluze, vol. 151. — Cf. Archives historiques de la Gascogne, fascicule VI. (*Les Huguenots en Béarn*, par Communay.)

(2) Idem. — Cf. page 55.

(3) De Thou et d'Aubigné accusent formellement la reine Jeanne d'avoir envoyé à Mongonmery l'ordre « que justice soit faite ». Le « *Mémoire de ce que fist le duc d'Anjou, pour la délivrance des seigneurs de Terride, etc., envers la reine de Navarre, ce qui ne seroit de rien, car ils furent assassinés par les soldats Navarrins pour la haine que leur portoit la reine de Navarre* (Bibliothèque nationale, Fonds français, vol. 15,550, f° 53) et publié dans le fascicule VI des Archives historiques de la Gascogne, page 69, semble faire croire qu'ils furent égorgés avant l'arrivée du message royal.

(4) Gerderest, canton de Lembeye, arrondissement de Pau.

accommandade à Johan deu Clos, etc. (1) ». Le vicomte de Juliac n'avait que 44 ans.

Marié à une ancienne demoiselle d'honneur de la reine de Navarre, Rachel de La Rivière-Labatut, Gabriel de Béarn en avait eu deux fils, *Jean* et *Arnaud* qui, d'après M. Romieu, auraient fini tristement, l'un dans la pauvreté, l'autre empoisonné. D'autres auteurs le font mourir sans postérité.

Quoi qu'il en soit, les biens du vicomte de Juliac, qu'il géra durant sa vie tant bien que mal, ne revinrent pas à sa famille. Nous ne le voyons, en effet, qu'une fois séjourner au château de Pardaillan, en 1558, à l'occasion d'un procès qu'il eut avec le seigneur du Busca, François de Bousty, et Bertrand de Bezolles, seigneur de Cauderoue, tuteurs de noble Jean de Bezolles, seigneur dudit lieu, à l'occasion de la place d'Ampeils, « laquelle est membre des dépendances de la baronnie de Pardelhan (2). » Aussitôt après sa mort tragique, Jeanne d'Albret en prononça la confiscation, et elle les donna, comme prix de ses services, au comte de Mongonmery, du moins en ce qui concerne la baronnie de Gerderest et la vicomté de Juliac. Nous avons plus de doutes pour la baronnie de Pardaillan.

Ici, en effet, la branche des Pardaillan-Panjas invoqua, aussitôt après la mort de Gabriel de Béarn, la substitution établie dans son testament par le dernier des Pardaillan-Juliac, Jacques, mort nous l'avons vu, célibataire. Et à la suite de longs débats qui furent portés devant le Parlement de Bordeaux, elle obtint, par une transaction du 19 juin 1571, et en faveur de son représentant, Ogier de Pardaillan, d'être mise en possession, non seulement de la vicomté de Juliac, qui lui était contestée par Raymond de Beccarie, baron de Fourquevaux, mais ce qui nous intéresse davantage, de l'entière baronnie de Pardaillan, au diocèse d'Auch, c'est-à-dire du fief patrimonial (3).

(1) Archives départementales des Basses-Pyrénées, E. 340.
(2) Archives départementales du Gers, B. 8, f° 37.
(3) Archives départementales de la Gironde, série C, Notaires.

IV. *Les Pardaillan-Panjas.* — Ogier de Pardaillan, chef à cette époque de la branche de Panjas, fut un grand capitaine et l'un des guerriers les plus en vue de la seconde moitié du XVIe siècle. Le nom de *Monsieur de Panjas*, ami d'abord de Monluc, puis du roi de Navarre, brille au premier rang dans la vaillante phalange gasconne des serviteurs d'Henri IV.

Ogier de Pardaillan était le fils aîné de Jean II de Pardaillan, seigneur de Panjas, et d'Isabelle de Mauléon, le petit-fils par conséquent de Jean Ier, seigneur de Panjas et d'Isabeau de Castillon, laquelle, dame de Castelnau, d'Eauze et de Labarrère, apporta par contrat du 31 mars 1499 ces riches seigneuries aux Pardaillan. Jean Ier descendait lui-même de Bertrand, frère de Bernard, baron de Pardaillan et vicomte de Juliac, lequel Bertrand, ainsi que nous l'avons dit plus haut, devint le chef de cette branche latérale des Pardaillan-Panjas (1).

Ceux-ci se trouvaient donc, au milieu du XVIe siècle, parents très-rapprochés des vicomtes de Juliac. C'est ce qui explique pourquoi, désignés en première ligne de substitution dans le testament du dernier Juliac, Jacques de Pardaillan, ils revendiquèrent à la mort de Gabriel de Béarn les riches domaines de leurs ancêtres.

Nous ne devons pas oublier qu'à côté de ces deux branches, qui constituaient, à elles deux, la branche aînée des Pardaillan, s'élevait chaque jour davantage, au point de bientôt les éclipser tout-à-fait, la branche cadette des Pardaillan-Gondrin, qui prit son essor au commencement de ce XVIe siècle avec Arnaud de Pardaillan-Gondrin, dont l'expédition en Danemark (1517) offre tant d'intérêt (2), et dont le mariage avec Jacquette d'Antin inaugura la série de ces unions brillantes auxquelles cette famille dut sa prodigieuse faveur. Ce furent, en effet, uniquement par leurs femmes que les Gondrin devinrent successivement seigneurs de Montespan,

(1) Père Anselme, tome v. Lachesnaye des Bois, etc.
(2) Voir les Mémoires de Martin du Bellay et aussi Dupleix.

d'Antin, de Bellegarde, d'Epernon, de Crussol, d'Uzès, et que, grâce aux amoureuses intrigues de la plus célèbre de toutes, Athénaïs de Rochechouart, marquise de Montespan, la plupart de ces terres furent érigées en duchés, apportant à leurs peu scrupuleux titulaires plus de richesses et de fortune que d'honneur et de considération. Mais, en ce temps déjà, la noblesse française n'y regardait pas de si près; et la soif des faveurs, l'ambition, l'orgueil faisaient passer sur toutes choses.

Nous ne rappellerons pas, dans ce court exposé de l'histoire des seigneurs de Pardaillan, les titres d'ancienneté et de noblesse des premiers barons de Panjas. Disons simplement qu'ils résidaient au château de Panjas, au cœur même du Bas-Armagnac, dont les ruines subsistent encore à peine, et qu'ils firent remanier alors leur église, tout en lui conservant, avec un goût artistique qui mérite d'être rappelé, ses si curieuses peintures murales, vieilles déjà à ce moment de plus de cinq cents ans (1). Leur humeur batailleuse leur suscita, pendant tout le cours du xvie siècle, de nombreux procès. On en retrouve partout la trace (2). Notons en passant celui que soutint, en 1552, contre les consuls et habitants de Panjas, « noble Jean de Pardaillan, chevalier, seigneur dudit lieu de Panjas, » et la sentence qui lui reconnaît « le droit d'élire quatre des huict personnaiges présentés pour estre consuls audit lieu de Panjas, et d'iceulx par luy esleus en prendre le serment requis (3). » Mais retournons à son fils Ogier et voyons quel rôle il joua en Gascogne, même avant de devenir baron de Pardaillan.

Menin du Roi, puis page de sa maison, Ogier de Pardaillan combattit dès ses plus jeunes années dans l'armée des catholiques. Né vers 1527, puisqu'il était le fils aîné de Jean II

---

(1) Voir *Revue de Gascogne*, tome xxxiii, page 440, l'article que M. l'abbé Breuils a consacré aux peintures de l'église de Panjas.
(2) Archives départementales du Gers, série B, 1, 2, 4, etc.
(3) Idem. B. 3. f° 433.

marié le 31 août 1525, il devait avoir 35 ans au moment où se joua le premier acte des guerres de religion. Nous voulons parler de la conjuration d'Amboise (1560). Est-ce lui qui tua dans la forêt de Château-Renaut le chef des conjurés, le fameux de Barry de la Renaudie ? Certains auteurs l'ont laissé croire. Monlezun, dans son *Histoire de la Gascogne*, attribue ce coup hardi à Blaise de Pardaillan, de la branche de Gondrin. Théodore de Bèze fait mourir les deux combattants, et s'exprime ainsi : « Le 18 mars 1560, La Renaudie fut rencontré par un gentilhomme, son parent, nommé Pardillan, qui l'assaillit en la forest de Château-Renaut, lequel il tua d'un coup de pistole. Mais il tomba mort aussi, estant frappé d'un coup d'arquebuze par le serviteur de Pardillan. Et sur cela, son corps fut porté à Amboise, où il fut mis en spectacle (1) ». Quoi qu'il en soit, Ogier de Pardaillan survécut à sa blessure, si tant est qu'il eut été blessé; et, dès l'année 1564, nous le trouvons enrôlé sous la bannière de Monluc. C'est ainsi que cette même année, il est nommé gouverneur de Rivière-Basse (2), et qu'un des premiers lieutenants du chef de l'armée catholique en Guienne, il combat à ses côtés avec ses cousins de Gondrin.

Le grand maréchal le tenait en haute estime. C'est chez lui, au château de Panjas, qu'il s'arrêta, les premiers jours d'octobre 1567, se rendant aux eaux de Barbotan, auxquelles il venait demander un peu de calme et quelque soulagement à ses blessures. On connaît l'anecdote et le rêve assez étrange qu'il eut la première nuit où il coucha chez M. de Panjas. Dupleix et Monluc lui-même l'ont raconté, ce dernier dans ses Commentaires (3). Bornons-nous à dire que la comtesse de Panjas, dont il y est question, était Françoise d'Aydie,

(1) Th. de Bèze. *Histoire des églises réformées*. 1560. Cf. *Mémoires de Castelnau*, page 16; — Mathieu, Davila, Laplace, etc.
(2) Archives des Basses-Pyrénées. B, 1584.
(3) M. de Ruble, dans ses annotations des *Commentaires de Monluc*, donne à ce voyage de Barbotan la date des premiers jours d'octobre. (Tome III, table). — Cf. Dupleix, *Histoire de Charles IX*.

fille de François d'Aydie, seigneur de Ribérac, et de Françoise de Salagnac, femme par conséquent d'Ogier de Pardaillan.

En 1568, Pardaillan reçoit de Monluc, fatigué, abandonné par Damville et désireux de se reposer à Agen ou à Estillac, la garde des villes d'Eauze et de Villeneuve de Marsan. Déjà il prenait toutes ses dispositions pour résister vaillamment à Mongonmery, lorsque lui vint de son chef l'ordre formel de le rejoindre à Lectoure. Pardaillan obéit, désespéré d'abandonner ses plus sûrs compagnons d'armes, tous ses compatriotes; et tandis que le maréchal se rapprochait de la Garonne, il accepta de lui la garde et le commandement en chef de la vieille capitale des comtes d'Armagnac.

C'est l'époque lamentable où Mongonmery, sur l'ordre de Jeanne d'Albret, ravagea la Gascogne, renversant tout sur son passage, incendiant les monastères, violant les femmes, égorgeant les enfants et les vieillards et ne faisant grâce nulle part. Ogier de Pardaillan resta d'abord fidèle à ses principes religieux et combattit sans relâche dans les rangs de l'armée catholique. On le voit au siège de Mont-de-Marsan entrepris par Monluc, puis essayer, mais vainement, de reprendre ses propres domaines de Juliac, détenus par le féroce lieutenant de Jeanne d'Albret, enfin donner à son parti toutes sortes de gages et de preuves de dévouement. Les lettres que lui écrivit la Reine-Mère à cette date de 1569 et qu'a publiées la *Revue de Gascogne* en font foi (1).

Puis, brusquement et sans que nous en sachions la cause, il fait volte-face et s'enrôle dans l'armée ennemie. Il vient mettre son épée au service du jeune roi de Navarre, et, à dater de 1571, se montre un de ses plus chauds partisans. Aussi obtient-il gain de cause, cette même année, dans sa revendication contre Mongonmery des domaines de ses pères (ce qui fut peut-être le seul motif de son changement de front);

(1) *Revue de Gascogne*. tome IV. page 399 et suivantes.

et, de simple seigneur de Panjas et de Castelnau qu'il était, il entre, en vertu de la transaction du 19 juin 1571, dont nous avons déjà parlé, en possession non seulement de la vicomté de Juliac, mais encore de l'entière baronnie de Pardaillan. C'est ainsi que nous le voyons trois mois après, pour la première fois, qualifié de seigneur de Pardaillan, dans un acte dressé à Valence, le 4 août 1571, où, « Messire Ogier de Pardaillan, chevalier de l'Ordre du Roy, seigneur baron de Pardaillan, vicomte de Juliac et autres places, est assigné à comparaître pour donner certaines explications sur le territoire de ladite baronnie, etc. (1). »

En 1553, Ogier de Pardaillan avait épousé Françoise d'Aydie(2), dont il eut cinq enfants : 1° *François-Jean-Charles*, qui continua la race ; 2° *Renaud* ; 3° *Charles-Philippe* ; 4° *Barbe*, qui épousa le 2 juin 1596 son cousin Blaise de Pardaillan-Gondrin, le héros présumé, d'après Monlezun, de la conjuration d'Amboise ; 5° *Madeleine*, femme de Jean-Jacques de Bourrouillan.

Le rôle attribué à Renaud de Pardaillan par certains auteurs dans la nuit de la Saint-Barthélemy est trop important pour que nous ne le signalions pas ici.

Vrai cadet de Gascogne, n'ayant à compter que sur son épée, bien que son père lui ait fait don, en se mariant, de la vicomté de Juliac, le second fils d'Ogier en imposait par sa jactance autant que par sa stature colossale et sa force herculéenne. Aussi est-ce par lui que son père se fit remplacer à la Cour, lorsque Jeanne d'Albret, pressentant les embuches de toutes sortes qui attendaient son fils au moment de son mariage avec Marguerite de Valois, le manda près de lui, faisant appel « à la première épée de France ». Renaud se rendit donc à Paris, et fut un des premiers dans l'escorte du jeune roi de Navarre, aussi bien sous les voûtes de Notre-Dame que dans les salles du Louvre. Fut-il la cause indirecte

---

(1) Notariat de Valence. Reg. pour 1571. Dupont, notaire.
(2) Père Anselme, tome v.

du massacre de ses coreligionnaires, en ne pouvant contenir sa colère, au souper de la Reine, après l'assassinat de Coligny ? « Enfin, écrit Marguerite dans ses Mémoires (1), comme *Pardaillan* descouvrist par ses menaces au soupper de la Royne, ma mère, la mauvaise intention des huguenots et que la Royne vist que cet accident avoit mis les affaires en tels termes, etc. » En tous cas, il en fut une des premières victimes. Posté avec les plus fidèles de ses serviteurs dans l'antichambre d'Henri de Navarre, il fut, au moment où la cloche de Saint-Germain-l'Auxerrois donna le signal du massacre, saisi et désarmé par les gardes de M. de Nançay et lâchement égorgé avec ses compagnons dans la grande cour du Louvre (2).

Bien qu'il soit avéré qu'un Pardaillan, compagnon du Béarnais, fut assassiné au Louvre, la nuit de la Saint-Barthélemy (3), un doute plane sur le vrai nom de cette malheureuse victime. Est-ce Renaud ? est-ce un Gondrin ? Dans ses Mémoires, de Thou écrit que c'est un Lamothe-Gondrin. Marguerite, au contraire, le désigne : « l'aisné Pardaillan (4) », ce qui semblerait faire croire que c'était un Panjas. Le Père Anselme, de son côté, parlant de Renaud, fils d'Ogier, ne souffle mot de cette aventure, et le fait vivre jusqu'après 1590, époque où il testa à la date du 6 octobre. Y avait-il en 1572 plusieurs Pardaillan à la Cour, aussi bien de la branche aînée que de la branche cadette, et un seul aurait-il été frappé, alors que les autres auraient pu se soustraire au péril ? Ce qu'il y a de sûr, c'est que dès la fin de l'année suivante, le 15 décembre 1573, Clarianne d'Orty épousait en secondes noces le seigneur de Los, à qui devait revenir la vicomté de Juliac (5). Il fallait donc qu'elle fut veuve de Renaud de Pardaillan, mort l'année précédente.

---

(1) *Mémoires de Marguerite de Valois*, édition Guessard, page 29.
(2) *Histoire de la vicomté de Juliac*, par M. Romieu, page 87 et suivantes.
(3) *Mémoires de Tavannes*, d'Aubigné, etc.
(4) *Mémoires de Marguerite de Valois*, édition Guessard, page 26.
(5) *Histoire de la vicomté de Juliac*, par M. Romieu, page 101.

Ogier de Pardaillan, son père, vivait toujours sur ses terres de Gascogne. Propriétaire de la baronnie de Pardaillan, il reprit, à la mort de son fils, le titre de vicomte de Juliac et continua à soutenir de tout son pouvoir la cause des réformés. C'est ainsi que nous le voyons plusieurs fois tenir tête à Villars, favoriser la retraite du sire de Montamat en 1576, assiéger Eauze sous les ordres du roi de Navarre (1577) et chercher par tous les moyens à assurer son triomphe définitif.

Le Père Anselme fait tester le seigneur de Pardaillan en 1575, et il le fait mourir avant 1577, désignant, au début de cette année, comme veuve sa femme Françoise d'Aydie. Faut-il croire, ainsi que l'affirme M. Romieu, qu'il trouva la mort à la tête de son régiment, alors que ce dernier fut défait douze ans après, en 1589, par le comte de Bezolles? Rien ne vient confirmer une semblable opinion. Dupleix, en effet, qui est très exact pour tout ce qui regarde les affaires de Gascogne, écrit : « Bernard de Bezolles, sieur de Lagraulas, en Armagnac, qui s'estoit déclaré pour la Ligue, aiant rencontré le régiment du comte de Panjas religionaire, qui rouloit entre Condom et Fezensac, le chargea brusquement, alors qu'il n'eut avec lui que dix-sept maîtres et douze arquebuziers à cheval; et, voiant que les Roiaux gagnoient un chemin creux et avantageux à gens de pied le long de la petite rivière de Losse, mit pied à terre avec les siens et mesla si furieusement cette fanterie que de plus de six vingts qui firent teste, il n'en reschappa qu'un seul, lequel, montant légèrement sur le cheval d'un des gendarmes de la Ligue, se sauva à toute bride. Lagraulas ne perdit à ce combat que La Prade, gentilhomme valeureux, et deux autres furent blessés (1). » Si le vieux Pardaillan avait été tué à la tête de son régiment, nul doute que Dupleix ne l'eût signalé. Nous devons donc croire, sauf rectification, qu'Ogier de Pardaillan mourut, comme l'écrit le Père Anselme, vers la fin de 1576, date après laquelle nous

(1) Dupleix, *Histoire d'Henri IV*. Paris. 1663. page 19.

ne le trouvons plus désigné dans aucun acte, et que le combat de Losse, de 1589, ne porta tort qu'au régiment de son fils.

— Le fils aîné d'Ogier de Pardaillan fut, en effet, *François-Jean-Charles*, qui hérita de la baronnie de Pardaillan ainsi que de tous ses autres domaines. Ce fut le dernier seigneur de Pardaillan, de la branche aînée.

Dévoué comme son père à la cause du roi de Navarre, il fut honoré de bonne heure de l'amitié de ce prince, qui, lorsqu'il fut monté sur le trône de France, ne lui marchanda ni les récompenses, ni les honneurs.

Déjà, dès le 4 avril 1580, Henri de Navarre, parlant de lui, écrivait en ces termes à M. de Bourrouillan : « Je vous prie, suivant ce que je vous commandé dernièrement, de vous tenir prêt me venir trouver vendredy au soir en l'équipage que vous dira le sieur de Panjas, d'autant que je désire aller à la chasse aux Lannes pour sept ou huit jours, et pour ce faire d'estre bien accompaigné (1). »

Mais la guerre des Amoureux ayant éclaté quelques jours après, le sire de Panjas se jette dans Mont-de Marsan attaqué par M. de Poyanne, qui, à la reddition de cette ville et après une défense héroïque, lui accorda la vie sauve et la liberté.

Charles de Pardaillan se hâta de rejoindre à Pau Henri de Bourbon, qu'il accompagna, aussitôt après l'armistice, dans ses nombreux déplacements et notamment au château de Briat, près de Mauvezin, où eurent lieu de grandes chasses (2). Mais il le quitta dès l'année suivante pour aller, par son ordre, à Paris, épouser Jeanne de Monceau de Tignonville, demoiselle d'honneur de sa sœur Catherine de Bourbon, duchesse de Bar, et fille de Lancelot de Monceau, seigneur de Tignonville, et de Marguerite de Selves, gouvernante de la même princesse. Fort jolie, comblée des faveurs royales, « la petite Tignonville », ainsi que l'appelait familièrement d'Au-

---

(1) *Archives historiques de la Gironde*, tome II, page 4.
(2) *Histoire de la vicomté de Juliac*, page 95.

bigné, avait été, en 1576, l'une des étoiles de la galante Cour de Nérac, où le Béarnais l'avait fort remarquée, mais en tout bien, tout honneur; car, malgré les attaques pressantes dont il l'honora, « elle fut imprenable, avant d'estre mariée, » nous apprend la *Confession de Sancy*. Quoi d'étonnant par suite à ce que le roi de Navarre, avec l'arrière-pensée d'être plus heureux après qu'elle eut engagé sa foi, ait songé à la donner à son bon ami, M. de Panjas? N'était-ce pas là une faveur suprême, dont devait se montrer fier tout bon courtisan? Les fêtes, disent les chroniques du temps, furent des plus brillantes. Le mariage se célébra, le 7 février 1581, à l'hôtel de Rambouillet, chez la princesse de Navarre elle-même; et toute la Cour y assista. Bien plus, lorsque, un an après, la jeune épousée mit au monde son premier-né au château de Pau, où elle avait suivi sa maîtresse, Catherine de Bourbon, Henri de Navarre et sa femme Marguerite daignèrent encore, le 6 avril 1582, tenir sur les fonts baptismaux l'enfant, qui reçut le prénom d'Henri (1).

A l'égard du seigneur de Pardaillan, Henri de Navarre ne borna pas là ses faveurs. Il le nomma gouverneur du Haut et Bas-Armagnac, et il lui donna le commandement de la ville d'Eauze et de tout le pays d'Eauzan. Il devint, en outre, conseiller du Roi en ses conseils d'Etat et privé, son chambellan ordinaire, capitaine de cinquante hommes d'armes, mestre de camp du régiment de Guienne, et chevalier de l'Ordre du Roi (2).

Chers et bien amés, écrivait de Nérac, le 27 août 1585, le roi de Navarre aux consuls et habitans du Castera de Vivens; j'ay advisé pour affaire qui importe grandement mon service d'envoyer le sieur de Panjas au lieu de Castera, où vous ne fauldrez de le renvoyer avec sa trouppe pour cinq ou six jours seulement, et ce nonobstant la sauvegarde que vous avez de moy et laquelle je désire vous conserver exac-

---

(1) Père Anselme, tome v. — Voir l'intéressant volume de M. de Lescure: *Les Amours d'Henri IV*, etc.
(2) Père Anselme, tome v.

tement. Mais pour ceste fois seulement, je désire et veulx que ledict de Panjas y soit reçeu. A quoy m'asseurant que vous satisferez, je prie Dieu vous avoir en sa garde (1).

Et deux ans après, le lendemain de la bataille de Coutras, il ordonne de délivrer « à nostre cher et bien aimé le seigneur de Panjas, l'un de nos conseillers et chambellans ordinaires, la somme de 25 escus sols que nous lui avons ordonné et ordonnons pour bailler et mettre en mains d'un sien page qui auroit été blessé à la bataille donnée en ce lieu. A Coutras, ce 22 octobre 1587 (2). »

Ce que ne dit pas le billet du Roi, c'est la mort glorieuse de Blaise de Pardaillan, beau-frère de François-Charles, tué dans cette journée, aux côtés du seigneur de Pardaillan.

Les affaires militaires, les services de Cour, les troubles encore non apaisés du pays, n'empêchaient point François-Charles de Pardaillan de surveiller ses vastes domaines et de multiplier, durant ces années, ses actes de gestion. Nous les trouvons à profusion mentionnés dans tous les registres notariés de la région.

A peine entré en leur possession, il s'empressa de racheter le fief patronymique, berceau de sa famille, aliéné momentanément par son père, sans doute à la suite des dépenses et des ruines provoquées par les guerres de religion. Dès 1580, en effet, « il est fait droit à une requête présentée par François-Jean-Charles de Pardeilhan, seigneur et baron de Panjas, sous l'autorité de dame Françoise d'Aydie sa mère, et de Joseph de Bonnefont, écuyer, seigneur de Lyon, son curateur, tendant à autoriser la vente aux enchères publiques de la place et seigneurie d'Engalin et ses dépendances pour en employer le prix au *rachat de la baronnie de Pardailhan* (3). »

---

(1) *Lettres Missives d'Henri IV*, tome VIII, page 301.
(2) *Archives historiques de la Gironde*, tome X, page 313. (Archives départementales des Basses-Pyrénées, B. 2,902).
(3) Archives départementales du Gers, B. 18, f° 69.

Nous avons déjà donné, au commencement de ce travail et à propos des délimitations de la baronnie de Pardaillan, la liste des fiefs, domaines, terres nobles, etc., qui en dépendaient et qui sont énumérés tout au long dans l'acte d'afferme de ladite baronnie, passé devant le notaire de Valence, le 9 avril 1588, par haut et puissant seigneur Jean-François-Charles de Pardaillan (1). Sur cet acte, fort important pour nous, puisqu'il est l'un des premiers qui mentionnent la tour du Guardès comme dépendante de la baronnie de Pardaillan, nous ne reviendrons pas ici.

Quoique moins détaillé, mais plus ancien de quatre ans, mentionnons également, à la date de 1584, l'acte d'afferme, passé par le même seigneur, des baronnies de Pardaillan, Beaucaire et La Mazère avec leurs dépendances, y compris « *lou Guardès* », pour la somme de 4,666 escus pendant 4 ans (2); un échange de quelques pièces de terre, fait le 28 novembre 1586, par le même seigneur, dans ladite même baronnie; enfin, de nombreux actes de sous-afferme consentis par noble Hector de St-Gresse, sieur d'Ascous et de Séridos, fermier de la baronnie de Pardaillan (3), etc. « Le 25 octobre 1592, haut et puissant seigneur François-Jean-Charles de Pardaillan, seigneur et baron dudit lieu, Panjas, Castelnau et autres lieux, capitaine de 50 hommes d'armes des Ordonnances du Roy, gouverneur des villes d'Aire, Manciet, Eauze, pays d'Eauzan et Rivière-Basse, mestre de camp du 1er régiment de Guienne, avec haute et puissante dame Jehanne de Monceau, dame d'honneur de Madame, sœur unique du Roi, sa femme, *étant en son château de Pardaillan*, passe accord avec Pierre Malareu, dit Ragot, soldat, actuellement habitant de Pardaillan », pour lui prolonger la concession de la jouissance, revenus et émoluments de la maison hospitalière de Pardaillan (4), etc.

(1) Notariat de Valence. Reg. pour 1585-1593. Mariguac, notaire.
(2) Idem. Reg. spécial pour 1584.
(3) Idem. Reg. pour 1585-1586.
(4) Notariat de Beaucaire. Reg. pour 1592. Lacoste, notaire.

Et ainsi de suite, jusqu'aux premières années du xvii° siècle, époque où mourut le seigneur de Pardaillan, tous actes passés ou à peu près au château noble de Pardaillan en Armagnac. Nous n'insisterons pas, vu leur monotonie et pour ne pas abuser de la patience de nos lecteurs.

Il est cependant un contrat important que notre devoir est de signaler. C'est la vente de la vicomté de Juliac, comprenant les seigneuries de Betbezer, de Mauvezin, de Créon et de La Grange, à laquelle dut se résoudre en l'année 1588 le seigneur de Panjas, sans doute poussé par des besoins d'argent, et aussi dans l'impossibilité de gérer convenablement une si vaste étendue de territoires.

Le nouvel acquéreur fut Jean de Los, beau-frère de Clarianne d'Orty, veuve en premières noces de Renaud de Pardaillan et ancien capitaine des gardes du Roi, habitant déjà le pays; moyennant quoi la vicomté de Juliac cessa désormais d'appartenir aux Pardaillan (1).

Mais François-Charles conserva jusqu'à sa mort la seigneurie de Panjas et avec elle la baronnie de Pardaillan.

A quelle date faut-il rapporter cette lettre d'Henri IV, si élogieuse pour M. de Panjas ?

Monsieur le Chancelier, je vous fais ce mot en faveur du sieur de Panjas, que j'aime et affectionne pour m'avoir toujours bien et fidellement servy, pour vous dire que vous me ferés service très agréable de le depescher de ce que je luy ay accordé pour le tirer de la peine en laquelle il est pour mon service; ceste-cy n'estant à aultre fin, je ne vous en diray davantaige, pour prier Dieu vous avoir, Monsieur le Chancelier, en sa saincte et digne garde. Ce xxviii° septembre, à Saint-Germain-en-Laye (2).

La lettre ne porte pas la date de l'année. Mais le Roi se trouvait à Saint-Germain en 1599, 1601, 1602, 1603 et 1604.

Le 17 avril 1604, Henri IV écrivait encore à M. de Rosny:

Mon amy, la dame de Panjas m'a asseuré qu'elle se rendroit à Paris,

(1) *Histoire de la vicomté de Juliac*, par M. Romieu, page 101.
(2) *Lettres missives*, tome ix, page 27.

le lendemain des festes sans faulte, et apporteroit avec elle les inventaires qu'elle avoit des bagues et pierreries de feue ma sœur la duchesse de Bar, lors de son décès, et ceulx qui avoient été faicts depuis en Lorraine, ensemble ceux de ses meubles et aultres choses qu'elle avoit en sa puissance alors (1)... etc.

D'où l'on peut conclure que Jeanne de Tignonville, dame de Pardaillan, garda son emploi de dame d'honneur et conserva l'amitié de la sœur du roi jusqu'à ses derniers moments.

En 1611, Mme de Panjas reçoit encore une pension du roi (2). Enfin, en 1614 et le 12 avril, nous la trouvons au château de Pardaillan, où elle paie à Catherine Capdegelle et à Arnaud Simonet, mari et femme, la somme de 150 livres qu'elle leur avait promise au moment de leur mariage, contracté le 22 avril 1612 (3).

François-Jean-Charles de Pardaillan, qui en 1611 avait été député par la Basse-Guienne aux Etats de Saumur (4), vivait encore en 1615. Nous en avons pour preuve le procès intenté par lui en cette même année contre Jean-Philippe de Lavardac, sieur de Blancastel (5). Mais il dut mourir peu de temps après, son nom ne figurant plus dans les actes à partir de 1616, et se trouvant remplacé par celui de son héritière.

De son mariage avec Mlle de Tignonville il eut six enfants, dont quatre moururent en bas âge. Ce fut d'abord : 1° *Henri*, né à Pau le 28 mars 1582, qui eut pour parrain et marraine le roi et la reine de Navarre, mais qui mourut jeune à Paris; 2° puis, *Louis*, né à Nérac le 6 juin 1583, tenu lui aussi sur les fonts baptismaux par Louis de Bourbon, prince de Condé, et par Mme de Tignonville, son aïeule, mort également à Paris, le 14 octobre 1607, et enterré au cimetière des religionnaires au faubourg Saint-Germain-des-Prés; 3° *Henri*, né à Navarrenx le 5 octobre 1587, mort à Blancastel et enterré à

(1) *Lettres missives*, tome VI, page 232.
(2) Archives des Basses-Pyrénées, B. 179.
(3) Notariat de Beaucaire. Lacoste. Reg. pour 1614. (Arch du Séminaire d'Auch).
(4) *France protestante*, art. Pardaillan.
(5) Archives départementales du Gers. B. 31, f° 165.

Panjas; enfin trois filles : 4° *Henriette*, née le 27 mars 1590, morte à Paris le 28 février 1609 et enterrée auprès de son frère Louis; 5° *Catherine*, qui suivra (1); 6° *Jeanne*, née à Lafortelle en Brie au mois d'août 1599, mariée le 10 juillet 1617 à Geoffroy de Vivant, seigneur de Doyssac, gouverneur des ville et château de Tournon en Agenais et petit-fils du fameux Geoffroy de Vivant, l'auteur du curieux journal récemment publié. « Le mariage, disent les pactes, fut contracté dans le château de Pardaillan, sénéchaussée d'Armagnac, par devant M° Edouard Pontilhet, notaire royal de la baronnie de Pardaillan et du lieu de Beaucaire, en présence de plusieurs membres de la branche cadette des Lamothe-Gondrin (2). »

Par suite de la mort des quatre premiers enfants, Catherine hérita de la plupart des terres de ses ancêtres, moins cependant la terre et seigneurie de Panjas, qui fut attribuée à sa sœur Jeanne, laquelle l'apporta dans la famille de Vivant, où elle resta jusqu'au 1er octobre 1757, époque où elle « fut achetée, moyennant 77,400 livres par le sieur Paul Baylac, bourgeois de Panjas, de la dame de Vivant, la jouissance toutefois en ayant été accordée provisoirement à messire Henri de Gestas, seigneur de Bétous, en vertu du droit de prélation ou de retrait féodal à lui accordé par brevet du Roi du 14 juin 1758 (3). »

Née dans la nuit du 11 au 12 avril 1592, Catherine de Pardaillan épousa en premières noces, par contrat du 15 avril 1609, Gédéon d'Astarac, baron de Fontrailles, mort en 1610; puis, en secondes noces et par contrat du 13 novembre 1611, *Henri de Beaudéan, comte de Parabère*, à qui elle apporta, comme bien dotal, la baronnie de Pardaillan et par suite la tour du Guardès.

(1) Père Anselme, tome v, page 195 et suivantes.
(2) Archives départementales de Lot-et-Garonne, B. 47. — Voir aussi les *Faits d'armes de Geoffroy de Vivant*, publiés d'après le ms. original par notre ami regretté M. Ad. Magen. (Agen, in-12, 1887).
(3) Archives départementales du Gers, C. 494.

Ainsi passa dans une famille étrangère, mais toujours par voie d'alliance, le vieux fief de Pardaillan. Ainsi s'éteignit, avec François-Jean-Charles, dernier rejeton de la descendance de Roger d'Armagnac cette branche aînée des Pardaillan-Juliac-Panjas, dont beaucoup de membres, on l'a vu, périrent de mort tragique, mais qui, pendant six siècles, servirent fidèlement leur pays et méritèrent à juste titre les hautes récompenses qui leur furent octroyées.

V. *Les Beaudéan de Parabère.* — Non moins noble ni moins ancienne était la famille dans laquelle le mariage de Catherine de Pardaillan fit entrer le vieux fief de ses ancêtres. Originaires du pays de Bigorre, les Beaudéan s'allièrent au XVe siècle avec la famille de Momas, du Béarn, qui vint relever l'éclat de leur maison. En épousant, en 1414, Pierre de Momas, Simonne de Beaudéan, dame de Parabère en Bigorre, entendit elle aussi, comme autrefois Esclarmonde de Pardaillan dans son union avec Roger d'Armagnac, que son mari prendrait et porterait désormais le nom et les armes des Beaudéan : ce qui explique comment la maison de Momas se fondit à cette époque dans celle de Beaudéan.

La maison de Beaudéan, écrit Lachesnaye des Bois, qui subsiste dans deux branches, dont celle de Parabère n'est qu'une branche cadette, est de très ancienne chevalerie et l'une des premières et des plus distinguées des provinces de Béarn et de Bigorre, où sont situés les châteaux et les terres de son nom. La branche cadette de Parabère a donné un maréchal de France et deux chevaliers de l'ordre de Saint-Louis (1).

(1) Lachesnaye des Bois, *Dict. de la noblesse*, tome x, éd. 1775, art. *Momas de Beaudéan*. La terre et le château de BEAUDÉAN étaient situés en Bigorre, dans la jolie vallée de Campan, près du village de ce nom et sur la rive gauche de l'Adour. Du château il ne reste plus que quelques pans de murs, transformés en terrasse. Seule subsiste encore la pittoresque église, avec son clocher pointu, encadré de quatre clochetons, et les belles boiseries du chœur, don probable de ses seigneurs au XVIIIe siècle. Beaucoup plus au nord, mais également dans la Bigorre, sur la rive gauche de l'Echez, et presque au confluent de cette petite rivière avec l'Adour, se trouvent à mille mètres à peine de l'antique abbaye

Pierre de Momas eut deux fils, à chacun desquels il attribua par testament du 30 août 1454 une de ses seigneuries. Le fils aîné, Jean, eut la terre de Beaudéan et devint le chef de la branche aînée de Beaudéan. Le cadet, Arnaud, reçut en partage celle de Parabère et fonda la branche de Beaudéan-Parabère, qui seule nous intéressera ici. Il mourut en 1490.

Nous passerons sous silence sa descendance jusqu'au milieu du xvi° siècle, pour ne nous arrêter qu'au grand-père et au père du mari de Catherine de Pardaillan, qui, tous deux, furent de grands capitaines et s'illustrèrent sur de nombreux champs de bataille.

Les Parabère portaient : Ecartelé, contre écartelé au 1 et 4 de Navarre, au 2 et 3 d'Armagnac-Rodez, et un écusson en cœur aux armes de Pardaillan. Sur le tout, celles de Beaudéan et de Momas qui étaient : Ecartelé au 1 et 4 d'or à un pin fruité et arraché de sinople, qui est Beaudéan, au 2 et 3 d'argent à deux ours levés de sable, qui est de Momas.

— *Bernard de Parabère* fut un des serviteurs les plus dévoués des rois de Navarre. Le 27 avril 1542, il épouse Jeanne de Caubios, fille de Guillaume de Caubios et d'Uzain et de Catherine de Lafargue. Le 1er avril 1554, il teste au château de Parabère. Puis il est mêlé à toutes les affaires des premières guerres de religion.

Son fils aîné (d'autres disent son frère), *Pierre*, seigneur de Parabère, fut chargé par la confiance et l'amitié d'Henri de Navarre du poste de gouverneur de la ville et du château de Beaucaire en Languedoc, où peu après, en septembre 1578, il trouva la mort. Sa fin tragique vaut la peine que nous nous y arrétions un instant. Voici en quels termes s'exprime à cet égard Dom Vaissete :

de Larreule, entre Maubourguet et Vic-Bigorre, la terre et le château de PARABÈRE. Aujourd'hui entièrement ruiné, ce château n'a plus conservé que sa façade septentrionale en briques et galets, qui accuse le style du commencement du xviii° siècle. Quant à la terre de MOMAS, elle est en Béarn, à 13 kilomètres de Lescar, dans un pays des plus accidentés.

D'un autre côté, le *capitaine Parabère*, gentilhomme gascon, qui avait été page du connétable de Montmorency et à qui le maréchal de Damville avait confié le gouvernement de la ville et du château de Beaucaire, s'en empara (1) à la fin d'août, refusa d'obéir au maréchal et commit une infinité de vexations et de brigandages. Damville voulant rétablir son autorité dans cette ville, donna ses ordres aux habitants, qui, s'étant attroupés le 7 de septembre, tuèrent Parabère. On prétend qu'il fut massacré avec sa maîtresse, lorsqu'ils étaient à genoux devant l'autel de l'église des Cordeliers, et que la jalousie du maréchal à qui Parabère avait enlevé cette maîtresse, qui était une dame de Pézenas (2), contribua beaucoup à la catastrophe de ce gouverneur. Quoi qu'il en soit, après sa mort, on lui coupa la tête qu'on exposa sur la porte de Beaucaire avec une couronne de paille. Baudonnet, son lieutenant, s'étant retiré dans le château, appela les religionnaires à son secours; et Châtillon se mit en marche pour s'en assurer; mais il manqua son coup et Damville, ayant assiégé ce château, l'obligea enfin de se rendre par capitulation (3).

Ce siège de Beaucaire, ajoute le savant annotateur de la nouvelle édition de l'*Histoire du Languedoc*, fut une bien plus grosse affaire que ne paraissent le croire les Bénédictins. Il dura quatre mois et demi et fut sur le point d'empêcher l'établissement de la paix dans la province.

Pierre de Beaudéan était le fils aîné de Bernard. Ce fut son frère cadet *Jean* qui, à sa mort, devint le chef de la famille.

— *Jean de Beaudéan* marcha de bonne heure sur les traces de son père, et, comme lui, fut investi d'abord par Henri IV, puis par Louis XIII, de postes très importants. Né vers les dernières années du règne d'Henri II, il fit ses premières armes dans la vaillante troupe des compagnons du Béarnais, « qui, dit une chronique de l'époque, le reçut fort bien,

---
(1) D'Aubigné, livre ɪv, chapitre ɪɪ.
(2) Lachesnaye dit que c'était Mme de la Tourrette, de la maison de Villeneuve, en Provence.
(3) *Histoire de Languedoc*, nouvelle édition. tome xɪ, page 660. — Voir aussi l'importante note que lui consacre dans ses *Mémoires de d'Antras*, page 172, M. le chanoine de Carsalade du Pont, qui le fait frère de Bernard.

estant d'une maison originaire de ses Estats, et ceulx de son nom ayant toujours eu l'honneur d'estre traictés de cousins par les rois de Navarre, ses prédécesseurs, comme il paroît par plusieurs titres de ceste maison. »

Le 8 juin 1580, il est fait mention dans le rôle de la monstre d'armes de la compagnie de Jean de Beaudéan, seigneur de Parabère, qualifié à cette date de gouverneur de Brest (1). Dix ans après, le 23 décembre 1591, il épouse Louise de Gilier, veuve de François de Sainte-Maure, comte de Montausier. Il est alors gouverneur de l'Isle-en-Jourdain et qualifié de « chevalier, comte de Parabère et de Nouillan, marquis de la Mothe-Sainte-Heraye, seigneur de Saint-Sauran et de Roche, chatelain de La Roche-Ruffin, de Salle et de Fougeray, gentilhomme de la Chambre du Roi et capitaine d'un régiment de son nom (2). »

Toujours dévoué à la cause du roi de Navarre, il prend part à la bataille de Coutras, à la tête de son régiment, et taille en pièces le régiment de Picardie (1587). L'année suivante 1588, il emporte d'assaut la ville de Niort, après un siège opiniâtre. « Parabère, dit Dupleix, fut surtout loué par le Roi d'avoir empêché le massacre des habitans et le violement des femmes (3). » En reconnaissance de ce signalé service, il est nommé gouverneur de cette ville et lieutenant-général de la province du Haut et Bas-Poitou, pays d'Angoumois, d'Aunis et de La Rochelle.

Le jour de la bataille d'Ivry, il accourt, comme maréchal de camp, auprès de son roi avec toutes les forces dont il dispose, renforce son armée et contribue au succès final (4). Et plus loin, le même auteur ajoute : « Givry, Parrabère, Rambure et Grigny assaillirent de nuit Corbeil, l'emportèrent par escalade et coupèrent la gorge à la garnison. De là ils allèrent

---

(1) Monlezun, *Histoire de la Gascogne*, tome v, page 48.
(2) Lachesnaye des Bois.
(3) Dupleix, *Histoire d'Henri III*, page 178.
(4) Idem, *Hist. d'Henri IV*, p. 27.

attaquer Lagny et remirent pareillement cette ville en l'obéissance du Roi, sans nulle résistance (1). » Mais il dut reculer devant Poitiers, « Parrabère et autres seigneurs ayant bloqué cette ville qui fut vaillamment défendue par le comte de Brissac qui les força à se retirer (2). »

Jean de Parabère resta un des plus fanatiques de la religion réformée en Guienne, et nous le voyons, dans les synodes et réunions protestantes de cette province, jouir parmi ses correligionnaires d'une véritable autorité (1598) (3), ce qui n'empêchait pas le Roi, même après son abjuration, de le tenir toujours en haute estime et de lui donner plus d'une mission particulière, notamment auprès des membres de sa famille et de ses propres enfants. C'est à ce moment qu'il se trouve mêlé à la si curieuse affaire de la demoiselle de La Rochefaton, qu'il reçoit l'ordre de soustraire à la poursuite obstinée du sieur de Saint-Germain pour la marier à son fils, dont la garde lui est confiée (4).

Louis XIII continua de le combler des faveurs royales. En 1620 ce monarque fut reçu par lui, avec toute la Cour, à sa maison de La Mothe Sainte-Heraye (5), ainsi que nous l'apprend Dupleix en ces termes :

Le comte de Parrabere, lieutenant du Roy en Poitou, alors religionnaire, qui desjà estoit venu à Saumur donner à Sa Majesté les asseurances de la continuation de sa fidelité, luy vint encore au devant avec 200 chevaux. l'accompagna à Niort (1621) et l'y traita avec autant de magnificence qu'il avoit fait l'année dernière en sa maison de la Mothe Saint-Eloy (il faut lire La Mothe Sainte-Heraye) où il le régala durant trois jours avec son conseil et toute sa cour jusqu'aux gendarmes et chevau-légers Et le Roy tesmoignant combien cela luy estoit agréable ne voulut estre servi que par les domestiques de son

(1) Dupleix, *Histoire d'Henri IV*, p. 46.
(2) Id., p. 125.
(3) *Archives historiques de la Gironde*, t. xxv.
(4) *Lettres missives*, t. vii.
(5) La Mothe Sainte-Héraye, aujourd'hui chef-lieu de canton, à 30 kil. de Niort, sur la Sèvre Niortaise. Le château, bâti par M. de Parabère existe encore. Il a appartenu à Murat et au comte Lobau.

hôte, et, sans essayer, à table ouverte. J'avois omis de dire en cet endroict là que le duc de Rohan y vint trouver S. M. pour lui rendre ses submissions et luy protester son obeyssance, dans laquelle il ne demeura gueres. Mais le bon devoir de Parrabere contint tout le Poitou dans le service de Sa Majesté (1).

Aussi l'année suivante, après le siège de Montpellier, Jean de Beaudéan, comte de Parabère, obtenait-il, le 14 septembre 1622, le bâton de maréchal, c'est-à-dire la plus haute récompense de guerre à laquelle il put prétendre.

Ce fut donc chargé d'honneurs qu'il mourut le 14 décembre 1632, « des suites des nombreuses blessures qu'il avait reçues (2) », laissant de son mariage, entre autres enfants, son fils aîné Henri, à qui était échu, depuis son mariage, le riche patrimoine des barons de Pardaillan.

— *Henri de Beaudéan* était né, en effet, en l'année 1593. Très jeune, à peine âgé de dix-huit ans, il épousa, le 13 novembre 1611, *Catherine de Pardaillan*, veuve (nous l'avons déjà dit) du baron de Fontrailles, et qui par contrat de mariage lui apporta la moitié des biens de son père le comte de Panjas, « dont la terre de Pardaillan faisait partie (3). » Ce ne fut cependant qu'à la mort de son beau-père, arrivée en 1616, qu'il prit le titre de baron de Pardaillan. Jusqu'à ce moment il employa fort utilement sa vie, passa sa jeunesse dans les camps et devint, sinon un des plus grands hommes de guerre, comme son père, du moins un officier distingué.

Nommé d'abord capitaine de cent hommes d'armes, il paraît en Vendée, au moment de la levée de boucliers des années 1620-1622, pour maintenir le pays en l'obéissance du roi; ce qui lui était d'autant plus facile, qu'il professait la religion protestante. Mais le roi n'entendit pas longtemps

---

(1) Dupleix, *Hist. de Louis XIII*. p. 167.
(2) Lachesnaye des Bois, art. *Momas de Baudéan.*
(3) Factum pour servir au comte de Montaut contre les sieurs de Beaudéan (en notre possession).

de cette oreille; et alors qu'il respectait ou tout au moins acceptait la religion du père, il faisait écrire par l'évêque de Saintes au cardinal de Sourdis, à la date du 11 décembre 1624, « qu'il agréoit M. de Pardaillan, fils de M. de Parabelle (*sic*), à la charge toutefois qu'il se feroit catholique et qu'il luy remettroit la ville de Niort entre les mains pour en disposer comme il le voudra (1) ». Il est probable que M. de Parabère dut accepter ces conditions; car lui et ses descendants devinrent depuis cette époque, sinon les plus fervents des catholiques, du moins les plus dévoués des serviteurs du roi.

C'est à ce titre qu'il prit part à toutes les campagnes si glorieuses de la guerre de Trente ans, et que, dans la levée du ban et de l'arrière-ban des provinces, en l'année 1635, le comte de Parabère, toujours gouverneur du Haut et Bas-Poitou, charge qui va devenir héréditaire dans sa famille, arrive, escorté de 800 gentilshommes, à la tête de 2,500 chevaux. « Ils se trouvèrent, ajoute Dupleix, à l'affaire de Saverne, en cette année 1635 où les Impériaux furent battus. Le comte de Parrabere fut détaché de l'armée royale avec 150 gentilshommes du Poitou et enleva un quartier de sept régiments de Croates qu'il surprit à Bergaville, emportant un énorme butin (2). » Deux ans avant, le 14 mai 1633, Henri de Parabère avait été nommé chevalier de l'ordre du Saint-Esprit (3).

Si le nom du jeune Henri de Beaudéan, baron de Pardaillan, n'est pas oublié dans les fastes militaires de cette glorieuse époque, nous le retrouvons également cité maintes fois dans la plupart des grands actes notariés de l'Armagnac. Dès le 30 mars 1619, c'est-à-dire à peine investi de la succession des Pardaillan, « Henri de Beaudéan et sa femme Catherine, vicomtesse de Pardaillan, donnent à bail à ferme la baronnie de Pardaillan, Beaucaire et La Mazère, moyennant la somme de 4,350 livres par an, à M. Dauxion-Labaune, receveur des

---

(1) *Archives historiques de la Gironde*, t. XVII, p. 486.
(2) Dupleix. *Histoire de Louis XIII*, 2ᵉ vol., p. 21-22.
(3) Lachesnaye des Bois, art. *Parabère*.

tailles d'Armagnac, lequel passe et cède son contrat, le lendemain 31 mars, à messire Saubat de La Lanne, de Vic-Fezensac, jadis receveur des mêmes tailles, pour le même pays (1). »

Nouveau bail à ferme, le 6 mai 1626, où

Haut et puissant seigneur Messire Henry de Baudean, comte de Parabere, conseiller du Roy en ses conseils d'Etat, capitaine de 50 hommes d'armes de ses ordonnances, lieutenant-général de S. M. en Saintonge, Angoumois, pays d'Aunis, ville et gouvernement de La Rochelle, gouverneur de la ville et château de Coignac, pays d'Auzan, Rivière-Basse et Bas-Armagnac; — et haute et puissante dame Catherine de Pardaillan, comtesse de Parabère, son épouse, représentée par sieur Charles Moyset, bourgeois de Riguepeu, leur procureur, donne à Me Pierre Bordes, procureur juridictionnel de la baronnie de Pardaillan, et Bernard Ponteils, notaire royal de ladite baronnie, le *château-baronye de Pardaillan, Beaucayre et La Mazère*, avec toutes ses appartenances et dépendances, consistant en prés, bois, vignes, molins, métairies, jardins, vergiers, pigeonniers, fiefs, lods, ventes, agriers, droits de prélation, amende, confiscation, greffe, baillages, garennes et generalement tous autres droits seigneuriaux, et la forge de Beaucaire, à l'exception d'un bois dépendant de la métairie de Castagnès, pendant trois ans, pour la somme de 4,000 livres par an (2).

Et ainsi jusqu'à sa mort; parmi lesquels actes nous relevons souvent le nom de la borde ou *métairie du Goardès* (3). Dans une de ces pièces, nous lisons « que la dîme de la baronnie de Pardaillan se lève au dix et vaut aux Pères Jésuites d'Auch 100 livres et au recteur 150 livres, dépendantes de l'archevêché d'Auch. Le revenu dudit lieu se monte par suite à la somme de 2,500 livres (4°). En cette même année 1631, c'est noble homme Charles de Moisset qui est qualifié fermier-général des terres de la baronnie de Pardaillan, ainsi qu'il appert d'une quittance de 230 livres, reçue par lui, aux noms de son seigneur et de son épouse, et pro-

(1) Minutes de Me de Rivière, not. à Courrensan.
(2) Notariat de Bezolles, reg. pour 1626, fo 104 verso. Dayrenx, not.
(3) Notariat de Valence, reg. pour 1629. Bartharès, not.
(4) Archives du séminaire d'Auch, dossier Laplagne.

venant de la vente de biens faite à leur profit par noble Jean de Lambertville, homme de chambre de feu Mme la duchesse de Bar, sœur unique du feu Roy, Henri le Grand (1). Enfin, le 5 octobre 1643, nous voyons le fameux avocat-général au Parlement de Toulouse, Thomas de Maniban, seigneur du Busca (2), passer un compromis avec dame Catherine de Pardaillan, femme de messire Henri de Beaudéan, comte de Parabère, au sujet de certains droits à percevoir sur le lieu et habitants de Beaucaire (3).

Quand arrivèrent les troubles de La Fronde, le cardinal de Mazarin n'eut pas de plus intrépide défenseur en Guienne que M. de Parabère et ses fils. Les lettres suivantes, provenant des Archives Nationales et qu'a publiées pour la première fois notre savant et infatigable ami M. Ph. Tamizey de Larroque, en font foi.

Et, d'abord, voici la lettre qu'Henri de Parabère écrivait le 6 septembre 1650 au cardinal de Mazarin :

> Monseigneur, selon les ordres de Vostre Eminance, je me suis posté aux environs de Rosan; mais depuis j'ai veu Monsieur de Pontac et le juge de Créon, lesquels m'ont dit de la part de Vostre Eminance qu'il seroit necessère que je changeasse ce poste et que je prinse celui de Lormon (4). A quoi, Monseigneur, je suis tout prêt d'obéir; mais je crois estre obligé d'advertir Vostre Eminance que c'est un lieu si délicat pour estre gardé que si elle n'a la bonté d'augmenter le régiment d'Aubeterre de deux ou trois cents hommes et donner ordre pour armer ce qui i est présantement, il est impossible du tout d'occuper ce poste. Le sieur Du Mas escrit à Vostre Eminance ce detayl de tout ce qui est necessaire affin de randre le séjour des troupes dans ce lieu là utile au diosese de Bordeos; sans quoy, Monseigneur, je ne vois point d'aparance de conserver ce poste, ni les troupes en estat de servir. J'attanderé sur cela vos ordres pour i obéir et les exécuter avec toute la sou-

---

(1) Notariat de Valence, reg. pour 1631. Larroquau, not.
(2) Voir notre monographie précédente sur les *Châteaux de La Gardère et du Busca et la famille de Maniban.*
(3) Notariat de Roques, reg. pour 1643. Saint-Martin, not.
(4) Il s'agit, sinon d'attaquer Bordeaux, acquis à la révolte, du moins de surveiller étroitement cette ville.

mission et le zelle que lui doit une de ses créatures très passionnées et qui n'a d'autre passion au monde que de lui tesmoigner que je suis avec toute sorte de respect et de fidélité, Monseigneur, vostre très humble et très obéissant et très fidelle serviteur.

Pardeilhan de Parabère.

A la Ceauve, ce 6 sebtambre 1650 (1).

L'affaire s'engagea le 16 septembre. M. de Dumas en rend compte à Mazarin en ces termes :

Monseigneur, Monsieur de Saint-Luc défit hier cent cinquante chevaux qui estoient sortis de Bordeaux le jour auparavant; il escrira sans doute tout le detail à V. E.; c'est pourquoy je ne m'y attache point. Tous nos gens firent paroistre une vigueur extraordinaire dans ceste rencontre. Ceux qui se firent le plus remarquer feurent *Monsieur de Pardaillan et ses deux fraires*, desquels l'un est capitaine dans son régiment, et l'autre V. E. le luy a donné pour son aide de camp qui prist prisonnier un lieutenant de cavalerie des ennemis. M. de Burosse, capitaine du regiment de Pardaillan, se signala aussi beaucoup et y eut un cheval tué, etc.

De Rozan, ce 17 septembre 1650 (2).

Et M. de Saint-Luc résume, le même jour, cette affaire au cardinal, lui signalant tout particulièrement la conduite de M. de Pardaillan et de ses frères (3).

Mais, ajoute M. de Dumas, dans une dernière lettre au cardinal du 26 septembre,

Monsieur de La Sale serviroit avec Monsieur de Lacerre; mais il tesmoigne du dégout pour Monsieur de Pardaillan, à cause, dit-il, de la mauvaise réputation qu'il a gaigné dans le pays et dans les troupes par les exactions d'argent qu'il a fait et qu'il fait encore. Il est vray, Monseigneur, que Monsieur de Pardaillan en use très mal en cella et qu'il nous fait tort à tous. Les troupes vivent dans le pays et néanmoings on prend des sommes considérables des peuples; c'est ce qui nous les rend tous ennemis. Il seroit à souhaiter que Monsieur de Saint-Luc eut en ceci un peu moings de bonté et plus de vigueur qu'il

---

(1) *Arch. hist. de la Gironde*, t. IV, p 531, n° 375. (Archives nat., KK 1218, p. 508).
(2) Id., t. IV, p. 536. (Arch. Nat., KK, 1218.)
(3) Id., t. IV, p. 537.

n'a pour empescher que ce désordre ne continue point. Il ne fait pas le mal, mais il le laisse faire, etc. (1).

Bien qu'il existât à cette époque plusieurs Pardaillan combattant côte à côte, membres de deux familles tout à fait distinctes, les d'Escodeca de Boisse de Pardaillan, famille agenaise, et les Pardaillan de Parabère, famille gasconne, il est hors de doute, croyons-nous, que le Pardaillan dont il s'agit dans ces dernières lettres est le même que celui qui a signé la première du nom de Pardaillan de Parabère, c'est-à-dire Henri de Beaudéan, comte de Parabère et baron de Pardaillan en Armagnac.

Henri de Beaudéan mourut peu de temps après « le 11 janvier 1653, écrit Lachesnaye des Bois, dans la 60e année de son âge. »

De son mariage avec Catherine de Pardaillan, il laissait onze enfants : 1° *Jean*, qui va suivre; — 2° *Alexandre*, qui succéda à Jean; — 3° *Philippe*, chevalier de l'ordre de Saint-Jean de Jérusalem, en 1637, tué au combat de Retimo en Candie, dans le bataillon de Malte, au secours des Vénitiens, l'an 1647; — 4° *César*, abbé de Saint-Vincent de Metz, de la Reule en Bigorre, de Notre-Dame de Noyers, mort en 1678; — 5° *Charles-Louis*, mestre de camp de cavalerie, mort sans alliance; — 6° *Achille*, chevalier de Malte, tué en duel; — 7° *Henri*, appelé le *chevalier de Parabère*, capitaine de cavalerie dans le régiment de mestre de camp général, mort en 1678, sans alliance; — 8° *Louise*, mariée en 1633 à David, comte de Senillac, marquis d'Azerac et de Castelnau-d'Eauzan, seigneur de Rouffignac, issu des comtes de Turenne et de Querci; — 9° *Catherine-Bérénice*, mariée le 1er août 1649 à Louis Bouchard d'Aubeterre; — 10° *Charlotte*, abbesse de La Mothe Sainte-Heraye, où elle est morte; — 11° *Catherine*, nommée Dorothée dans le Père Anselme, première abbesse de La Mothe Sainte-Heraye, abbaye fondée et dotée par Henri

(1) *Arch. hist. de la Gironde*, t. IV, p. 546.

de Beaudéan, son père, à la nomination des seigneurs comtes de Parabère (1).

— *Jean de Beaudéan*, fils aîné d'Henri, ne devint donc comte de Parabère et seigneur de Pardaillan qu'à la mort de son père, c'est-à-dire en 1653. Né en 1615, il est qualifié dans la suite, comte de Parabère, marquis de La Mothe Sainte-Heraye, premier baron d'Armagnac, baron de Montaut, de Pardaillan et de Grammont; et il succéda à son père dans la charge de gouverneur et lieutenant-général du Haut-Poitou. Mais il ne paraît avoir joué aucun rôle militaire important. Avec lui commence la décadence de cette maison, qui, on va le voir, marchera bientôt à grands pas.

Outre deux ou trois actes d'afferme de la baronnie de Pardaillan et quelques autres insignifiants, relatifs à la gestion de ses domaines de l'Armagnac (2), où il semble n'être jamais venu, nous ne trouvons de lui qu'une lettre, assez peu flatteuse du reste, mais que notre devoir est de signaler. Il s'agit d'une demande en restitution d'argent qu'il adresse aux consuls de Niort :

Ceux du corps de ville de Niort ont accoustumé, écrit-il à la date du 25 juillet 1673, de faire de tous tems présans aux gouverneurs et lieutenans du Roy de la province d'une tour d'argent, lorsqu'ils font leur entrée dans leur ville, ou de leur donner mille livres. Comme ils estoient sur le point deffectuer la chose à mon esgard, Monsieur Rouillié fit saisir les deniers qu'ils avoient entre les mains, ce qui les mit hors d'estat de me donner que cinq cens livres, et me remirent pour les cinq cens restant après que ceste saisy seroit vidée. Depuis peu, j'ay apprins qu'il avoit esté ordonné que le fonds qu'ils ont entre les mains seroit employé pour les réparations du chasteau de Niort...

M. de Parabère insiste pour que cette somme lui soit donnée, ne voulant ni entendre parler de service public, ni faire acte de générosité à leur égard (3).

---

(1) Lachesnaye des Bois, *Dict. de la Noblesse*, art. *de Baudéan*.
(2) Notariats de Beaucaire (1660), de Valence (1668), etc.
(3) *Arch. hist. de la Gironde*, t. xv, p. 288.

Jean de Beaudéan se maria deux fois. En premières noces, le 31 octobre 1642, il épousa *Henriette de Voisins de Montault*, fille aînée de François de Voisins, baron de Montault, qualifié de premier baron de l'Armagnac. Celle-ci lui apporta, à la mort de son père, ce titre et la belle terre de Montaut, près d'Auch, qui passa après lui en d'autres mains (1). Ce mariage fut la cause d'un long procès que soutinrent à la fin du xviie et durant le premier quart du xviiie siècle les seigneurs de Montault contre les comtes de Parabère, revendiquant la terre de Pardaillan en Armagnac, qu'ils prétendaient devoir leur revenir en vertu d'une clause du contrat de mariage d'Henriette de Voisins, qui l'assignait comme garantie de son douaire (2). Mais ils échouèrent dans leurs prétentions, la terre de Pardaillan étant restée jusqu'à la Révolution aux Beaudéan de Parabère. A la mort d'Henriette, arrivée à Paris en 1680, Jean de Beaudéan épousa Françoise de Sancerre, dont il n'eut également aucun enfant. Jean de Parabère mourut le 12 mars 1695, âgé de 80 ans. Ce fut son frère cadet, Alexandre, qui lui succéda (3).

— *Alexandre de Beaudéan* ne resta que sept ans comte de Parabère et seigneur de Pardaillan. Né en 1620, il avait en effet 75 ans lorsqu'il hérita de son frère. Il mourut, âgé à son tour de 83 ans, le 28 juin 1702. Sa femme Jeanne-Thérèse de Mayaud lui avait donné huit enfants : 1° *Jean-Henri*, capitaine de cavalerie dans le régiment du Roi, mort à Namur en décembre 1692; — 2° *César-Alexandre*, qui suivra; — 3° *Alexandre*, comte de Nouillan, appelé le *comte de Pardaillan*, mestre de camp de cavalerie du régiment de Parabère; — 4° *Henri*, dit le *marquis de Parabère*, sur lequel nous reviendrons dans la suite, ayant géré quelque temps

---

(1) Archives départementales de Lot-et-Garonne, B, 60. — *Cf. Arch. hist. de la Gironde*, t. xiv, p. 535.
(2) Lachesnaye des Bois.
(3) Factums et Mémoires pour le procès de M. le comte de Montault contre les sieurs de Beaudéan de Parabère. (En notre possession.)

la baronnie de Pardaillan; — 5° et 6° *Esclarmonde* et *Jeanne-Thérèse*, religieuses au monastère de Cerisiers, ordre de Fontevrault; — 7° et 8° *Henriette-Dorothée* et *Marie* ou *Marguerite*, toutes deux également religieuses à Sainte-Croix de Poitiers (1).

Moins encore que son frère Jean, Alexandre de Beaudéan semble n'avoir figuré que sur les registres, dans les contrôles de l'armée française. Il est qualifié cependant, en outre des titres de baron du petit château de Boran dans l'Oise et de seigneur de La Rousselière-Rouhault, d'Antigny, de Bazoche et de Lafosse, de lieutenant-général des armées du Roi et toujours de gouverneur du Haut et Bas-Poitou, charge devenue héréditaire et du reste à cette époque purement honorifique. En outre, comme premier baron de l'Armagnac, il porte aussi le titre de chanoine d'honneur de l'église cathédrale d'Auch (2). Nous doutons fort que ce grand seigneur ait jamais effectivement occupé ce dernier poste. Mais ce que nous pouvons dire, c'est que, retrouvant cette même distinction sur la tête de son fils César-Alexandre, ce dernier eut bien mieux fait de venir de temps à autre chanter au lutrin de Sainte-Marie que de passer ses jours, comme nous allons le voir, dans les antichambres du Régent, et, par sa vie de débauché et ses complaisances impardonnables, de laisser traîner dans la boue un nom que ses ancêtres avaient porté si haut.

— Ce fut en effet *César-Alexandre de Beaudéan*, comte de Parabère, qui, au décès de son père Alexandre et à défaut de son frère aîné, mort aux armées, prit en 1702 le titre de baron de Pardaillan. Ce fut lui qui eut le peu enviable honneur d'épouser, neuf ans après, *Marie-Madeleine de La Vieuville*, si célèbre dans les fastes de la Régence sous le nom, désormais historique, de *Comtesse de Parabère*.

Comme cette dernière devint par son mariage, et plus

(1) *Dict. de la Noblesse*, de Lachesnaye des Bois.
(2) Idem.

encore à la mort de son époux, dame de Pardaillan et par suite châtelaine du château de Pardaillan et de la tour du Guardès, qu'elle ne visita jamais, hâtons-nous de le dire, et dont elle ignora peut-être même jusqu'à l'existence, on ne trouvera pas mauvais que nous ayons la faiblesse de nous arrêter un instant devant ce type de la parfaite pécheresse, dont les charmes, l'élégance et l'impérissable beauté jetèrent sur cette époque de dévergondage un éclat que le temps n'a pas encore effacé.

— *La Comtesse de Parabère.* — Belle, elle le fut véritablement, même au dire de ses nombreux détracteurs; non pas de cette beauté grecque que l'on dit parfaite, qui n'admet aucun conteste et ne donne prise à la moindre critique, mais de cette beauté élégante et capiteuse, comme le demandait son siècle et comme savait si bien l'apprécier la Cour blasée du Palais-Royal.

Madame de Parabère était vive, écrit un de ses contemporains, le duc de Lauraguais, légère, capricieuse, emportée. Le séjour de la Cour et la société du Régent eurent bientôt développé son heureux naturel. L'originalité de son esprit éclatait sans retenue; ses traits malins atteignaient tout le monde, excepté le Régent; et dès lors elle devint l'âme de tous ses plaisirs, quand ses plaisirs n'étaient pas des débauches. Il faut ajouter qu'aucun vil intérêt, qu'aucune idée d'ambition, n'entrait dans la conduite de la comtesse. Elle aimait le Régent pour lui; elle recherchait en lui le convive charmant, l'homme aimable, et se plaisait à méconnaître, à braver même le pouvoir et les transports jaloux du Prince (1).

Prenons maintenant au hasard dans le tas de ses ennemis, et écoutons la Princesse Palatine, qui ne lui pardonnait guère d'avoir si étroitement enchaîné son fils :

« Elle est de belle taille, nous dit Madame dans sa si

---

(1) *Relation de la rupture de Mgr le Régent et de Mme de Parabère et de leur raccommodement*, par le duc de Lauraguais, mémoire inédit dont s'est inspiré Barrière dans ses *Tableaux de genre et d'histoire* (1828).

curieuse correspondance, grande et bien faite. Elle a le visage brun et ne se farde jamais. Une jolie bouche et de jolis yeux. Elle a peu d'esprit, mais c'est un beau morceau de chair fraîche. » Et plus loin, avec sa rude franchise : « *Le petit corbeau noir* (c'était le surnom qu'on lui avait donné à la Cour, « ce nom de caresse, » comme écrit Marmontel) n'est pas désagréable. Mais elle passe pour sotte. Elle est capable de beaucoup manger et boire et de débiter des étourderies. Cela divertit mon fils et lui fait oublier ses travaux. » Enfin, lorsqu'elle la voit prendre trop d'empire sur le Régent : « Mon fils, écrit-elle, a une maudite maîtresse qui boit comme un trou et qui lui est infidèle. Mais comme elle ne lui demande pas un cheveu, il n'en est pas jaloux (1). »

Entre ces deux portraits, peut-être chacun d'eux un peu exagéré, et sans insister davantage sur les innombrables détails que nous donnent sur le moral comme sur le physique de Mme de Parabère les Mémoires du temps, disons qu'en outre de ses charmes incontestables, « *de ses yeux grenadins qui allaient constamment à la petite guerre*, comme l'écrit le recueil Maurepas », « de ses beautés de toutes sortes », ainsi que le reconnaît Saint-Simon lui-même, qui cependant ne l'aimait pas et ne lui pardonna jamais d'avoir fait aller, malgré son avis opposé, le Régent au sacre du cardinal Dubois, Mme de Parabère n'avait pas un mauvais naturel. Très sincère dans ses attachements, malheureusement peu durables, fort peu intéressée, aimant le plaisir pour lui-même et la vie pour ce qu'elle pouvait offrir seulement d'agréable, insouciante, rieuse, pleine d'esprit et d'entrain, elle demeurera aux yeux de la postérité comme la plus séduisante de ces créatures de la Régence, folles de leur corps, apparaissant, l'éternel sourire aux lèvres et la coupe de champagne à la main, aux fastueux soupers des Roués, dans tout l'éclat des

---

(1) *Correspondance de Madame, duchesse d'Orléans* (Paris, Charpentier, 2 vol.), t. I, p. 240-265 ; t. II, p. 257 et suiv.

Cliché Ph. LAUZUN   Coypel pinx.

LA COMTESSE DE PARABÈRE

lumières, au milieu des parfums et des fleurs. Et l'on se prend, en songeant à elle, à réciter les vers toujours jolis de Musset :

> Beau marbre, as-tu vu La Vallière?
> De Parabère ou de Sabran
> Laquelle savait mieux te plaire?
> Entre Sabran et Parabère
> Le Régent même, après souper,
> Chavirait jusqu'à s'y tromper.

Un si joli modèle ne pouvait qu'être peint bien des fois, surtout à une époque où la peinture était si fort en honneur. Mme de Parabère a-t-elle été peinte aussi souvent qu'elle fut aimée, comme le suppose M. de Lescure (1)? De tous les portraits plus ou moins authentiques, qui ont été conservés d'elle, soit en originaux, soit en estampes seulement, celui d'*Antoine Coypel*, ce peintre attitré des fêtes galantes de l'époque, passe avant tous les autres à nos yeux. Aussi n'avons-nous pas hésité, ayant la bonne fortune d'en posséder la ravissante estampe, à la faire reproduire ici-contre, en photogravure. Représentée la tête nue, les cheveux coquettement frisés, les yeux larges, noirs, bien fendus, le nez très fin, la bouche petite, spirituelle, avec la lèvre inférieure forte et sensuelle, le cou et les épaules d'une blancheur d'albâtre, la gorge qu'un soyeux corsage de bal, très échancré, laisse apercevoir dans toute son opulence, une élégante guirlande de roses s'enroulant autour de son sein gauche, telle elle nous apparaît avec son frais minois, aussi mutine, aussi capiteuse qu'elle dut l'être, le soir où pour la première fois elle vit le Régent à ses pieds (2).

(1) *Les maîtresses du Régent*, par M. de Lescure (Paris, Dentu, 1861).
(2) Ce portrait de Madame de Parabère est bien le portrait authentique que fit d'elle *Antoine Coypel* en 1711, alors qu'elle n'avait que dix-huit ans, c'est-à-dire l'année de son mariage, ou peut-être même l'année précédente, étant encore jeune fille. Elle n'était pas devenue la maîtresse du Régent. L'original en est malheureusement perdu, ou inconnu de tous ceux qui l'ont vainement recherché. L'estampe ci-contre, gravée par E. Leguay d'après l'original, provient d'une suite de portraits intitulée *les Beautés d'autrefois*, sortie des ateliers de la maison Chardon, à Paris, vers le milieu de ce siècle. Cette collection

Fille de René-François Coatquer de La Vieuville, chevalier d'honneur de la reine Marie-Thérèse, épouse de Louis XIV, fils lui-même d'un ancien gouverneur du duc d'Orléans, et de Marie-Louise de la Chaussée d'Eu, dame d'atours de la duchesse de Berry, Mademoiselle de la Vieuville, née le 6 octobre 1693, élevée à la Cour, sans principes, sans aucune surveillance de sa mère, également fort coquette et de mœurs légères, demeura sage cependant durant sa vie de jeune fille et attendit son mariage pour s'émanciper. Elle avait dix-huit ans lorsqu'elle épousa, le 8 juin 1711, César-Alexandre de Baudéan de Parabère, baron de Pardaillan, « borné d'esprit

est devenue très rare. 2° Il existe au musée de Versailles un portrait faussement attribué à Madame de Parabère, qui n'est que la reproduction par Naigeon (N. 4373 de la salle 166, attique du Midi) d'un portrait original qui se trouve au musée de Caen. Une jeune femme, aux cheveux noirs relevés sur le front, les yeux gris-vert, le sourire aux lèvres, vêtue d'un corsage bleu, attache un ruban à une guirlande de fleurs qui lui est présentée par un négrillon et qui l'entoure comme une auréole. Le tableau est signé Blain de Fontenay. On a voulu longtemps que ce dernier ne fût que le peintre de la guirlande, tandis qu'Antoine Coypel aurait été celui du portrait. Outre que cette collaboration est inadmissible, il a été très savamment prouvé par M. F. Engerand, dans la Gazette des Beaux-Arts, qu'Antoine Coypel n'avait rien à voir à ce tableau, que le portrait n'est pas celui de Madame de Parabère, mais bien de Marie-Anne Choquet, la propre femme de Blain de Fontenay, et que ce peintre est le seul auteur de la guirlande et du portrait. 3° Un portrait réellement authentique de Madame de Parabère, puisque le fait est confirmé par une lettre d'envoi écrite par le peintre lui-même et conservée dans la famille, est celui d'*Hyacinthe Rigaud*, possédé au château de Boran (Oise) par M. le comte de Sancy-Parabère, descendant de la célèbre comtesse. Elle y est représentée debout, le visage de face, le corsage très ouvert, la gorge très opulente, en grande toilette, et tenant de sa main gauche un œillet double qu'elle vient de prendre dans une corbeille de fleurs soutenue par un petit nègre également. Quoique la lettre de Rigaud soit datée de l'année 1713, année où Madame de Parabère n'avait que vingt ans, elle semble dans ce portrait avoir au moins le double de cet âge. On sait que H. Rigaud avait la fâcheuse habitude de toujours vieillir ses modèles. 4° Le portrait de Madame de Parabère par *Van Loo*, où elle était peinte le sein gauche découvert, tenant un oiseau sur un coussin, et dont une estampe a été gravée par Chéreau, a disparu. 5° Il en est de même de celui de *Largillière*, qui fut vendu vers 1860, 1,530 fr. dans la vente de la collection du comte d'Houdetot. 6° Au même musée de Versailles, sous le n° 3701, il existe un portrait de Madame de Parabère, en Minerve, peint par *Santerre*, à côté du Régent en armure. 7° Le même peintre les avait également représentés tous deux sous la forme d'Adam et d'Eve, après le péché probablement? L'original de ce piquant tableau se trouve au palais impérial de Vienne. 8° Enfin qu'est devenu, avec bien d'autres à tout jamais perdus sans doute, le portrait de Madame de Parabère en religieuse, qui figurait, paraît-il, dans la célèbre collection de Richelieu, où chacune de ses maîtresses était revêtue d'un costume monacal?

et de cœur, disent les Mémoires de l'époque, et sot avant de le devenir, ce qui ne tarda pas longtemps. »

A peine mariée, elle commença à se compromettre avec lord Bolingbroke, ambassadeur d'Angleterre, et mérita, dans cette première passe d'armes, le surnom de *Sainte n'y touche* qui lui fut charitablement donné par les dames de la Cour. Puis vinrent le chevalier de Matignon, l'inévitable Richelieu, et enfin le Régent, sur le cœur et les sens duquel elle prit un empire absolu.

L'hiver dernier, écrit Madame, duchesse d'Orléans, à la date du 13 mars 1716, il est arrivé une chose plaisante. Une dame, qui est jeune et jolie, vint voir mon fils dans son cabinet. Il lui fit cadeau d'un diamant de deux mille louis d'or et d'une boîte de deux cents. La dame avait un mari jaloux; mais elle était si effrontée qu'elle vint à lui et lui dit que des gens qui avaient besoin d'argent lui offraient ces bijoux pour une bagatelle; elle le pria de ne pas laisser échapper cette bonne occasion. Le mari crut tout cela; il donna à sa femme l'argent qu'elle demandait. Elle le remercia cordialement et prit l'argent; elle mit la boîte dans son sac et le diamant au doigt et se rendit ensuite dans une société distinguée. On lui demanda d'où provenaient la bague et la boîte. Elle répondit : « Monsieur de Parabère (c'est ainsi qu'il se nomme) me les a donnés. » Le mari était présent, et il dit : « Oui, c'est moi qui les lui ai donnés. Peut-on faire moins quand on a une femme de qualité qui n'aime uniquement et exclusivement que son mari ? » Cela fit rire, car les autres personnes n'étaient pas si simples que le mari et elles savaient bien d'où provenaient ces cadeaux (1).

C'est ainsi que commença cette liaison fameuse, qui devint l'objet de tous les commentaires et provoqua une infinité de pamphlets, de satires et de mots piquants.

Parabère lui-même, après avoir quelque temps douté de son malheur, puis s'être montré stupidement jaloux, ce qui, on le pense, ne lui servit guère, finit par s'accommoder d'assez bonne grâce de la situation qui lui était faite, et, pour se consoler, s'adonna à la boisson. « On le vit, dit M. de Lescure, traverser, parfois en chancelant, l'antichambre du

(1) *Correspondance de Madame*. Lettre du 17 mars 1716. T. I, p. 221.

Régent, se chauffant de loin aux rayons du soleil de l'orgie qui se levait quand l'autre s'était couché, coudoyant les laquais, baillant au nez des femmes et renversant les cristaux. » Et si on le toléra, c'est que sa présence était indispensable pour couvrir les grossesses réitérées de son épouse. Mais il ne jouit pas longtemps de cet heureux privilège. Car il prit bientôt le seul parti qui s'offrait à lui : celui de laisser la place libre et de disparaître bien vite de la scène du monde.

César-Alexandre de Parabère mourut en effet cinq ans seulement après son mariage, en 1716. Les Mémoires de l'époque ont prêté si peu d'attention à ce fait, insignifiant pour tous, qu'ils sont en désaccord sur la date précise de son décès. « Parabère mourut, écrit sèchement le duc de Saint-Simon, vers la fin de 1716. Pour le personnage qu'il faisait en ce monde, il eût mieux valu pour lui de le quitter plus tôt (1). » La Correspondance de Madame le dit mort également à la date du 29 mai 1716. Au contraire, Madame de La Cour, dans ses lettres, attribue cette mort, comme de juste, à la petite vérole et la fixe au 15 février 1718. Nous croyons qu'il faut adopter la date de 1716, conformément du reste à l'opinion de Lachesnaye des Bois, qui, s'inspirant uniquement des papiers de famille et des titres authentiques, écrit que « César-Alexandre de Baudéan, comte de Parabère et de Pardaillan, chanoine d'honneur né de la cathédrale d'Auch, mestre de camp d'un régiment de cavalerie, brigadier des armées du Roi, mourut à Paris, le 15 février 1716, de la petite vérole, et fut inhumé aux Minimes de la Place Royale (2). »

On suppose que Mme de Parabère ne porta pas longtemps le deuil de son mari, dont elle apprit peut-être la mort au milieu d'un de ces élégants soupers qu'elle avait l'habitude d'offrir régulièrement au Régent, dans le joli pavillon d'Asnières qu'il venait de lui donner.

(1) *Mémoires de S. Simon*, t. XIII, p. 334.
(2) Lachesnaye des Bois, art. *Momas de Baudéan*.

Nous ne suivrons pas l'amoureuse comtesse dans le dédale inextricable de ses affections passagères ou plutôt de ses nombreuses intrigues. Tout en sachant conserver le Régent comme protecteur attitré, Nocé, Clermont, Canillac, Brancas, tout le clan des Roués en un mot, passent, au dire des pamphlets de l'époque, avec Richelieu surtout, pour avoir partagé ses faveurs. Elle se mêla aux tripotages de l'affaire de Law, profita de ses agiotages pour acheter en 1719 le duché de Damville au comte de Toulouse pour la somme de 300,000 livres, et deux mois après, le 7 décembre de la même année, la terre et seigneurie de Blanc en Berry pour 110,000 tournois (1), se fit donner par Philippe d'Orléans le château d'Asnières, à Paris le bel hôtel de la place Vendôme jusqu'à la rue Saint-Honoré, ainsi qu'un autre rue de Provence, et malgré tout cela sut conserver au dehors un semblant de popularité. De toutes ces belles impures, la Parabère passait, en effet, à tort ou à raison, pour être la moins intéressée :

> Laisse la Prie engloutir notre argent;
> Viens, Parabère, et joue un plus beau rôle,
> Sauve l'Etat, conseille à ton Régent
> De quitter Law, Leblanc, et .... (2)

Jamais, en 1720, c'est-à-dire depuis cinq ans, sa faveur n'avait été aussi grande et jamais liaison n'avait été aussi durable de la part de son volage amant. C'est le moment où elle essaya de se mêler à la politique, et où, d'après Duclos, elle fut assez influente pour l'emporter un jour sur Saint-Simon, et faire aller, malgré l'avis de l'orgueilleux duc, son royal amant au sacre du cardinal Dubois. On peut penser si l'altier censeur lui en garda rancune et lui décocha, depuis ce moment, dans ses Mémoires ses flèches les plus empoisonnées (3).

(1) Journal mss. de la Régence.
(2) Recueil de Maurepas.
(3) *Mémoires de Saint-Simon*, t. XVII, p. 430. — Cf. *Correspondance de Madame*, t. II, p. 179. Est-elle vraie l'anecdote d'après laquelle la Parabère, rendant visite à Dubois, « aurait caché sous sa jupe un bâton dont elle régala tête à tête les épaules du visité pour se venger de ce qu'il avait mal parlé d'elle au Régent. » (Idem, t. II, p. 240.)

Mais la Roche Tarpéienne n'était pas loin du Capitole, surtout lorsque sa garde était confiée à un homme aussi inconstant que Philippe d'Orléans. Dès la fin même de cette année 1720, Mme de Parabère devait en faire la cruelle expérience. De ce moment, en effet, datent les premiers symptômes de sa disgrâce. Mesdames de Sabran, d'Averne, de Phalaris, toutes les bonnes amies en un mot, compagnes de ses orgies, veillaient attentivement; et, dès l'apparition des premiers nuages, provoqués par les relations un peu trop transparentes de la favorite avec le chevalier de Beringhem, elles stimulèrent si bien la jalousie du Régent qu'elles finirent par triompher. Reconnaissons cependant, comme circonstances atténuantes à lui accorder, que Mme de Parabère sut fièrement tenir tête à l'orage. Dès qu'elle comprit que sa ruine était irrémédiable, elle prit les devants, partit de son plein gré, et, plutôt que d'être renvoyée, donna elle-même congé à son amant.

Madame de Parabère s'en est allée à Boran, auprès de Beaumont, dit, à la date du 6 juin 1721, le Journal de Mathieu Marais (1). Elle doit aller de là dans une terre plus éloignée. On parle beaucoup de Madame d'Averne.

La rupture était définitive. Mais ce qu'on ignore généralement, c'est qu'elle fut suivie de la conversion de la belle pécheresse :

On assurait, nous apprend le 20 juillet 1721 le Journal manuscrit de la Régence, que Madame la comtesse de Parabère s'était retirée dans un monastère, résolue d'y passer le reste de ses jours pour réparer sa vie scandaleuse, ayant été très vivement touchée de la mort subite de son valet de chambre qui était tombé mort en lui versant du café, et pénétrée des avis salutaires que le curé de Boran-sur-Oise lui avait donnés en particulier avec beaucoup de zèle, et du parallèle que ce pasteur avait fait publiquement dans son église de la vie de ce monde avec celle de l'éternité que cette dame avait entendu lorsqu'il y prêchait.

(1) Boran-sur-Oise, canton de Neuilly-en-Thelle, arrondissement de Senlis. D'après M. le comte de Sancy-Parabère, cette terre aurait été achetée par la comtesse à la marquise de La Châtre. Nous voyons cependant précédemment son beau-père qualifié « de baron du petit château de Boran. »

Cette conversion fut-elle sincère? Dans un cœur aussi léger que celui de Madame de Parabère, il est permis d'en douter. Sans donc préciser davantage, ni nous faire ici l'écho de ses ennemis qui la poursuivirent jusque dans sa disgrâce, nous préférons ne voir désormais en elle qu'une femme désabusée qui demanda à l'amitié, tant son cœur avait besoin d'aimer, ce que l'amour n'avait pu lui donner.

Il faut clore en effet les pages de cette romanesque existence sur les lettres charmantes qu'écrivait à son sujet Mademoiselle Aïssé, cette autre victime de l'amour, qui devint, jusqu'à son lit de mort où elle fut assistée si pieusement par elle, l'amie intime de Madame de Parabère :

... Elle a des façons charmantes avec moi, écrit la touchante maîtresse du chevalier d'Aydie. Son carrosse est toujours à mon service, et je n'ai aucune raison de m'en plaindre, bien au contraire. N'ai-je pas reçu de sa part mille amitiés dans toutes les occasions ?

Et plus loin :

... Elle a pour moi des façons touchantes. D'abord que j'ai le moindre mal, elle me vient voir, elle m'accable de galanteries, elle dit à tous ceux qu'elle voit qu'elle m'aime infiniment. Je dois être reconnaissante, Madame, de tant de marques d'amitié (1).

C'est à côté d'elle que Mlle Aïssé assiste à la dernière représentation, si émouvante, d'Adrienne Lecouvreur (2). Enfin n'écrit-elle pas encore :

... Madame de Parabère m'entretient. Il n'y a point de semaine qu'elle ne me fasse quelque présent, quelque soin que je prenne de l'éviter; je file un meuble, elle m'envoie de la soie afin que je n'en rachète pas; elle ne m'a vu, cet été, que de vieilles robes de taffetas de l'année précédente, j'en ai trouvé une sur ma toilette de taffetas broché charmant; une autre fois, c'est une toile peinte. En un mot, si cela est agréable d'un côté, cela est à charge de l'autre. Enfin, elle a une amitié et une complaisance pour moi telles qu'on l'aurait pour une sœur chérie. Pendant ma maladie, elle quittait tout pour venir passer des

(1) *Lettres de Mademoiselle Aïssé à Madame Calandrini*, p. 192 et suiv.
(2) Id., p. 328.

journées auprès de moi; enfin, elle ne veut pas que je puisse aimer d'autres plus qu'elle, hors le chevalier et vous; elle dit qu'il est juste de toute façon que vous ayez la préférence et nous parlons souvent de vous. Je lui ai donné une grande idée de mon amie et telle qu'elle le mérite. Plût à Dieu qu'elle vous ressemblât et qu'elle eût quelques-unes de vos vertus ! Elle est de ces personnes que le monde et l'exemple ont gâtées et qui n'ont point été assez heureuses pour s'arracher du désordre. Elle est bonne, généreuse, a un très bon cœur, mais elle a été abandonnée à l'amour, et elle a eu de bien mauvais maîtres (1).

Arrêtons-nous sur cet aimable tableau, et ne revenons en arrière que pour nous rappeler que, du vivant de son mari, c'est-à-dire dans les cinq premières années qui suivirent son union avec César-Alexandre de Beaudéan, la comtesse de Parabère eut trois enfants; car de ceux qui naquirent après, tous illégitimes, nous ne saurions ici nous occuper. Ce furent : 1° *Louis-Barnabé*, né le 14 mars 1714; — 2° *Louis-Henri*, né le 15 mars 1715, d'abord ecclésiastique, puis nommé le chevalier de Parabère, lieutenant des vaisseaux du Roi, enfin major-général de l'escadre du duc d'Anville, mort le 28 septembre 1746; — 3° *Gabrielle-Anne*, née au mois d'octobre 1716, c'est-à-dire huit mois après la mort de son père, et mariée le 18 juillet 1735 à Frédéric-Rodolphe de Rothembourg, mestre de camp de cavalerie dans l'armée française, puis entré au service du roi de Prusse, et mort en 1752 (2). Mme de Parabère mourut le 14 août 1755.

Les enfants de César-Alexandre de Beaudéan étaient beaucoup trop jeunes pour pouvoir, à la mort de leur père, entrer en possession de leur fortune. L'aîné, Louis-Barnabé, n'avait que deux ans. Il fallut songer à leur donner un tuteur, et, comme la conduite de la mère, bien que rien ne pût lui enlever son titre de dame de Pardaillan, laissait, on l'a vu, quelque peu à désirer, surtout à ce moment-là, chercher dans la famille quelque membre qui pût honorablement et voulût

---

(1) *Lettres de Mademoiselle Aïssé à Madame Calandrini*, p. 353. (Edit. Charpentier, in-12, 1889.)

(2) Lachesnaye des Bois, art. *Baudéan*.

bien, jusqu'à la majorité, administrer ses domaines. Le conseil de famille nomma un des frères de César-Alexandre, *Henri de Beaudéan*, quatrième fils d'Alexandre, lequel, né en 1689, est qualifié dans la généalogie des Parabère de « *marquis de Parabère*, fait brigadier des armées du Roi à la promotion du 20 février 1734, chef d'une brigade du régiment royal des carabiniers. [Il] quitte le service en 1735 et meurt le 28 juillet 1741, dans le 52e année de son âge. » Il avait épousé, le 8 février 1720, Marie-Andrée Fargès, décédée en couches, le 7 décembre de la même année, de deux enfants morts-nés (1). C'est ce qui explique comment en l'année 1736, dans le livre terrier de la commune de Beaucaire et de Pardaillan, en Armagnac, nous voyons cet Henri de Beaudéan, désigné comme « seigneur, baron de Pardaillan. »

N'est-ce qu'à titre provisoire, comme nous le supposons ? Est-ce au contraire, en vertu d'une véritable substitution ou d'un arrangement de famille, consenti par tous les intéressés, qu'il détint à cette date la baronnie dont nous écrivons l'histoire ? Ce qu'il y a de sûr, c'est que nous lisons dans ce registre que, dans « le *Cadastre et arpentement de la juridiction de Pardeilhan, du 5 août 1736* »,

Ladite seigneurie de Pardeilhan appartient à haut et puissant seigneur messire Henry de Beaudéan, chevalier, marquis de Parrabère, brigadier des armées du Roy, et, de ce fait, seigneur et baron de Pardeilhan. Laquelle seigneurie comprend : 1º *Un chasteau*, basse cour, patus, fossés, remparts, terre et bois, dit à Pardaillan, contenant 17 concades 2 carterées 7 picotins; et, avec, les métairies de la Bourdasse, du Haget, le moulin de la Bèze, terres à la Couture, au champ de Hontas, aux Arrious, à Saint-Serben, à Pujade, au Couloumó, la tuilerie de Pardaillan, les métairies de Mondot, de Castaignès, *la terre et fossés du vieux Pardeilhan*, enfin la *tour et métairie du Guardès*, avec une pièce de vigne appelée au Broc, et la grande terre du Gleyzias, en Beaucayre, etc. (2).

(1) Lachesnaye des Bois.
(2) Cadastre et livre terrier de la commune de Beaucaire pour l'année 1736. (Archives municipales de Beaucaire-Pardaillan.)

Bien que cet acte soit de 1736 et que la majorité du fils aîné de la comtesse de Parabère puisse se rapporter à la fin de l'année 1735, nous pensons que ce fut à ce moment, et peut-être à cette occasion, qu'Henri de Beaudéan se démit de sa charge, et que, dès cette année 1736, l'héritier légitime entra en pleine possession de sa fortune. Quel usage en fit-il ? Quel rôle joua-t-il aussi bien à la Cour qu'aux armées, ou même dans ses simples domaines de l'Armagnac ? C'est ce que nul document, nuls Mémoires ne nous apprennent. D'où il faut conclure que son rôle fut des plus effacés, soit par insuffisance de moyens, ainsi qu'on le constate le plus souvent dans la période décadente de chacune de ces vieilles familles; soit, ce qui aurait été plus séant de sa part, par modestie, le nom de Parabère ne paraissant pas jouir, malgré le peu de scrupules de cette société éhontée, d'un bien grand crédit à la Cour de Louis XV.

— Quoi qu'il en soit, *Louis-Barnabé de Beaudéan*, comte de Parabère et baron de Pardaillan, est qualifié de seigneur de Beauran-sur-Oise, toujours chanoine d'honneur né de la cathédrale d'Auch, capitaine au régiment royal des carabiniers et chevalier de l'Ordre de Saint-Louis (2). Il se maria deux fois : en premières noces avec Françoise-Claire de Gourgues, morte sans enfants, le 13 décembre 1757; en secondes noces, le 18 mars 1760, avec Jeanne-Claude-Bernardine Gagne de Périgny, fille de Philibert Bernard de Périgny, président à mortier au Parlement de Bourgogne, et de Jeanne Marie Thénet de Ragy (3).

Vint-il de temps en temps surveiller ses domaines de l'Armagnac ? Tout porte à le croire, son nom figurant à plusieurs reprises dans les actes d'hommage de cette époque. En 1743, en effet, 1748, 1753, 1763, etc., il est qualifié dans

---

(1) Déjà en 1706 avait été arpentée « pour M. le comte de Pardaillan, la métairie du Guardès, consistant en une salle, basse cour, écurie, patus, verger, jardin, vignes, terres, bois, etc., contenant en tout 90 concades, etc. » (Archives privées.)
(2) Lachesnaye des Bois, art. *Beaudéan*.
(3) Id.

les nombreux dénombrements de la baronnie de Pardaillan, de « haut et puissant seigneur noble Louis-Barnabé de Beaudéan de Parabère, baron de Pardaillan » (1). Nous le voyons également assister en personne à un achat « de quelques pièces de terre et de bois taillis à la Rouquette de Mondon, » fait à Jean-Jacques de Ferrabouc, seigneur de Camarade, le 6 août 1751 (2). Mais ces faits sont de peu d'importance, la baronnie de Pardaillan, pas plus que ses seigneurs, ne jouant plus désormais aucun rôle actif dans l'histoire de notre pays.

Louis-Barnabé de Baudéan mourut au château de Boran-sur-Oise, le 31 mars 1791. Il y fut inhumé (3). De son second mariage, il laissait deux enfants : 1° *Alexandre-César*, né en 1766; 2° *Adélaïde-Julie-Amélie*, née en 1770, mariée à Louis-Marie-Paulin Lefèbure de Sancy, morte le 2 décembre 1825, après avoir laissé un fils unique, Camille-Alexandre-César de Sancy, qui a continué la descendance de cette famille alliée (4).

— *Alexandre-César de Baudéan* fut le *dernier comte de Parabère* et aussi le *dernier baron de Pardaillan*. Il avait vingt-cinq ans lorsque mourut son père, lui laissant, avec ces deux titres, les deux terres qui portaient ces noms. Mais il n'en jouit pas longtemps.

La Révolution marchait déjà à grands pas. A peine investi de ses nouveaux domaines, il fut mis dans l'alternative, ou de rester en France pour affronter la lutte avec des armes bien inégales, ou de suivre ses semblables dans l'émigration. Le comte de Parabère se décida pour ce dernier parti, et il prit en cette année 1791 le chemin de l'exil.

En vertu des lois de la République, ses terres furent aussitôt confisquées et ses domaines mis en vente comme biens nationaux. L'antique baronnie de Pardaillan fut divisée en plusieurs morceaux, émiettée, déchiquetée, et chacune de ses

---

(1) Archives départementales du Gers, C, 451 et suiv.
(2) Notariat de Roques, reg. pour 1751, f° 2566. Lapeyrère, not.
(3) Généalogie de la maison de Parabère. Chartrier Laplagne.
(4) Id. Cf. Lachesnaye des Bois.

métairies mise aux enchères et adjugée au plus offrant. Mais ce ne fut pas sans de longues procédures, dont quelques pièces se retrouvent encore aux Archives départementales du Gers. C'est ainsi, notamment, que le 11 janvier 1793 (an II de la République) les officiers municipaux de la commune de Beaucaire vinrent dresser au château même de Pardaillan un premier inventaire « des meubles, effets, capitaux, etc., du citoyen Alexandre-César Baudéan-Parabère, ci-devant habitant Paris, émigré; » et que le 23 janvier suivant ils montèrent à la tour du Guardès, où ils trouvèrent « une paire de bœufs, deux paires de vaches, vingt brebis et un bélier, une truie, une charrette et deux tombereaux, plus trente sacs de bled, un sac de farine et un sac d'avoine (1). »

La même année il fut procédé au démembrement de ladite ci-devant terre et baronnie de Pardaillan, Beaucaire et Lamazère, appartenant audit citoyen ci-devant émigré, et consistant en huit métairies, moulins, tuileries, bois, cabaret, prés, vignes, etc., affermée pendant neuf ans pour la somme de 12,100 fr., lesquelles métairies sont : le château de Pardaillan, jardin et dépendances, Matalin, Mondon, la Bourdasse, Castagnès, Artigaut, le moulin de Beaucaire et la métairie du Guardès (2).

Les ventes bientôt commencèrent, se succédant rapidement les unes aux autres à la suite de nombreuses surenchères qu'y mettaient chaque fois de nombreux compétiteurs; si bien que, huit ans après, la plupart des lots n'étaient pas encore définitivement acquis.

C'est ainsi que le 27 prairial an II (15 juin 1794), furent vendus « les terres, fossés et bourcasse au vieux Pardaillan, pour la somme de 2,575 fr., » achetés par Martial Martin de Valence; et que le 15 thermidor de la même année (2 août 1794) furent également vendus « au citoyen Charles Lachapelle, domicilié à Beaucaire, pour la somme de 40,200 fr., la borde, pâtus, jardin, terre, bois, vigne, bestiaux, semences

(1) Archives départementales du Gers. Série Q, 293.
(2) Idem.

et autres objets du domaine de *Matalin* », attenant, on le sait, au château même de Pardaillan (1). Ce dernier fut-il compris dans cette vente? Il est permis d'en douter, du moins si l'on en juge par les ventes successives dont il fut l'objet les années suivantes.

Le 12 messidor an VIII, en effet (1ᵉʳ juillet 1800), fut vendu au citoyen *Matalon*, de Biran, pour le prix de 2,139,000 fr. (valeur du temps en assignats), « le *ci-devant château de Pardaillan*, situé dans la commune de Pardaillan, consistant en *une maison très délabrée*, grange, écurie et cours, avec moulin à eau. Il n'y a qu'un passage fort étroit, ajoute l'affiche, pour aboutir, les fossés qui l'entourent ayant été déjà vendus (2). »

Mais sa déchéance ayant été prononcée, une surenchère y fut mise avant la fin de cette même année 1800 et tout fut à recommencer. On groupa alors en un seul lot le château proprement dit, estimé 1,200 francs, et le moulin de Beaucaire, estimé 25,000 fr.; et le 12 brumaire an IX (3 novembre 1800) le citoyen *Baylin* s'en porta adjudicataire pour la somme de 55,000 fr. Une nouvelle surenchère y fut mise dès le lendemain par le citoyen *Laroche* fils aîné, négociant à Condom, qui, le 17 de ce même mois (8 novembre 1800), l'acquit en fin de compte pour la somme de 520,000 francs (toujours valeur du temps)(3). Encore ce dernier ne le garda-t-il pas longtemps.

Il en fut de même pour toutes les autres métairies et dépendances de la vieille baronnie de Pardaillan.

Après avoir été en grande partie démoli à cette époque, ainsi que nous l'avons écrit au début de cette étude, brûlé

---

(1) Relevé des biens fonds confisqués et vendus révolutionnairement dans le district de Condom. Reg. in-f° du 7 juillet 1825. (Archives ds la sous-préfecture de Condom.)

(2) Archives départementales du Gers, Q, 217. Cf. Voir la notice de M. Parfouru, ancien archiviste du Gers, sur les biens nationaux de ce département. (*Annuaire du Gers* pour 1890. Auch, impr. Cocharaux.)

(3) Id.

même, au dire de quelques-uns, lors des plus mauvaises heures de la Terreur, et laissé tel jusqu'à nos jours, le château de Pardaillan est devenu en dernier lieu la propriété de la famille *Capuron,* qui l'a acheté avec la métairie attenante de Matalin à M. de La Chapelle, en l'année 1826, et qui, en la personne de M. *Jules Capuron,* le possède encore aujourd'hui.

Quant à la tour du Guardès, soumise elle aussi à plusieurs ventes successives, elle a été définitivement acquise le 8 pluviose an III (27 janvier 1795) par notre arrière-grand père M. *Jean Baulhian,* notaire à Valence (1). Elle est restée depuis notre propriété.

— Depuis la Révolution, les vieux châteaux n'ont plus d'histoire. Toute vie propre s'est retirée d'eux, comme des villages, des bourgs, des cités et des provinces, par l'effet d'une centralisation excessive au chef-lieu. Heureux ceux qui, comme Pardaillan et le Guardès, voient encore leurs murs debout, pouvant rendre quelques derniers services agricoles! Le temps est à jamais passé, et bien lointain, où résonnaient sous leurs voûtes massives le bruit des armures, le cliquetis des lances, les appels des hommes d'armes. Plus loin encore les préparatifs pour les guerres d'outre-mer, l'enthousiasme des croisades, les chants des troubadours, les terreurs religieuses... Apparaissent-elles toujours sur les chemins de ronde ou au faîte des tourelles, ainsi qu'on le racontait jadis dans les veillées gasconnes, les ombres gracieuses d'Esclarmonde ou des autres dames de Pardaillan? Et sans remonter si haut, serait-il bien difficile de reconnaître dans la brume la silhouette élégante de la comtesse de Parabère? Nous nous sommes bien laissé dire, dans notre enfance, par les bonnes gens du pays, qui ne regardaient pas de si près aux dates, qu'au moment de la tourmente révolutionnaire cette grande dame était venue enfouir dans quelque coin

(1) Archives de famille. Voir aussi le registre, précédemment cité, du 7 juillet 1825, aux archives de la sous-préfecture de Condom.

ignoré de ses domaines de l'Armagnac ses trésors mal acquis et ses pierres précieuses. Tellement il est vrai que tant que surgira au sommet d'un rocher quelque reste de construction ancienne, flottera toujours dans l'air ambiant un lambeau de légende ou de refrain populaire; comme si, frappée par ces masses imposantes ou séculaires, l'imagination ne pouvait se soustraire aux charmes fascinateurs qu'elles évoquent autour d'elles ! Laissons-nous donc bercer, s'il en est temps encore, par les souvenirs des épopées guerrières, des fables merveilleuses, des apparitions troublantes, doux fantômes qui font accepter les réalités de l'histoire, qui s'envoleront aux premières lueurs matinales, et que le dur éclat du jour nouveau ne permettra plus, avant peu, de jamais revoir !

VALENCE-SUR-BAÏSE

Cliché Ph. LAUZUN　　　　　　　　　　Imp. Phot. Alfred ARON, Paris

VALENCE SUR BAÏSE
EN ARMAGNAC

VALENCE-SUR-BAÏSE

Nous ne saurions terminer notre étude sur la plupart des châteaux qui entourent Valence-sur-Baïse d'une ceinture si pittoresque, sans consacrer nos dernières pages à cette ville, également de la fin du xiii° siècle, partant leur contemporaine, et élevée comme eux en vue d'un même système de défense nationale. Après donc avoir examiné les points les plus saillants de la circonférence, arrivons au centre; et, les corps de garde suffisamment étudiés, terminons par la bastide, dans la véritable acception de ce mot, rappelant quelle fut sa destination militaire primitive, comme aussi nous arrêtant devant l'éclosion toute spontanée de sa vie municipale.

Valence-sur-Baïse, sur laquelle jusqu'à ce jour on a très peu écrit (1), peut être considérée en effet comme un des types les plus parfaits de ces sortes de petites villes, construites aux xiii° et xiv° siècles, dénommées *bastides,* et qui surgirent très nombreuses en Gascogne sous l'impulsion d'idées nouvelles, dont l'application modifia si profondément le vieux monde féodal. Le plan seul de son assiette, l'appareil de ses remparts, le nombre et la disposition de ses portes et de ses tours, la régularité de ses artères, ses auvents, sa place publique, etc., tout, jusqu'à son nom, indiquait suffisamment déjà qu'elle devait être comprise au nombre de ces

(1) Il n'y a guère que feu M. Denis de Thézan qui, dans le tome xi de la *Revue de Gascogne,* ait consacré quelques pages à l'histoire de Valence-sur-Baïse. Nous ne mentionnerons de son étude que les seuls faits qui nous paraissent authentiques, laissant de côté tous ceux que nous n'avons pu contrôler.

nouvelles cités, dont l'étude a été si magistralement traitée par M. Curie-Seimbres (1). Et bien que ce dernier, faute de documents, comme dans la crainte de la confondre avec son homonyme des bords de la Garonne, se soit contenté de mentionner seulement son nom (2), bien que M. Denis de Thézan, lui aussi, ait jugé prudent de se taire sur les causes et l'époque de son origine (3), nous pouvons aujourd'hui, grâce à trois documents formels et des plus précieux, récemment découverts, la présenter sans plus d'hésitation comme une des principales et des plus intéressantes bastides de la Gascogne, assigner à sa naissance une date certaine et révéler en même temps l'existence du contrat de paréage qui a servi de base à sa construction.

On lit en effet dans Du Cange-Henschel, au mot *Conchata* : « Charta ann. 1276, ex tabul. S. Vict. Massil. Dedit pro se et suis dicto ordini pro una conchata terræ Auchesa *apud bastidam Valentiæ;* tres conchatas vinearum in alio ann. 1346, ex eodem tabul. »

La question était de savoir quelle était cette bastide de Valence. On pouvait hésiter entre Valence d'Albigeois, sur laquelle précisément l'abbaye de Saint-Victor de Marseille prélevait certains droits, Valence-d'Agen sur Garonne, et Valence d'Armagnac. En se reportant au mot *Auchesa*, M. Ed. Cabié a su très judicieusement discerner la vérité (4). Il y est dit en effet : « Charta ann. 1276, *ex tabul. archiep. Auxit.* Dedit pro se et suis, etc. » Les deux mots d'*Auchesa* et de *Conchata* n'étant employés qu'en Gascogne et le second texte désignant formellement le *diocèse d'Auch*, dont seule dépendait Valence-sur-Baïse, il ne saurait donc être question ici que de la ville qui nous occupe. La date de 1276,

---

(1) *Essai sur les villes fondées dans le sud-ouest de la France sous le nom générique de Bastides*, par M. Curie-Seimbres. Toulouse, Privat, 1880.
(2) Idem, p. 238.
(3) *Revue de Gascogne*, t. XI, p. 389 et suiv.
(4) Idem, t. XXIII, p. 24.

qui va concorder avec le second document, vient encore à l'appui de notre opinion.

Il existe en effet dans le fonds du Bureau des finances de la généralité d'Auch (1) une certaine requête du receveur général des domaines au bureau des finances de ladite généralité, tendant à ce que l'abbé de Flaran ne puisse percevoir dans le territoire de Valence d'autres droits seigneuriaux, censives, lods, ventes, etc., que ceux reconnus par les contrats passés antérieurement et confirmés notamment par un jugement des requêtes de Toulouse du 13 janvier 1718 et un arrêt du Parlement de la même ville du 1ᵉʳ août suivant, laquelle requête est ainsi motivée :

... Par le jugement des requêtes du 13 janvier 1718, quatre particuliers de Valence furent condamnés à passer nouvelle reconnoissance en faveur de M. l'abbé de Flaran des biens qu'ils possedoient dans la juridiction et à lui payer la censive annuelle et autres droits, etc.

L'abbé de Flaran ayant pris la qualité de coseigneur en paréage dans cette instance, les plaideurs n'eurent pas l'attention de prendre droit de cette qualité pour faire connoitre à MM. les juges que les reconnoissances dont on ordonne le renouvellement ne devoient être que pour raison de la moitié de la censive et de la moitié des lods et ventes, de sorte que le jugement qui intervint ne fait pas mention de cette restriction.

Mais le syndic de la communauté ayant appelé de ce jugement devant le Parlement, *il produisit dans le cours de l'instance des coutumes du lieu de Valence, accordées aux habitants en l'année 1276 par Geraud, comte d'Armagnac, et Gilibert, abbé de Flaran, et revendiqua l'exécution du paréage fait entre ces deux seigneurs*; de sorte que l'arrêt du 1ᵉʳ août 1718 ordonne entre autres choses que le jugement du 13 janvier précédent, ensemble ceux des 21 mars 1605 et 22 septembre 1668, sortiront leur plein et entier effet, à la charge neanmoins par l'abbé de Flaran de faire tenir quitte le syndic de la communauté de Valence de la censive portée par lesdits jugemens à l'egard du roy ou des acquéreurs du domaine.

Cette clause a mis le droit du roy à couvert de toute entreprise; *comme subrogé aux droits du comte d'Armagnac, il doit jouir*

(1) Archives départementales du Gers, Droits domaniaux, C. 492.

de la moitié de la censive et de la moitié du droit des lods et ventes, etc.

A ces causes, le suppliant requiert qu'il plaise au bureau, vu les pieces produites par M. l'abbé de Flaran, lui faire défense de percevoir dans le territoire de Valence d'autres ni plus grands droits que la moitié de la censive et la moitié des lods et ventes *en qualité de seigneur paréager avec le roy;* ce faisant condamner Bernard Launa à payer entre les mains du suppliant la moitié desdits droits dus à S. M. à cause de l'acquisition qu'il a faite le 18 janvier 1772, moyennant 1,722 livres, sauf à lui de se pourvoir pour la restitution, ainsi qu'il arrivera, le tout avec dépens et frais de justice.

De ce second acte, si important pour la question qui nous intéresse, et sans nous arrêter davantage aux détails de procédure, il ressort donc : d'abord, qu'un contrat de paréage fut passé entre le comte d'Armagnac Géraud V et Gilbert, abbé de Flaran, pour la fondation de la ville de Valence; puis, que des coutumes, dont le texte a été malheureusement perdu, furent accordées en l'année 1276 à la nouvelle ville; en dernier lieu, que le droit du roi fut substitué quelque temps après à celui des comtes d'Armagnac.

Enfin un troisième document, tout récemment découvert par M. le chanoine de Carsalade du Pont, vient jeter un jour nouveau sur cette question des origines de Valence, et, tout en confirmant ce que nous avons écrit, nous donner la date exacte de ce contrat de paréage, ainsi que le nom du lieu où s'éleva la nouvelle bastide. Dans un manuscrit dont le titre est : « *Notes prises sur un Inventaire des titres et documents conservés en une tour de la ville de Vic au comté de Fezensac et concernant la maison d'Armagnac.., du 8 août au 25 octobre 1501* », on lit, au numéro 15 de l'acte, dans cet inventaire :

1274 : Paréage passé entre le comte Géraud V et l'abbé de Flaran sur la nouvelle population, que lors devisèrent faire bastir et construyre au lieu appelé *le Castella*, près Flaran, en la conté de Fezensac, laquelle population est appelée et dès lors feust nommée *Vallence*;

sur laquelle population furent accordez plusieurs beaux articles contenus audit instrument (1).

Cet inventaire fut renouvelé en 1607. Toutes les pièces mentionnées dans celui de 1501 s'y trouvent. Les archives de Vic étaient, en 1607, « *au Trésor des archifs de la conté de Rodez* ». Qu'est devenu ce précieux trésor ?

Quoi qu'il en soit et pour nous résumer, il résulte de ces trois actes : qu'en l'année 1274, le comte d'Armagnac et l'abbé de Flaran passèrent un contrat de paréage pour la fondation d'une bastide; que cette bastide, dénommée *Vallence*, fut construite sur un lieu appelé primitivement le *Castella*, près de Flaran; enfin, que deux ans après, en 1276, des coutumes lui furent octroyées.

En cela la bastide de Valence ne diffère guère des autres villes nouvelles, ses voisines. Il est cependant certains points de détail de son contrat de paréage, sur lesquels nous croyons utile d'insister.

— Un des faits caractéristiques de cette période de cent ans, qui court du milieu du XIIIe jusqu'à celui du XIVe siècle, fut, on le sait, ce que l'on a appelé dans le nord l'affranchissement des communes, mouvement qui se traduisit en Gascogne, comme dans tout le midi de la France, par l'éclosion des bastides, lesquelles surgirent toutes presque simultanément et en très peu de temps au milieu des forêts, sur les bords des rivières et plus rarement au sommet des coteaux. « Explosion subite de la vie communale, a-t-il été écrit, dont » la sève longtemps comprimée va déborder de toutes parts » et ouvrir une ère nouvelle pour le pays. »

Mais pour si intense qu'ait été ce désir des populations rurales, jusque-là réellement opprimées par la tyrannie des hauts barons, pour si impérieusement que se soit manifesté ce besoin de liberté et surtout de sécurité, en ces temps

(1) Inventaire conservé aux Archives départementales des Basses-Pyrénées. (Archives de M. le chanoine de Carsalade du Pont.)

troublés où la guerre éclatait à chaque pas, cette impulsion ne se serait certes pas produite aussi irrésistible et aurait pu être retardée de longues années encore, si les principaux intéressés n'avaient trouvé précisément un point d'appui chez ceux qui jusque-là s'étaient montrés leurs adversaires, un intermédiaire chez ces moines à qui ils devaient leurs plus clairs moyens d'existence, un défenseur enfin dans la personne du roi, qu'il portât sur sa tête la couronne de France ou celle d'Angleterre. Et il se passa alors ce phénomène singulier, c'est que pour faciliter ce grand mouvement d'émancipation sociale, tout le monde fut d'accord : le peuple, le roi, les abbayes, et aussi, bien qu'il faille faire ici quelques restrictions, les grands feudataires à qui appartenaient les terres et qui, la plupart du temps, comme pour Valence notamment, y trouvèrent un intérêt personnel. Seuls suscitèrent au début quelques entraves les petits seigneurs du voisinage; mais ils durent bien vite s'incliner devant le fait accompli et se conformer aux volontés de leurs suzerains.

Dans la plupart des cas, ce furent les officiers de la couronne, les sénéchaux, représentant l'autorité royale, qui prirent l'initiative de ces créations; non pas qu'ils aient obéi à un sentiment humanitaire quelconque, ce qui à cette époque reculée n'entra jamais dans leurs vues; mais ils y étaient surtout poussés par leur propre intérêt, cherchant avant tout à prélever le plus de redevances possibles et à accroître ainsi les revenus du Trésor. Les abbayes aussi, presque toujours, qui depuis près de deux siècles détenaient la plupart des terres où s'élevèrent les bastides, jouèrent un rôle des plus importants. Prenant dans presque tous les cas l'initiative, elles servirent d'intermédiaires, y trouvant elles aussi leurs avantages; d'abord, celui de s'attacher par des liens plus étroits ces populations rurales qu'elles avaient tirées de la plus affreuse misère et qui leur étaient si nécessaires pour les travaux de leurs champs; ensuite, de se rapprocher, en ces moments difficiles, de la sauvegarde du roi; enfin, de toucher à leur tour des redevances fixes, ce qui, même pour elles, arrivées au faîte de leur puissance et déjà sur la pente de la décadence, n'était pas à dédaigner.

Et voilà comment prit naissance ce contrat particulier, absolument inconnu du monde romain et barbare, essentiellement féodal, qui reçut le nom de *paréage*, et qui, du XIII° au XV° siècle, servit de base à toutes ces fondations municipales. « Contrat, dit M. Curie-Sembres, par lequel les seigneurs inférieurs associaient des suzerains plus puissants à la co-propriété commune, indivise et inaliénable de droits ou de lieux déjà existants, ou de territoires destinés à fonder des bastides. »

Pour Valence, l'autorité royale ne semble pas être intervenue tout d'abord. Cette anomalie constitue une exception qui mérite d'être signalée. « Il produit, dit l'arrêt du parlement, les coutumes du lieu de Valence, accordées aux habitants par Géraud, comte d'Armagnac, et Gilbert, abbé de Flaran, et *revendiqua l'existence du paréage conclu entre ces deux seigneurs.* » Le texte est, on le voit, formel. Valence fut une bastide créée par un contrat de paréage passé uniquement entre le comte d'Armagnac et l'abbé de Flaran.

Nous avons dit déjà, dans notre *Monographie de l'abbaye de Flaran* (1), quelle part prirent les moines Cisterciens en Gascogne, dans le défrichement des forêts, la culture des terres abandonnées, l'amélioration de la classe rurale, et quel pas immense ils firent faire à la civilisation par leur œuvre toute d'humanité, de concorde et de paix. Fondée en 1150 et chaque jour plus prospère, grâce aux libéralités qui affluaient de toutes parts, aussi bien des plus riches seigneurs que des plus humbles artisans du voisinage, l'abbaye de Flaran avait, sur l'appel des comtes d'Armagnac, transformé complètement le

(1) *L'abbaye de Flaran en Armagnac*, par P. Benouville et Ph. Lauzun. Auch, G. Foix, 1890.

pays et créé, au confluent de la Baïse et de l'Auloue, un centre important d'exploitation agricole, source de richesses pour elle et d'aisance pour ses nombreux ouvriers. Où pouvait-elle loger ces derniers? Non pas dans son enceinte trop étroite, exclusivement réservée du reste aux moines et aux pèlerins, mais bien dans les environs, sur quelque lieu abandonné, où ils s'étaient groupés pêle-mêle, sans défense contre les troupes de passage. Il était de leur intérêt à tous de régulariser cette situation. Une des principales tâches de l'Ordre de Citeaux d'ailleurs, recommandée par saint Bernard lui-même, n'était-elle pas de provoquer autour de ses monastères des établissements de communes? En cela, comme en tout le reste, les moines de Flaran se conformèrent à la tradition de leur Ordre et prirent, de même que leurs frères de la région, l'initiative de la fondation d'une bastide aux portes mêmes de leur abbaye.

A cet effet ils s'adressèrent non pas au roi, qu'ils savaient d'ailleurs leur être favorable, mais à son lieutenant le comte d'Armagnac Géraud V, seigneur suzerain de tout le pays, duquel ils relevaient directement et qui se trouvait plus intéressé peut-être que tout autre à la réalisation d'un semblable projet. Le rocher sur lequel s'élevait ce *Castella*, dont nous parle le contrat de paréage et qu'indiquait l'abbé de Flaran, n'était-il pas en effet le point extrême de ses domaines du côté du nord? Et le confluent de la Baïse et de l'Auloue ne déterminait-il pas les limites du comté d'Armagnac avec le comté de Gaure et le Condomois? Ce dernier pays n'allait-il pas être donné, trois ans après, par le traité d'Amiens (1279), au roi d'Angleterre, en qui le comte d'Armagnac, malgré quelques alliances plutôt forcées que sincères, n'avait jamais vu qu'un ennemi prêt à se jeter sur ses terres? N'avait-il pas en outre, en prévision des événements qu'il redoutait, ordonné à ses féaux de fortifier cette frontière de ses Etats et d'y élever, partout où il le jugeait nécessaire, des tours de garde et des postes d'observation? N'est-ce pas à ce moment précis, ainsi que nous l'avons indiqué dans les chapitres précédents, que surgirent Le Tauzia, Massencôme, La Gardère, Le Guardès et tant d'autres à leur suite. Il était donc de première utilité pour lui que ce point stratégique, si important, lui servit de boulevard, « *munitionem seu fortalitium*, » comme nous l'avons vu dans l'acte de fondation de La Gardère, et, puisque ses lieutenants se crénelaient sur leurs terres, d'inviter également ses vassaux les plus humbles à concourir à l'œuvre générale en leur octroyant, il est vrai, des franchises et des privilèges, mais en exigeant d'eux aussi de fortes redevances et une surveillance d'autant plus sévère que la vallée de la Baïse se trouvait être un passage tout naturel pour les troupes ennemies.

Aussi la ville de Valence fut-elle fondée d'un seul jet, en cette année 1274, de par le consentement mutuel du comte d'Armagnac et de l'abbé de Flaran, à la grande joie du peuple, c'est-à-dire des colons, clients de l'abbaye, qui allaient trouver plus de sécurité derrière leurs murailles neuves et vivre, à leur tour, de cette vie municipale, leur idéal, dont le souvenir n'avait pu s'effacer dans le pays depuis la conquête romaine.

La nouvelle cité ne fut donc pas ce qu'on a appelé pour quelques-unes, une *ville d'accession*, mais bien une véritable bastide fondée *a novo*, sur un terrain d'asile et dans la zone de la puissante abbaye à qui elle devait tout.

Pendant les premiers temps, les comtes d'Armagnac s'en partagèrent seuls avec les abbés de Flaran les dîmes et redevances. En 1378, ses habitants encore leur prêtent le serment de fidélité. Mais depuis cette époque c'est le roi de France qui se substitue à son vassal et qui affirme, en prenant avec l'abbé de Flaran le titre de coseigneur de Valence et en y exerçant de concert avec lui tous les droits seigneuriaux, la suprématie de la couronne et son union intime avec la nouvelle cité. Désormais placée sous la juridiction royale, sa vie municipale va se développer à son aise; de colons qu'ils étaient, attachés à la glèbe, ses habitants vont devenir des bourgeois, fiers et jaloux de leur nouveau nom; et les coutumes, récemment octroyées, leur promettent solennellement l'affranchissement de leurs personnes, l'inviolabilité de leur domicile, une plus juste répartition des impôts, l'abolition des tailles et des corvées, proclamant bien haut leur émancipation sociale, en même temps qu'elles font faire un pas immense à la cause du progrès et de la civilisation.

Nous n'insisterons pas davantage sur les causes et les effets de ce grand mouvement communal du XIIIe siècle, auquel la Gascogne prit une si large part. Et pour ne parler que de la ville de Valence, qui seule nous intéresse ici, nous dirons qu'elle fut soumise en tous points à la même règlementation que les autres bastides, et que, comme elles, elle profita des mêmes avantages et fut astreinte aux mêmes obligations.

Seul, son emplacement présente quelque anomalie. Au lieu de s'élever dans la plaine comme Mirande, Pavie, Fleurance, Plaisance et presque toutes les bastides des comtés d'Armagnac, d'Astarac et de Pardiac, ses deux fondateurs lui assignèrent le coteau aux pentes abruptes qui domine le confluent de l'Auloue et de la Baïse, poussés autant par le désir de le voir se transformer en forteresse redoutable que par la nécessité pour l'abbaye d'avoir le plus près possible, sous la main, sans toutefois en être gênée, ses manœuvres et ses ouvriers. Valence ne fut pas du reste la seule bastide bâtie sur un coteau. On peut en citer quelques autres en Gascogne, Miélan, Beaumarchés, Montréal, entre autres. Mais à part cette dissemblance, elle fut, comme les autres, entourée d'une ceinture de remparts. Comme elles, elle eut le droit d'avoir des armoiries. Son plan, tracé sur un même modèle, fut régulier, rectiligne, comme celui de toutes les bastides, « si bien, dit M. Curie-Seimbres, qu'il semble que sur les cartes on voie de grands potagers distribués en carreaux et desservis par des allées droites.» Ses rues, tirées au cordeau, furent coupées à angles droits. Sa place, au centre de la cité, fut entourée d'auvents. Son église, construite sur l'un des cotés. Enfin, elle prit le nom, non pas d'un de ses fondateurs, comme Beaumarchés, Trie, Réalmont, Montréjeau, Marciac, etc., mais bien, comme beaucoup d'autres en Gascogne, Barcelonne, Boulogne, Pavie, Grenade, Mirande, Fleurance, etc., celui d'une ville d'Espagne ou d'Italie.

Par là nous sommes amené, avant de retracer à grands traits les principaux faits de son histoire, à donner sa description topographique, heureux de pouvoir reproduire, à l'appui de notre texte, un ancien plan inédit, dressé dans la première moitié de ce siècle et fort exact. On y verra le tracé régulier de ses anciennes murailles, comme l'ensemble de ses principales constructions (1).

— Le plan de la ville de Valence affecte la forme d'un trapèze irrégulier, presque d'un triangle, dont le sommet au sud-est se trouve déterminé par une langue de terre fort resserrée, d'une largeur de 50 mètres à peine, entre les deux vallées de l'Auloue et de la Baïse, et dont la base plus large, puisqu'elle mesure environ 250 mètres, domine à pic, à une hauteur approximative de 60 mètres, et au nord-ouest, le confluent de ces deux rivières. Son assiette suit du reste exactement la configuration du rocher sur lequel la ville est construite, présentant de toutes parts, sauf au sud-est sur la route d'Auch, des pentes abruptes, qui avant l'invention des armes à feu, la rendaient très difficile à prendre.

Défendue de tous cotés par une solide ceinture de murailles, construites en appareil moyen, d'une hauteur de huit mètres environ et dont on voit d'importants fragments sur tout le

(1) Ce plan fut dressé par M. J.-B. Daubas, ex-géomètre du cadastre, en 1835, au moment où d'importantes modifications allaient être apportées dans la rectification de quelques-unes des rues ou routes de la ville.

pourtour, elle n'était accessible que par quatre portes, qui étaient : *la porte de la Tour*, M, au sud-est, sur la route d'Auch; la *porte de Flaran*, N, au nord-ouest; la *porte de Maignaut*, P, au nord-est; enfin, au sud-ouest, mais tournée exactement vers le sud, la *porte d'Espagne*, R, appelée aussi *porte de l'Hérisson*. Dans la lettre que le sénéchal d'Agenais Bajaumont écrivit en 1580 aux consuls de Condom, et que nous reproduisons plus loin, cette dernière porte est dénommée par lui « *Porte une heure de soleil.* » Ce nom étrange, provenant sans nul doute de son orientation, ne rappelle-t-il pas celui de *Puerta del Sol*, si fréquent dans les villes d'Espagne ?

Chacune de ces portes était surmontée, selon l'usage général des bastides gasconnes que Viollet-le-Duc semble avoir complètement ignoré, d'une tour de garde carrée qui, au moyen de meurtrières en croix pattée et de machicoulis, en défendait l'entrée. Portes et tours ont été démolies à différentes époques. Seule subsiste encore la porte de l'Hérisson, ne présentant plus que sa baie ogivale, la tour qui la dominait, si jamais elle a existé, ayant été renversée depuis longtemps. Ce fut par cette porte, ainsi que nous le dirons dans la suite, que pénétrèrent, grâce à la trahison d'une femme, ceux de la religion prétendue réformée. Sa silhouette se détache assez nettement sur la photogravure qui est en tête de ce chapitre.

Un précieux livre terrier, conservé aux archives municipales de Valence, nous donne les noms des principales rues de cette ville. C'étaient les rues *Saint-Jehan* ou *rue d'Auch*, *Argentière*, de *Laoumet*, *Droite*, *Publique* et de *Condom*. La plupart aboutissaient à la place qui se trouvait au centre, en A, et qui étaient entourée des trois côtés, nord, ouest et sud, de couverts, auvents ou cornières, percés chacun de sept arcatures cintrées. Le côté est en était exempt, comme réservé à l'église et à ses dépendances (1).

(1) Voir également deux plans de la ville de Valence, assez grossiers, à la date de 1763, aux Archives départementales du Gers, C. 578.

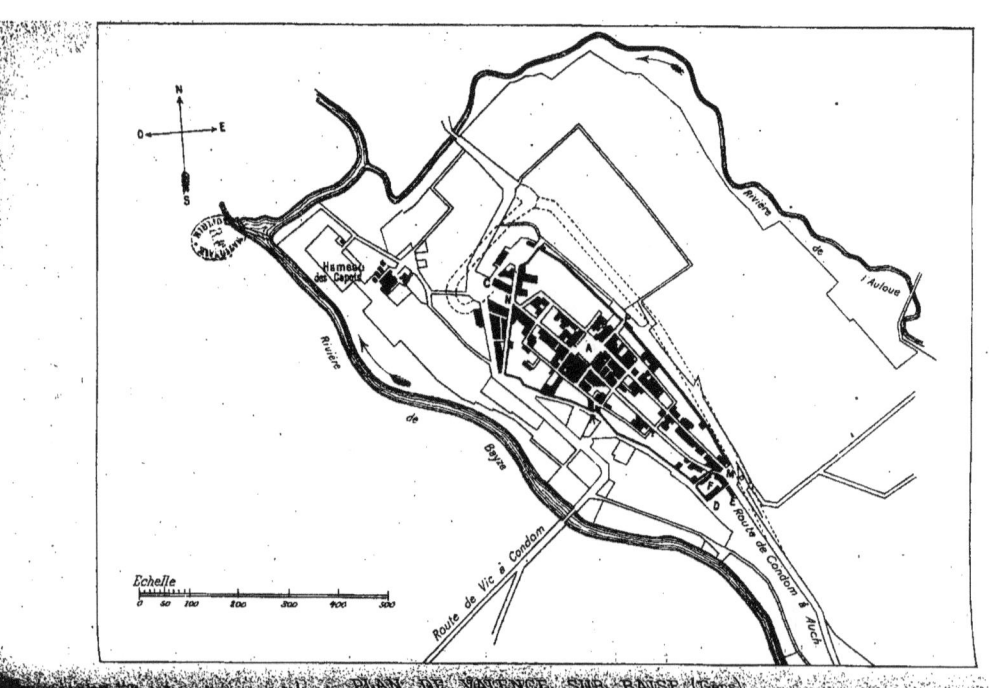

L'église de Valence, B, date du commencement du xiv⁰ siècle (1303), ainsi que le prouve l'inscription de sa dédicace enchâssée dans un des contreforts méridionaux : ANNO DNI MCCCIII VII DIE EXITUS SEPTÉBRI... etc. Elle a été remaniée plusieurs fois. Elle affecte la forme d'un quadrilatère allongé mesurant à l'extérieur 34 mètres de long sur 15 de large. Son chevet est plat et l'a toujours été, comme l'attestent les deux fenêtres à arc brisé, percées au levant, et qui accusent tous les caractères de la fin du xiii⁰ siècle, époque où l'on a commencé de la construire. La tradition rapporte qu'elle était autrefois divisée en deux nefs égales, dont les arcs ogifs reposaient sur une rangée de trois gros piliers qui s'élevaient dans son milieu (1). Chaque nef aurait eu dans cette hypothèse quatre travées, voûtées en croisées d'ogive. Voûtes et piliers ont été renversés depuis longtemps, et il ne reste plus dans le chœur, comme à la dernière travée de la nef de droite, que deux fragments de piliers engagés dans le mur, qui semblent bien confirmer ces indications. L'unique et vieux clocher, qui s'élevait à l'angle nord-ouest et qui est indiqué sur notre plan, a fait place vers le milieu de ce siècle aux deux tours cylindriques, sans style aucun, qui se dressent, maigres et disproportionnées, sur cette masse informe de maçonnerie qu'on appelle la façade, et qui font penser aux deux tours de Saint-Sulpice, autrement élégantes cependant, que Th. Gautier dénommait, dans une de ses causeries artistiques, « deux clarinettes sans embouchures. »

En C, en avant de la porte de Flaran, se prolongeait une étroite esplanade, sorte de bastion ou d'ouvrage avancé, dite le *Plan de bas*. En D, du côté opposé, même esplanade,

---

(1) Elle aurait affecté ainsi la forme des premières églises dominicaines. On sait, en effet, que l'église des Dominicains de Paris, aujourd'hui disparue, celle de Toulouse, devenue la chapelle du Lycée, enfin l'église des Jacobins d'Agen, bien conservée et si pure de formes (Voir le t. 1 de nos *Anciens Couvents de la ville d'Agen*, p. 61), sont les trois églises à deux nefs égales et parallèles qui soient citées comme ayant été construites sur le plan même indiqué et voulu par S. Dominique.

encore plus resserrée, appelée le *Plan de haut*. Sur cette dernière s'élevait une autre église, plus petite que l'église principale, et qui, dédiée à saint Christophe, fut démolie vers la fin du XVII° siècle. Enfin en F, en dehors de l'enceinte proprement dite et contre la porte de la tour, ou porte d'Auch, se dressait sur un rocher plus élevé la *Citadelle*.

On sait que la plupart des bastides comprenaient à l'une de leurs extrémités, et tout à fait indépendant, un château-fort qui appartenait exclusivement au Roi, et, aux débuts, au seigneur paréager. En interdisant expressément aux habitants de fortifier leurs maisons dans l'intérieur des bastides, le Roi s'était par ce seul fait engagé à les protéger, en même temps qu'il n'était pas fâché de les tenir ainsi sous son obéissance. De là, la construction de ces citadelles, véritables forteresses, qui se dressent à l'extrémité de toutes les bastides bâties sur les hauteurs, alors qu'elles sont très rares chez celles qui longent les rivières et les forêts. Placée à cheval entre le mur d'enceinte d'un côté et de l'autre le double fossé qui protégeait la grande porte M, avec issue aussi bien sur la ville que sur la campagne, la citadelle de Valence, si, aux XIV° et XV° siècles, elle fut d'un certain secours pour ses habitants exposés aux assauts des troupes anglaises, devint au XVI° siècle une véritable calamité pour eux, servant de point de mire aux divers partis religieux et provoquant ces escalades et ces surprises dont cette ville, on le verra, eut alors tant à souffrir.

Quand nous aurons ajouté qu'une double ligne de fossés protégeait les murs d'enceinte à l'est, au nord et à l'ouest, le côté du midi étant suffisamment défendu par l'escarpement du rocher; qu'un chemin de ronde se déroulait tout autour de la ville au-dessus des remparts; qu'en outre des trois tours carrées des portes de Flaran, de Maignaut et de la Tour, il en existait probablement d'autres, rondes peut-être, notamment aux extrémités de la courtine ouest, bien qu'il n'en reste aucune trace, nous en aurons fini avec la description de la bastide de Valence, jugeant cependant nécessaire d'ajouter, comme complément indispensable, le passage suivant, que lui consacre l'abbé Daignan du Sendat dans ses manuscrits, restés jusqu'à ce jour inédits, et qui furent écrits vers le milieu du dernier sicèle.

La ville de Valence, y est-il dit, est située sur une hauteur placée entre deux rivières, la Baïse au midi et l'Auloue au nord.

Sur le couchant de la ville est une belle esplanade embellie d'arbres plantés en allée (C). Il y a encore une autre grande esplanade sur le levant à laquelle aboutit le chemin neuf d'Auch à Condom. Cette esplanade se nomme le Plan (D). On y voit vers le milieu les masures d'une ancienne église, qui fut autrefois dédiée à saint Christophe (E). Depuis la destruction de cette église on a érigé une chapelle dans le château de Roquettes, situé dans la paroisse de Camarade et appartenant à M. du Tauzia et dédiée au même saint, comme pour rétablir le culte qu'on rendoit à saint Christophe dans l'église du Plan (1).

Il y avait autrefois, entre la ville et ladite église de Saint-Christophe, une citadelle (F), dont le gouvernement avoit été confié par le roi aux Messieurs de la maison de Besolles. La maison de Gélas, voulant avoir son tour dans ce gouvernement et ne pouvant y parvenir, donna des Mémoires représentant à la cour l'inutilité de cette citadelle et de la dépense de l'entretenir. Sur quoy la cour ordonna la démolition de cette forteresse, dont on a vu, au commencement de ce siècle (xviii*), le reste des masures (2).

(1) La paroisse de Camarade a été réunie, après la Révolution, à celle de Valence. La salle noble de Rouquettes appartenait, à l'époque où écrivait l'abbé Daignan, à la famille de Boyer, propriétaire en même temps du Petit-Tauzia, au-dessous de Bertin, sur le versant occidental de la Gèle, et qu'il ne faut pas confondre avec le Grand-Tauzia. (Voir notre *Monographie du château du Tauzia*.) Le château de Rouquettes est passé depuis dans la famille de Galard. Il est possédé actuellement par M. le marquis d'Aux. Quant à la chapelle de Saint-Christophe de Valence, elle devait se trouver à l'extrémité de la pièce d'eau communale, E, qui longe la grande route d'Auch, là où se voient encore quatre vieux ormes, contemporains peut-être de l'époque où elle fut démolie.

(2) Nous avons déjà dit, dans notre monographie précédente du *Château de Léberon*, à quelle fortune s'éleva la famille de Gélas, qui, grâce au courage et à l'audace de ses membres et aux services signalés qu'ils rendirent pendant plus de deux siècles consécutifs à la royauté, devint une des plus puissantes du midi. Quoique d'une souche moins ancienne que les Bezolles, il n'est donc pas étonnant que les seigneurs de Léberon, devenus marquis d'Ambres et vicomtes de Lautrec, aient cherché à les supplanter jusque dans le commandement de la citadelle de Valence et que, ne pouvant y parvenir directement, ils aient ainsi tourné la difficulté.

On a encore veu l'inventaire des meubles et armes de cette plasse. Mais l'incurie des dépositaires des papiers a fait perdre ces pièces justificatives, et les habitants ont enlevé les matériaux pour se bâtir ou pour paver la ville, ainsi que la plus grande partie des murs de la ville et des tours qui y étoient et qu'on a veu au commencement de ce siècle sur chacune des portes de la ville.

On a encore veu dans cette ville une masure appelée *Lanus* qui appartient à l'abbaie de Flaran. On croit que ce fut le lieu où les religieux de cette abbaie se retirèrent, lorsqu'elle fut incendiée (1).

On a veu aux murs de l'église des marques de coups de canon. On ne sait pas d'où ils peuvent provenir. On croit qu'ils venoient de la citadelle, mais on n'a pas mémoire d'aucun siège qu'elle ait soutenu. Mais il paroit qu'elle ne pouvoit être canonée que par là, puisqu'elle domine et qu'elle n'est pas dominée par aucun autre côté (2).

Elle étoit défendue par de bons murs et par des tours, comme nous l'avons dit, et de plus par un double fossé aux deux esplanades, dont les uns gardoient la venue du côté du couchant et les autres étoient taillés dans le roc entre la ville et la citadelle.

Valence, ajoute en terminant l'abbé Daignan, est une terre engagée par le Roi à M. de Maniban (3). La justice est en paréage entre le Roi et le seigneur abbé de Flaran. Les consuls se nomment eux-mêmes et sont juges de police civils et criminels.

Valence est un archiprêtré dont l'église est dediée à Saint Jean. Il y a trois foires, savoir : à la Saint Jean Baptiste, à la Saint Mathieu et à la Saint Sébastien.

Par ses coutumes, ses habitants ont droit de pigeonnier, d'étang et

---

(1) Nous nous sommes longuement étendu dans notre *Monographie de l'abbaye de Flaran* (Auch. 1890, p. 67 et suiv.) sur les ravages qu'y exercèrent en octobre 1569 les troupes huguenotes de Mongonmery et sur la nécessité que subirent les moines d'abandonner quelques années leur monastère, entièrement dévasté, « *pour se retirer en maisons profanes.* » Cette maison de Lanus qui, en effet, leur appartenait à Valence, leur servit en ce moment de refuge. Nous croyons qu'elle se trouvait dans la petite rue qui longe la courtine nord-est, non loin de la porte de Maignaut.

(2) L'abbé Daignan est ici dans l'erreur. Nous verrons dans la suite qu'en dehors des guerres anglaises, où Valence eut beaucoup à souffrir, elle fut prise et reprise maintes fois au temps des troubles religieux, notamment en 1580 par le capitaine Rison, puis, la même année, par le maréchal de Biron, enfin sous la ligue par le marquis de Montespan.

(3) On a vu dans un des chapitres précédents, consacré à la *Monographie du Château du Busca*, quel rôle important jouèrent, aussi bien au Parlement de Toulouse que dans toute la région de l'Armagnac, les trois marquis de Maniban aux XVIIe et XVIIIe siècles. Devenus les plus puissants seigneurs de la contrée, ils ne pouvaient manquer de mettre la main sur la ville de Valence.

de garenne, et peuvent chasser dans les comtés d'Armagnac et de Fezensac. M. de Maniban y est engagiste et M. l'abbé de Flaran, seigneur en fiefs, lods et ventes.

Cette petite ville est à une lieue de Condom et à quatre d'Auch. (1)

En plus des droits et des privilèges qui lui furent accordés, la ville de Valence, comme toutes les autres bastides, eut celui de posséder un sceau et des armoiries. Le premier a été depuis longtemps perdu. Quant aux armoiries, c'est en vain que nous avons feuilleté l'Armorial général de la Bibliothèque nationale. D'Hozier n'en parle pas. Il faut donc nous contenter de celles que de tout temps lui a attribuées la tradition et qui sont : *d'or à trois têtes de Maure.* Est-ce là l'écu primitif? Quel souvenir ces armes rappellent-elles? Par quelle famille puissante furent-elles données? Autant de questions qui, faute de documents précis, restent à élucider. Dans les lettres d'érection en duché-pairie du marquisat d'Antin en faveur de Louis-Antoine de Pardaillan, données par lettres patentes du mois de mai 1711, le roi, après avoir rappelé l'ancienneté et les titres glorieux des premiers Pardeillan, baron de Pardaillan, avant la scission de la branche aînée d'avec la branche cadette des Gondrin, écrit :

Bernard, seigneur de Pardaillan, fut l'un des seigneurs de Guyenne qui suivirent le roi saint Louis à son premier voyage d'Afrique, l'an 1248. Dans cette expédition célèbre, il eut un combat particulier avec un Maure des plus distingués de l'armée des Infidèles; il lui coupa la tête; et pour conserver le souvenir de cette action glorieuse, il ajouta *trois têtes de Maures* à l'écu de ses armes. Sa postérité les porte encore aujourd'hui, etc. (1).

Dans la généalogie des Pardeillan-Gondrin, donnée tout au long dans son tome v, le Père Anselme reproduit, à plusieurs reprises, l'écu des principaux membres de cette illustre famille. On y voit, en effet, chaque fois, à côté d'autres armes,

(1) Bibliothèque municipale d'Auch. Mss. de l'abbé Daignan du Sendat, t. II, n° 71, p. 1129.
(2) *Lettres d'érection en duché-pairie du marquisat d'Antin*, Père Anselme, t. v, p. 177.

notamment aux pages 179, 180, 192, etc., les *trois têtes de Maure* en question. La branche aînée, qui possédait la baronnie même de Pardaillan, ne semble pas les avoir adoptées. Elle portait seulement, nous l'avons dit, *d'argent à deux fasces de gueules* (1). Néanmoins, si la légende rappelée par les lettres d'érection du grand roi est vraie, ne peut-on pas admettre que ce Bernard de Pardaillan, le héros de l'aventure, qui, ainsi que nous l'avons écrit dans le chapitre précédent, joua un rôle prépondérant en Fezensac à cette époque même de la fondation de Valence, c'est-à-dire dans la dernière moitié du XIIIe siècle, aurait imposé à cette ville, si voisine de son château de Pardaillan et attenante à ses domaines, ces trois têtes de Maure pour armes, et qu'en souvenir de lui et de la protection qu'il accorda à ses habitants elle les aurait conservées depuis? Nous n'émettons cette opinion que sous toutes réserves.

Lorsque la ville de Valence prit naissance, les rois d'Angleterre avaient depuis longtemps déjà fait valoir des droits sur l'Aquitaine, et Henri III tenait à Bordeaux une cour aussi élégante que recherchée. Ces droits furent reconnus par Géraud V, comte d'Armagnac, devenu par la mort de Mascarosse II titulaire des deux comtés d'Armagnac et de Fezensac. Il imita sur ce point l'exemple de son oncle Géraud IV, se rendit dans la capitale de la Guyenne et y prêta solennellement hommage au roi d'Angleterre pour tous les domaines dont il venait d'hériter (15 septembre 1251) (2). Les principaux seigneurs de ces deux comtés marchèrent sur ses traces, et les villes d'Auch, d'Eauze, de Nogaro, de Jegun, de Vic, d'Aignan, etc., s'engagèrent, après lui, à prêter le même serment.

Nous ne dirons pas comment le comte de Toulouse, irrité de ce revirement de son ancien vassal, porta le fer et le feu dans ses domaines, ni comment ce dernier, par représailles,

---

(1) Voir notre monographie précédente du *Château de Pardaillan*.
(2) Rymer, t. I, p. 186. — Cf. Monlezun, *Histoire de la Gascogne*, t. II, p. 344.

envahit le Condomois et s'attira la haine des habitants de Condom, qui, faisant partie de l'Agenais, appartenait encore à la couronne de France. Nous nous tairons également sur l'émouvante affaire du Sempuy (1270), le sac de cette ville et la mort tragique de Géraud de Cazaubon, qui ne furent que la conséquence de l'acte d'hommage rendu par le comte d'Armagnac au roi d'Angleterre (1). Ces faits dépassent le cadre de cette étude, puisqu'ils sont antérieurs à l'année 1274, et que la ville de Valence ne date que de cette époque.

La nouvelle bastide était à peine terminée que par le traité d'Amiens (1279) l'Agenais était donné à l'Angleterre, et par suite le Condomois qui en dépendait. Les terres du comte d'Armagnac devenaient donc, au nord, terres-frontières et la ville de Valence un des points les plus avancés. Sur ces entrefaites mourait, en 1285, son fondateur, Géraud V, sans que nous sachions s'il eut à préserver de nouveau ses domaines contre les convoitises anglaises ou celles du comte de Toulouse.

Sous son successeur Bernard VI, la lutte, sourde depuis des années, éclate brusque et violente, entre les maisons de Foix et d'Armagnac, inaugurant pour la Gascogne une ère de malheur et de troubles qui va durer plus d'un siècle. En même temps Bernard VI d'Armagnac reste fidèle à la foi jurée par son père, et, le 2 novembre 1286, il fait hommage, mais à son cœur défendant, au roi d'Angleterre de ses deux comtés d'Armagnac et de Fezensac. Valence fut donc, par le caprice des choses, incorporée dès ses premières années, au moins nominalement, à la couronne d'Angleterre, dont elle dépendait féodalement en 1289, lorsque le jeune roi vint à Condom, avec toute sa Cour, dans le but de s'attirer les bonnes grâces des seigneurs gascons (2).

Le 17 juillet 1315, nous la trouvons comprise dans la longue liste des villes et des bastides qui lui rendent encore

(1) Monlezun. t. II, p. 392 et suiv.
(2) Id., t. III, p. 11 et 43.

hommage (1) ; et, lorsque la guerre s'engage une première fois en Gascogne entre les deux monarques rivaux, nous voyons Edouard d'Angleterre écrire aux différentes villes de ce pays pour leur rappeler qu'elles lui sont soumises de par le droit et doivent lui demeurer fidèles (25 février 1324). A côté de Fourcès, La Monjoie, Monréal, Francescas, Larroumieu, Condom, Fleurance, La Sauvetat, le Sempuy, est inscrit le nom de Valence : « *Consulibus et Universitati Valentiæ,* » écrit Rymer (2).

Nous ne croyons pas cependant nous éloigner trop de la vérité en disant qu'elle ne supportait qu'à regret cette vassalité étrangère, et que ce fut toujours avec joie qu'elle ouvrit ses portes aux soldats du roi de France ou de ses lieutenants. C'est ainsi que, dès la fin de cette même année 1324, elle recevait dans ses murs les troupes du comte de Valois, et qu'en 1340, à l'heure où s'engageait irrévocablement et définitivement la longue guerre avec les Anglais, elle refusa d'obéir aux ordres d'Edouard III, qui lui prescrivait de lui rester fidèle, avec toutes les autres villes de la Gascogne, et qu'à la suite de son valeureux seigneur, le comte d'Armagnac, elle arbora fièrement sur ses murailles l'étendard français (3).

Nous ne suivrons point ici pas à pas le célèbre comte Jean Ier dans les nombreux combats qu'il livra durant toute sa vie aux Anglais, en sa qualité de sénéchal du Languedoc. Son histoire est celle de la Gascogne tout entière en ces années terribles du milieu du xive siècle (4).

La ville de Valence subit-elle le contre-coup du fameux siège de Condom en l'année 1340, dont nous avons parlé dans le chapitre précédent, alors que Bernard-Esi d'Albret, à la tête de l'armée anglaise, vint investir cette ville, héroï-

---

(1) Rymer, t. II, p. 92.
(2) Idem.
(3) Rymer. Cf. *Histoire de la Gascogne*, t. III, p. 245.
(4) Voir le travail de M. l'abbé Breuils sur Jean Ier d'Armagnac (*Revue des Questions historiques*, 1er janvier 1896).

quement défendue par Bernard de l'Isle? Aucun document ne nous permet de le savoir, bien que dans les rangs des assiégés on relève les noms de Pardaillan, de Massencôme, de Thibaut de Barbazan du Tauzia, c'est-à-dire des plus grands seigneurs des alentours.

Quoiqu'il en soit, de 1346 à 1356, Valence était sous l'obéissance du roi de France, commandée par Manaud de Lasseran, écuyer, seigneur de Massencôme, ainsi qu'il résulte de nombreuses quittances, par lui fournies à cette époque, relatives à ses appointements. Le 4 janvier 1355 en effet Manaud de Lasseran, « écuyer, capitaine de Valence, reconnaît avoir reçu de Jacques Lempereur, trésorier des guerres du roi, par les mains de Guillaume Larcher, son lieutenant, en prêt sur ses gages et sur ceux de treize écuyers et vingt-cinq sergens à pied de sa compagnie, desservis et à desservir en ces présentes guerres de Gascogne à la garde dudit lieu, sous le gouvernement de M. le comte d'Armagnac, lieutenant du roy, notre sire, ès parties de la Languedoc, la somme de huict vingt douze livres, neuf sols tournois, compte eu pour droict douze livres, neuf sols; de laquelle somme de huit vingt douze livres, neuf sols tournois, ledit escuier se tient pour bien paié (1). »

C'est l'époque où Jean d'Armagnac refoulait une première fois les Anglais jusque dans le Bordelais, et où, en récompense de ses services, il recevait du roi de France le comté de Gaure, c'est-à-dire tout le pays qui confinait au sien du côté du levant (2). Aussi se hâta-t-il, en vue des menaces de l'ennemi, de fortifier ses domaines, principalement sur la frontière, et d'augmenter les troupes de ses places fortes. Avec Condom, Lectoure, Fleurance, Vic-Fezensac et bien d'autres villes encore, Valence ne fut point oubliée et sa garnison renforcée (1354).

(1) Cabinet des titres. Bibl. Nat. — Cf. *Valence-sur-Baïse*, par Denis de Thézan, *Revue de Gascogne*, t. xi, p. 393.
(2) Collection Doat, t. cxci, p. 239.

Mais le Prince Noir reprenait l'offensive, et dans son abominable expédition de 1355 portait le fer et le feu dans toute la Gascogne, poussant jusqu'aux extrêmes limites du Languedoc. Depuis les invasions barbares jamais dévastation n'avait été plus complète, ses hordes s'attaquant uniquement et lâchement aux villes ouvertes et aux habitations rurales sans oser, une seule fois, aborder de front les remparts crénelés, ou livrer bataille, en rase campagne, à l'armée du comte d'Armagnac.

Valence, si nous en croyons l'itinéraire de ses pilleries et brigandages, dut rester, par un hasard extraordinaire, à l'abri de ses coups. Mais cette ville, avec tout le comté d'Armagnac, n'en fut pas moins comprise dans la cession qu'en fit le roi de France à l'Angleterre lors du funeste traité de Bretigny (8 mai 1360), et durant plus de quinze ans elle dut se résoudre à prêter le serment de fidélité à Edouard d'Angleterre.

Il fallut l'impérieux besoin d'argent de ce dernier et l'établissement inique d'un certain *droit de fouage* sur toute la Gascogne pour mettre de nouveau le feu aux poudres et provoquer dans l'Armagnac une véritable rébellion. Il est vrai que le comte Jean n'avait consenti qu'à son cœur défendant à se déclarer, le 2 avril 1364, le vassal du roi d'Angleterre. Aussi est-ce avec un véritable soupir de soulagement qu'il se sentit dégager de son serment par la création de ce nouvel impôt, et qu'il se mit, avec toute son ardeur et sa sympathie pour le roi de France, à la tête du mouvement. C'est en vain qu'en 1368 le Prince Noir y répondit en lançant derechef dans l'Armagnac une armée de routiers qui renouvelèrent les exactions et les massacres précédents. L'idée avait fait son chemin. Tous les seigneurs de la Gascogne, Armagnac et Condomois compris, se rallièrent au comte de Poitiers, c'est-à-dire au lieutenant du roi de France (1). Valence, comme

---

(1) Collection Doat, t. cxcvii, f° 18.

toutes les autres bastides, se déclara solennellement contre le roi d'Angleterre (1369), et le comte Jean eut la gloire de repousser à la tête de sa vaillante armée, et pour la seconde fois, l'armée anglaise jusque sous les murs de La Réole (1370). Ce fut donc chargé d'honneurs que ce héros national, compagnon d'armes de Duguesclin, mourut le 8 juin 1373, en son château de Beaumont-de-Lomagne, après avoir bien mérité de sa patrie. Pourquoi ses descendants ne suivirent-ils pas son exemple?

— Ce ne fut pas toutefois son fils Jean II qui peut encourir le reproche de n'être pas resté fidèle aux idées de ses ancêtres. En ce qui ne concerne que Valence, ce prince, préoccupé de l'ancienne querelle de ses pères avec les comtes de Foix, ne put la préserver à temps du coup de main que tenta sur elle la garnison anglaise et qui fut couronné de succès. Voici en quels termes l'abbé Monlezun, s'appuyant sur le texte de la collection Doat, que nous reproduisons en note (1), raconte ce fait d'armes :

(1) Nous relevons en effet dans le tome n° 200, f° 62-74, de la collection Doat (Bibliothèque Nationale, Manuscrits), le document suivant :

« Contrat duquel appert que les Anglois ayant prins et pillé la ville de Valence en la comté de Fezensac, les consuls pour en empescher la destruction avoient convenu de leur bailler certaine somme. » etc. La cote résumant l'acte assez longuement, nous préférons donner une partie du texte de cet important document :

« In nomine Domini, amen. Noverint universi et singuli, tam præsentes quam futuri hujus præsentis publici instrumenti seriem inspecturi, visuri, lecturi ac etiam audituri quod cum non est diu *locus de Valencia*, comitatus Fezensiaci, captus seu occupatus hostiliter fuerit per Anglicos, innimicos domini nostri Franciæ regis, commorantes seu existentes in castro seu loco de Lorda, diocesis Tarbiensis et comitatus et senescalliæ Bigorræ, et etiam de bonis nobilibus ejusdem loci in eodem loco de Valencia existentibus, consulesque et nonnulli alii singulares habitatores ejusdem loci de Valencia, nomine eorum consulatus et universitatis et singulorum habitatorum ejusdem loci, tunc temporis eoquia dicti inimici volebant, ut dicitur, pænitus dictum locum de Valencia ipso loco prius per eosdem inimicos ut prædicitur dictis bonis nobilibus deprædato ignis incendio concremare fecissent, cum eisdem inimicis in certa auri pecuniæ summa pro redemptione dicti loci ne destrueretur, neque combureretur, nobilisque vir Geraldus, dominus de Verduzano, domicellus, et nonnulli alii tunc caverent pro eisdem et solvere promisissent dictis innimicis, certam pecuniæ summam restantem ad solvendum de totali summa antedicta, ex causis prædictis et dictæ cautionis pro præmissis in castro prædicto de Lorda capti et detenti existant, et in dictis hostagiis sic per dictos inimicos detinerentur in magnis carceribus, magnos carceres et sumptus infinitos sustinendo in damnum et gravamen maxi-

Il n'était pas rare à cette époque de voir les membres d'une même famille suivre des drapeaux opposés. Pendant que Béguier (ou Bringuier) de Galard recevait la récompense de son dévouement au roi de France, Pierre de Galard, son frère ou son cousin, conduisait des bandes anglaises et prenait des places sur les Français. La garnison de Lourdes surtout se rendait redoutable. Profitant d'un moment où le pays était dégarni de troupes, elle s'élança à travers la Bigorre, franchit l'Armagnac et s'abattit sur la ville de *Valence* qu'elle prit et pilla. Déjà les vainqueurs allaient la livrer aux flammes, lorsque les habitants se rachetèrent d'une destruction complète en s'engageant à leur payer une forte rançon dont ils comptèrent la plus grande partie. Douze cents livres restaient encore dues. Pour garantie du paiement il fallut livrer Géraud de Verduzan et quelques autres seigneurs qui furent conduits à Lourdes et jetés dans la prison commune. Le comte d'Armagnac, désirant hâter leur délivrance, engagea Amanieu d'Antras, Arnaud-Guillem de Monlezun, seigneur de Meillan, et Arnaud de Lasseran, seigneur de Massencôme, à prêter la somme qui leur fut cautionnée par Jean Dupuy et Guillaume Dansos, syndics de la ville, assistés des consuls Pons d'Astarac, Jean de Labannon et Arnaud de Lacay (1).

La procuration porte la date du 8 février, et le contrat celle du 18 février 1377.

L'année suivante, 27 mars 1378, les consuls et syndics du lieu de Valence rendent hommage à Jean, comte d'Armagnac,

mum habitatorum dicti loci de Valencia, sic destructi et depraedati, egregiusque et magnificus ac potens dominus Johannes, Dei gratia comes Armagnaci, Fezensaci, Ruthenae ac (Kadrellensis), vicecomesque Leomaniae et Altivillaris, ac dominus terrae Ripperiae, per sui clementiam ac bonitatem, » etc... engage les seigneurs Amanieu d'Antras, Arnaud-Guillem de Monlezun, seigneur de Meillan, Manaud de Lasseran, seigneur de Massencôme, à avancer cette somme de 1,200 livres, au paiement de laquelle lesdits consuls de Valence s'obligent envers eux, suivant la procuration y insérée des habitants de ladite ville, par laquelle ils leur donnaient pouvoir de s'engager envers Thibaut, seigneur de Peyrusse, et Dominique de Monlezun, pour cette mesme somme de 1,200 francs d'or... Suivent les signatures des consuls et personnages importants de la ville de Valence. Nous relevons notamment: « Videlicet, Sancius Destariaco, Johannes de Labannon et Arnaldus de Lacay, consules dictae villae Valenciae, eorum consulatus nomine, necnon Martinus de Corois, Bernardus de Loubayssino, Vitalis de Cantalenno, Petrus de Ruppibus, Guillelmus de Laporqueria, Johannes de Marestanio, Vitalis de Lescar, Bernardus de Roqueto, Vitalis de Grammonte, Simonus de Barbazano, Bernardus de Savaillano, Ramondus d'Olive, Petrus de Soubirano, Geraldus de Lagardère, Arnaldus de Biran, notarius, etc., omnes habitatores villae Valentiae. »

(1) *Histoire de la Gascogne*, t. III, p. 460.

pour ledit lieu de Valence. Dans cet acte, fort long, est rappelé l'évènement précédent de la prise de Valence, suivi du cautionnement desdits consuls pour racheter l'infortuné Géraud de Verduzan, détenu dans les prisons de Lourdes. Nous y relevons les mêmes nombreuses signatures (1).

Puis, le silence se fait sur cette ville durant près d'un siècle. Quelle part prit-elle au grand mouvement national du XVe siècle? En quelle mesure contribua-t-elle à l'expulsion définitive des Anglais? C'est ce qu'aucun document n'a pu jusqu'ici nous apprendre. Quand nous la retrouvons, l'étranger ne foule plus le sol de la Gascogne, et les comtes d'Armagnac, parvenus au faîte de leur puissance, vont s'attirer la colère de la royauté, sous la bannière de laquelle ils avaient jusquelà si patriotiquement combattu.

— On connaît la sombre tragédie qui, le 6 mars 1473 (1472, vieux style), ensanglanta les rues de Lectoure et mit fin, en la personne de Jean V, à l'illustre maison des comtes d'Armagnac. Leur comté fut démembré, et, par lettres patentes du 14 juin suivant, Louis XI donna à un de ses favoris, Imbert de Batarnay, sire du Bouchage, « les places et seigneuries de Vic-Fezensac, Lavardens, Jegun, Lupiac, Castillon, Saint-Pau, Mourède, Lannepax, Roquebrune, le Castera, *Valence*, Saint-Lary, Cézan et La Lanne, avec leurs dépendances, » c'est-à-dire tout le comté d'Armagnac (2). Le Parlement de Paris fit de nombreuses réserves au sujet de l'enregistrement de cette donation, s'y montrant au fond absolument hostile. Mais, le 12 mai 1473, Louis XI enjoignit aux sénéchaux de Toulouse, de Guienne, d'Agenais et de Quercy de mettre son favori en complète possession des biens qu'il lui avait distribués, lequel durant toute la vie du monarque les détint fort tranquillement.

Il n'en fut plus de même à l'avènement de Charles VIII.

(1) Collection Doat, n° 200, f° 183-196.
(2) Archives nationales, Reg. du Trésor des Chartes. JJ. 197, f° 491. — Voir aussi Bibliothèque nationale, Mss fr., 2895, n° 38. Orig. sur parchemin.

Ce monarque donna en effet commission au sénéchal de Lyon de réunir en sa main les domaines de feu le comte d'Armagnac, dont l'usufruit devait être abandonné a Charles d'Armagnac pendant la durée de la procédure en réhabilitation qu'il avait entamée devant le Parlement de Paris. Le sire du Bouchage, qui perdait ainsi toutes ses seigneuries et dont les intérêts étaient gravement atteints, fit appel devant le Parlement de Paris; et ce n'est qu'à grand'peine qu'il obtint de n'être pas inquiété pour la jouissance antérieure de ses droits. Quant à l'avenir, il crut prudent d'accepter une compensation et de se contenter d'une indemnité annuelle de 2,000 livres que le roi lui promit en échange des seigneuries qui lui avaient été précédemment octroyées. Charles VIII tint fidèlement sa promesse et le sire du Bouchage se déclara satisfait. Mais à la mort de ce monarque la pension ayant fait défaut, et le frère de Jean V, l'infortuné Charles d'Armagnac, étant mort (1497), cette grosse question de la succession d'Armagnac s'ouvrit une seconde fois, et le sire du Bouchage fit valoir derechef ses anciens droits. Il porta appel devant Louis XII, qui lui donna entièrement raison et qui l'investit à nouveau des domaines de l'Armagnac. Aussi le voyons-nous rendre hommage, à ce titre, au roi de France, le 21 juillet 1498 (1).

A sa mort seulement, arrivée le 12 mai 1523, les biens des comtes d'Armagnac furent donnés au duc et à la duchesse d'Alençon, d'où ils passèrent par le mariage de Marguerite, sœur de François Ier et veuve du duc d'Alençon, dans la maison de Navarre, et de là revinrent à la couronne de France qui les garda définitivement.

— On n'a pas oublié que la bastide de Valence avait été construite à la suite d'un contrat de paréage passé entre le comte d'Armagnac et l'abbé de Flaran, tous deux s'en étant

---

(1) Bibl. nat., Mss. Fonds français, 2928, f° 40. — Voir pour toute cette curieuse affaire l'intéressant volume de M. B. de Mandrot: *Imbert de Batarnay, seigneur du Bouchage* (1438-1523). Paris, Picard, 1886.

réservé la coseigneurie. Mais, en réalité, l'abbé de Flaran était arrivé à percevoir les plus forts impôts et il exerçait sur cette ville la plupart des droits seigneuriaux. En 1563, Valence changea momentanément de maître et devint la propriété de la reine de Navarre. On sait en effet que pressé par des besoins d'argent et pour pouvoir continuer à entretenir les troupes étrangères de Suisses, de Reîtres, d'Allemands, qui lui étaient nécessaires pour la sécurité du royaume et la défense de la religion catholique, Charles IX avait rendu un édit en vertu duquel il prescrivait la vente des biens de l'Eglise jusqu'à la concurrence de cent mille écus de rente. L'archevêché d'Auch fut compris dans la répartition pour la somme de 2,500 écus, et en conséquence furent mises en vente diverses propriétés appartenant soit au clergé séculier de la province, soit aux communautés religieuses. Dans le nombre nous trouvons les seigneuries de Valence, Calyan et Gouts, appartenant, la première à l'abbé de Flaran, la seconde à l'archevêque d'Auch, la troisième à l'ordre de Saint-Jean de Jérusalem. Toutes trois furent achetées par Jeanne d'Albret, reine de Navarre, suivant contrat du 26 mai 1563, que nous a conservé la collection Doat (1) :

Se présentèrent par devant M⁰ Pierre Vacquier, lieutenant principal en la sénéchaussée d'Armagnac, M⁰ Guillaume Ranse, secrétaire, et Bertrand de Lavalade, procureur général au duché d'Albret, pour ladite dame reine de Navarre, duchesse d'Albret et comtesse d'Armagnac, déclarant que ladite dame reine vouloit et entendoit acquérir le droit que l'abbé de Flaran prétend avoir et luy appartenir en la justice de Valence, en Armagnac, et juridiction d'icelle, avec les fiefs, lods et ventes et autres droits et devoirs seigneuriaux qu'il prend et a accoustumé prendre audit lieu et juridiction d'icelle, ensemble les fiefs que le sacristain de l'abbaie de Flaran a accoustumé prendre en la juridiction dudit Vallence, ce qui a esté enchery à la somme de cinq cens livres. Aussy ont dit vouloir entendre à acquérir la justice dudit lieu de Calyan..., etc. Et a esté ordonné que ladite seigneurie de Valence, ainsi

(1) Collection Doat, vol. 237, f⁰ 312 (Bibl. Nat. Mss.).

que celles de Calyan et de Goutz (1) seroient mises aux enchères et adjugées le 15 janvier 1563 en la court de M. le Sénéchal d'Armagnac à Lectoure..., etc.

Pour ne parler que de Valence, qui seule nous intéresse ici, ladite seigneurie fut achetée 1,050 livres tournois.

Et le 27 janvier 1563, nous nous sommes acheminés en ladite ville de Valence pour mectre ledit Ramond Despès en possession au nom de ladite dame de ladite seigneurie. Et ont comparu par devant nous Pierre Vacquier, lieutenant principal en la sénéchaussée d'Armagnac, maistre Pierre Martin, consul, François Gardelle, bachelier, Barthelemy Duroy, substitut du procureur d'office audit Valence, Pierre du Pont, greffier, Pierre Petit, baile, Georges Marignac, Jaymes Gardelle, Jeannot Blanquet, Arnaud Garros dit Capdet, Anthoine Cadillon, Jean Dupron, Jehan Dufaur dit Pot, et plusieurs autres habitans dudit Valence, mandés venir à notre mandement...

Et le lendemain, 28 dudit mois, heure de huit du matin, sous les embans de ladite ville et lieu où la court d'icelle a accoustumé se tenir, presans et assistans Mᵉ Pierre Martin, Pierre Boyer, Germain de Vic, Pierre Tarbe, consuls, avec leurs chaperons consulaires, maistre François Gardelle, Barthelemy Duroy, sire Jehan Boyer, Nauton Boyer, George Marignac, Jeannet Blanquier, Pierre Petit, Pierre Lacave, Jaymes Gardelle, Jehan Sobias et autres habitans dudit Valence, iceux consuls et Gardelle ayant dit que ladite justice de Valence de toute ancienneté a été exercée par iceux baile et consuls comme juges ordinaires en toutes causes civiles et criminelles sans qu'il y ait eu aucun juge..., les clefs de ladite ville ont esté remises audit Despès, lesdits habitans le supliant de conserver leurs libertés, franchises et privilèges; et les armoiries de ladite dame ont esté mises à l'une des portes de ladite ville... et avons fait deffense auxdits habitans, abbé et sacrestain de troubler ou empescher ladite dame en la jouissance et possession desdits biens, à peine d'amendes... etc.

La reine de Navarre ne conserva pas longtemps sa nouvelle acquisition. Moins de trois ans après, le 9 juillet 1565, l'abbé de Flaran, Pons II d'Aspremont, usant du droit qu'il s'était réservé dans l'acte, racheta, pour le prix de 500 livres, à la reine de Navarre, comtesse d'Armagnac, la justice et autres

(1) Callian, canton de Vic-Fezensac, arr. d'Auch; Gouts, canton de Plaisance, arr. de Mirande.

droits seigneuriaux qui lui avaient été naguère aliénés et qu'elle possédait sur la ville de Valence. L'acte précédent fut annulé, et l'abbé de Flaran redevint jusqu'à la Révolution coseigneur avec le roi de France de la seigneurie de Valence (1).

Si nous avons reproduit dans presque toute sa teneur le long procès-verbal précédent, c'est que nous tenions à faire connaître les noms des quatre consuls qui, en cette année 1563, dirigeaient les affaires de la ville, puis ceux de beaucoup d'habitants dont la descendance s'est perpétuée jusqu'à nos jours, enfin quelle était l'organisation de la justice, par qui et au nom de qui elle était rendue. Valence, on le voit, jouissait de franchises considérables et de nombreuses libertés, et, en cette moitié du XVIᵉ siècle, elle était arrivée à un état des plus florissants. C'est l'époque où, dans les minutes si importantes de son notariat, nous commençons à trouver de nombreux contrats ou baux passés par ses magistrats et où nous assistons au développement complet de sa vie municipale. Afferme de la grande Boucherie, afferme de la petite pour la somme de 9 écus sols et 13 sols (1578), création par les consuls de trois foires annuelles à la saint Jean-Baptiste, à la saint Mathieu et à la saint Blaise, lesquelles furent votées à l'unanimité des habitants consultés, le 26 juin 1571 (2), réunion extraordinaire de la communauté, le 23 avril 1579, pour déléguer ses syndics à l'effet de la représenter dans la poursuite d'un important procès porté au Parlement de Toulouse contre noble Jean de Besolles et l'abbé de Flaran (3), etc., tout cela ne prouve-t-il pas combien cette cité était jalouse de ses privilèges et cherchait à améliorer par tous les moyens possibles le sort de ses habitants?

Cet heureux état de choses n'allait pas, hélas! être de longue durée; et l'heure était venue où Valence, comme la

---

(1) Dom Brugèles, *Chroniques ecclés. du diocèse d'Auch.*
(2) Notariat de Valence. Reg. pour 1571. Marignac, not.
(3) Idem. Reg. pour 1578-79. Dupont, not.

plupart des villes de la Gascogne, devait subir le contre-coup de ces tristes guerres de religion, qui n'apportèrent après elles que la misère et la ruine de notre malheureux pays.

— Eut-elle à supporter, en 1569, les attaques et les déprédations des soldats de Mongonmery, lorsque cette horde sauvage, partie du Béarn, se rua par ordre de Jeanne d'Albret sur la plupart des églises et des communautés de l'Armagnac? On sait en effet qu'après avoir brûlé les prieurés de Madiran, de Tasque, de Saint-Mont et avoir ravagé toute la vallée de l'Adour, cette soldatesque effrénée se dirigea sur l'abbaye de La Castelle, le prieuré de Saint-Louboué, Aire, Nogaro, Eauze, Monréal, etc., détruisant tout sur son passage; et que, les derniers jours d'octobre, elle incendia et démolit en partie le monastère de Vaupillon qui ne se releva plus de ses ruines (1), précipitant sa marche sur Condom. Est-ce le lendemain de la destruction de Vaupillon, ou huit jours après le sac et la dévastation de Condom, que Mongonmery, se dirigeant sur Auch en remontant le cours de la Baïse, incendia l'ancienne abbaye de Flaran? C'est ce que nous n'avons pu préciser. Quoi qu'il en soit, la remarquable église cistercienne fut en partie brûlée, les cloîtres démolis et le monastère entièrement pillé. Groupés derrière leurs remparts et prêts à soutenir le siège, les habitants de Valence ne purent qu'assister, sans doute sans oser leur porter secours, au désastre de leurs premiers fondateurs. Eurent-ils ce jour-là maille à partir avec les troupes huguenotes ? Nulle chronique, nul document ne relate ce fait d'armes. Il est probable que, fidèle à sa lâche habitude de ne s'attaquer qu'aux villes ouvertes et aux églises sans défense, Mongonmery n'osa tenter l'escalade des remparts de Valence et se contenta de défiler sous ses murs, gorgé de butin et prêt à recommencer ses vandalismes à Vic-Fezensac, au Brouilh, à Barran et

---

(1) Voir dans les pièces justificatives de notre *Monographie de l'abbaye de Flaran*, p. 134, le procès-verbal de l'incendie du monastère de Vaupillon.

dans tout ce qui restait encore debout de l'Armagnac.

En revanche, cette ville fut moins heureuse onze ans après. Elle dut, en l'année 1580, comme la plupart de ses semblables, subir le sort commun. C'est que par sa position stratégique, à la jonction de deux rivières, chaque parti la convoitait, et que sa citadelle et ses murailles presque imprenables étaient le point de mire de toutes les factions qui se disputaient la suprématie du pays. Trois documents, entièrement inédits, nous donnent sur les sièges successifs qu'elle eut à subir alors d'intéressants renseignements. Nous allons les reproduire, quand nous aurons dit qu'on était à ce moment en pleine guerre des Amoureux, que, par sa circulaire du 15 avril, le roi de Navarre avait solennellement déclaré la guerre au roi de France, que ses partisans étaient tous entrés en campagne et que déjà quelques places fortes avaient ouvert leurs portes aux religionnaires. Mais Valence tenait pour le roi de France, et ce ne fut que par trahison qu'elle fut prise, au mois de mai 1580, par la petite troupe huguenote du capitaine Rison. Qu'on en juge par la lettre suivante, écrite par le sénéchal d'Agenais, Bajaumont, aux consuls de Condom, et par laquelle il les engage à demeurer fidèles à la cause du roi :

Messieurs les Consuls de la ville de Condom,

Messieurs, il est besoing plus que jamais de faire bonne guarde; pourquoy je vous prie de continuer à bien vous guarder pour la conservation de vostre ville en l'obeissance du roy; et surtout donnez-vous guarde que vous ne soiez thrais; car c'est ce que je crains le plus. *Lundy dernier la ville de Vallance fut prinse par la porte une heure de soleil* (1) *par la trahison d'une femme et d'un autre habitant.* M. le mareschal de Biron vous escript, que me gardera de vous en dire autre chose; sinon que incontinent que je me porteray bien je m'en iré par della pour veoir l'estat de toutes choses et aussi pour adviser à la desmolition de ce couvent (Jacobins de Condom). Faictes provision de foing et d'avoyne. Vous ne m'avés point faict de response sur ce que

(1) Locution assez familière dans le pays, indiquant exactement l'orientation de cette porte, qui était la *porte de l'Hérisson*.

je vous avois mandé des deniers des tailles. Je vous prie y pourveoir. Et sera fin, me recommandant à vos bonnes grâces. Priant Dieu, vous donner, Messieurs, en parfaicte santé, longue et heureuse vye.

D'Agen, ce xviiie de may 1580.

Vostre très affectionné et parfaict amy à vous obeyr.

BAJAUMONT (1).

Voici, d'un autre côté, ce qu'écrit Dupleix à propos de cette prise de Valence :

Le capitaine Rissan, religionnaire (qui, huict jours après la mort de son père Guy du Pleix, avait pillé sa maison lez Condom) s'estant jeté dans *Valence, place en ce tems-là très forte d'assiette*, à une lieue de Condom (car elle est assise sur un tertre séparé et a pour fossé le conflans de deux petites rivières), y fut assiégé par le mareschal de Biron, auquel il la rendit par composition, luy estant permis avec tous les siens d'en sortir vies et bagues sauves. Le mareschal la fit demanteller. Mais le marquis de Montespan fit depuis réparer les brèches et y mit garnison pour la Ligue. Elle a esté naguère derechef demantellée (2).

La lettre de Bajaumont nous fixe sur la date exacte de la prise de Valence par le capitaine Rison. Ce fut le lundi qui précéda le 18 mai 1580. Mais, ainsi que nous le dit Dupleix, les huguenots n'y restèrent pas longtemps; car, cinq mois après, ils en furent délogés par le maréchal de Biron, revenant de Nérac, où il tira si malencontreusement contre le château dans lequel s'était renfermée Marguerite de Valois, femme d'Henri de Navarre, ces fameux coups de canon, d'ailleurs inoffensifs, qui lui aliénèrent à tout jamais les bonnes grâces de cette princesse.

Le siège de Valence fut des plus sérieux, du moins si nous en croyons le récit suivant, très curieux, écrit par un témoin oculaire et conservé aux Archives Nationales :

L'an 1580, le huictiesme jour du moys d'octobre, la présente ville de Vallence a esté surprinse par ceulx de la religion venus de la ville de

(1) Archives municipales de Condom. Série EE.
(2) Dupleix, *Histoire d'Henri III*, p. 83. Edition Denis Bechet. Paris, 1663. Notons que cet auteur écrivait sous le règne de Louis XIII. Nous verrons à cette époque quand et par quel ordre Valence vit tomber ses dernières tours.

Lectore avec ung pétart, duquel ils enfoncèrent la porte de Lérizon, estant conduicts par le sieur de Vallans, governeur dudit Lectore (1).

Le mercredy suivant, dix neufviesme dudit mois et an, feust faicte l'approche dudit canon au devant de ladite ville.

Le lendemain jeudy, vingtiesme dudit mois et an, une heure après midy, le canon commança à frapper à la Tour, nommée *Porte de la Tour* (2), et frappa tout ledit jour et lendemain vendredy vingt-uniesme, et furent tirés à ladite tour, ou à deux guérites qu'il y avoit aux coings de ladite ville audit cousté de la tour, deux cent quarante coups de canon (3).

Le lendemain et suivant jour de sapmedy, entrèrent en capitulation ceulx de ladite religion avec ceulx dudit camp; et feust arresté qu'il laisseroient la ville soubz l'obéissance du roy et s'en iroient ceulx de dedans, leurs vyes, bagues et harnays saufs, toutefois la mesche estant, ce que feust fait; et ceux du party du Roy entrèrent et pilhèrent et sacquagèrent entièrement ladite ville sans y rien laisser (4).

Ce siège de Valence par les troupes du maréchal de Biron, alors malade, mais qui étaient commandées par un de ses lieutenants, son fils probablement, est indiqué par la plupart des écrits, chroniques ou journaux de l'époque. Le journal de Sereuilh, entre autres, reproduit dans la collection des Archives historiques de la Gironde (5), dit que la ville de Valence, « qui s'étoit révoltée contre le roi, fut assiégée en octobre 1580 par le fils du maréchal de Biron et qu'elle se rendit après qu'il eut été tiré dix à douze coups de canon. »

(1) Il est superflu de faire remarquer que ce récit est en contradiction formelle avec celui de Scipion Dupleix, puisqu'au lieu du capitaine Rison il est ici question du sieur de Vallans, gouverneur de Lectoure, et que la date du mois de mai, bien précisée par la lettre de Bajaumont, est ici remplacée par celle du 8 octobre. Faut-il en conclure qu'en cette année 1580 Valence fut surprise deux fois, d'abord au mois de mai par le capitaine Rison, puis au mois d'octobre par les troupes huguenotes du sieur de Vallans? Quoi qu'il en soit, ce ne fut qu'à la fin d'octobre que l'armée de Biron vint assiéger cette ville et la remettre en l'obéissance du roi.
(2) Cette porte de la Tour était, on le sait, au sud-est, à l'extrémité de la ville, sur la grande route d'Auch et près de la citadelle.
(3) C'est à ce moment sans doute que dut être atteinte l'église de Valence, ainsi qu'il est dit précédemment dans le manuscrit d'Aignan.
(4) Pièce copiée par M. Denis de Thézan aux Archives Nationales et communiquée par lui sous le titre de : *Registre d'un bourgeois de Valence*. La mort de notre compatriote ne nous a pas permis de contrôler sa découverte et de vérifier au palais des Archives, à Paris, la cote et le contenu de ce précieux journal.
(5) *Archives historiques de la Gironde*, t. XIII, p. 330.

Il résulte, en somme, de tous ces documents que la ville eut grandement à souffrir de l'armée du roi et des déprédations de toutes sortes qu'y commirent les soldats du maréchal de Biron. Nous n'en voulons pour preuve que l'acte suivant où, à la date du 4 mars 1581, les principaux habitants de Valence, réunis en jurade, « nomment syndics ou procureurs fondés Jehannot Morlan, consul, et M° Gibert Casquet, avec charge, en s'adressant à tel ou tels personnaiges qu'ils vouldront, *d'obtenir du roy la permission de radiffier la présente ville de Valence des ruines et discipations qui y ont esté faictes pendant ung an, tant par le canon que desmantellement d'icelle, par les gens d'armes conduits par le sieur mareschal de Biron*, et supplier Sa Magesté qu'il luy plaise à ces fins nous quitter les tailhes et aultres subcides que sadite Majesté nous pourroit imposer, et ce, durant dix ans, pour par ce moyen fournir à la réparation (1). »

Et six mois après, la misère des habitants est devenue telle que, le 27 août de cette même année 1581, « les consuls et habitans de Vallence nomment procureurs M° Barthelemy Duroy et Gilbert Casquet, avec charge de prendre un accommodement avec les syndics du chapitre de Sainte-Marie d'Auch au sujet de la pension annuelle que les consuls de Vallence font audit chapitre, et de demander remise d'icelle comme *compensation sur la nourriture et entretenement des pouvres que les susdits consuls ont faict ez années precedentes et durant les troubles derniers;...* demandant en outre de tout accorder avec les sieurs syndics, et leur fere acquit, si besoing est, de l'entretenement desdits pouvres, le tout en la meilheure forme que fere ce pourra (2). »

La ville de Valence, démantelée par Biron, se releva assez rapidement de ses ruines. Mais, quelques années après, elle eut à supporter encore un nouveau siège, moins meurtrier il est

---

(1) Notariat de Valence. Reg. pour 1581-82. Marignac, not.
(2) Idem.

vrai, de la part du marquis de Montespan, qui, à la tête d'une vaillante armée de ligueurs, visant surtout comme poste de premier ordre la citadelle, s'en empara. C'est à ce siège du marquis de Montespan et de son lieutenant M. de Lau que M. de Baudéan, nous dit le chevalier d'Antras dans ses Mémoires (1), « fut plustot blessé d'une harquebusade à la main de la bride qui luy emporta un doigt. Ce fut à une escarmouche plus tost la reddition de ladite ville pour la recognoistre. »

Montespan, une fois maître de Valence, s'empressa d'en faire un des boulevards les plus forts du parti de la Ligue. A cet effet, ainsi que nous l'a appris Dupleix, il fit réparer les brèches encore béantes du siège de Biron; il y ajouta quelques nouvelles fortifications et y installa une forte et solide garnison capable de résister à tous les assauts. Cet état de choses dura même assez longtemps, puisque les jurades de Condom de 1588 à 1593, sans nous fournir des détails plus précis, relatent cependant que, durant ces cinq années, les Ligueurs continuèrent d'occuper les places fortes d'Eauze, de Larressingle et de *Valence*. Bien plus, en 1594, et alors qu'une grande partie des seigneurs gascons, les sieurs de Lau, de Bezolles, de Lagraulas, de Massencôme, de Verduzan, et bien d'autres encore, avaient fait déjà leur soumission au roi de France (2), une tentative de paix et d'union fut entreprise par les consuls de Condom auprès du seigneur de Campagne, Odet de Monlezun, « *qui commandait encore à Valence pour M. de Montespan, et faisait des courses sur la juridiction de*

---

(1) *Mémoires de Jean d'Antras de Samazan*, par MM. J. de Carsalade du Pont et Ph. Tamizey de Larroque, p. 78. Ce « Monsieur de Baudéan » n'était autre que Jean de Baudéan, comte de Parabère, dont il est question à toutes les pages des guerres de religion en Gascogne, et qui ne se doutait certes pas alors que son fils Henri épouserait quelques années plus tard, en 1611, la dernière héritière de l'illustre famille de Pardaillan, et deviendrait de par ce fait seigneur de la baronnie et du beau château de Pardaillan, à une lieue à peine de ces mêmes remparts de Valence où il fut blessé. (Voir notre monographie précédente sur le *Château de Pardaillan*.)

(2) Monlezun, tome v.

la ville (1). » La démarche aboutit. Les derniers chefs du parti de la Ligue se soumirent au roi. Valence suivit leur exemple, ouvrit ses portes aux troupes royales qui l'occupèrent aussitôt, et, afin de parer à toute éventualité, la démantelèrent complètement (1594). C'est de cette année que date la démolition définitive de la courtine du levant de la Porte de la Tour, de celle de Flaran, et aussi des principales défenses de la citadelle.

Quant à la porte de Maignaut, l'une des plus importantes, elle ne disparut qu'en 1625. Nous le savons par l'acte suivant en vertu duquel :

Les enchères pour le desmolissement et razement de la tour dite de Maignauld, estimé à 50 cannes et autres 50 cannes des muralhes de la présente ville, ayant été faites le 9e du présent mois de mars, suivant le mandement du seigneur de Bezolles, commissaire député par Mgr le duc d'Espernon, coulonel général de France et lieutenant général pour le roy au présent païs de Guyenne, il est stipulé qu'il sera payé à l'entrepreneur, dernier enchérisseur au rabais (Jean Roques, me charpentier de La Bastide d'Armagnac, agissant au nom de Audibert Costau et Jean Lalo, architectes d'Aux) à raison de trois livres par canne, la somme de 300 livres, la demolition de la tour de Maignaud comprenant 50 cannes et la desmolition des muralhes comprenant également 50 cannes (2).

Il restait encore çà et là quelques derniers pans de murailles. Le 23 mars de la même année 1625, « les consuls de Valence promettent de payer 180 livres à l'entrepreneur des murailles de Valence pour le razement de 60 cannes du murailles encore debout, à raison de 3 livres par canne. »

Ainsi disparurent à tout jamais, par ordre du duc d'Epernon et du Conseil du roi, les derniers vestiges de ces murs

---

(1) Archives municipales de Condom, Livre des jurades et comptes consulaires pour les années 1593 et 1594. Communiqué par notre ami M. J. Gardère.
(2) Notariat de Valence. Registre pour 1625, f° 89. Bartharès, notaire. C'est à l'obligeance toujours inépuisable de M. l'abbé Broconat, curé de Bezolles, que nous devons de connaitre ces renseignements pleins d'intérêt. Qu'il veuille bien, pour ceux-ci comme pour tous ceux si nombreux qu'il nous a fournis, agréer l'expression bien sincère de notre vive gratitude.

redoutables du XIII° siècle, derrière lesquels s'étaient abrités si souvent les bourgeois de Valence, durant les trop nombreuses époques de troubles et de guerres des siècles passés.

Alors aussi, quoique antérieurement et lors des deux sièges précédents, furent brûlés, ainsi qu'à l'abbaye de Flaran, les archives et tous les titres publics de la ville de Valence. Dans un inventaire de titres produits devant la Cour des Aides de Montpellier par les consuls et syndics de Valence, à l'occasion du refus de Jean de Ferrabouc de payer les impositions qu'il devait pour sa salle noble de Camarade, il est dit formellement « que ladite ville avoit esté diverses fois pillée, saccagée et desmantelée par les gens de guerre, et les papiers, titres et anciens documens d'icelle bruslés, perdeus ou egarés (1). »

Néanmoins les minutes de son notariat sont encore assez riches et heureusement bien conservées, ses trois livres terriers, l'un de 1613, l'autre de 1664, le dernier de 1747, suffisamment détaillés, ses cahiers de jurades au XVIII° siècle et pendant la Révolution en assez bon état, pour qu'il nous soit permis de relater quelques derniers actes de sa vie municipale pouvant offrir un certain intérêt.

— La ville de Valence possédait au commencement du XVII° siècle, outre sa maison commune, un collège et un hôpital. L'*Hôtel de Ville* était situé rue de *Lhaoumet*, ainsi qu'il ressort du passage suivant du livre terrier de l'année 1613 :

Lequel tient maison et plasse vuide que confronte par devant avec la rue de Lhaoumet, et par derrière avec les murs de Ville, et par ung cousté avec jardin de Jehannot Bayolle, et par un aultre cousté avec jardin de Jehan (mot effacé), le tout contenant demye plasse et demy cart de plasse (2).

Plus, ajoute le même livre terrier, aultre maison pardevant le *Collège*, confrontant par devant avec la rue *St-Jehan* et par derrière avec ung carrerot public.

(1) *Revue de Gascogne*, t. XI, p. 476. Art. de M. Denis de Thézan.
(2) Archives municipales de Valence. Livre terrier pour 1613, p. 73.

Quant à l'*Hôpital* :

Il tient maison et patus dans la dite ville, confrontant par devant avec rue *publique*, tirant de la plasse à la maison commune, et par derrière et ung cousté avec maison et jardin de Jehan Tezan, et par l'aultre cousté avec la rue de Lhaoumet, contenant un quart de plasse (1).

Comme toutes les bastides, Valence, ainsi que nous l'avons dit, jouissait de nombreux privilèges et prélevait de multiples redevances. Ses consuls, d'abord au nombre de quatre, puis réduits à trois au siècle dernier et élus chaque année, étaient chargés de la police municipale et généralement de tout ce qui concernait les intérêts de la cité. Un des principaux revenus de la ville était le *droit de boucherie*. Il y avait, comme partout, la grande et la petite boucherie. En l'année 1600 par exemple, et le 9 janvier, la grande boucherie est affermée « pour la somme de 13 escus petits comptant pour escu 108 liards, plus quatre torches de pure et bonne cire du poids de deux livres, payables le jour de N.-Dame de Chandeleur. » Et en même temps est affermée la petite Boucherie, toujours pour un an, pour la somme de 21 escus petits et quatre torches de bonne et pure cire, du poids de demy-livre chacune, payables aux marguillers de l'église de ladite ville, toujours au jour et fête de N.-D. de Chandeleur (2). » En 1669, même afferme des deux Boucheries, « pour 41 livres tournois, quatre flambeaux et quatre livres de cire, à condition qu'elles soient entretenues de viandes en tout temps non défendu par Notre Sainte-Mère l'Eglise (3). » Et ainsi chaque année, durant tout le XVII° siècle, à des prix qui ne varient guère.

A cette époque, Valence percevait les *droits de terrage*, c'est-à-dire « *les entrées des vins, pois et aunages,* » qui se

---

(1) Arch. mun. de Valence. La tradition veut que l'ancien hôpital de Valence soit actuellement le presbytère.
(2) Notariat de Valence. Reg. pour 1600. Marignac, notaire.
(3) Idem. Reg. pour 1668-73, fol. 35 pour 1669. Marignac, notaire.

montaient à la somme annuelle de 12 livres 12 sols, payables le jour de la foire de Saint-Mathieu (1).

Un des droits dont les villes se montraient le plus jalouses était le *droit de greffe*. Le droit principal étant affermé pour toute la juridiction civile et criminelle du comté de Fezensac était ensuite morcelé et sous-affermé pour la juridiction de Valence. C'est ainsi que nous voyons, à la date du 14 août 1636, « le greffe et baillie de la ville de Valence, tant du Roy que de M. l'abbé de Flaran, y compris le greffe de Léberon, sous-affermé pour la somme de 40 livres tournoises (2). Même sous-afferme de la baillie de Valence, le 21 juin 1647, en faveur de la maréchale de Roquelaure, « à qui appartient le domaine de la ville de Valence, attendu que ladite mareschale est acquéreur du domaine du Roy de ladite ville. » En agissant ainsi, elle ne croyait nullement déroger (3). Enfin, comme dernier exemple et pour ne pas les multiplier outre mesure, « est donné en sous-afferme pour la somme de 50 livres par an, le 16 juillet 1658, le domaine de la cour ordinaire de Valence, avec son greffe, appartenant à M. l'avocat-général de Maniban, et consistant en droits et exercices dudit greffe, droit de baillie, droit de la moitié des lods et ventes, le tout dans le district et enclos dudit Valence, droit de parsan, droit d'emparance à raison de 9 sols par an sur chaque famille, et droit de neuvain sur certaine pièce de terre (4). »

Une des calamités à laquelle cette ville, pas plus que les autres villes de la région, ne put se soustraire était le logement, sans cesse répété, des gens de guerre, qui, à l'époque de la Fronde surtout, sillonnaient en tous sens le pays. Le 10 avril 1639, Jean Pellisson et Pierre Dutoya, consuls de Valence, préviennent les habitants réunis en jurade qu'ils sont mena-

(1) Notariat de Valence. Reg. pour 1677, fol. 303. — Idem. Reg. pour 1727.
(2) Idem. Reg. pour 1636, fol. 57. Bartharès, notaire.
(3) Idem. Reg. pour 1646-48, fol. 21. Blain, notaire.
(4) Idem. Reg. pour 1658. Marignac, notaire.

cés d'avoir à supporter, comme l'année précédente, « les frais de logement des gens de guerre et passaige de l'armée. » Ils prient noble Jean-Charles de Ferrabouc, écuyer, seigneur de Camarade, « de fère avec ses avoir et créance que pourrait avoir avec les offisiers de l'armée, d'obtenir exemption de tout logement des gens de guerre pour ceste dite ville et sa juridiction, au passaige de ladite armée, tant à l'aller qu'au retour. » Le sieur de Camarade le leur promet,

Et il se fait fort d'avoir et faire valoir ladite exemption durant pour la présente année, à la charge qu'il lui sera promis et payé, tant pour son desfray, paynes et vacquations que employ de ses amis, la somme de 450 livres, et, oultre ce, luy sera bailhé hommes pour aller aux lieux où besoing sera trouver ses amis et offisiers de ladite armée aux fins de l'obtention de ladite exemption. En foi de quoi, les consuls et habitants s'engagent envers le sieur de Camarade pour la somme de 450 livres (1).

Et le 1ᵉʳ décembre 1651,

Noble Blaise de Béon, sieur de Lartigues et Mᵉ Bernard Blain, notaire, consuls de la ville de Valence, donnent quittance à noble Philippe de Pins, seigneur d'Aulagnères, pour la somme de 27 livres tournois, cotisation recueillie par lesdits consuls le 24 novembre dernier, pour l'entretien des gardes de Mgr de Gondrin, logès à Valence (2).

Ce qui n'empéche pas que dans un acte du 27 mai 1652, il est dit

Que les métadiers du sieur du Sages à la metterie de S. Germain, juridiction de Valence, abandonnèrent ladite metterie et biens meubles qu'ils y avaient, à cause de la repaction que les gens de guerre, conduits par Mgr le Cᵗᵉ d'Harcourt, commandant les armées de Sa Magesté en cette province de Guienne, faisaient audit lieu et lieux circonvoisins(3).

Les bourgeois de Valence ne se faisaient pas faute de secourir les malades, de subvenir aux besoins des malheu-

---

(1) Notariat de Valence. Reg. pour 1637-39, fol. 62. Bartharès, notaire.
(2) Notariat de Beaucaire. Reg. pour 1651, fol. 148. Papon, notaire.
(3) Notariat de Valence. Reg. pour 1652, fol. 53. Blain, notaire.

reux, et, en toutes circonstances, de donner des preuves d'une louable charité. En 1634,

La Communauté ayant emprunté au seigneur de Miran une certaine quantité de blé pour une somme de 3,000 livres, en vue de nourrir les pauvres les plus nécessiteux, et Vidal Boyer, syndic, s'étant porté caution en garantie du paiement de ladite somme, celle-ci n'ayant pu être donnée à l'échéance, le sieur de Miran fit saisir un cheval du sieur Boyer. La communauté, pour l'indemniser de ces frais et désagréments lui fait don d'un vacquant, estimé 75 livres, situé en Valence et confrontant par un coté avec le prè de la *Chapelle de la Serilhe*. (Acte du 4 aout 1634) (1).

La peste n'épargna pas Valence en cette année 1653, où elle fit de si grands ravages dans toute la Gascogne. Les Consuls jugèrent prudent de ne pas garder les pestiférés dans les murs de la ville, et, comme partout ailleurs, ils les établirent dans des parcs situés en dehors des fossés, et notamment au Plan de haut et au Plan de bas. Les deux actes suivants en font foi :

Le 19 septembre 1653, Françoise Cazanave, femme de Jacques Milbau, marchand sellier de ladite ville estant dans une cabanne affligée du mal contagieux et frappée d'iceluy, fait son testament dans le champ appelé de la Tour (Plan de haut), appartenant à M. de Gardelle, lez la ville de Valence.

Et le 17 octocbre de la même année, Jean Broqué, mareschal, natif de Valence, apprèhendant le tems où nous serons atteins de la maladie contagieuse, affin qu'après son décès n'arrive nul desbat à cause de ses biens, fait son testament et veut que, sy le cas est qu'il moreust de la maladie contagieuse, son heritier le fera ensevelir en quelque lieu décent comme il jugera, autrement veult être ensevely dans l'esglise de Vallence.

L'acte est passé « sur les fossés appelés de la porte de Flaran. » (Plan de bas) (2).

Une telle sollicitude pour les malades et les pauvres imposait aux Consuls l'obligation d'entretenir un hôpital. Ainsi

---

(1) Notariat de Valence. Registre pour 1634, fol. 114. Bartharez, notaire.
(2) Idem. Reg. pour 1653-1655, fol. 176 et 180. Blain, notaire.

que nous l'avons dit précédemment en déterminant son emplacement, Valence eut le sien depuis les temps les plus reculés; il subsista jusqu'à la Révolution. Nous en avons pour preuve

L'aveu de dette contracté par Arnaud Duprom, tissier du lieu de Valence, envers l'hopital de ladite ville, pour la somme de 5 livres 8 sols, valeur d'un sac de bled froment en 1656 (1).

Et encore,

L'afferme par le sieur Gilbert Marignac, bourgeois de Valence et syndic de l'hopital de cette ville, renouvelée pour 30 livres par an pendant neuf ans, d'une piece de vigne, appartenant audit hopital. (28 juillet 1768) (2).

Enfin, la veille même de la Révolution, le 15 août 1788,

Le sieur Joseph Daubas, négociant, syndic et administrateur des biens de l'hopital de Valence, donne en afferme à divers les biens dudit hopital, pendant 6 ans, et pour la somme de 71 livres par an (3).

Le *pont* sur la Baïse, qui reliait la ville de Valence avec les routes de Beaucaire et de Vic, fut également de tout temps un objet de vive sollicitude de la part de la Communauté :

Le 7 septembre 1768, Jean Sauvagnac, maitre-maçon de la ville de Montauban, chargé par acte d'entreprise passé avec Mgr Focault, intendant de la rebatisse du pont sur la rivière de Bayse, et de bastir dans icelle rivière un pillier de pierre..., déclare qu'il lui a été impossible de pouvoir faire ladite batisse dudit pillier, pour n'avoir pas trouvé du ferme. Or, pour ne pas laisser ledit travail imparfait, il s'est advisé de faire ladite batisse avec des arceaux de pierre de taille... Mais comme le cout doit être incomparablement plus grand, il propose à la Communauté de contribuer de gré à gré à cette dépense, attendu que le travail proposé serait plus solide et d'une plus belle figure et avantageux pour la Communauté. Celle-ci consent de lui donner 200 livres au dela de ce qu'elle était cotisée par le seigneur intendant, et de plus de fournir tout le bois pour les échafaudages et pour le cintrage. Trois maçons de

(1) Notariat de Valence. Reg. pour 1656, fol. 65. Blain, notaire.
(2) Idem. Reg. pour 1768, fol. 124. Boyer, notaire.
(3) Idem. Reg. pour 1788, fol. 88. Mothes, notaire.

Valence ou de la contrée se chargent de tout l'ouvrage pour la somme de 1,215 livres (1).

Nouvelles réparations au pont de Valence le 7 octobre 1728, où François Goux, maître-maçon de Sempesserre, somme Etienne Lapeyrère, maçon de Valence, à qui il avait cédé une partie du travail dont il s'était rendu adjudicataire, d'avoir à exécuter au plus vite lesdites réparations, sous peine d'amendes (2), etc.

En 1755, le presbytère de Valence tombant en ruines, il fut décidé qu'on le réparerait. A cet effet :

Entre M⁰ Antoine Morlan, docteur en théologie, curé de Camarade, agissant au nom de M⁰ Lebé, archiprêtre de la Sauvetat, héritier de feu M⁰ Joseph Moysset, archiprêtre de Valence, décédé l'année précédente, d'une part, et M⁰ Jean-Baptiste Boyer, avocat au parlement, premier consul de Valence, agissant en qualité de syndic des paroissiens de Valence ou de la fabrique, d'autre part, il fut décidé, avec le concours de charpentiers et de maçons, qu'il serait fait audit presbytère pour 300 livres de réparations, et que M⁰ Lebé, archiprêtre de La Sauvetat, paierait cette somme en qualité d'héritier de feu M⁰ Moysset, auxquelles réparations ce dernier était tenu comme titulaire du bénéfice (3).

Et les pauvres n'étaient pas oubliés. Cinq ans après, le 29 juin 1760,

Messire feu Alain de St-Géry, abbé de Flaran, ayant fait les pauvres de Valence ses héritiers, à condition que seraient effectuées toutes les réparations nécessaires à l'église comme au monastère de Flaran, ainsi qu'aux autres édifices dépendant de l'abbaye, le syndic des pauvres de Valence, le sieur Guillaume Lafourcade, fait connaître à la Commission de Valence qu'un arrêt du Parlement de Toulouse, du 15 avril dernier, rendu à la suite d'une action de réparations à faire en date du 3 septembre 1759, le condamne, lui syndic, à faire faire lesdites réparations dans le délai de trois mois, lequel passé, Messire Emmanuel de Beausset de Roquefort, nouvel abbé de Flaran, est autorisé à

(1) Not. de Valence. Reg. pour 1678, fol. 61-65. Marignac, not. — Cette note m'a été communiquée, avec bien d'autres précédentes, par M. l'abbé Brooonat, curé de Bezolles.
(2) Idem. Reg. pour 1728, fol. 128. Boyer, notaire.
(3) Idem. Reg. pour 1755, fol. 77. Boyer, notaire.

les faire faire. Mais comme le sieur syndic n'a touché aucune somme d'argent, il engage la communauté à laisser faire les réparations par l'abbé de Flaran, déclarant que c'est l'intérêt des pauvres (1).

Enfin, le 9 septembre 1767, par son testament du 22 avril précédent, le sieur Jean-Antoine Dutoya charge son héritier général de distribuer chaque année pendant 25 ans aux pauvres de Valence 30 livres de pain, soit dix livres à chaque fête de Pâques, de la Pentecôte et de saint Jean-Baptiste (2).

Valence, nous a déjà appris l'abbé Daignan dans son précieux manuscrit, était au xviii° siècle, c'est-à-dire à l'époque où il écrivait, une terre engagée par le Roi à M. de Maniban. La justice était, depuis un temps immémorial, en paréage entre le Roi et le seigneur abbé de Flaran. Mais les trois grandes familles les plus proches, les Gélas de Léberon, les Bezolles et les Maniban, se la disputèrent vivement durant ces deux derniers siècles. A cet égard, Monlezun écrit qu'elle fut aliénée par le Roi, le 13 mai 1677, à Monsieur de Maniban, alors que le 22 octobre 1616 Louis XIII l'avait donnée à la famille de Gélas, en la personne du fameux Lysander de Léberon, dont nous avons précédemment relaté les glorieux faits d'armes (3). A la fin du xviii° siècle, Jean Dubarry, avocat au Parlement, était juge de la ville de Valence, pour la fille et héritière du dernier Maniban, la marquise de Livry, qualifiée dans l'acte « seigneuresse de la ville de Valence » (4).

Nous n'insisterons pas sur les menus détails de l'administration municipale, tels que nous les font connaître les délibérations des jurades, au siècle dernier, sur la perception de plus en plus difficile des impôts, l'augmentation des gages des divers salariés, les nombreux procès soutenus par les consuls, notamment contre Monsieur de Ferrabouc, seigneur de Camarade en 1733, se refusant pour certains biens pré-

(1) Notariat de Valence. Registre pour 1760, fol. 179. Boyer, notaire.
(2) Idem. Reg. pour 1767, fol. 68.
(3) Voir notre monographie du *Château de Léberon*.
(4) Notariat de Valence. Reg. pour 1762. Boyer, notaire.

tendus nobles à payer la taille, etc. Partout, c'est Monsieur de Maniban, premier président au Parlement de Toulouse, qui prononce en dernier ressort, et c'est lui à qui chaque année on soumet une liste de huit notables de la ville, afin que sur ce nombre il en choisisse quatre comme consuls (1).

En 1739, l'église s'écroule et demande une prompte réparation. Faute d'argent, on s'adresse à M. l'Intendant et aussi à M. de Maniban, car il faut payer les gages de MM. les consuls, 60 livres, du secrétaire, 26 livres, du prédicateur du Carême, 30 livres, du régent, 60 livres, du sonneur de cloches, 14 livres, du valet de ville, 18 livres, construire une fontaine, planter des ormeaux, etc., etc., ce qui épuise totalement les recettes du budget (2). En 1753, le nombre des malfaiteurs augmente tellement qu'il devient indispensable d'avoir une prison. L'Intendant accorde à cet effet 300 livres et la municipalité s'impose aussi afin d'avoir deux valets de ville, « qui seront armés d'un sabre et d'une hallebarde »(3).

En 1764, le maréchal duc de Richelieu envoie aux consuls une ordonnance où il leur prescrit de mieux faire la police de la ville et d'ordonner aux aubergistes de ne loger ni mendiants, ni passants pauvres.

En 1772, nouvelle organisation de la municipalité: le sieur Mibielle ou Minvielle, ancien officier, est nommé maire par Sa Majesté, Boyer fils, lieutenant du maire, Trenqualie, premier consul, Soulès, deuxième consul, du Bouscas et Lacombe, assesseurs, Duroy, procureur du Roy, Daubas, secrétaire-greffier (4). Mais cette charge de maire est bientôt supprimée, et, en 1780, nous ne trouvons plus que trois consuls, dont Minvielle, toujours absent, ce qui suscite une vive opposition au sein de la jurade qui demande sans plus tarder son changement.

Du reste les esprits s'échauffent; une première émeute

(1) Archives municipales de Valence. Jurades pour 1737-38-40, etc.
(2) Idem.
(3) Idem. Jurades de 1753-1757.
(4) Idem. Jurades pour 1772-1773.

éclate à Valence en 1787, à propos d'une simple affaire de police, bien vite réprimée d'ailleurs ; et, dès cette année, le corps municipal est élu par les habitants. Sont nommés : le vicomte de Montaut, chevalier de Saint-Louis, le comte de Bezolles, Joseph Soulès, Jean Capuron, Paumès, Bernard Daubas, Jean Barrère, Jacques Naudou, Trecout Morlan, et Boyer comme syndic. C'est comme tels qu'ils administrent la commune et qu'ils se trouvent réunis en 1789, quand éclate la Révolution.

— Nous n'entreprendrons pas d'écrire ici dans tous ses détails l'histoire de Valence pendant la période révolutionnaire. Bien que ce sujet ne manque pas d'intérêt, nous nous contenterons de rappeler les faits les plus saillants dont le souvenir mérite d'être conservé.

Comme toutes les autres villes de France, grandes ou petites, Valence subit le contre-coup des événements qui se déroulaient si rapides dans la capitale. Au début, elle en partagea l'enthousiasme, comme plus tard elle en subit l'oppression. Ce ne furent d'abord que des cris d'allégresse, illusions généreuses, aspirations sincères vers le règne de la liberté et de la fraternité. Deux ans s'étaient écoulés à peine, que tout ce beau feu s'éteignait, et que, de l'ardeur première, il ne restait plus que la jalousie, la haine, la suspicion, principaux mobiles de toutes les actions publiques. Sous la pression de plus en plus croissante de la Société populaire, la municipalité, d'abord royaliste, puis libérale, bientôt girondine, finalement montagnarde, se voyait forcée, toujours malgré elle, d'obéir aux exigences de la lie de la population, conformes d'ailleurs aux ordres formels et réitérés des représentants du peuple en mission au chef-lieu, le fameux Dartigoeyte notamment, à l'exécrable souvenir. La division se mettait au sein du Conseil. Les séances n'étaient plus employées qu'à dresser des listes de suspects. Et il ne fallut rien moins que la chute de Robespierre pour remettre l'ordre dans l'assemblée municipale et rappeler ses membres à la concorde comme aussi à un peu plus de dignité.

Dirons-nous, d'après les registres de l'hotel de ville, encore précieusement conservés, et les procès-verbaux très régulièrement tenus des nombreuses séances des Conseils cantonal et communal, les noms des officiers municipaux, élus le 31 janvier 1790, « dans l'église paroissiale, en présence des sieurs Joseph Soulès, Jean Capuron et Delas, délégués provisoires, munis d'une garde commandée par M. de Montaut, capitaine de vaisseau, colonel du régiment patriotique de Valence, » et qui furent: Jean-Baptiste de Laforcade, proclamé maire; Baptiste Manein, André Capuron, Jacques Daubas, Etienne Boué, Joseph Pérès, officiers municipaux; Soulès, procureur de la commune; Jean Bauthian, notaire royal, secrétaire-greffier; plus douze notables, Jean Duprom, Duroy fils, Joseph Bajolle, de Seridos, Barrère (de Bordeneuve), Raymond Mothe, Desmonges, Joseph Pardiac, de Trenqualye, Bazin, Paumé fils et Joseph Massas. Tous jurent d'être fidèles au roi et de remplir consciencieusement leur devoir. C'est avec un sincère esprit de patriotisme qu'ils se mettent à l'œuvre et que pendant près de deux ans ils administrent aussi convenablement que possible la commune. Budget régulièrement tenu, économies réalisées, obéissance aux ordres de l'Assemblée Constituante, en ce qui concerne notamment les visites obligatoires, toujours très courtoises du reste, à l'abbaye de Flaran, vente des biens de ce monastère après le départ volontaire des trois religieux restants (1), célébration solennelle de la fête de la Fédération le 14 juillet, présidée par l'archiprêtre Lacoste, avec le concours de la garde nationale et de toutes les municipalités du canton nouvellement formé, entretien des routes, assistance des pauvres, création d'ateliers de charité, etc., rien ne fut omis par ces premiers magistrats, qui personnifient bien cette ère de confiance réci-

(1) Voir notre *Monographie de l'abbaye de Flaran*, p. 108 et suiv.

proque et de paix relative des deux premières années de la Révolution, au bout desquelles fut chanté à Valence, par ordre municipal, à l'issue de la messe du 20 septembre 1791, « *le Domine salvum fac Gentem, Legem et Regem,* pour célébrer l'heureuse nouvelle que le Roi venait d'accepter la nouvelle Constitution ».

Avec la seconde municipalité, élue le 13 novembre 1791, commencèrent les difficultés. La question si grave des subsistances, la méfiance à l'égard des accapareurs de blé, le refus de l'archiprêtre Lacoste, comme de la plupart des prêtres du canton, de prêter le serment constitutionnel, l'ordre de fermer les églises, etc., concordent avec les mesures de rigueur prises à Paris par la Législative ; et, les passions se faisant jour, l'ère des troubles commença pour Valence, comme pour les autres villes du royaume. Le 9 mars 1792, on hue sur la place publique les personnes qui se montrent assez courageuses pour se rendre aux messes des prêtres non assermentés; on les retient prisonnières dans lesdites chapelles; on s'insulte dans la rue ; on casse, la nuit, les vitres des gens réputés riches ; et, le 15 avril, les maisons de deux citoyens sont envahies par la populace, qui mange tout ce qu'elle trouve, boit le vin des caves et renverse le mobilier. Cet état de choses alla en empirant jusqu'aux nouvelles élections, prescrites par la Convention, le 8 décembre 1792, c'est-à-dire deux mois après son installation.

Nous sommes arrivés aux plus mauvaises heures de notre histoire. La Terreur est souveraine ; et, à Valence, « la Société populaire et montagnarde » impose brutalement ses volontés au Conseil municipal. C'est ainsi qu'à peine nommé, elle dénonce le nouveau maire, qui lui déplait, comme étant un ancien garde du corps, le force à donner sa démission, le fait consigner chez lui et le remplace immédiatement par un de ses plus fervents adeptes. C'est l'époque où, au sein des deux Assemblées, on dresse la liste des suspects, tant hommes que femmes, tant anciens aristocrates que gens d'églises et ci-devant religieuses, où chaque séance amène une nouvelle dénonciation, où tout est taxé rigoureusement, où la surveillance la plus étroite est exercée contre tout citoyen ; l'époque où se multiplient dans les châteaux d'alentour, comme chez les bourgeois les plus paisibles et jusque chez l'humble paysan « soupçonné de recéler seulement 25 livres de blé », les visites domiciliaires les plus arbitraires, suivies presque toujours de saisie, d'arrestation et d'emprisonnement au chef-lieu du district. Le 14 frimaire an II, le Conseil général du département prescrit à la municipalité de Valence « d'enlever toutes les croix et de descendre toutes les figures qui rappellent des êtres sanctifiés par les sectateurs des divers cultes religieux. » A cet ordre ridicule, mais sévère, le maire de Valence est forcé d'obtempérer ; il n'accorde plus que difficilement des certificats de civisme, et c'est à grand peine qu'il atténue les accusations injustes portées par les montagnards contre certains ci-devant nobles, en déclarant que, « vu leur état de vieillesse et leurs nombreuses infirmités, ils sont dans l'impossibilité de nuire à la République (1). »

Mais les représentants du peuple, Dartigoeyte et Mallarmé, en permanence à Auch, n'entendent pas de cette oreille, et il n'est pas de jour qu'ils ne rappellent les officiers municipaux de Valence à leurs devoirs, réchauffant leur zèle, et, sous la menace de peines sévères, leur ordonnant de faire appliquer les mesures les plus iniques.

Cependant le désarroi est à son comble. Nul ne veut plus exercer les fonctions municipales. L'affaire du 20 frimaire an III en est la preuve la plus évidente. Ce jour-là, en effet, « à l'issue du Temple de la Raison et après la lecture des lois où le Maire venait d'exhorter les citoyens à vivre dans l'union, la justice et la fraternité », un citoyen, membre de la muni-

---

(1) Archives municipales de Valence. Proces-verbaux des délibérations de la commune.

cipalité, « l'aurait interpellé violemment et, au milieu d'une grande populace, lui aurait reproché l'enlèvement d'une certaine quantité de savons, appartenant à la commune, ainsi que le partage de cette denrée entre plusieurs officiers municipaux privilégiés. » Là-dessus, grand tumulte; la foule prend fait et cause pour le dénonciateur; les conseillers municipaux sont traités de fripons et de voleurs; le maire se retire, convoque d'urgence ses collègues, et assigne son adversaire devant le juge de paix. Mais la plupart des membres du conseil donnent leur démission. Et lorsque, le 25 floréal an III, leurs noms sortent à nouveau de l'urne, plus de la moitié se refuse à siéger « à côté de gens, écrivent-ils, qui ont des principes diamétralement opposés aux leurs et à qui ils n'accordent ni leur confiance ni leur estime. »

Les mémorables journées de Thermidor, la disparition du Comité de Salut public, la séparation des Conventionnels, ne vinrent pas trop tôt, hélas! mettre un terme à cette déplorable situation. Mais il fallut bien encore deux ans avant que l'on put voir les haines s'éteindre, les passions se calmer, et qu'à Valence, comme partout ailleurs, les hommes et les choses rentrassent dans la voie de l'ordre, de la justice et de l'équité.

Alors reparurent, élus de nouveau pour remplir les fonctions municipales, ces mêmes hommes de 89, que la tourmente avait momentanément dispersés. Plus modestes cette fois, guéris à tout jamais de leurs folles illusions, ils ne cherchèrent plus qu'à bien administrer les finances de la commune à secourir les pauvres, à panser les plaies béantes, à multiplier les routes, etc., bannissant de leurs délibérations toute question politique qui put les diviser. C'est ainsi que nous les voyons, le 10 germinal an IV, célébrer joyeusement la *fête de la Jeunesse*, et pour cela

Se rendre avec leurs écharpes tricolores au temple du canton, où le Président, s'adressant aux jeunes citoyens, en présence de tout le peuple, prononce un discours simple et naïf, dans lequel il s'attache à leur retracer leurs devoirs et à leur inspirer les vertus républicaines et les sentimens d'union et de fraternité, qui doivent caractériser un peuple libre. Après quoi, ajoute le procès-verbal, furent chantés des chants patriotiques, analogues aux circonstances.

Le maître était là d'ailleurs, acclamé bientôt aussi bien à Valence que dans toute la France, qui, par son génie supérieur comme par sa fulgurante épée, allait assouplir les esprits les plus rebelles, faire oublier la Convention de triste mémoire, et assurer à la France aux abois une ère de grandeur inouïe au dehors, comme à l'intérieur d'apaisement momentané, de calme, de repos.

Du 17 brumaire an iv jusqu'en 1820, date de sa mort, resta maire de Valence Jean-Baptiste de Laforcade. Tous ceux qui lui ont succédé jusqu'à nos jours ont tenu à imiter son exemple, et, comme lui, se sont employés à consacrer leur zèle à remplir avec honneur et dévouement leurs paisibles fonctions. Mais que sont-elles désormais, à côté des charges et des devoirs souvent si périlleux, qui incombaient à leurs devanciers, non seulement à l'époque révolutionnaire, mais aux heures plus dramatiques encore des guerres religieuses, et, en remontant plus haut, lors des sièges meurtriers soutenus contre les Anglais?

Jalouse de ses droits, comme au temps où le comte d'Armagnac et l'abbé de Flaran les octroyèrent par paréage à ses premiers bourgeois, la vieille bastide de Valence saurait encore énergiquement les défendre. Car ce n'est pas en vain que coule dans les veines de ses enfants ce pur sang Gascon, qui a arrosé généreusement tant de champs de bataille et qu'ils seraient prêts à verser de nouveau au premier appel du patriotisme ou du devoir.

— En arrêtant ici ce travail sur les principaux châteaux de la fin du xiii° siècle qui s'élèvent autour de la bastide de Valence-sur-Baïse, nous n'entendons pas dire que ceux-là seuls présentent quelque intérêt que nous venons de décrire et dont nous avons entrepris de raconter l'histoire.

Nombreux en effet sont encore ceux qui se dressent à droite comme à gauche, toujours sur les deux côtés de cette limite si curieuse des diocèses d'Auch et de Condom, en se dirigeant aussi bien vers le pays de Lomagne que sur l'Armagnac noir et la forêt des Landes. Quelques-uns sont isolés et se voient en plein champ. La plupart dressent leurs tourelles découronnées au-dessus des derniers pans de murs des villages qui les enserrent et qui, au début, se sont formés sous leur sauvegarde.

C'est ainsi que, pour ne citer que les plus importants, dont l'étude reste à écrire, nous mentionnerons : à l'est de *Valence*, les châteaux de *Maignaut*, de *Pouypetit*, du *Sempuy*, du *Mas*, de *La Sauvetat*, dans le diocèse d'Auch, c'est-à-dire en Armagnac, alors que s'élèvent du côté opposé, et comme leur faisant face, ceux de *Caussens*, de *Béraut*, de *Saint-Orens*, de *Roquepine*, de *Terraube*, etc., dans les diocèses de Condom et de Lectoure. Puis, à l'ouest, toujours en Armagnac, les châteaux de *Cassagne*, de *Lauraët*, de *Gondrin*, de *Lagraulet*, de la *Mothe-Gondrin*, de *La Barrère*, de *Castelnau-d'Auzan*, de *Torrebren*, etc., dans le diocèse d'Auch, tandis que dans celui de Condom, c'est-à-dire en pays conquis, livré aux Anglais à la suite du traité d'Amiens (1279), nous relevons ceux de *Goalard*, de *Larressingle*, de *Fousseries*, de *Pouypardin*; de *Beaumont*, de *Luzan*, de *Balarin*, de *Monréal*, de *Fourcès*, etc., sans parler de tous ceux, plus modestes, qui ne servaient que de simples postes d'observation et que le temps ou la main des hommes ont depuis renversés.

Tous assis sur plan rectangulaire, avec deux tours d'angle pour la plupart carrées, ils furent construits, nous l'avons déjà dit, dans une période de vingt ans environ, entre l'année 1270 et les dernières années du xiiie siècle, à l'époque où, de part et d'autre de la frontière Armagnacaise et Condomoise, les deux partis rivaux menaçaient d'en venir chaque jour aux mains. Fut-il importé par les conquérants d'outre-mer ce type de construction militaire, qui, au dire du savant archéologue, M. Anthyme Saint-Paul, ne se retrouve, en dehors de notre province, qu'en Angleterre? Ou bien est-ce un architecte français, à la solde du comte d'Armagnac, qui l'établit pour la première fois sur la terre gasconne? Toujours est-il qu'il fut rapidement adopté de part et d'autre comme répondant aux besoins de surveillance, de garde, d'observation, qui se faisaient si impérieusement sentir, en ces temps de surprises, de trahisons, de hardis coups de main, et qu'il ne tarda pas à se multiplier, principalement sur la frontière.

Car, s'il se rencontre si fréquemment sur cette ligne qui, de l'est à l'ouest, court à peu près horizontalement, depuis Lectoure sur la vallée du Gers jusqu'aux villages de Sos, de Gabarret et de Cazaubon sur les confins des Landes, il devient de plus en plus rare à mesure que l'on monte au sud ou que l'on descend vers le nord.

Ce n'est pas que nous ayons la prétention de renfermer exclusivement ce que nous appelons nos *Châteaux Gascons* dans cette étroite zône. Nous n'ignorons pas en effet qu'il en existe quelques-uns semblables en dehors de ces limites, le *château de Sainte-Mère* notamment, près de Lectoure, construit en 1280 par Géraud de Monlezun, évêque de cette ville, sur le même plan que celui de Massencôme et du Tauzia, plus, au sud, près d'Auch, le *château de Meillan,* et quelques autres encore. Mais, outre que le premier se trouve sur une ligne limitrophe, ne peut-on pas admettre qu'une fois ce type architectural connu et apprécié de tous, quelques riches seigneurs, quoique plus éloignés, aient tenu à l'adopter pour leur propre compte, qu'il ait servi de modèle à certaines de leurs constructions nouvelles et qu'il se soit ainsi peu à peu généralisé en Gascogne, sans toutefois dépasser les limites de cette province?

Nul archéologue, jusqu'à ce jour, ne s'était, croyons-nous, arrêté à ce type particulier de construction militaire féodale. En le signalant pour la première fois, comme en en faisant connaître quelques-uns des spécimens les mieux conservés, nous avons cru faire œuvre méritoire. Heureux, si nous avons intéressé quelque peu nos lecteurs et atteint en cela le but que nous nous étions proposé !

Valence-sur-Baïse, 4 novembre 1897.

TABLE DES MATIÈRES

Préface. — L'œuvre de Pierre Benouville. — Hommage rendu à sa mémoire. — Ses travaux hors de France. — Ses travaux archéologiques dans le Lot-et-Garonne et plus particulièrement dans le Gers. — Liste des monuments qu'il a relevés dans ce dernier département et qui constitue un véritable répertoire archéologique. — Comment l'idée nous est venue d'écrire cet ouvrage...................... . 1-13

Introduction. — Considérations sur l'état de la Gascogne à la fin du xiii⁰ siècle. — Le Condomois donné, avec l'Agenais, au roi d'Angleterre par le traité d'Amiens (1279). — Limites du Condomois et de l'Armagnac. — Multiplicité des ouvrages de défense établis de part et d'autre de la frontière. — Liste des principaux châteaux, construits à cette époque, de la vallée de la Gélise à la vallée du Gers. — Type particulier de ces petites forteresses....................... 15-21

Le Chateau du Tauzia :
 I. Son assiette à l'extrême limite sud du Condomois. — Sinuosités de la ligne-frontière en cet endroit. — Elevé du côté Anglais, il est chargé de surveiller les postes Armagnacais de Maignaut, Valence, Massencôme, Flarambel...................... 23-30
 II. Description archéologique. — Plans, coupe, élévation, détails. — Il est ajouré et rendu habitable au xvi⁰ siècle................. 30-38
 III. Histoire. — 1. Les Barbazan; Arnaud-Guillem ou le *Chevalier sans reproche*. — 2. Les comtes d'Astarac et les vicomtes de Lautrec. — 3. Les Marestang. — 4. Les Gélas de Léberon; les Boyer et le Petit-Tauzia. — 5. Les Dupin de La Forcade................... 39-77

Le Chateau de Massencome :
 I. Situation topographique. — Son but. — Un des principaux postes de l'Armagnac 79-83
 II. Description archéologique. — Plans et coupe. — Escalier extérieur. — Curieuse construction attenante du commencement du xiv⁰ siècle. — Ajouré seulement au siècle dernier..... 83-90
 III. Histoire. - 1. Les Lasséran de Massencôme. — 2. Les Poyanne. —

3. Les marquis de Lagarde. — 4. Les Maniban. — 5. Les du Haget du Vernon. — Les derniers propriétaires.................... 90-115

Le Chateau de La Gardère :
I. Un peu en arrière de la frontière Armagnacaise. — N'a subi depuis sa construction aucune modification. — Peut être considéré comme le type du château gascon de la fin du xiiie siècle. — Description archéologique. — Simplicité de son plan 117-125
II. Histoire. — Acte de donation du territoire de La Gardère par le comte d'Armagnac à l'abbaye de Condom (1270). — Construction immédiate du château (1280). — 1. Les moines de Condom. — Les ravages de Mongonmery les forcent à le vendre (1578). — 2. Les Lavardac. — Ils aliénent peu après La Gardère aux Maniban (1630)........ 125-138
III. Les Maniban et le Chateau du Busca.
1. Une famille parlementaire. — Le Parlement de Toulouse au xviie siècle. — Origine des Maniban. — Les Labassa et le château de Maniban dans le Bas-Armagnac. — Accroissement rapide de leur fortune. — Leur alliance avec les de Bousty, propriétaires du château du Busca dans le Haut-Armagnac. — Françoise de Bousty et son fils Jean de Maniban, lieutenant-général en la sénéchaussée de Bordeaux, puis président au Parlement de Toulouse. — Il achète La Gardère.................... 139-154
2. Thomas de Maniban, d'abord conseiller au Parlement de Bordeaux, puis avocat-général au Parlement de Toulouse. — Rôle important joué par lui dans toutes les affaires publiques. — Il est envoyé à plusieurs reprises à la Cour pour défendre les intérêts du Parlement. — Son habileté. — Ses succès. — Ses démêlés avec les Capitouls de Toulouse. — Sa fortune considérable. — Il rebatit à neuf le château du Busca (1649). — Description archéologique de ce monument avec plan et planches à l'appui. — Le grand escalier, la salle d'honneur, la chapelle. — Tombeau des Maniban 154-177
3. Jean-Guy de Maniban, président à mortier au Parlement de Toulouse. — Son rôle, ses travaux. — Il reconstitue sur de nouvelles bases l'Académie des Jeux-Floraux. — Son testament, véritable monument parlementaire..................................... 177-187
4. Jean-Gaspard de Maniban, son fils, premier président au Parlement de Toulouse. — Son mariage. — Son faste. — Sa considération. — Il préside tous les grands procès de cette époque. — Ses idées religieuses. — Sa haute situation en Armagnac.............. 187-199
5. Sa fille, la marquise de Livry....................... 199-203
6. Les derniers propriétaires des châteaux de La Gardère et du Busca.. 203-205

LE CHATEAU DE LÉBERON :
I. Débuts de la branche cadette de la famille de Gélas, dite de Léberon.
— Achat par André de Gélas du vieux château de Flarambel, qui prit
le nom de Léberon (1508). — Ses anciens propriétaires aux xive et xv^e
siècles, les seigneurs d'Aure et de Castelbajac............ 207-215
II. Description archéologique du château de Léberon. — Le château
primitif du commencement du xive siècle. — Adjonctions successives
au xve, au xvie et au xviie siècles. — Plan du château. — Charpente
remarquable de la grande salle. — Curieuses peintures murales de la
fin du xvie et du commencement du xviie siècles......... 215-223
III. Les Gélas de Léberon. — Lettres de rémission accordées à André de
Gélas. — Son fils, Antoine, le fameux neveu de Monluc. — Ses
actions d'éclat. — Lysander de Gélas de Léberon. — Sa bravoure. —
Ses nombreux faits d'armes. — Son mariage. — Lettres élogieuses de
Louis XIII. — Puissance de cette maison. — Ses descendants. —
Vente du château de Léberon à la famille de Courtade (1717). — Les
Courtade. — Les Melet. — Les du Bouzet. — Les marquis de
Cugnac...... 223-255

LA TOUR DU GUARDÈS ET LE CHATEAU DE PARDAILLAN :
I. *La Tour du Guardès.* — Situation stratégique exceptionnelle. —
Ancien refuge. — Grande motte défensive. — Plan et description. —
Champ voisin du Glèsia. — Découverte de nombreux objets gallo-
romains et de monnaies romaines. — Cimetière. — Eglise du moyen-
âge. — Tour féodale du Guardès de la fin du xiiie siècle. — Descrip-
tion archéologique. — Plan. — La tour du Guardès a toujours été
une dépendance du château de Pardaillan. — Vue splendide.. 257-273
II. *Le Château de Pardaillan :*
I. La baronnie de Pardaillan dans le haut moyen-âge. — Délimitation de
son territoire. — Le premier château de Pardaillan....... 275-280
II. Le chateau de la fin du xiiie siècle, dit de Betbézé. — Description archéologique avec plan à l'appui. — Grandiose résidence....... 280-286
III. Histoire de la branche ainée des Pardaillan. — 1. Les premiers sei-
gneurs de Pardaillan aux xie, xiie et xiiie siècles. — Disjonction d'avec
la branche cadette de Gondrin. — 2. Bernard de Pardaillan, chef de la
branche des *Pardaillan-Juliac.* — Son rôle pendant l'occupation
anglaise. — Sa mort légendaire. — Sa fille Esclarmonde, mariée au
vicomte d'Armagnac et de Fezensaguet. — Ses descendants : Jean I,
Jean II, Bernard et Jacques, tous morts d'une façon tragique. —
3. *Les Béarn de Gerderest.* — Guerres de religion. — 4. *Les Pardaillan-Panjas.* — M. de Panjas, ami de Monluc, puis d'Henri IV.
— François-Jean-Charles, marié à Mademoiselle de Tignonville, der-

nier seigneur de Pardaillan. — Sa fille Catherine apporte la baronnie de Pardaillan dans la famille de Parabère................ 286-339

IV. Les *Baudèan de Parabère*. — Leur origine. — Les seigneurs de Parabère pendant les guerres religieuses. — Décadence de cette famille. — La *Comtesse de Parabère*, maîtresse du Régent. — Sa biographie. — Ses portraits. — Les derniers comtes de Parabère, seigneurs de Pardaillan.. 339-365

V. Le château de Pardaillan et la tour du Guardès pendant la Révolution. — Leurs derniers propriétaires................... 365-369

VALENCE-SUR-BAÏSE :

I. Vrai type de la bastide de la fin du XIIIe siècle. — Ses origines; sa fondation en vertu d'un contrat de paréage entre Gilbert, abbé de Flaran, et Géraud V d'Armagnac (1274). — Ses coutumes. — Considérations générales sur les bastides du sud-ouest de la France. — Particularités relatives à cette bastide............... 371-383

II. Description archéologique. — Plan de la bastide de Valence. — Portes, tours, murailles, église, citadelle, etc. — Ce qu'en dit l'abbé Daignan du Sendat dans ses manuscrits inédits................ 383-390

III. Histoire. — Valence pendant l'occupation Anglaise. — Siège de 1377. — Achetée par Jeanne d'Albret. — Valence au temps des guerres de religion. — Prise de cette ville, en mai 1580, par les troupes huguenotes du capitaine Rizon. — Reprise, en octobre de la même année, par l'armée catholique du maréchal de Biron. — Détails inédits sur ce siège. — Valence est occupée de nouveau, pendant la Ligue, par le marquis de Montespan. — Sa soumission au roi. — Démolition de ses portes, de ses tours, de ses remparts. — Valence aux XVIIe et XVIIIe siècles. — Sa vie municipale. — Valence pendant l'époque révolutionnaire. — Conflits entre la municipalité et la Société populaire. — Retour au calme et à la modération.................... 390-423

CONCLUSION... 425-427

Impr. et Lith. G. FOIX. — 4, rue Balguerie, AUCH

www.ingramcontent.com/pod-product-compliance
Lightning Source LLC
Chambersburg PA
CBHW070209240426
43671CB00007B/592